HOBBES ET SON VOCABULAIRE

BIBLIOTHÈQUE D'HISTOIRE DE LA PHILOSOPHIE
NOUVELLE SÉRIE

Fondateur : Henri GOUHIER

Directeur : Jean-François COURTINE

HOBBES ET SON VOCABULAIRE

ÉTUDES DE LEXICOGRAPHIE PHILOSOPHIQUE

sous la direction de

Yves Charles ZARKA

PARIS
LIBRAIRIE PHILOSOPHIQUE J. VRIN
6, Place de la Sorbonne, V^e^

—

1992

Ce volume est issu des travaux du GDR-988 du CNRS :
Recherches sur Hobbes et sur la philosophie éthique
et politique du XVIIe siècle

Avec la collaboration de
l'UPR 75 du CNRS,
du Centre de philosophie politique et juridique de
l'Université de Caen, URA-CNRS 1395,
et du Centre de recherches sur l'histoire des systèmes de pensée moderne
de l'Université de Paris I Panthéon-Sorbonne

Printed in France
ISBN 2-7116-1113-2

LISTE DES ABRÉVIATIONS DES ŒUVRES DE HOBBES

A. Œuvres Latines

Vita	Thomae Hobbes Malmesburiensis Vita
Vita Auct	Vitae Hobbianae Auctarium
Vita Carm	Thomae Hobbes Malmesburiensis Vita Carmine Expressa
DCo	De Corpore
DHo	De Homine
DCi	De Cive
Exam	Examinatio et Emendatio Mathematicae Hodiernae
Dial.P	Dialogus Physicus de Natura Aeris
Probl.P	Problemata Physica ...
De Princ. Geom	De Principiis et Ratiocinatione Geometrarum...
Quadr. Circul	Quadratura Circuli, Cubatio Sphaerae, Duplicatio Cubi
Roset. Geom	Rosetum Geometricum...
Lux Math	Lux Mathematica
Princ. et Probl	Principia et Problemata aliquot Geometrica...
TO I	Tractatus Opticus I
TO II	Tractatus Opticus II
Obj	Objectiones ad Cartesii Meditationes
Hist. Ecclesiast	Historia Ecclesiastica Carmine Elegiaco Concinnata
Exam.DM	Examen [ou critique] du *De Mundo* de Thomas White
De Princ	De principiis (notes de Herbert de Cherbury sur une version ancienne du *De Corpore*, National Library of Wales, Aberystwyth, MS 5297)
Logica MS A 10	Logica ex T.H et Philosophia Prima ex T.H. (MS A.10, Chatsworth, autographe)
Cavend. Harl. MS 6083	Notes de Cavendish sur une ébauche du *De Corpore* British Museum, Harl. MS 6083

B. Œuvres anglaises

EL	Elements of Law
Lev	Leviathan
B	Behemoth
D	A Dialogue between a Philosopher and a Student of the Common Laws of England
FD	A Minute or First Draught of the Optiques
Lib.N	Of Liberty and Necessity
Lib.N.Ch	The Questions Concerning Liberty, Necessity and Chance
Answ. Bramhall	An Answer to Bishop Bramhall's book, called 'The catching of the Leviathan'
Considerations	Considerations upon the Reputation…
MS Heresy	Texte sur l'hérésie publié par S.I. Mintz
Ap. Heresy	Appendice du *Leviathan* sur l'hérésie
Hist. Heresy	An Historical Narration Concerning Heresy…
Answ. Davenant	Answer to Sir William Davenant's preface before 'Gondibert'
Rhetoric I	The Whole Art of Rhetoric
Rhetoric II	The Art of Rhetoric, planly set forth with pertinent examples…
Sophistry	The Art of Sophistry
Seven Phil. Probl	Seven Philosophical Problems
Decam	Decameron physiologicum
Six Lessons	Six Lessons…
Stigmai	Stigmai, or marks of the absurd geometry…
Thucyd	The History of Grecian War by Thucydides
Homer	The Iliads and Odysses of Homer
EW	English Works, 10 vol. + 1 vol. index et tables (éd. Molesworth)
OL	Opera Latina, 5 vol. (éd. Molesworth)
Works	The Clarendon Edition of the Philosophical Works of Thomas Hobbes
Œuvres	Edition Vrin des Œuvres de Hobbes

AVANT-PROPOS :

SUR LE STYLE PHILOSOPHIQUE DE HOBBES

Le vocabulaire de Hobbes n'a, jusqu'à ce jour, jamais fait l'objet d'une attention particulière. Le présent volume comporte donc une démarche inédite. Elle consiste à montrer, sur un certain nombre d'exemples significatifs, comment le travail du concept s'accompagne d'infléchissements importants de la terminologie philosophique héritée de la tradition. La singularité des positions philosophiques de Hobbes apparaît ainsi liée à la redéfinition du champ sémantique d'un ensemble de termes apparentés, à la restructuration d'une série lexicale, ou encore à la transposition d'un terme d'un domaine à un autre.

La nécessité d'une telle étude du vocabulaire s'est imposée dans l'épreuve de la traduction qui exige un affrontement permanent avec la matérialité terminologique des textes. Cet ouvrage collectif est donc intrinsèquement lié à l'édition des *Œuvres*. Par une proximité constante à la lettre autant qu'au sens des textes, il vise à fournir les éléments d'une définition du style philosophique de Hobbes.

Les études particulières qui constituent la substance du volume se situent à la flexion de la lexicographie et de la philosophie. Entre l'indexation exhaustive et purement quantitative d'une œuvre – indexation nécessaire et actuellement en cours de réalisation dans le cadre des travaux du GDR-988 du CNRS[1] – et la démarche proprement interprétative, il y a place pour une étude philosophique du vocabulaire. On comprendra donc que le principe qui a présidé au choix des séries lexicales qui font l'objet d'une attention particulière dans ce volume ne soit pas seulement d'ordre quantitatif. On comprendra également qu'il n'était pas possible de soumettre à l'analyse tous les termes du vocabulaire de Hobbes qui méritaient de l'être et que la méthode mise ici en œuvre doive être appliquée à d'autres éléments de ce vocabulaire.

Dans cette courte présentation, je n'aurai d'autre ambition que de mettre en évidence le projet d'ensemble dont chaque étude particulière constitue, à

1. Le GDR-988 du CNRS est l'équipe qui mène actuellement les recherches sur Hobbes et sur la philosophie éthique et politique du XVIIe siècle. Qu'il me soit permis de remercier particulièrement Paulette Carrive, Franck Lessay et Luc Foisneau pour l'aide qu'ils ont apportée à une étape ou une autre de la réalisation du présent volume.

sa manière, une application, et de proposer quelques réflexions sur le style philosophique de Hobbes.

L'œuvre de Hobbes est un immense laboratoire pour l'étude d'un certain nombre d'aspects du vocabulaire philosophique du XVIIe siècle. D'une part, ainsi que ses ouvrages, ses traductions ou sa correspondance l'attestent, le philosophe anglais travaille sur plusieurs langues (principalement sur trois d'entre elles) et fournit lui-même des considérations historiques et philosophiques sur les déplacements qui s'opèrent lorsqu'on passe de l'une à l'autre, plus particulièrement lorsqu'on passe des langues classiques aux langues modernes. D'autre part, Hobbes traduit [1] et se traduit lui-même. A cet égard, l'étude des deux versions, anglaise et latine, du *Léviathan* et d'autres textes permettent d'apprécier sur bien des points le travail auquel il soumet son propre vocabulaire [2]. L'examen du vocabulaire de Hobbes doit donc mettre en rapport les opérations auxquelles il soumet un certain nombre de termes avec les esquisses de théorisation réflexive qu'il en donne. L'enjeu de cette approche ne vise pas simplement à mesurer le degré de clairvoyance de l'auteur à l'égard des procédures qu'il met lui-même en œuvre, mais à déterminer le mode de constitution de positions philosophiques singulières à partir d'un champ théorique et linguistique donné. C'est donc la question de la singularité d'un texte philosophique qui constitue le principe régulateur de l'ensemble des analyses.

Ainsi, l'étude des notions de *phantasia* et de *phantasma* a permis de mettre en évidence la raison pour laquelle Hobbes renonce à leur substituer un équivalent latin ou anglais univoque et pallie l'impossibilité d'une traduction univoque par l'utilisation d'une série de termes qui, loin de relever d'une rhapsodie, est au contraire réglée en strates superposées. Une intention philosophique préside ici à l'organisation singulière d'une série lexicale tout à fait traditionnelle : elle vise à fournir une théorie de l'apparaître qui s'élabore depuis la perception sensible jusqu'aux plus lointaines fantasmagories de l'imagination. Parallèlement, l'étude du vocabulaire de l'être – *ens, esse, essentia* – a révélé comment, tout en reprenant le vocabulaire permanent de la métaphysique, Hobbes le restructurait profondément en établissant une double univocité : l'univocité de l'*ens* et l'univocité de l'*esse*. La même démarche a été appliquée à l'étude des registres sémantiques des termes *potentia, potestas / power,* à ceux du vocabulaire de personne et à bien d'autres séries lexicales.

Il ressort des analyses successives et complémentaires des occurrences terminologiques et de leurs inflexions, parfois fines parfois plus massives, que la singularité de Hobbes ne peut se ramener à un geste unique, mais relève d'un réexamen à différents niveaux du vocabulaire hérité de la tradition qui détermine son style philosophique.

1. Comme on le sait, il a traduit en anglais Homère, Thucydide, Aristote, etc.

2. Précisons que la traduction anglaise du *De Cive* n'est vraisemblablement pas de Hobbes, et que celle du *De Corpore* ne l'est certainement pas.

Cette idée d'un style philosophique de Hobbes peut trouver dans l'œuvre du philosophe quelques éléments en vue de sa théorisation. Notons tout d'abord que Hobbes a lui-même écrit sur le style à trois moments de son œuvre : en 1629 dans l'introduction, intitulée « Of the Life and History of Thucydides »[1], à sa traduction de *La Guerre du Péloponnèse*; en 1650 dans sa réponse à la préface du *Gondibert* de Sir William Davenant[2]; et en 1673 dans l'épître au lecteur qui précède sa traduction de l'*Iliade* et de l'*Odyssée*[3]. Mais il s'agit dans ces textes du style historique ou de style poétique et non du style philosophique. On pourrait dès lors penser que l'opposition radicale entre vérité et absurdité, opérée dans le champ de la philosophie, interdit le principe d'une stylistique de la philosophie, alors même qu'elle ouvre la possibilité d'une logique de la philosophie.

Il y a pourtant dans l'œuvre des considérations qui ont un autre écho. Ainsi, dans un passage à la fois étrange et important[4] de la réponse à Davenant, Hobbes envisage de manière assez particulière la philosophie en ressaisissant celle-ci non à travers ses procédures rationnelles ou son objet mais dans les sources – la mémoire et l'imagination – qui la rapprochent de l'œuvre d'art et de la poésie. L'essentiel est cependant ailleurs, il tient en trois points que nous nous contenterons d'indiquer : une théorie du jargon métaphysique, une conception de l'historicité des langues et une doctrine de la traduction.

1. Hobbes ne se contente pas de dénoncer le jargon de la métaphysique scolastique : il démonte les mécanismes par lesquels le vocabulaire de la philosophie devient un jargon[5]. Trois procédures sont le plus souvent invoquées. La première consiste à inventer des mots nouveaux sans en expliquer le sens ; la seconde, à masquer le défaut de signification d'une expression en employant des dénominations grecques ou latines[6]; la troisième, et sans doute la plus importante, à créer de pures fictions théoriques en détournant le sens du verbe être[7].

2. La théorie hobbesienne de l'institution du langage est accompagnée, non seulement d'une théorie de l'usage, mais aussi de l'historicité des langues où les mots apparaissent chargés de significations sédimentées.

1. Cf. *Thucyd, EW*, VIII, pp. xxii-xxiii.

2. Cf. *Answ. Davenant, EW*, IV, pp. 445-446.

3. Cf. *Homer, EW*, X, p iv-v.

4. Cf. *Answ. Davenant, EW*, IV, pp. 449-450. Le passage est important parce qu'il figurait déjà dans le manuscrit *De principiis* (1638-1639) comme préliminaire au développement de la philosophie première.

5. Le terme de jargon est employé par Hobbes lui-même à propos du vocabulaire des formes substantielles: « For the Interpreting of which *Jargon*, there is need of somewhat more than ordinary attention in this place », *Lev*, XLVI, éd. Macpherson, p. 689. Cette notion a été bien analysée dans un article à paraître de Luc Foisneau, « Hobbes et la traduction de la langue des scolastiques : l'invention d'un nouveau critère d'intelligibilité ».

6. Cf. *Lev*, IV, p.108 ; XLVI, p. 692.

7. Cf. *ibid.*, XLVI, p. 689-691.

Mieux, le statut de la philosophie, comme celui de la théologie, semble parfois tenir au fait que le sens d'un terme ou d'une série de termes bascule, soit du fait d'un penseur particulier, soit, plus profondément, à l'issue d'un problème de traduction du grec en latin (ou l'inverse). Ainsi, c'est autour du terme *ousia* et de sa traduction déformante par *substantia* que se noue un moment fondamental de l'histoire de la pensée.

3. La compatibilité des deux premiers points est assurée par une théorie de la traduction. Les langues classiques sont liées à la philosophie parce qu'elles conservent son histoire sous forme de significations sédimentées, histoire par rapport à laquelle Hobbes situe ses propres infléchissements ou redressements sémantiques, mais l'usage du latin comme langue savante favorise les distorsions verbales d'une vaine philosophie. Il importe donc de disposer d'un moyen de contrôle de l'usage philosophique du latin, ce moyen est fourni par la traduction en langues modernes selon le principe suivant : « ce qui ne peut pas être rendu intelligible dans la plupart de ces langues [modernes] n'est pas intelligible dans le latin »[1].

Ces principes commandent le style philosophique de Hobbes lui-même : retravail du vocabulaire classique et pratique de la traduction.

Yves Charles ZARKA
Directeur du GDR-988 du CNRS

1. Cf. *ibid.*, p. 702, traduction de F. Tricaud, Paris, Şirey, 1971, p. 693. Cette conception de la traduction a été bien dégagée par M. Pécharman qui, en outre, montre que Destutt de Tracy l'applique au texte de Hobbes lui-même dans sa traduction de la *Computatio*, « Une marginalité équivoque : Destutt de Tracy lecteur de la *Computatio* », in *La Marge*, Publication de la Faculté des Lettres de Clermont-Ferrand, 1988, pp. 169-191.

LE VOCABULAIRE DE L'APPARAÎTRE : LE CHAMP SÉMANTIQUE DE LA NOTION DE *PHANTASMA*

L'exploration du champ sémantique de la notion de *phantasma* dans l'œuvre de Hobbes est une tâche particulièrement complexe. Je ne parle pas seulement de la difficulté matérielle qu'il y a à suivre les occurrences d'un terme dans un corpus dont nous ne disposons pas d'*index verborum* [1], nous y sommes tous confrontés quel que soit le concept envisagé, je parle aussi et surtout de la complexité interne de la notion, c'est-à-dire de la multiplicité, de la superposition et du chevauchement des significations qui en constituent le champ sémantique. Dans le vocabulaire de Hobbes le terme de *phantasma* me paraît en effet se distinguer par trois caractères et soulever trois problèmes.

On notera premièrement qu'il s'agit d'un terme permanent du vocabulaire de Hobbes. Ce qui implique qu'on ne saurait en rendre raison ni par l'occasion, ni par l'usage courant. Les concepts philosophiques s'élaborent dans les mots – ce n'est pas Hobbes qui me contredira sur ce point –, or certains mots sont parfois si intimement solidaires d'une pensée qu'ils en expriment un aspect fondamental. Je crois que *phantasma* fait partie de ces termes privilégiés du vocabulaire de Hobbes dont l'examen est susceptible de nous livrer une dimension essentielle de sa philosophie. De ce premier caractère découle un second : la récurrence de ce terme à tous les niveaux du système, depuis le théorie de la sensation jusqu'à la théorie de la religion ou, plus précisément, de l'idolâtrie. Enfin, troisièmement, la notion de *phantasma* est polysémique. En effet, si Hobbes n'ajoute pas à ce terme un sens dont il n'était déjà traditionnellement porteur, en

1. A cet égard le corpus hobbesien n'a fait l'objet d'aucune recension systématique. L'index de l'édition Molesworth, tout en présentant quelque utilité, n'est qu'un index des matières et non des termes et des locutions. La constitution d'un index complet du vocabulaire est en cours de réalisation dans le cadre des travaux du GDR-988 du CNRS.

revanche il en reprend les significations multiples dans le cadre de ce qui semble bien être une systématisation propre. Notre enquête ne pourra donc mettre entre parenthèses l'exigence d'une recherche des sources de l'usage qu'il en fait.

A partir de ces traits spécifiques, la notion me paraît soulever trois problèmes. Le premier tient à ce qu'elle appartient aux termes du vocabulaire grec que Hobbes utilise parfois de préférence à leurs correspondants latins. Certes, la translittération du grec en latin, en ce qui concerne φάντασμα, φαντασία et d'autres termes apparentés, est ancienne. Pour *phantasia* son usage s'est même imposé dans le vocabulaire philosophique malgré la traduction par *visum* que Cicéron en donne, dans son propos sur Zénon, et à laquelle il se tient [2]. Dans la perspective qui nous intéresse ici, on notera que ces termes ont fait partie de l'héritage scolastique et néoscolastique d'Aristote. On les retrouve par exemple dans le commentaire du *De Anima* par Thomas d'Aquin [3]. En revanche, Roger Bacon dans son *De multiplicatione specierum* [4], traduit régulièrement, quand il se réfère au *De Anima*, φάντασμα par *species*. Au début du XVIIe siècle, Eustache de Saint-Paul [5] utilise la notion de *phantasma* conjointement à celle de *species*. Plus fondamentalement, *phantasma* est employé par Francis Bacon et par Descartes, mais très localement et très peu fréquemment par rapport à l'usage qu'ils font de *phantasia*. Par exemple, le premier l'utilise à deux reprises dans le *Novum Organum* [6] pour désigner ce qui fait obstacle au savoir, le second l'utilise également à deux reprises dans les *Regulae*, dans la même page de la Règle XII [7]. La transcription

2. CICÉRON, *Academica*, I, XI, 40, Cambridge-Massachusetts / London, Harvard University Press / W. Heinemann LTD, (Loeb Classical Library) p. 448.

3. THOMAS d'AQUIN, *Commentaria in tres libros Aristotelis de Anima*, Louvain, 1901, cf. en particulier III 5b, p.195 et III 6a, pp. 199-200.

4. Roger BACON, *De multiplicatione specierum*, édition critique par David C. Lindberg, Oxford, Clarendon Press, 1983.

5. Textes cités par Étienne GILSON, *Index scolastico-cartésien*, pp.138-139

6. Francis BACON, *Novum Organum*, édition J. Spedding, R.L. Ellis et D.D. Heath, vol. I, Stuttgart, 1963, p.143, l. 2 et 256, l. 6. Le repérage est facilité grâce au travail de Marta FATTORI, *Lessico del 'Novum Organum' di Francesco Bacone*, 2 vol., Rome, Edizioni dell'Ateneo, 1980.

7. DESCARTES, *Regulae ad directionem ingenii*, édition Adam et Tannery, T. X, Paris, CNRS-Vrin, 1974, p. 423, l. 4 et l. 13. Le repérage est facilité grâce au travail de J.-R. ARMOGATHE et J.-L. MARION, *Index des Regulae ad directionem ingenii de René Descartes*, Rome, Edizioni dell'Ateneo, 1976. C'est, en particulier, l'usage des termes de *phantasia* et de *phantasma* qui a permis à J.L. Marion de montrer à la fois la référence et l'écart de la théorie cartésienne de la '*phantasia vel imaginatio*' par rapport à la théorie aristotélicienne dans les annotations à sa

française *phantosme* est employée par Cureau de La Chambre dans son *Traité de la connaissance des animaux* (1648) : «Car bien que j'ay asseuré que l'Imagination forme elle-mesme son Phantosme, j'ay neantmoins tousjours dit qu'elle le formoit sur le modelle des Espèces sensibles qui sont receuës dans les organes des sens» [8]. Ces indications, quoique partielles, attestent que la notion de *phantasma* fait bien partie du vocabulaire de la théorie cognitive à l'époque de Hobbes. Dans son *Lexicon Philosophicum* (1613) Goclenius en répertorie du reste les différents sens traditionnels. Mais cet usage reste, comme on le voit, très limité et très local.

Or, précisément, ce qui caractérise en propre le vocabulaire de Hobbes, c'est, d'une part, l'inversion de la fréquence des occurrences de *phantasia* et de *phantasma* – au profit du second – et, d'autre part, la détermination à maintenir ces termes face à leurs correspondants latins *imaginatio, imago, species,* etc. Il s'agit là, nous le verrons d'une option philosophique qui repose sur l'idée selon laquelle, en l'occurrence, le latin traduit mal ou incomplètement le grec. On sait que Hobbes traduit et se traduit lui-même. Or, traduisant et se traduisant lui-même, il nous indique qu'il n'est quelquefois pas possible de traduire.

Le second problème concerne les correspondances lexicales que Hobbes établit entre φάντασμα et une série d'autres termes qu'il donne comme des équivalents ou plutôt des quasi-équivalents. A l'absence d'un terme unique pour rendre le sens de cette notion, Hobbes substitue une série. Pour établir la liste de ces équivalents, j'ai tâché de repérer dans les œuvres latines [9] les passages dans lesquels *phantasma* était lié à

traduction des Règles III, VIII et XII, cf. *Règles utiles et claires pour la direction de l'esprit en la recherche de la vérité*, La Haye, Martinus Nijhoff, 1977. Sur l'imagination à l'époque de Descartes on pourra également consulter le bel article de J.-R. ARMOGATHE, «L'imagination de Mersenne à Pascal», in *Phantasia-Imaginatio, V Colloquio Internazionale del Lessico Intellettuale Europeo*, sous la direction de M. Fattori et M. Bianchi, Rome, Edizioni dell'Ateneo, 1988, p. 259 et sq. L'ensemble de ce volume comporte des études particulièrement intéressantes. Pour le XVIIe siècle on pourra en particulier se référer, dans le même volume, à l'étude suggestive d'A. ROBINET, «*Imagination* dans les *Œuvres Complètes* de Malebranche», pp. 273-283.

8. CUREAU DE LA CHAMBRE, *Traité de la connaissance des annimaux*, Paris, Fayard, 1989, p.70.

9. Les textes latins sur lesquels nous avons effectué notre enquête sont : tout d'abord la *Critique du 'De Mundo' de Thomas White* (= *Exam.DM*), édition Jacquot et Jones, Paris, CNRS-Vrin, 1973, le *De Corpore* (= *DCo*), édition Molesworth, *Opera latina*, vol. I (= *OL* I), Londres, 1839, et la version latine du *Léviathan* (= *Lev*), *OL* III. A ces œuvres s'ajoutent les textes sur l'optique

un autre terme par les particules *sive, vel* ou par la locution *id est*. J'ai également fait le travail sur les textes anglais [10] en recherchant les occurrences où l'équivalence est établie par *or* ou *that is*. Nous verrons que le passage du latin à l'anglais ou l'inverse pose un problème spécifique. Si l'on s'en tient pour l'instant aux textes latins, on constate que Hobbes donne comme équivalents de *phantasma : apparitio, apparentia, repraesentatio, species, imago, imaginatio, conceptus, cogitatio, idea, idolum, spectrum* [11]. Or, ce tableau de correspondances lexicales pose immédiatement le problème du champ sémantique : Hobbes utilise-t-il un concept vague et équivoque de *phantasma,* dont il ferait jouer tour à tour les significations multiples et enchevêtrées ?, ou, à l'inverse, y a-t-il une organisation de ce champ sémantique qui nous permette de distinguer des strates de signification par mise en série des termes, chacune de ces strates correspondant à un palier du système ?

Le troisième problème découle immédiatement de ces questions : peut-on repérer l'intention, voire la théorie philosophique, qui, sans être explicitement thématisée, organise implicitement le champ de ces strates superposées de signification? Une théorie du phantasme qui irait de ce qui apparaît aux sens, c'est-à-dire du phénomène, jusqu'aux plus folles productions de l'imagination, sources de l'idolâtrie. En somme, une théorie de la constitution de l'esprit humain, aussi bien de ce qui lui apparaît que de ce qu'il fait apparaître.

L'examen du champ sémantique de la notion de *phantasma* pourra ainsi nous apporter des éléments susceptibles d'éclairer un double

Tractatus Opticus I (= *TO* I), OL V, pp. 217-248 et *Tractatus Opticus* II (= *TO*.II), British Museum, Harl. MS 6796.

10. Les textes anglais que nous avons examinés sont : les *Elements of Law* (= *EL*), édition Tönnies, Londres, Frank Cass, 1969; la version anglaise du *Léviathan* (= *Lev*), édition Macpherson, Penguin Books, 1968 (traduction F. Tricaud, Sirey, 1971, la page de la traduction suit, après une barre oblique, l'indication de la page de l'original anglais); et la version anglaise du *De Corpore*, édition Molesworth, *English Works* (= *EW*), vol. I. A ces œuvres s'ajoutent ici aussi les textes optiques le *Short Tract* (= *ST*) texte et traduction par J. Bernhardt, Paris, PUF, 1988, et *A Minute or first Draught of the Optiques* (= *FD*), British Museum, Harl. MS 3360. Pour une comparaison terme à terme du latin à l'anglais, seule la mise en rapport des deux versions (publiées en 1651 pour la version anglaise et en 1668 pour la traduction latine) du *Léviathan* est véritablement significative, puisqu'il est plus que probable que la traduction anglaise du *De Corpore* n'est pas de Hobbes lui-même, et que les *Elements of Law* n'ont pas de correspondant latin.

11. Pour la raison indiquée au début de cette étude, il ne m'est pas possible de garantir le caractère exhaustif de cette série.

enjeu philosophique. Le premier concerne le statut de l'esprit et de ses activités dans le cadre d'une pensée qui entend en rendre compte à partir du corps et de processus corporels entièrement interprétables en termes de matière et de mouvement. On sait que pour Hobbes seul le corps comporte la teneur ontologique d'un *ens* (d'où suit la négation permanente de l'existence d'une substance spirituelle distincte), alors que l'apparition (dans la sensation, l'imagination et la mémoire) est comme telle un *non-ens*. Mais cette légèreté ontologique du phantasme, loin d'interdire la constitution d'une théorie cohérente et originale de la vie mentale, au contraire l'exige. Le second enjeu concerne la spécificité de la conception hobbesienne du phantasme qu'il sera possible de déterminer en repérant les sources auxquelles il emprunte à la fois son vocabulaire et certains aspects de sa doctrine.

Pour tenter de mener à bien cette réflexion, j'aborderai trois points : l'analyse de la place du terme *phantasma* dans le vocabulaire de la théorie cognitive; la question des sources de l'usage de ce terme et l'inflexion spécifiquement hobbesienne de sa signification ; enfin, les linéaments d'une théorie de l'esprit humain.

I. LA PLACE DE LA NOTION DE *PHANTASMA* DANS LE VOCABULAIRE DE LA THÉORIE COGNITIVE

Le terme *phantasma* fait partie du vocabulaire de l'apparaître que Hobbes utilise soit en grec soit en translittération latine et dont il définit successivement les termes. Commençons par le phénomène,τὸ φαινόμενον:

> Phaenomena autem appellantur quaecunque apparent sive a natura nobis sunt ostensa (*DCo* XXV, 1, p.316).
>
> Or, on appelle phénomènes toutes les choses qui apparaissent, c'est-à-dire nous sont montrées par la nature.

Les phénomènes sont donc les effets de la nature connus par les sens: ce dont la physique a pour objet de rechercher les causes. C'est là une définition tout à fait classique du phénomène. Ce qui l'est en revanche moins, c'est précisément qu'il y ait du phénomène – une dimension de l'apparaître – dans une philosophie qui réduit toute réalité à de la matière en mouvement. Autrement dit, le phénomène n'est pas un effet comme un autre, il se distingue, dans sa dimension d'apparition, des effets mécaniques que les corps produisent les uns sur les autres. Cette spécificité du phénomène comme tel est soulignée par

Hobbes : juste après la définition donnée ci-dessus, il ajoute en effet que, parmi tous les phénomènes, c'est l'apparaître (τὸ φαίνεσθαι) lui-même qui est le plus admirable. Qu'il y ait des êtres pour lesquels il y ait de l'apparaître, tel est ce dont il faut rendre compte. L'explication psycho-physique par les causes fait intervenir la notion de φάντασμα dès la définition de la sensation :

> Sensio est ab organi sensorii conatu ad extra, qui generatur a conatu ab objecto versus interna, eoque aliquandiu manente per reactionem factum phantasma (*DCo* XXV, 2, p.319).

L'explication causale en termes de *conatus* n'intéresse pas directement notre propos. En revanche, on notera que, sur le rapport entre le phantasme et le sens, la position de Hobbes est sans équivoque. Le phantasme est l'acte de sentir *(sentiendi actus)* et ne diffère de la sensation que comme *fieri* de *factum esse*. Encore faut-il ajouter que cette différence même s'annule puisque le phantasme et la sensation se produisent au même instant : *facto autem phantasmate, sensio simul facta est*. Ainsi la sensation est le phantasme originaire *(phantasma originale)* à partir duquel sont pensées toutes les autres modalités de la vie cognitive (cf. *Lev, OL* III, p. 6). Deux propriétés de la sensation permettent de lui accorder ce statut. La première tient à ce que l'apparition sensible paraît à l'extérieur de l'être sentant[12]. La seconde tient à ce que le mouvement en quoi consiste la seule réalité, hors de nous, comme en nous, de la sensation ne soit pas éprouvé comme du mouvement mais comme l'apparition de telle ou telle qualité sensible[13].

La sensation est donc le mode originaire par lequel s'ouvre l'apparaître, c'est-à-dire la conscience d'extériorité. Cependant, la sensation ne peut être isolée des autres facultés cognitives que pour les besoins de l'analyse. En effet, il ne peut y avoir à proprement parler de sensation, s'il n'y a pas comparaison et distinction des phantasmes : à la sensation est attachée une variété perpétuelle d'apparitions distinctes (cf. *DCo*, XXV, 5, pp. 320-321). La sensation est donc liée à l'imagination et à

12. «Quoniam igitur motui, ab objecto per media ad organi partem intimam propagato, fit aliqua totius organi resistentia sive reactio per motum ipsius organi internum naturalem, fit propterea conatui ab objecto conatus ab organo contrarius ; ut cum conatus ille ad intima ultimus actus sit eorum qui fiunt in actu sensionis, tum demum ex ea reactione aliquandiu durante ipsum existit phantasma ; quod propter conatum versus externa, semper videtur (φαίνεται) tanquam aliquid situm extra organum» (*DCo,* XXV, 2, p. 318).

13 «Ces mouvements nous apparaissent sous forme de phantasmes, aussi bien lorsque nous veillons que lorsque nous rêvons» (*Lev,* I, p. 86/p 12; cf. *Exam.DM,* IX, 4, p. 162).

la mémoire: la conscience d'extériorité ne peut être séparée de la conscience du temps.

Sensation et imagination sont une seule et même chose (cf. *Exam. DM,* XXX, 4, pp. 350-351), à ceci près cependant que l'imagination est la sensation lorsque l'objet est absent. En l'absence de l'objet, le phantasme demeure en effet, quoique moins distinct: «Mais il est d'usage d'appeler sensation le mouvement de l'organe d'où naît le phantasme que si l'objet est présent, mais lorsque l'objet est éloigné ou dépassé, le phantasme demeurant cependant, il est d'usage de l'appeler *phantasia* et en latin *imaginatio*» (*DCo*, XXV, 7, p. 322). Ce qui nous retiendra ici particulièrement, c'est que, au sein même de son explication physiologique, Hobbes fasse intervenir une considération terminologique. Dans la suite immédiate du texte cité, il déclare en effet:

> Lequel mot [*imaginatio*], puisque les phantasmes ne sont pas tous des images, ne correspond pas adéquatement au mot *phantasia* pris dans sa généralité. Mais nous l'utilisons avec suffisamment de sécurité si nous l'entendons désormais comme la *phantasia* des Grecs (*ibid.*, pp. 322-323)[14].

La question du rapport entre les termes *phantasia* et *imaginatio* est donc reprise ici par Hobbes, en même temps qu'est soulignée l'impossibilité d'une traduction transparente de l'un par l'autre. On peut considérer comme un commentaire de ce texte le passage suivant de la version anglaise du *Léviathan :* «Et c'est là ce que les Latins appellent *imagination,* à cause de l'image produite par la vision ; et ils appliquent le même mot aux autres sensations quoique improprement. Mais les Grecs appellent cela *Fancy* ce qui signifie apparition, et convient également bien à toutes les sensations» (*Lev*, II, p. 88/p. 15). Le terme *fancy* est pris ici pour φαντασία. Cependant, lorsqu'on compare de manière précise la version anglaise et la version latine de cette œuvre, on s'aperçoit que *fancy* est rendu, dans la version latine, aussi bien par *phantasma* que par *phantasia.* Quoi qu'il en soit, on notera que Hobbes s'explique lui-même sur sa terminologie, et qu'il justifie par une exigence sémantique le maintien de transcriptions latines ou anglaises du grec.

14. Voici le texte correspondant aux deux précédentes citations: « Solet autem motus organi, ex quo oritur phantasma, non nisi praesente objecto, sensio appellari : remoto autem sive praetervecto objecto, manente tamen phantasmate, phantasia, et Latinis imaginatio ; quae vox, quoniam non omnia phantasmata imagines sunt, phantasiae generaliter sumptae adaequate non congruit. Ea tamen, jam satis intellecta pro phantasia Graecorum, satis tuto usuri sumus ».

On peut ajouter à cela quelques remarques sur le sort de *phantasma* dans les textes anglais. Hobbes l'utilise dès le *Short Tract :* «By a Phantasma we understand the similitude or image of some externall obiect, appearing to us, after the externall obiect is removed from the Sensorium; as in Dreames» (III, princ. 2, p. 40). Le terme se retrouve dans les œuvres postérieures dans des contextes semblables à ceux où il figure dans les œuvres latines. Seuls les *Elements of Law* semblent faire exception. En effet, Hobbes y réduit la signification du phantasme à une espèce particulière d'image: l'image purement illusoire qui suit une sensation forte et de longue durée[15]. Le phantasme perd ici son sens d'apparition en général pour ne plus désigner que l'aspect illusoire de l'image : l'apparence.

Indépendamment de cette position, la fiction est considérée par Hobbes comme un genre particulier de phantasme. Si l'imagination en général se définit comme une sensation dégradée ou en train de s'effacer, c'est-à-dire un phantasme appauvri et privé de consistance, *sensio deficiens sive phantasma dilutum et evanidum* (*Lev*, OLIII, II, p. 8), la fiction mentale, *figmentum animi*, correspond, non à une *imaginatio simplex* mais à une *imaginatio composita* qui consiste à composer les images de différentes choses pour en faire l'image d'un centaure par exemple.

De l'imagination à la mémoire, la différence ne tient qu'au mode de considération du phantasme : «l'*imagination* et le *souvenir* ne sont qu'une seule chose, qui porte des noms différents quand on se place à des points de vue différents» (*Lev*, II, p. 89/p. 16). Par le premier terme on désigne le phantasme lui-même, tandis que par le second on désigne sa dégradation. Dans le *De Corpore,* Hobbes peut ainsi écrire :

> Non enim differunt inter se φαντάζεσθαι et *meminisse,* nisi quod *meminisse* supponit tempus praeteritum, φαντάζεσθαι autem minime. In memoria phantasmata tanquam tempore attrita considerantur ; in phantasia ut sunt (*DCo*, XXV, 8, p. 324).

Le vocabulaire de l'apparaître se retrouve, bien entendu, dans la définition de l'expérience qui résulte de la répétition des mêmes sensations et de l'accumulation des souvenirs, ainsi que dans celle du

15. «There is yet another kind of imagination, which for clearness contendeth with sense, as well as dream ; and that is, when the action of sense hath been long or vehement : and the experience thereof is more frequent in the sense of seeing, than the rest. An example whereof is, the image remaining before the eye after a steadfast looking upon the sun. Also, those little images that appear before the eyes in the dark (whereof I think every man hath experience, but they most of all, that are timorous or superstitious) are examples of the same. And these, for distinction-sake, may be called PHANTASMS » (*EL*, I, III, 5, p.10).

discours mental[16] qui est l'enchaînement des phantasmes dans les sens et l'imagination. Enfin au niveau du discours verbal, c'est une composition d'idées ou de phantasmes qui répond à la composition des noms et leur assure une signification (cf. *DCo*, II, 14, p. 22).

Toute la vie cognitive est donc bien définie à partir du phantasme, reste maintenant à en saisir les déterminations structurelles. Quatre propriétés définissent de manière permanente le phantasme. Premièrement, le phantasme est toujours pensé en fonction d'un sujet et d'un objet. L'objet a un double statut : il est à la fois cause de l'apparition et ce qui apparaît (cf. *DCo*, XXV, 3, p. 319). Le sujet est l'être sentant. Le phantasme est inhérent au sujet, dont il est un accident, non à l'objet qui y est visé. C'est pourquoi une fois produit, le phantasme ne dépend pas de l'existence des corps extérieurs mais de la faculté d'imaginer (*Exam.DM,* III, 1, p. 117). Deuxièmement, il s'ensuit que le phantasme peut être considéré sous deux rapports, à savoir comme accident interne de l'esprit ou comme apparition des choses extérieures (*DCo*, VII, 1, p. 82). Au premier point de vue, toute sa réalité se ramène à un mouvement dans l'esprit, au second point de vue, il présente ou représente (l'équivalence entre *phantasma* et *repraesentatio* se rencontre assez souvent) quelque chose, sans être lui-même une chose, c'est-à-dire sans pouvoir recevoir le statut d'une réalité. On comprend donc que, troisièmement, le phantasme, considéré indépendamment de l'objet qui le cause et du sujet auquel il est inhérent, c'est-à-dire comme pur apparaître, soit tenu pour un *non-ens,* ou comme une pure semblance *(seeming),* apparence ou fiction (cf. *Exam.DM,* III, 4, p. 119). De là il suit que, quatrièmement, le statut du phantasme est pris entre deux registres : celui de l'apparaître et celui de l'apparence. Mais il s'agit moins là d'une ambiguïté que du résultat d'un double point de vue. Le phantasme n'est pas une illusion, puisque les phénomènes sensibles sont déjà des phantasmes. Mais il prend ce caractère lorsqu'on le confond avec l'objet selon deux modalités possibles, sensible ou intellectuelle : la première est l'illusion des sens, la seconde est l'illusion où se laissent prendre les philosophes lorsqu'ils parlent des images des choses comme s'il s'agissait des choses elles-mêmes (cf. *Exam.DM,* IV, 1, p. 125).

16. « Ortus perpetuus tum sentientibus tum cogitantibus phantasmatum, id ipsum est, quod appellari solet animi discursus ; et communis est hominibus cum brutis; nam is, qui cogitat, transeuntia phantasmata comparat, id est, similitudinem vel dissimilitudinem inter ea animadvertit » (*DCo*, XXV, 8, p.325).

II. SOURCES DE LA NOTION HOBBESIENNE DE *PHANTASMA*

Nous l'avons noté, l'usage du terme *phantasma* semble peu répandu à l'époque où Hobbes écrit. Il appartient pourtant à une tradition médiévale de lecture d'Aristote. Thomas d'Aquin le reprend dans son commentaire du *De Anima,* et ailleurs, conjointement à la notion de *phantasia.* De même qu'Aristote mettait en relation étymologique φαντασία avec φάος [17], Thomas d'Aquin propose φῶς d'où vient φανός et les termes correspondants *apparitio, illuminatio* et *phantasia* [18]. Le terme *phantasma* comporte chez lui le double sens d'image ou imagination, il désigne alors la représentation d'une chose en son absence, et d'apparence ou illusion. Sans nier l'importance qu'a pu avoir sur Hobbes la lecture de tel ou tel texte de philosophie scolastique, il est cependant bien plus probable que sa source immédiate se trouve dans la philosophie antique, en particulier chez Aristote lui-même. Mais avant d'aborder la question essentielle de l'influence du *De Anima* sur la conception de la vie cognitive chez Hobbes, nous commencerons par comparer sa conception du phantasme aux conceptions stoïciennes et sceptiques qu'il n'a pu manquer de connaître.

Les Stoïciens reprennent l'étymologie aristotélicienne de φαντασία mais, comme l'a montré V. Goldschmidt [19], pour en modifier profondément la signification. En effet d'après Chrysippe « La représentation (φαντασία) tire son nom de celui de la lumière (φῶς), car, de même que la lumière fait voir, tout ensemble, elle-même et les objets qu'elle enveloppe, de même la représentation fait voir, tout ensemble, elle-même et l'objet qui l'a produite » [20]. Alors que pour Aristote la φαντασία est une faculté intermédiaire, susceptible d'erreur, entre la sensation et la pensée, pour Chrysippe elle est une affection de l'âme par laquelle «l'objet est présent 'en personne' et se fait connaître lui-même dans une *représentation compréhensive*» [21]. Avec la représentation, la vérité est donc donnée originairement dès le commencement de la connaissance, qui se distinguera ensuite en sensible et intelligible:

17. Aristote, *De Anima,* III, 3, 429 a 3-4 : « l'imagination (φαντασία) a tiré son nom de 'lumière' (φάος), car sans lumière il est impossible de voir », traduction E. Barbotin, Paris, Belles Lettres, 1989. Nous nous référons à cette traduction chaque fois que nous citons un passage du *De Anima.*

18. Cf. THOMAS d'AQUIN, *op. cit.,* pp. 201-202.

19. V. GOLDSCHMIDT, *Le système stoïcien et l'idée de temps,* Paris, Vrin 1969, p. 113, notes 1 et 3.

20. AETIUS, IV, 12, 1, J. von Arnim , *Stoicorum Veterum Fragmenta,* II, 54, Stuttgart, 1979, p. 21, la traduction est donnée par V.Goldschmidt, *op. cit.,* p. 113, note 1.

21. V. GOLDSCHMIDT, *ibid.*

> Les Stoïciens pensent que la théorie de la représentation et de la sensation vient en tête, parce que le critère par lequel on connaît la vérité des choses rentre dans le genre représentation, et parce que la théorie de l'assentiment, de la compréhension et de la pensée qui précède tout le reste, n'existe pas sans la représentation[22].

La φαντασία, ainsi considérée comme fondement originaire de la vérité, est distinguée du φάντασμα entièrement imaginaire et illusoire : «La représentation (φαντασία) diffère de l'imagination (φάντασμα) ; l'imagination est une apparence de pensée, telle qu'elle a lieu dans les rêves, la représentation est une empreinte dans l'âme, c'est-à-dire une altération, comme dit Chrysippe au deuxième livre 'De l'âme'»[23].

On peut repérer sans difficulté ce qui distingue la conception de Hobbes des positions stoïciennes. Le point commun se réduit à l'exigence présente, de part et d'autre, d'un principe originaire à partir duquel se déploient toutes les différences qui affectent la vie cognitive. Mais, d'une part, ce principe est, pour Hobbes, le phantasme que précisément les Stoïciens rejettent dans l'imaginaire pour faire de la représentation compréhensive le critère de la vérité, et d'autre part, le principe que le phantasme fournit, chez Hobbes, aux différentes modalités de la pensée n'est nullement un critère de vérité.

La conception hobbesienne se distingue également fortement du phénoménisme sceptique. Ici la φαντασία produit des φαινόμενα et des φαντάσματα. Les seconds sont des illusions alors que les phénomènes sont notre manière de voir les objets (ὑποκείμενα). Les phénomènes ne sont jamais mis en question, contrairement à ce qui est dit du phénomène. Ainsi selon Sextus Empiricus : «Voici le plus important : dans l'énoncé de ces expressions, il expose ce qui lui apparaît et il rapporte sans opinion théorique sa propre disposition, sans rien assurer sur les objets extérieurs»[24]. En s'en tenant à ces remarques, on peut dire que Hobbes se distingue du scepticisme sur trois points : 1/ il

22. DIOGENE LAERCE, *Vies et opinions des philosophes,* VII, 49, traduction E. Bréhier, revue par V.Goldschmidt, in *Les Stoïciens*, Paris, Gallimard, 1962, p. 32. Texte original établi par R.D. Hicks, Cambridge-Massachusetts / London, Harvard University Press / W. Heinemann LTD, (Loeb Classical Library), II, p. 158.

23. *Ibid.*, VII, 50, pp. 32-33.

24. SEXTUS EMPIRICUS, *Hypotyposes pyrrhoniennes*, I, 15, traduction Jean Grenier et Geneviève Goron, Aubier-Montaigne, 1948, p. 161. Texte original établi par R.G. Bury, Cambridge-Massachusetts / London, Harvard University Press / W. Heinemann LTD, (Loeb Classical Library), p. 10. Sur le scepticisme et son développement on consultera le livre de Jean-Paul DUMONT, *Le scepticisme et le phénomène,* Paris, Vrin, 1985.

n'oppose pas les notions de phantasme et de phénomène, 2/ sa philosophie n'ouvre nullement sur l'exigence d'une suspension du jugement sur les objets extérieurs non manifestes, 3/ il ne fait nullement du phénomène un critère dont le témoignage l'emporte sur celui de la raison.

Au-delà des élaborations stoïciennes et sceptiques, c'est dans le *De Anima* et les *Parva Naturalia* d'Aristote que se trouve la source principale et directe de la conception hobbesienne de l'imagination et du phantasme :

> Si donc l'imagination (φαντασία) est cette fonction dont on dit qu'elle produit en nous l'image (φάντασμα), tout usage métaphorique du mot étant exclu, elle est, parmi d'autres, une faculté ou un état qui permet de juger en étant dans la vérité ou l'erreur (*De Anima,* III, 3, 428 a 1-5).

La théorie aristotélicienne de l'imagination présente bien des aspects que Hobbes reprendra pour ainsi dire à la lettre. Cela concerne tout d'abord les déterminations générales de l'imagination conçue comme : 1/ faculté qui se distingue de la sensation mais qui n'existerait pas sans elle, 2/ capacité de retenir des images qui ressemblent aux sensations, 3/ et donc de représenter les objets en leur absence. Mais cela concerne aussi et surtout des déterminations plus particulières, comme la définition de l'imagination en termes de mouvement : « lorsqu'une chose est en mouvement, une autre chose peut être mue par la première ; en outre, l'imagination est semble-t-il un mouvement, ne peut se produire sans la sensation, n'est accordée qu'aux êtres sentants et porte sur les mêmes objets que la sensation ; enfin, un mouvement peut être engendré par la sensation en acte et par suite sera nécessairement semblable à la sensation » (*De Anima,* III, 3, 428 b 11-14). Hobbes avait certainement ce texte d'Aristote, sinon sous les yeux, du moins présent à l'esprit lorsqu'il écrivait :

> De même qu'une eau immobile mise en mouvement par le choc d'une pierre ou un coup de vent ne cesse point de se mouvoir aussitôt que le vent s'arrête ou que la pierre s'immobilise, de même ne cesse point l'effet que l'objet a opéré dans le cerveau aussitôt que l'objet, lorsque l'organe se détourne, cesse de l'opérer ; c'est-à-dire que, bien que la sensation soit passée, l'image ou conception reste, mais de façon plus obscure quand nous sommes à l'état de veille [...] Et cette obscure conception est ce que nous appelons PHANTAISIE OU IMAGINATION ; en effet, par définition, l'imagination est une conception qui reste et peu à peu se dégrade après l'acte de

sensation et par rapport à lui (*EL*, I, III, 1, p. 8[25]; cf. *Lev*, II, p. 88/pp. 14-15).

Mieux, la caractérisation de l'imagination comme sensation dégradée ou affaiblie est celle qu'Aristote donne dans un passage de la *Rhétorique*: « l'imagination est une sensation faible »[26]. Il en va encore de même pour l'identité de l'imagination et de la mémoire à la différence temporelle près: « Les choses qui, en elles-mêmes, sont objets de mémoire sont toutes celles qui relèvent de l'imagination »[27].

Cette reprise hobbesienne d'Aristote se retrouve également à propos du phantasme. Comme Aristote, Hobbes ne réduit nullement le phantasme au statut de pure illusion, sans pour autant lui ôter tout caractère imaginaire. Pour les deux philosophes, les trois propriétés principales du phantasme sont: 1/ de se former une fois que la sensation a disparu (mais, sur ce point, Hobbes fait intervenir le phantasme dès l'acte de sentir); 2/ de comporter une ressemblance avec la sensation (ici Hobbes ajoute à l'imagination la faculté de composer des images); 3/ de servir de substitut de la sensation dans la pensée. Ainsi, pour Hobbes comme pour Aristote, la pensée discursive s'exerce sur des phantasmes: «Quant à la pensée discursive de l'âme, les phantasmes lui tiennent lieu de sensations. Et quand l'objet est bon ou mauvais, elle affirme ou nie, fuit ou poursuit. C'est pourquoi l'âme ne pense jamais sans phantasmes» (*De Anima,* III, 7, 431 a 15-16)[28].

Mais Hobbes soumet, dans ce domaine, comme en d'autres occasions, l'héritage aristotélicien de sa pensée à une réévaluation profonde. Tout d'abord, la conception purement mécaniste du réel modifie profondément la relation établie par Aristote entre le sens et le sensible. Dans une conception où le réel relève uniquement de l'ordre quantitatif, le qualitatif reflue entièrement sur la subjectivité[29]. En outre, chez Aristote le sens est conçu comme « la faculté apte à recevoir les formes sensibles sans la matière » (*De Anima,* II, 12, 424 a 18). Ce qui signifie que le sens reçoit l'empreinte de l'objet sensible, non l'objet existant lui-même. Les phantasmes, à leur tour,

25. La traduction est, bien que légèrement modifiée, celle de Louis Roux, Lyon, L'Hermès, 1977, p. 139.

26. ARISTOTE, *Rhétorique,* I, 11, 1370 a 27, traduction Médéric Dufour, Paris, Belles Lettres, 1967, p. 120

27. ARISTOTE, *De memoria et reminiscentia,* 450 a 24, in *Parva Naturalia,* traduction René Mugnier, Paris, Belles Lettres, 1965, p. 55.

28. Ce texte fournit sans doute la source de la conception hobbesienne du discours mental.

29. Cf. Yves Charles ZARKA, *La Décision métaphysique de Hobbes,* Paris, Vrin, 1987, pp. 27-35.

sont conçus, par rapport à la sensation, comme sans matière: « lorsque l'on pense, la pensée s'accompagne nécessairement d'une image (φάντασμα), car les images sont en un sens des sensations, sauf qu'elles sont sans matière» (*ibid.*, III, 8, 432 a 7-10). Cela implique que le phantasme est la saisie d'une forme d'un ordre d'abstraction plus élevé que celle que procure la sensation. Or, c'est précisément à une telle théorie de la connaissance que Hobbes semble directement s'opposer quand il reproche aux Anciens d'ignorer le processus de formation des phantasmes lorsqu'ils affirment qu'ils sont des «formes sans matières, une couleur et une forme sans corps coloré ou doté de figure» (*Lev.*, XLV, p.658/p.655). Hobbes modifie donc la théorie aristotélicienne du phantasme en l'inscrivant dans une théorie cognitive dont les exigences sont très différentes de celle d'Aristote. C'est cette théorie qu'il nous faut maintenant examiner.

III. SÉMANTIQUE DE LA NOTION DE *PHANTASMA* : LINÉAMENTS D'UNE THÉORIE DE L'ESPRIT

Hobbes établit, comme nous l'avons indiqué, une série d'équivalences entre la notion de *phantasma* et d'autres termes. Ce sont ces équivalences qui vont nous servir maintenant de guide pour repérer les strates de signification de la notion.

1. Phantasma sive repraesentatio [30]

Le phantasme comme représentation peut être considéré sous trois points de vue: dans sa cause physiologique, dans sa structure et dans son mode d'être.

Rappelons simplement, sur le premier point, que la représentation résulte, pour l'être sentant, d'un mouvement physiologique centrifuge, provoqué par le mouvement de l'objet sur les sens. Les qualités sensibles sont donc subjectives, elles relèvent d'une modification interne du sujet. Dans sa structure, la représentation est une apparition toujours extatique : ce qui apparaît paraît hors de nous, de telle sorte qu'il semble ne pas dépendre du pouvoir de l'esprit (cf. *DCo*, VII, 1, p. 82). Ce caractère extatique de l'apparition est ce qui fait d'elle une représentation. Dans son mode d'être, la représentation doit être distinguée de l'objet. Bien qu'elle soit provoquée par un objet et bien que ce que nous voyons ne soit pas le phantasme mais l'objet, il importe néanmoins de distinguer l'image et l'objet : « aliud est objectum, aliud

30. Cf. *Exam.DM*, IV, 1, p.125; *Lev*, *OL* III, p. 5.

objecti imago » (*Lev, OL* III, I, p. 6). A défaut de maintenir cette distinction, on tomberait dans la réification scolastique des espèces visibles ou intelligibles conçues comme émises par l'objet. Certes Hobbes ne rejettera pas complètement la notion de *species,* mais il la réinterprétera en fonction de sa conception de l'apparition. Si la représentation n'est pas une chose ou un être, cela ne signifie pas qu'elle ne soit rien : elle est un accident interne de l'esprit.

Subjectivité, extase, accidentalité : telles sont les déterminations que l'équivalence des termes *phantasma* et *repraesentatio* implique.

2. *Phantasma sive imago* [31]

De la notion de *repraesentatio* à celle d'*imago,* on passe des déterminations générales du phantasme à des déterminations plus particulières. Si bien que l'équivalence terminologique ne pourra être maintenue en toutes circonstances. Nous savons en effet que l'image est le phantasme lorsque l'objet est absent. Cette définition ne peut donc coïncider avec celle du phantasme en général, qui intervient dès la définition de la sensation. Au chapitre III de la *Critique du 'De Mundo',* Hobbes insiste fortement sur le fait que l'image dépend de l'imagination et non de l'objet qui a initialement provoqué la sensation. D'où découle, par passage à la limite, la possibilité d'une rémanence des images même si l'on suppose le monde annihilé. Tout ce qui sera donné dans l'image sous le coup de cette supposition sera dit imaginaire ou feint, et opposé à ce qui est réel ou vrai. Ainsi l'espace imaginaire, *spatium imaginarium,* qui est l'image ou le phantasme du corps, est opposé à l'espace réel, *spatium reale,* qui définit la corporéité elle-même (cf. *Exam.DM,* III, 1-2, pp. 116-117). De même le lieu est dit être une étendue feinte, *extensio ficta,* par opposition à la grandeur du corps qui est dite étendue vraie, *extensio vera* (cf. *DCo,* VIII, 5, p. 94).

Mais si la notion d'image ne recouvre pas la totalité de la notion de phantasme, l'inverse est également vrai. Au chapitre XLV du *Léviathan* (pp. 668-669/pp. 665-667), Hobbes donne trois définitions de l'image. Au sens propre et le plus strict, l'image est ce qui ressemble à quelque objet visible, c'est-à-dire un phantasme. Ce sens de l'image peut s'appliquer tant à l'apparition sensible rémanente qu'aux formes imaginaires qui habitent les rêves. En un sens plus large, l'image désigne une matière informée conformément à un phantasme. Enfin, par transposition, l'image peut désigner n'importe quelle chose dans la

31. Cf. en particulier, *Exam.DM,* III, 1-2, pp. 116-117.

mesure où elle en représente une autre. C'est ainsi, par exemple, que les rois sont appelés les images de Dieu, ou les magistrats, images du roi.

La signification du mot image ne recouvre donc celle du phantasme qu'au premier sens. Dans le second, elle ne désigne pas le phantasme mais les objets ou les œuvres que les hommes réalisent conformément à leurs phantasmes. Enfin, dans le troisième sens, elle n'a plus rien à voir avec le phantasme.

3. *Phantasma sive idea* [32]

Hobbes fait souvent jouer l'équivalence de ces deux termes, mais plus particulièrement lorsqu'il s'agit du rapport du langage à la pensée (cf. *DCo*, II, 14, p. 32). Cette équivalence a deux objectifs. D'une part, éviter toute distinction entre les idées de l'entendement et les phantasmes ou images de l'imagination. Cette position est réaffirmée dans les *Troisièmes Objections* aux *Méditations* de Descartes, et sera prolongée par Gassendi. D'autre part, et corrélativement, elle a pour fonction de ramener l'*intellectus* à l'*imaginatio* (cf. *Exam.DM*, IV, 1, pp. 125-126). L'idée réduite à l'image aura les mêmes propriétés qu'elle. On niera donc qu'il y ait des idées universelles, c'est-à-dire l'idée d'une chose prise absolument qui ne soit pas l'idée de telle ou telle chose en particulier. A partir de cette équivalence on peut également comprendre la réduction de la notion de *conceptus* à celle de *phantasma*.

4. *Phantasma sive spectrum / idolum* [33]

Avec cette équivalence on entre dans le domaine de la psychopathologie de l'esprit. Les idoles du cerveau ou les spectres sont des phantasmes réifiés. Cette réification intervient selon Hobbes à différents niveaux, mais en particulier dans la genèse de l'idolâtrie. C'est la méconnaissance de la nature du phantasme qui porte les hommes à

32. Cf. *DCo*, II, 9, p. 18 ; *ibid.*, 14, p. 22 ; *ibid.*, V,8, p. 53 ; *ibid.*, 9, p. 54 ; *ibid.*, VII, 3, p. 83. Cf. également *DCo*, XXV, 10, pp. 329-330 : « Phantasma a visu proprium est lumen [...]. Totum autem illud, figura *cum lumine vel colore*, a Graecis εἶδος, et εἴδωλον, et ἰδέα ; a Latinis species et imago, (quae voces omnes idem significant quod aspectus) appellari solet ». Cf. encore : *Exam.DM*, IV, 1, pp. 125-126, le paragraphe 1 est intitulé « Quid sit Intellectus, et quomodo res dicantur esse in Intellectu »

33. *Lev*, *OL* III, XXXIV, p. 281 : « Propria ergo significatio *spiritus*, in sermone vulgi, aut corpus subtile, fluidum, et invisibile est, aut spectrum, id est, idolum seu phantasma » ; cf. également *ibid.*, p. 286; *ibid.*, XLIV, p. 449; *ibid.*, XLV, p. 477 ; *ibid.*, pp. 483-485.

prendre certaines images mentales pour des choses extérieures. Ces productions d'une imagination délirante appartiennent au royaume des ténèbres. La crainte des démons et l'idolâtrie en résultent : « Rendre un culte à une image, c'est accomplir volontairement les actes extérieurs qui montrent qu'on honore soit la matière de l'image [...], soit le phantasme du cerveau à la ressemblance ou en représentation duquel la matière a été informée et dotée de figure, soit encore l'un et l'autre comme s'il s'agissait d'un corps animé, composé, comme d'un corps et d'une âme, de la matière et du phantasme » (*Lev*, XLV, p. 670/ p. 667). L'idolâtrie intervient également lorsqu'on fait ou croit faire une image de l'être qui transcende tout phantasme, et donc toute capacité humaine de représentation : « Il est évident, également, qu'il ne saurait y avoir d'image d'un objet infini [...] ; il ne saurait donc y avoir d'image de Dieu, ni de l'âme de l'homme, ni des esprits, mais seulement des corps visibles » (*ibid.*, pp. 668-669/ p.666). La formation des idoles du cerveau s'enracine dans les désirs et les craintes des hommes et affecte profondément l'organisation politique.

Par la réification imaginaire, on passe du phantasme au fantastique, aux « Phantasticall Inhabitants of the Brain » (*ibid.*, p. 669).

On le voit donc, les quasi-équivalences établies par Hobbes entre la notion de *phantasma* et une série d'autres notions ne relèvent ni de l'équivocité ni de la pure identité, elles s'organisent selon différentes strates dont chacune correspond à une dimension de la vie mentale.

Yves Charles ZARKA
CNRS, Paris

LE VOCABULAIRE DE L'ÊTRE DANS LA PHILOSOPHIE PREMIÈRE : *ENS, ESSE, ESSENTIA*

L'appartenance commune des termes *« ens », « esse », « essentia »*, au domaine définitionnel de la *philosophia prima,* ne signifie pas que l'on puisse tenir ces trois termes pour les éléments d'une même série sémantique ; tout au contraire, Hobbes procède à une division du vocabulaire de la *philosophia prima,* entre le champ d'application du terme *« ens »* d'une part, et le champ d'application des termes *« esse »* et *« essentia »* d'autre part. L'énumération qui juxtapose ces termes est, à elle seule, trompeuse : ils ne sont pas absolument distincts, puisque deux d'entre eux manifestent une unité, mais ils ne s'inscrivent pas non plus dans un *continuum,* puisqu'il n'y a d'homogénéité qu'entre *« esse »* et *« essentia. »*. Les définitions proposées par Hobbes dans l'*Anti-White*[1], où *« ens »* et *« esse »* sont des enjeux polémiques récurrents, témoignent d'une scission terminologique qui constitue bien plus qu'une simple péripétie dans l'histoire du vocabulaire ontologique. L'examen du *De Mundo* radicalise en effet la question du lexique même de la *philosophia prima,* en faisant de la détermination de ses éléments principaux un problème qui ne saurait être résolu que par une nouvelle logique, à l'aide d'une typologie des genres de noms qui fournit aussi la règle de leurs usages propositionnels légitimes. L'efficace de cette logique se vérifie en fait avant même l'explicitation de ses principes : la division de la *philosophia prima* en deux champs sémantiques est une nécessité absolue, attestée selon Hobbes par la distinction, chez Platon comme chez Aristote, entre *to on* et *to einai*[2] ; sans être les auteurs de la division sémantique qui fonde cette distinc-

1. Nous utiliserons cette abréviation (ou *Exam.DM, AW*) pour désigner la *Critique du « De Mundo » de Thomas White* (éd. par J. Jacquot et H.W. Jones, Paris, Vrin, 1973). Pour les définitions des dénominations *« ens »* et *« esse »*, cf. XXVII, 1 et XXXIV, 2.

2. Cf. pour Platon et Aristote, *Exam.DM, AW*, XXVII, 1, respectivement p. 314 et p. 313, et pour Aristote seul, XXXIV, 2, p. 381, et XXXV, 1, p. 387.

tion, Platon et Aristote en sont inévitablement les acteurs, car il est impossible de ne pas distinguer *ens* et *esse*, *to on* et *to einai*, sans quoi on autoriserait les formes absurdes *« ens est esse »*, ou *« esse est ens »*[3], qui combinent des noms relevant de niveaux logiques hétérogènes.

I. LES DEUX NOMS

La partition – constitutive de la *philosophia prima* selon Hobbes – entre les champs sémantiques respectifs des termes *« ens »* et *« esse »*, est inséparable d'une classification logique qui assigne leur place propre à ces deux termes. C'est en effet à partir d'une première distinction affectant les noms eux-mêmes *(« Sciendum igitur est nominum duo esse genera summa, positivum & negativum »)*, que l'*ens* et l'*esse* sont donnés dans l'*Anti-White* pour les deux genres de choses que dénotent les noms positifs *(«Rursus nominibus positivis duo rerum genera denotantur, nimirum ens & esse »)*[4]. Que l'*ens* et l'*esse* soient deux genres de choses nommées, ne signifie pas que Hobbes les tienne chacun pour un genre existant. En effet, la *res nominata,* ou le *nominatum,* ne se confond pas toujours avec une *res existens (« Neque vero ut omne nomen, alicujus rei nomen sit, necessarium est »* [5]). Si on limitait la notion de *res* à la *res existens,* on ne pourrait dire du nom *« ens »,* ni du nom *« esse »,* qu'il souscrit à la règle logique selon laquelle *« nomen omne ad aliquod nominatum relationem (habet) »*[6]: car le *nominatum* est dans ce cas un genre de choses nommées, or il n'existe pas de *res universalis* [7]. Par contre, l'extension de la notion de *res nominata* à tout ce qui peut être pris en considération par l'esprit, qu'il s'agisse d'une chose vraiment existante, ou seulement conçue, permet non seulement de distinguer des genres de choses nommées, qui ne sont pas toutes des choses existantes, mais aussi de tenir chacun de ces genres lui-même pour une *res nominata. Ens* et *esse* correspondent ainsi aux deux premiers genres de choses nommées distingués dans le *Léviathan*: « une chose peut entrer en compte en qualité de *matière* ou de *corps*, sous les noms de *vivante, sensible, raisonnable, chaude, froide, mue, immobile »,* et « une chose peut entrer en compte ou être

3. Cf. pour *« ens est esse », Exam.DM, AW*, XXXIV, 2, p. 381, et pour *« esse est ens »* (ou *« essentia est ens »), De Corpore* (=*DCo*), V, 3 (in *Opera Latina,* ed. Molesworth, T. I, p. 52).

4. Cf. *Exam.DM, AW*, XXXIV, 2, respectivement p. 380 et p. 381.

5. Cf. *DCo*, II, 6, p. 15.

6. Cf. *ibid.*, p. 16.

7. Cf. *Exam.DM, AW*, II, 6, p. 112 et DCo, II, 9, p. 17-18.

prise en considération à cause de quelque accident ou qualité que nous concevons être en elle; par exemple, parce qu'*elle est mue,* parce qu'*elle est longue de tant,* parce qu'*elle est chaude,* etc.»[8]

Ces deux genres de choses que sont l'*ens* et l'*esse* n'ont donc pas à être tenus pour des genres existant *in rerum natura,* pour pouvoir être dénotés par des noms positifs. Mais en outre, l'énoncé *« ens & esse (sunt) duo rerum genera »*, qui suppose la vérité des propositions *« ens est genus »*, et *« esse est genus »,* n'est rendu possible que par l'ambiguïté constitutive, selon Hobbes, de toute *vox,* en ce qu'elle n'est pas seulement le nom d'une *res*, mais qu'elle s'auto-désigne aussi: ainsi, quand nous disons *« animal est genus »,* il faut l'entendre au sens où *« animal »* est alors un nom pour la *vox « animal »* elle-même[9]. Le *genus* ne peut avoir en fait de statut que nominal: parler de genre de choses nommées, signifie seulement que l'on se réfère, indistinctement, ou indifféremment, à l'une quelconque des multiples choses nommées par tel nom commun. Prenons le cas de l'*ens*: ce n'est qu'en tant qu'il est nommé par un *« nomen magis commune »* (par rapport aux noms moins communs contenus sous lui)[10], que l'*ens* est un genre, sous lequel l'on peut ranger toutes les «choses qui existent, qui ont existé, ou qui existeront», à savoir, tous les corps, «qui sont la matière des choses, et quelque chose par soi» [11]. Tout ce qui est *corpus* est dénombré *sub ente,* car, s'agissant de dénoter les choses existantes, le nom*« ens »* est selon l'*Anti-White* le *« nomen universalissimum »*[12], le nom le plus commun dans l'ordre d'universalité où se distribuent tous les noms de corps. Mais il ne faut pas se méprendre: on peut dire, à la manière d'Aristote, que la connaissance de l'*ens* doit être la première connaissance, puisque l'*ens* comprend tous les *entia*; cependant, il n'y a pas d'*existens* qui serait l'*ens* ou le *corpus in genere,* le nom *« ens »* n'est que le nom généralissime de chaque étant, ou corps singulier, indifféremment, et le *corpus in genere*, ce sont seulement tous les corps[13].

L'universalité de la *vox « esse »* ne tient pas, quant à elle, au fait que ce nom soit le nom de plusieurs *res singulares,* prises de manière distributive, mais elle renvoie à la généralité des raisons (les accidents

8. *Lev,* IV, p. 33 (trad. de F. Tricaud).
9. *Exam.DM, AW*, II, 6, p. 112.
10. *DCo*, II, 9, p. 18.
11. *Exam.DM, AW*, XXXIV, 2, p. 381.
12. *Exam.DM, AW,* XXVII, 1, p. 312. Le nom *« quod in unoquoque genere communissimum sive universalissimum est »* est appelé *« simplex »* dans le *De Corpore*, II, 14, p. 21.
13 *Exam.DM, AW,* IX, 16, p. 170.

des corps) pour lesquelles nous imposons aux choses singulières des noms concrets tels que les noms *« corpus, mobile, motum, figuratum, cubitale, calidum, frigidum, simile, aequale, Appius, Lentulus »* [14]. On ne peut pas rendre compte du caractère généralissime du nom *« esse »*, en décrivant une *formula praedicamenti accidentium,* comme on décrit dans le *De Corpore* la série des noms de moins en moins universels qui sont subordonnés au nom le plus universel *« corpus »*. Mais les prédicaments autres que la catégorie de corps, i.e. les prédicaments de quantité, de qualité, et de relation, ordonnent eux aussi, à partir d'un nom qui est le nom le plus général, des *« nomina minus lata » : « linea », « superficies », « solidum »,* sont des noms moins communs que le nom *«quantum »,* de même *« imaginatio »* et *« affectio »* par rapport à *« qualitas », « aequalitas » et « similitudo »* par rapport à *« relatio »* [15], et le nom *« accidens »,* ou *« esse »*, est lui-même le nom le plus universel qui comprend les noms *« quantitas », « qualitas » et « relatio »*. La *philosophia prima* doit selon Hobbes se conformer à cette description logique des degrés d'universalité des noms : sa tâche est d'abord de définir le nom le plus commun de tous les étants *(« ens »* ou *« corpus »),* et le nom le plus commun de tous leurs modes d'être *(« esse »* ou *« accidens »)* [16]. Mais, alors que le nom *« ens »* signifie, comme le nom simple *« corpus »*, un premier concept, auquel s'ajoutent d'autres concepts, pour toutes les déterminations de la chose singulière autres que sa seule corporéité, le nom *« esse »* signifie le fait même de l'inhérence d'un accident, quel qu'il soit, à un corps, il est le signe de l'*inesse* de tous les accidents des corps, y compris de cet accident (l'*esse corpus*) qui est la raison du *primus conceptus* signifié par le nom *« ens »* [17].

S'il y a donc identité de statut des noms *« ens »* et *« esse »,* en ce qu'ils sont les *nomina generalissima* dénotant deux genres de choses – les corps singuliers existants et les accidents qui leur sont inhérents, et nous les font concevoir –, leur commune universalité ne se fonde que sur la division même entre l'*existens* et l'*inesse.* Un tel partage justifie pour Hobbes la qualification de ces deux noms comme de deux noms positifs. Le nom *« accidens »* est pourtant, au début de la formule catégoriale des corps, le strict équivalent du nom négatif *« non corpus »,* et en ce sens les noms *« ens »* et *« esse »,* comme les noms *« corpus »* et

14. *DCo,* III, 3, p. 28.
15. Cf. *DCo,* II, 15, p. 22.
16. Cf. *Exam.DM, AW,* IX, 16, p. 170.
17. Cf. *Exam.DM, AW, XXXIV*, 2, p. 381 : *«Sub ente ...numerantur corpora... Sub esse vero ordinantur...ea quae entibus accidere, vel inesse dicimus, qualia sunt esse corpus, sive corporeitas... »* .

« accidens », doivent être tenus pour deux noms contradictoires : un nom positif et le nom négatif qui lui correspond ne peuvent pas en effet être tous deux les noms d'une même chose[18]. Mais précisément, la contradiction entre les noms *« accidens »* et *« corpus »*, ou *« esse »* et *« ens »*, lorsqu'ils prétendent nommer la même chose, rend nécessaire que l'on reconnaisse leur égale positivité, dès lors que le nom généralissime *« esse »* n'étend pas sa juridiction sur le même genre de choses que le nom généralissime *« ens »*. Par rapport à son propre *nominatum*, le nom *« esse »*, tout autant que le nom *« ens »*, est un nom positif, un nom « imposé pour ramener la pensée, ou phantasme, d'une chose précise et déterminée »[19]. Le nom *« ens »* est positif, en ce qu'il nomme un *imaginabile*, une chose qui peut tomber sous une idée ; mais l'*esse* appartient lui aussi à l'ordre du concevable, non pas en tant qu'il serait une chose existante dont je puis avoir un concept, mais en tant qu'il est le mode quelconque sous lequel toute chose existante est conçue. Parce que ce mode est, à chaque fois, la raison pour laquelle nous avons une idée déterminée d'un étant, quel qu'il soit, il est lui-même quelque chose de déterminé, et en cela le *nominatum* d'un nom positif[20].

II. LA DOUBLE UNIVOCITÉ

En tant que *definienda*, les deux noms positifs les plus universels *« ens »* et *« esse »* font partie de ces noms qui, ne pouvant être résolus en des noms plus universels, sont définis par une circonlocution, ou expression, la plus brève possible, qui nous donne au moins une idée claire ou parfaite de la chose nommée[21]. On peut ainsi substituer au nom *« ens »* la périphrase *« id omne quod occupat spatium »*, et au nom *« esse »* l'expression *« (id) quo modus (corporis) concipiendi determinatur et distinguitur »*[22]. Dans les deux cas, la définition procède à une identification : de l'*ens* au *corpus*, de l'*esse* à l'*accidens corporis*.

La définition recherchée pour le nom positif le plus universel (*« ens »*) de toute chose existante pouvant tomber sous un concept

18. Cf. *DCo*, II, 8, p. 17. Cf aussi *Examinatio et Emendatio Mathematicae Hodiernae*, Dial. I (in *Opera Latina*, T. IV, p. 37), où le nom *« corpus »* est l'équivalent du nom négatif *« non accidens »*.

19. *Exam.DM*, *AW*, XXXIV, 2, p. 380.

20. Cf. dans *Exam.DM*, *AW*, XXXV, 1, p. 387, la formule : *« accidens, sive qualitas aliqua, vel to einai aliquod determinatum »*.

21. *DCo*, VI, 13 et 14, p. 71-73.

22. *Exam.DM*, *AW*, XXVII, 1, respectivement p. 312 et p. 313.

(*«definiemus ens imaginabile tantum»* [23]) n'est donc autre que la définition du nom *«corpus»*. La circonlocution *«id omne quod occupat spatium»* est, dans le chapitre XXVII de l'*Anti-White,* comme dotée de deux faces, à la manière du moyen terme dans le syllogisme: l'une tournée vers le nom *«ens»* (elle est alors une signification recherchée), l'autre tournée vers le nom *«corpus»* (elle est alors une signification déjà établie, déjà connue). Cette définition, sur laquelle Hobbes rend manifeste la synonymie des noms *«ens»* et *«corpus»,* peut être tenue pour le véritable nom servant à la *philosophia prima* de critère auquel rapporter tous les termes entrant dans la constellation sémantique du nom *«ens» :* Hobbes n'entend pas en effet le nom à la manière des grammairiens (pour qui *unum nomen* = *una vox*), mais il admet aussi pour nom «un grand nombre de mots assemblés dans une périphrase», du moment que ces mots sont, pris tous ensemble, le nom d'une seule et même chose [24]. La *philosophia prima* pourra bien alors faire état d'une polyonymie de l'existant *(«ens», «corpus», «materia», «subjectum»),* celle-ci sera toujours normée par la définition, véritable nom principiel, *«id omne quod occupat spatium».*

Le nom le plus universel parmi les noms des choses existantes se voit donc imposer une restriction sémantique, qui ramène son universalité à l'universalité du nom *«corpus»* : le nom *«ens»* n'est le nom le plus universel qu'en tant qu'il ne s'applique qu'à l'étant qui peut être conçu, i.e. qui occupe un espace. Pour autant, Hobbes ne saurait être confondu avec l'un de ces «non-initiés» dont parle Platon dans le *Théétète,* et qui croient qu'il n'existe rien d'autre que ce qu'ils peuvent saisir «à pleines mains» [25]. La définition de l'*ens* proposée dans l'*Anti-White* interdit cette assimilation: il ne s'agit pas pour Hobbes d'identifier l'*ens* au corps entendu comme substance tangible et visible, mais, au contraire, de penser l'*ens* comme *corpus* en un sens tel du *corpus (id omne quod occupat spatium),* qu'il soit impossible de réduire l'étant à l'individu sensible, au corps en tant que je le touche ou que je le vois. On peut éprouver au moyen d'une fiction la singularité de cette position, en introduisant Hobbes comme un troisième protagoniste dans la discussion qui fait s'affronter Morus et Descartes sur la défini-

23. *Ibid,* p. 312.

24. *Lev,* IV, p. 30 («...ces mots : *Celui qui, dans ses actions, observe les lois de son pays,* ne constituent qu'une seule dénomination équivalente à celle-ci : *juste*»). Cf. aussi *DCo,* II, 14, p. 21, pour cette différence entre l'acception philosophique et l'acception grammaticale du *nomen.*

25. *Théétète,* 155 e: «Ce sont des gens qui n'accordent l'être qu'à ce qu'ils peuvent à pleines mains étreindre» (trad. A. Diès, Paris, Les Belles Lettres, 1926).

tion du corps[26]. Morus refuse de définir le corps comme *res extensa,* et n'intègre à sa définition que la considération de l'*habitudo ad sensus nostros,* alors que la *res extensa* a pour lui la signification de *res per se subsistens :* si le corps est une chose étendue, ce n'est pas en tant que corps, mais en tant qu'étant, ou en tant que *substantia.* Une telle distinction entre le *corpus* et la *res extensa* est doublement fautive pour Descartes[27]: d'abord, en ce qu'elle conduit à ne définir le corps que par une dénomination extrinsèque, sans atteindre sa nature, qui est indépendante de notre pouvoir de sentir; ensuite, en ce qu'elle recouvre une confusion entre la substance et la chose étendue, comme si rien n'existait, et n'était intelligible, qui ne fût aussi imaginable – tout ce qui est étendu tombant sous l'imagination. Mais la définition de l'*ens* comme *corpus* à la manière de Hobbes dans l'*Anti-White* constitue une redistribution des termes de cette polémique, en opposition à la fois à Morus et à Descartes: à Morus, qui identifie *corpus* et *aliquid sensibile* d'une part, *res extensa* et *substantia* ou *ens* d'autre part, mais qui refuse d'identifier *res extensa* et *corpus*; à Descartes, qui ne confond pas *res extensa* et *substantia* ou *ens,* ni *corpus* et *aliquid sensibile,* mais qui identifie par contre *res extensa* et *corpus,* Hobbes objecterait la nécessité de procéder à une autre combinatoire de ces termes, de façon à tenir le *corpus* pour identique à la fois à la *res extensa* et à l'*ens*. En récusant ainsi la définition du *corpus* comme *aliquid sensibile,* au profit de sa définition par l'étendue, Hobbes ramène à un seul les deux termes, de « *substantia* » et de « *substantia extensa* » ou « *corpus* », distingués dans les *Principia* de Descartes, comme étant, le premier, l'un des « *maxime generalia* » s'étendant à tous les genres de choses, le second, l'un seulement des deux genres suprêmes de choses, « *summa genera rerum* » [28]. L'*ens* est *corpus* pour Hobbes, mais ce n'est pas la *substantia* à la manière de Descartes, pure

26. Cf. les lettres de Morus à Descartes du 11 Décembre 1648 et du 5 Mars 1649 (in *Œuvres* de Descartes, ed. Adam-Tannery <A.T.>, t. V, p. 238-240 et p. 305).

27. Cf. les lettres de Descartes à Morus du 5 Février et du 15 Avril 1649 (ed. cit., p. 268-270 et p. 341-342).

28. *Principia Philosophiae,* Pars Prima, XLVIII (ed. A. T., t. VIII-1, p. 22-23).

materia metaphysica [29], ni le *corpus* à la manière de Morus, pure *materia sensibilis* ou *tangibilis* [30].

Le nom *« ens »* ne peut recevoir la signification du nom *« corpus »*, qu'à la condition de distinguer, comme l'a fait Aristote, entre ce qui est premier quant à la connaissance, et ce qui est premier quant au connu lui-même. La première connaissance que nous ayons d'un corps déterminé, c'est seulement *« quod est »*, « qu'il est », et ce n'est que par une conversion de notre pensée, que nous pouvons, à partir de cette connaissance *tou oti*, accéder à la connaissance des idées qui analysent l'idée que nous avons d'abord d'une chose singulière comme d'un *« totum phaenomenon »*. L'idée totale, qui est la première pour nous, se décompose en plusieurs idées, auxquelles répond une universalité croissante des noms qui les signifient, et l'idée de corps, qui n'est qu'une idée acquise par cette résolution, est l'idée signifiée par le nom le plus universel que l'on puisse obtenir en procédant parallèlement à la décomposition ou définition du nom de ce corps déterminé : au terme de l'analyse, et donc au principe de la série des noms qui déterminent *cet* individu, on découvre le nom *« corpus »*. Ce nom a pour signification la plus universelle des causes ou raisons de l'imposition des noms de corps singuliers : l'idée d'*existens*. Mais il ne s'agit plus, pour cette connaissance *tou dioti*, connaissance rationnelle et non plus sensible, d'une existence perçue, existence d'une chose singulière appréhendée comme individu distinct des autres choses singulières : au lieu du *« quod est »*, qui vaut pour la chose perçue dans sa qualité de chose individuelle, on a un pur *« quod (est) extra animum »* indifférent à cette qualité, i.e. une radicale position dans l'existence, indépendante de ma perception [31].

Le retournement de la connaissance *tou oti* en une connaissance *tou dioti* nous permet de caractériser une première modalisation affectant le contenu de la définition de l'*ens* comme *corpus :* il nous montre en effet que le *« quod occupat spatium »* qui doit être tenu pour la signification du nom *« ens »*, se situe au plan de la conception – première

29. La *Responsio ad Objectionem II* substitue, au *« sub ratione corporea, sive sub ratione materiae »* nécessaire selon Hobbes pour penser tout *ens* ou *subjectum*, un *« sub ratione substantiae (vel etiam, si lubet, sub ratione materiae, nempe Metaphysicae) »* (in *Objectiones Tertiae*, ed. A.T., t. VII, p. 175).

30. Pour cette expression, cf. la lettre de Morus à Descartes du 11 Décembre 1648, ed. cit., p. 239.

31. Pour la reprise par Hobbes de la distinction aristotélicienne entre la connaissance *tou oti* et la connaissance *tou dioti*, cf. *DCo*, VI, 2, p. 59-60. Pour l'équivalence entre *« existens »* et *« quod (est) extra animum »* ou *« quod apparet extra imaginantem »*, cf. *DCo*, VII, 2, p. 82-83.

quant au connu [32] – d'un étant comme pur *existens* ou *ens simpliciter positum* [33], et non au plan de l'idée – première pour nous – de cet étant comme existant individué. L'idée d'une chose en tant que corps, n'enveloppe que la seule considération de sa subsistance en dehors de mon esprit. La nécessaire conversion de la pensée *ad universalia,* dans la connaissance d'un existant quelconque, manifeste ainsi un paradoxe : l'*ens cogitabile* ou *imaginabile,* i.e. l'*ens* entendu purement comme *corpus,* est ce qui donne le moins prise à une idée ; l'étant en tant qu'il est possible de le concevoir, n'est l'objet que d'une idée résiduelle, l'*ens-corpus* est un minimum concevable, qui ne peut être atteint que par l'oubli de toutes les autres idées entrant dans la composition de l'idée totale d'un individu. Comme le montre, dans le *De Corpore,* la description du raisonnement tacite de l'esprit, à partir de la conception d'une *tota idea* d'individu, l'idée du corps est l'idée la plus proche de l'évanouissement de toute idée, elle est comme l'horizon lointain de notre perception, le point au-delà duquel il n'y a plus d'idée [34]. Le déplacement de l'appréhension phénoménale du *« quod est »*, à la considération rationnelle du *« quod (est) extra animum »* ou *« quod apparet extra imaginantem »* produit bien dans le *De Corpore* une modalisation sémantique, qui redouble l'identification de l'étant au corps dans l'*Anti-White :* en effet, si notre connaissance d'une chose comme corps, i.e. comme purement posée dans l'existence, suppose une opération elle-même purement rationnelle, dont rend compte, dans l'*Anti-White* et le *De Corpore* [35], la théorie de l'espace imaginaire et du lieu, cette opération de la pensée nous fait découvrir que l'existence réelle ne doit pas être tenue seulement pour une indépendance de la chose à l'égard de nos sens, mais, bien plus, pour une indépendance à l'égard de notre pensée. Qu'il ne faille pas entendre, par l'*ens* ou *corpus,* ce qui peut être perçu par les sens, mais, absolument, ce qui, indépendamment de notre esprit, coïncide avec une partie de l'espace imaginaire, impose que la *philosophia prima* de Hobbes modalise la définition du corps au moyen d'une redéfinition de la notion de *subsistentia.* La *subsistentia,* qui est, selon Suarez, l'un des deux sens de

32. C'est cette idée qui est le *primus conceptus* signifié par le *nomen simplex,* i.e. *communissimum sive universalissimum, « corpus »* (*DCo,* II, 14, p. 21 : *« ...in conceptu hominis (...) primus conceptus est, eum aliquid esse extensum, cui rei notandae adhibitum est nomen corpus »).*

33. *Exam.DM, AW,* XXVII, 1, p. 312 : *« existens consideratum simpliciter corpus dicitur »,* et XXIX, 9, p. 346 :*« ens simpliciter positum idem sonat quod existens ».*

34. *DCo,* I, 3, p. 4.

35. *Exam.DM, AW,* III, 6 1-3, p 116-118 ; *DCo,* VII, 1-2, p. 81-83, et VIII, 5, p. 93-94.

la *substantia* – celui selon lequel la substance n'est pas seulement suppôt d'accidents, mais existe en soi et par soi, et non dans un autre et par un autre[36] –, n'est pas, pour Hobbes, indépendance à l'égard d'un autre étant, mais à l'égard de mon imagination. L'étant – *subsistens per se* – n'est plus ce qui n'a pas besoin d'un autre, mais ce qui n'a pas besoin de ma pensée, pour exister : l'*existens* est un *subsistens extra nos* [37].

Cette valeur absolue de l'*ens* ou *corpus* n'est-elle pourtant pas mise en péril dans le *De Corpore*, lorsque Hobbes propose, pour nouvelle variation sémantique modalisant la définition du corps, les noms *« suppositum »* et *« subjectum » ?* Même si ces termes ne signifient pas alors que l'étant ou corps soit sujet d'inhérence pour des accidents, mais plutôt qu'il est « sub-jecté » sous l'espace imaginaire, la conception même de son être-là par la raison n'est-elle pas susceptible de réintroduire une valeur relative, qui viendrait contrarier le caractère absolu de l'existant entendu comme ce qui subsiste par soi, en dehors de nous ? Etre là, pour un *aliquid,* c'est être rapporté à une partition rationnelle de l'espace imaginaire, divisé en lieux[38] ; le sujet ou suppôt qu'est un corps n'aurait alors de statut que dans sa relation à d'autres sujets ou suppôts, « sub-jectés » sous d'autres parties de l'espace. Mais en fait, Hobbes dirait plutôt, comme il le fait dans *An Historical Narration Concerning Heresy*[39], que *« that which is really something, is considerable alone by itself, as being somewhere » :* jusque dans la considération de l'être-là d'une chose, il faut préserver la notion d'indépendance de cette chose, plutôt que de prendre cet *« esse »* au sens relatif de la situation d'un corps par rapport à d'autres.

Les noms *« ens »* et *« corpus »*, identifiés dans l'*Anti-White* au moyen de la définition *« quod occupat spatium »*, sont-ils donc exempts de toute signification relative, comme le laisserait entendre l'inséparabilité, dans la *philosophia prima* de Hobbes, entre cette définition et la notion d'existant absolu ? La signification de l'*ens* tiendrait alors toute dans la pure coïncidence de ce qui est indépendant de notre pensée, et d'une partie de l'espace imaginaire. Mais qu'advient-il dans ce cas du terme *« materia »,* dont l'*Anti-White* nous dit qu'il nomme la même chose que le nom *« corpus »,* mais pour des considérations

36. Pour la double étymologie suarézienne de *« substantia »,* à partir de *« substare »* et de *« subsistere »*, cf. *Disputationes Metaphysicae,* Disp. XXXIII, Sectio I, 1-3 (repr. Olms, Hildesheim, 1965, t. II, p. 330-331).

37. Pour la série lexicale *« subsistens per se »*, *« subsistens extra nos »*, *« existens »,* cf. *DCo,* VIII, 1, p. 91.

38. Sur ce processus de division, cf. *Exam.DM, AW,* II, 1, p. 108-109 et *DCo,* VII, 5-6, p. 85 ; VIII, 7-8, p. 95-96.

39. In *English Works* (EW), ed. Molesworth, T. IV, p. 393.

différentes ? Il apparaît impossible de fonder dans sa totalité la polyonymie de l'étant, si l'on se contente des modalisations sémantiques décrites jusqu'à présent. Hobbes entend plutôt procéder à une extension (encore réglée par la définition) du nom *« ens »*, ou *« corpus »*, au-delà des seules significations de subsistance par soi, d'existence, et de supposition ou subjection sous un espace imaginaire, qui n'épuisent pas son contenu. Mais la *philosophia prima* ne saurait alors rendre compte de toute l'étendue du champ sémantique des termes *« ens »* ou *« corpus »*, sans procéder à l'analyse des termes *« esse »* ou *« accidens »*.

De même que la *philosophia prima* doit, selon Hobbes, préférer dire *« corpus »*, plutôt que *« ens »*, de même, on dira *« accidens »* plutôt que *« esse »*, pour signifier « ce par quoi le mode de la conception (du corps) est déterminé », voire même « le mode selon lequel le corps se donne à concevoir »[40]. Cette définition fait apparaître une restriction du sens du nom *« esse »*, nom positif, à l'ordre du concevable : quelle que soit la durée de sa concomitance avec un corps (dont il est inséparable autrement que par une distinction de raison[41]), un accident est toujours ce sans quoi il n'y aurait pas *cette* conception de *ce* corps[42]. C'est dire que l'*esse* n'a de statut que relativement à un corps ou étant, comme manière pour ce corps d'être conçu ; il est seulement ce qui, du fait de son inhérence à un corps, est cause que nous ayons une pensée distincte de ce corps.

La modalisation sémantique du terme *« esse »* suppose cette réduction de l'*esse* à l'*inesse*, sans laquelle il ne pourrait être défini, à la manière de l'accident, comme le mode de la conception du corps. Le terme *« essentia »* est en effet introduit pour signifier proprement la fonction de *dénomination* du corps par l'accident qui est en lui : on dit *« essentia »* pour *« esse »* ou *« accidens »*, en tant que l'accident dénomme le corps auquel il est inhérent[43]. La causalité qu'exerce l'accident, de par son inhérence à un corps, sur notre conception de ce corps, s'achève dans l'imposition d'un nom au corps ainsi conçu, et c'est parce qu'il est la raison ultime de l'imposition d'un nom à un

40 . Pour ces variations dans la définition du nom *« esse »*, identifié au nom *« accidens »*, cf. *Exam.DM, AW*, XXVII, 1, p. 313, et XXVIII, 4, p. 334; cf. aussi *DCo*, VIII, 2, p. 91-92.

41. Cf. *Objectiones Tertiae*, Objectio II : *« non possumus concipere actum quemcumque sine subjecto suo »* (in A T., t. VII, p. 173).

42. Cf. *Exam.DM, AW*, XXVIII, 4, p. 334-335 : « *...dico* esse *sive* essentiam *(intelligo semper conceptibilem) nihil aliud esse praeter corporis modum... quo... se concipi facit...* ».

43. *Exam.DM, AW*, XXVII, 1, p. 314 et *DCo*, VIII, 23, p. 104.

corps, que l'*esse simpliciter consideratum* est *essentia*[44] : la considération absolue de l'*esse* exige que l'on intègre à la signification du nom « *esse* » non seulement la notion d'une causalité quant à nos conceptions, mais encore celle d'une causalité quant à l'attribution des noms qui signifient ces conceptions. La modalisation sémantique du nom « *esse* » prend ainsi la forme d'un redoublement de l'*esse* en *essentia*, pour rendre compte de la causalité transitive qui s'exerce depuis les accidents inhérents aux corps, jusqu'à l'imposition de noms à ces corps. La *philosophia prima* retrace ici, à rebours, le schéma qui, dans la *Logique* de Hobbes, nous fait remonter des noms de corps jusqu'aux raisons de leur imposition, les accidents[45]. Pour la *Logique*, il n'est d'accidents, que d'une chose nommée par des noms concrets, i.e. d'un *subjectum* ou *suppositum*, ou « *(res) ... quae existere supponitur* » ; pour la *philosophia prima* de même, il n'est d'essences, que des corps.

La modalisation sémantique du terme « *esse* » ne s'en tient pas cependant à l'attribution aux accidents d'une causalité quant à la dénomination des corps auxquels ils sont inhérents. Le nom « *forma* » va signifier une nouvelle considération de l'accident, qui suppose que soit déjà opéré le redoublement de l'*esse* en *essentia*, conformément au redoublement du rapport de causalité, de l'accident à la conception, et de l'accident à l'imposition du nom signifiant cette conception. L'*essentia* – ou accident considéré en tant que *denominans* – est appelée encore « *forma* », quand on la considère en tant qu'elle est engendrée dans le sujet qu'elle dénomme. La relation d'inhérence qui est au principe de la fonction de dénomination reconnue à l'accident doit désormais être comprise dans le cadre d'une théorie du devenir : l'*essentia* n'est inhérente au corps qu'elle dénomme, qu'en tant qu'elle est produite par génération dans ce corps. La modalisation sémantique du nom « *esse* » dans l'*Anti-White*[46] doit donc se présenter comme une série lexicale, à partir de la définition « *modus (corporis) concipiendi* », qui apparaît elle-même comme la véritable origine de la série, le nom « *esse* » ne constituant guère que son abréviation (puisque *esse*, c'est toujours *esse accidens alicujus rei*). Cette série doit observer un ordre entre deux considérations (deux *quatenus*), qui analysent tout le contenu sémantique du défini : d'abord la considération de la raison de l'imposition d'un nom à un corps (l'*esse quatenus denominans* ou *essentia)*, puis la considération du devenir, qui permet de comprendre

44. Pour cette équivalence, voir *Exam.DM, AW*, XXVII, 1, p. 314.
45. *DCo*, III, 3, p. 28-29.
46. *Exam.DM, AW*, XXVII, 1, p. 314. De même, *DCo*, VIII, 23, p. 104.

cette raison comme une raison produite, engendrée (l'*essentia quatenus generata*). La série sémantique inaugurée par la réduction de l'*esse* à l'*inesse* ne peut s'achever qu'avec la modalisation apportée par la notion d'une générabilité et corruptibilité des accidents.

La modalisation sémantique de l'*ens* peut maintenant être reprise, pour être, à son tour, menée à son terme. Ce qui existe par soi, sans l'aide de la pensée, et dont l'être-là est appréhendé par la seule raison, apparaît désormais, eu égard à la relation d'inhérence qui définit l'accident, et à la fonction de dénomination reconnue à l'essence, comme un *subjectum,* non plus au sens de ce qui est supposé, « subjecté », sous une partie de l'espace imaginaire, mais au sens de ce qui a en soi, ou soutient, quelque *esse*, qui est la raison d'une certaine dénomination[47]. Le dernier nom enfin dans la constellation sémantique de l'*ens* sera, au regard de l'accident comme essence engendrée ou forme, le nom *« materia »*. Ce dernier nom n'est substituable au nom *« ens »* ou au nom *« corpus »,* que si l'on a pris en considération, outre l'inhérence de l'accident au corps, et la dénomination du corps par l'accident, l'appartenance de l'accident au devenir. La *materia,* c'est le corps comme sujet d'accidents eux-mêmes intégrés à un processus de génération et de destruction, c'est le corps en tant qu'il peut soutenir une nouvelle forme, *susceptibile novae formae,* le corps en tant que *patiens*[48]. Le nom *« materia »* est le nom le plus riche en considérations, puisqu'il intègre à sa signification, en plus de la considération, *simpliciter*, qu'une chose occupe quelque espace, la considération – obtenue par la médiation d'un ordre de considérations quant à l'*esse* - de cet *existens* comme sujet d'inhérence *(subjectum)* pour des accidents, qui le dénomment, et qui sont engendrés et détruits en lui. Le corps comme matière, ce n'est pas seulement ce qui est « sub-jecté » sous une partie de l'espace imaginaire, ce n'est pas non plus simplement le sujet d'un *accidens,* mais c'est le sujet d'un *accidens quatenus denominans* ou *essentia,* et de cette *essentia quatenus generata :* il ne peut s'agir que du corps considéré en tant qu'il soutient des accidents déterminés, qui le rendent adapté à la *susceptio* d'un nouvel accident lui-même déterminé[49].

47. Pour le premier sens de *« subjectum »*, cf. *DCo,* VIII, 1, p. 91 ; pour le second, cf. *Exam.DM, AW*, XXVII, 1, p. 314 et *DCo,* VIII, 23, p. 104.

48. Cf. *Exam.DM, AW*, XXVII, 1, p. 312, qui appelle *« materia »*, l'*« existens ...consideratum ut susceptibile novae formae »*, et 2, p. 314, qui pose l'équivalence entre *« suscipere »* et *« pati »* ; *DCo,* VIII, 23, p. 104-105.

49. La théorie du devenir est en effet inséparable, dans la *philosophia prima* de Hobbes, d'une théorie de la causalité, selon laquelle la production (ou la destruc-

Les deux noms positifs les plus généraux, *« ens »* et *« esse »,* ne peuvent ainsi être définis dans la *philosophia prima* de Hobbes, sans que leurs définitions ne soient au principe de ce que l'on pourrait appeler une double univocité. Il y a bien, pour Hobbes, univocité de l'*ens,* à la condition d'indexer tous les termes entrant dans la constellation sémantique du nom *« ens »,* sur la définition du corps, *id omne quod occupat spatium,* et il y a de même univocité de l'*esse*, à la condition d'une scission entre son champ lexical et celui de l'*ens,* tous les termes entrant dans la constellation sémantique du nom *« esse »* devant être indexés sur la définition de l'accident, *modum concipiendi corporis.* Les modalisations sémantiques qui permettent d'introduire, dans le champ lexical de l'*ens,* les termes *« subjectum »* (dans son second sens) et *« materia »,* supposent certes, non seulement la définition du corps, mais aussi la définition de l'accident : mais cette double référence reconduit précisément – loin de l'annuler – la division de l'*ens* et de l'*esse*, *non ens* ou *non corpus* du fait de sa réduction à l'*inesse corporibus* . La double univocité constitutive de la *philosophia prima* autorise et une polyonymie réglée de l'étant, et une polyonymie réglée de l'être, en produisant deux séries lexicales ordonnées, dans lesquelles se retrouvent les termes les plus usités des traités de métaphysique (e.g. *« subjectum »* et *« essentia »),* mais privés de tout héritage, comme si la tradition à laquelle ils sont empruntés devait témoigner, malgré elle, en faveur d'une nouvelle sémantique.

III. L'IMPOSSIBLE DIVISION CATÉGORIALE DE L'ÊTRE

Les définitions et modalisations sémantiques des noms *« ens »* et *« esse »* marquent donc à la fois, pour Hobbes, que l'univocité est possible dans la *philosophia prima,* et qu'il est impossible de l'y introduire, s'il ne s'agit d'une double univocité, qui plus est purement nominale, dépendant d'une dichotomie stricte entre deux noms positifs. De ce fait, le procédé hobbesien qui consiste à énumérer – en suivant un ordre déterminé par les différentes considérations inséparables des définitions de l'étant et de l'être – les synonymes du nom *« ens »* et ceux du nom *« esse »,* en donnant de la sorte au nom *« essentia »* une signification hétérogène à celle du nom *« ens »,* suppose une véritable déconstruction de la division aristotélicienne de

tion) d'un accident défini requiert que les corps agents, comme le corps patient (ou matière), soient dotés d'accidents eux-mêmes définis (cf. *Exam.DM*, *AW*, XXVII, 2, p. 314-315 ; *DCo,* IX, 3, p. 107.

l'étant en catégories. En effet, en produisant dans l'*Anti-White* la double univocité de l'*ens* et de l'*esse,* Hobbes rend impossible le principe même de cette division: les multiples significations de l'étant. La dichotomie sur laquelle est fondée la table aristotélicienne des catégories, dichotomie entre le sens essentiel de l'étant (l'*ousia* prédicamentale, qui dit l'être en un sens premier) et ses sens accidentels (tous les autres prédicaments, le *quale,* le *quantum,* etc., qui ne disent plus l'être qu'en un sens dérivé)[50], n'est plus pour Hobbes qu'une fausse dichotomie. Certes, cette dichotomie ne signifie pas pour Aristote que l'impossible univocité de l'étant doive faire conclure à une pure équivocité ou homonymie entre l'étant qui se dit dans une prédication essentielle et l'étant qui se dit dans les différentes figures que prend la prédication accidentelle. L'absence d'unité générique entre l'*ousia* et les *sumbebèkota* n'interdit pas la présence d'une commune référence des prédicaments accidentels au sens essentiel de l'étant: ils se disent tous *pros hen* [51], *ad unum,* ils s'ordonnent tous par rapport à ce que P. Aubenque a proposé de nommer une «unité focale de signification» [52]. Mais cette focalisation sur l'*ousia* des significations plurielles portées par la division de l'étant en catégories repose pour Hobbes sur deux erreurs: il est faux qu'il y ait polysémie du *«to on»* et polysémie du *«to estin»,* mais il est faux aussi que ces deux polysémies puissent se confondre, pour normer la distinction entre les types de prédications en les référant tous à un sens principiel du *«to on»* comme du *«to estin»,* le sens d'*ousia.* Les *formulae praedicamentorum* ne sont plus pour Hobbes que des «échelles de noms» [53], rendant manifeste, pour chaque genre de choses, la subordination des noms moins communs aux noms plus communs, et la division catégoriale est régie par la distinction entre le nom le plus universel dans le genre des corps, et le nom le plus universel dans le genre de ce qui n'est pas corps – toutes les catégories autres que celle des corps, qu'il s'agisse du genre des quantités, du genre des qualités, ou du genre des relations, tombant sous le genre de l'accident. La table des catégories

50. Pour cette distinction entre les sens de *«to on»* ou *«to estin»*, cf. *Metaphysica,* VII, 1028 a 10-31 et 1030 a 21-22 (in ed. Jaeger, Oxford Classical Texts, Oxford, 1957, p. 128-129 et p. 134). Pour la désignation des catégories autres que la catégorie d'*ousia* par le terme *«sumbebèkota»,* cf. *Analytica Posteriora,* I, 22, 83 a 24-32 (in ed. Ross/Minio-Paluello, Oxford Classical Texts, Oxford, 1964, p. 143).

51. *Metaphysica,* IV, 1003 a 33-34 : *«to de on legetai men pollachôs, alla pros hen ...»* (ed. cit., p. 59).

52. P. Aubenque, «Sur la naissance de la doctrine pseudo-aristotélicienne de l'analogie de l'être», *Les Etudes Philosophiques,* n° 3/4, 1989, p. 294.

53. *DCo,* II, 15, p. 22.

exposée dans le chapitre II du *De Corpore* se conforme au principe de la double univocité, du nom *« corpus »* (pour *« ens »)* et du nom *« accidens »* (pour *« esse »*). Elle substitue à la distinction aristotélicienne entre l'*ousia* prédicamentale et les *sumbebèkota* prédicamentaux, la division entre les noms de l'*ens* (i.e. la *formula praedicamenti corporum*) et les noms des *essentiae* (i.e. les autres *formulae praedicamentorum*), elle déplace l'*ousia* hors de son inscription dans la catégorie du *prôtôs on,* pour la transporter au même niveau que les *sumbebèkota,* lesquels ne sont plus des *onta,* même en un sens seulement dérivé. Ainsi, lorsque Hobbes déclare, dans l'*Anti-White,* qu'il prend l'*accidens corporis* auquel se réduit l'*esse* au sens de l'*« accidens quod vocant praedicamentale »,* i.e. de l'accident défini par son opposition à la catégorie de *substantia,* l'acception dont il se réclame ne suppose pas une confusion entre la *substantia* prédicamentale et l'*ousia* aristotélicienne, elle recouvre plutôt l'identification de la *substantia* au *corpus* (qui est l'unique signification de l'*ens*), et l'absorption corrélative de l'*ousia* aristotélicienne par l'*accidens* prédicamental (qui est, comme mode de la conception du corps, l'unique signification de l'*esse*). La distinction, dans les catégories, entre l'*ousia* et les *sumbebèkota,* comme la distinction entre une prédication essentielle et des prédications accidentelles, deviennent en effet impossibles, dès lors que l'on ne procède plus à une distribution des étants selon les deux relations de prédication et d'inhérence décrites dans les *Catégories*[54]. C'est en ayant égard aux différences de combinaisons possibles entre ces deux relations, affectées du signe de l'affirmation ou de celui de la négation, qu'Aristote produit la différence entre les espèces et les genres d'une part (la catégorie de l'*ousia*), et les accidents (les autres catégories) : l'*ousia* seconde, espèce ou genre, se dit d'un sujet (l'*ousia* première ou individu sensible), mais elle n'est pas dans un sujet ; l'être-dans-un-sujet est la marque des seuls accidents[55]. Mais, pour Hobbes, la première des catégories, *formula praedicamenti corporum,* ne renferme aucune *essentia,* les espèces et les genres n'y sont plus que les noms plus ou moins universels des corps singuliers. S'agissant des *res nominatae,* on ne conserve que la seule relation d'inhérence, dont les corps individuels sont les sujets ; mais on ne la conserve qu'en la modifiant, puisqu'elle n'est plus une relation entre des étants, mais une relation entre étant et non-étant ou accident. La relation de prédication se trouve, elle, totalement décentrée, par

54. *Categoriae*, 2, 1 a 20 - 1 b 9 (in ed. Minio-Paluello, Oxford Classical Texts, Oxford, 1949, p. 3-4).

55. Pour la distinction entre l'*ousia prôtôs* et les *deuterai ousiai*, cf. *Categoriae,* 5 (ed. cit., p. 5 sq.).

rapport à son insertion ontologique : elle n'est plus qu'une relation logique, entre des noms dans la proposition, nom du sujet et nom du prédicat, qui signifient en fait tous deux un *modum concipiendi* du seul véritable sujet, le sujet extra-propositionnel, corps individuel auquel sont inhérents les accidents qui sont les raisons de ces deux noms [56]. En ne retenant des deux relations qui, selon Aristote, passent toutes deux entre des *onta,* que la seule relation d'inhérence, et en entendant celle-ci de telle manière que seul l'un de ses termes (le sujet) appartienne à l'ordre de l'étant, Hobbes opère simultanément une réduction de l'*ousia* aristotélicienne à l'*accidens praedicamentale* (l'*esse* de l'essence n'est qu'un *inesse,* i.e. l'*essentia* n'est qu'un *accidens*), et une extension, à toutes les catégories autres que la première – qui s'en trouve, elle, privée –, de la dénomination d'*« ousia »,* réservée par Aristote aux espèces et aux genres [57] : tout ce qui est inhérent à un sujet, et qui est de ce fait la raison d'une dénomination de ce sujet, est *essentia* de ce sujet. Cette application étendue du nom «*essentia* », pour en faire un synonyme du nom *« accidens »,* en tant que l'accident dénomme son sujet, a donc pour réciproque une inflation de la relation d'*inesse,* qui vient recouvrir les prédicats tenus pour non-accidentels par Aristote. Là où Aristote reconnaissait, en fonction des différents sens de *« esti »,* différents *onta,* Hobbes dissocie radicalement le domaine de l'*esse* et le domaine de l'*ens : esse* ne se dit plus que selon la relation d'inhérence, et il n'est plus d'*ens,* que *subsistens per se*, i.e. *substantia*, mais non *essentia.*

Hobbes ne procède pas, à l'égard des catégories d'Aristote, à une critique qui consisterait à dénoncer leur caractère rhapsodique. Loin de tenir leur liste pour une pure énumération arbitraire, il rappelle, dans un passage de l'*Anti-White* [58], que sa constitution doit être rapportée à la distinction entre les différents types de questions que l'on pose sur une seule et même chose *(quid est ?, quantum est ?, quale est ? etc.) ;* il appréhende donc les prédicaments d'Aristote comme faisant système, en tant qu'ils répondent à la série de questions possibles suscitées par la représentation d'une seule et même chose. Mais c'est précisément au nom de cette cohérence dans la recherche des raisons pour lesquelles nous imposons des noms aux choses, que Hobbes

56. Pour cette indistinction, dans la proposition, du sujet et du prédicat, en tant qu'ils sont seulement deux noms d'une même chose, cf. *DCo,* III, 3, p. 28 et IV, 8, p. 44-45.

57. Hobbes établit explicitement cette synonymie des termes *« ousia »* et *« sumbebèkota »* dans *An Historical Narration Concerning Heresy* (*EW*, T. IV, p. 394).

58 . *Exam.DM, AW,* V, 2, p. 129-130.

reprocherait à la notion aristotélicienne de polysémie de l'être d'avoir conduit à séparer artificiellement les dénominations d'*« ousia »* et de *« sumbebèkota »*. La notion d'*ousia*, ou d'*essentia*, doit tomber sous la notion d'accident, et lui communiquer en échange sa dénomination ; en tant que *res nominatae* (elles-mêmes raisons des noms concrets plus ou moins généraux entrant dans le prédicament des corps) tombant sous l'extension du nom *« esse »*, les espèces et les genres d'Aristote (l'*esse hominem*, ou l'*esse animal*) ne sont déjà que des accidents, de même que ses accidents (les quantités, les qualités, etc.) sont encore des essences. La logique en adéquation avec la *philosophia prima* ne saurait donc être pour Hobbes le traité aristotélicien des *Catégories*, qui ne réussit pas à homogénéiser tous les modes de l'*esse* sous la seule notion d'inhérence, qui croit à la présence d'un sens second de l'étant là où il n'y a que de l'être-dans, et qui prétend faire d'une dénomination de l'être-dans (*« ousia »*), une dénomination de l'étant. La distinction des deux noms positifs les plus universels, *« ens »* et *« esse »*, ne relève pas d'une logique qui se contenterait de redéfinir les catégories comme des séries de noms plus ou moins universels – noms de corps pour la première, noms d'accidents pour les suivantes : la logique vraiment cohérente avec la double univocité qui caractérise désormais la *philosophia prima* est la théorie qui distingue le statut des noms concrets, ou noms de corps, et des noms abstraits, ou noms d'accidents, de la même manière que la *philosophia prima* distingue le statut de l'*ens* ou corps, et de l'*esse* ou accident[59]. C'est ainsi que, selon un exemple du chapitre XXVII de l'*Anti-White*, le problème de savoir si la lumière est un corps, ou un accident, revient à savoir si la *vox « lumen »* contient ou non la *vox « esse » :* le nom *« lumen »* est-il réductible au *nomen summum « esse »*, ou au *nomen summum « ens » ?* Le nom *« lumen »* est-il un nom abstrait, ou un nom concret ? Plutôt que la table des catégories, c'est la liste des genres de noms, en tant qu'elle distingue le genre de tous les noms de corps (sous le nom *« corpus »* ou *« ens »*) et le genre de tous les noms d'accidents (sous le nom *« accidens »* ou *« esse »*), qui fournit le critère logique permettant de résoudre le problème de la nature de la lumière[60]. A elles seules, les formules des prédicaments ne peuvent constituer un « ordre certain et véritable des noms »[61] ; il faut, par une analyse ou résolution continue, manifester qu'un nom tel que le nom *« lumen »* sous-entend un *nomen simplicissimum*, qui est le *nomen summum, sive universalissimum* [62],

59. *DCo*, III, 3, p. 28-29 et V, 2 sq., p. 51 sq. ; *Lev*, IV, p. 33.
60. Pour cette liste, cf. *Lev*, IV, p. 33 et *DCo*, V, 2, p. 51.
61. *DCo*, II, 16, p. 25.
62. Pour ces termes, cf. *DCo*, V, 10, p. 55.

dans un genre de choses. Mais, en désignant ainsi la logique qui est la seule conforme à la redéfinition de l'étant et de l'être, on découvre aussi un nécessaire déséquilibre, au coeur même de la double univocité : les deux noms univoques *« ens »* et *« esse »* sont les deux noms positifs les plus universels, pour deux genres de choses nommées, mais ils perdent cette égalité de statut, quand on les oppose, conformément à la théorie des genres de noms, comme le nom concret le plus universel, et le nom abstrait le plus universel.

IV. NOM PREMIER ET NOM DÉRIVÉ

La double univocité, de l'*ens* et de l'*esse*, n'est pas exclusive d'une hiérarchie, dès que l'on a égard à la distinction logique entre le nom concret et le nom abstrait : tout nom de corps, ou chose supposée exister, est en effet, selon le *De Corpore,* un nom concret, alors que les noms d'accidents -qui enveloppent tous la *vox « esse »* -, sont des noms abstraits, qui dénotent les causes (dans la *res supposita* ou *corpus*) des noms concrets, et qui ne peuvent être que seconds par rapport aux prédications unissant les noms de corps, puisqu'ils ne font que répondre à une interrogation portant sur les raisons pour lesquelles *ces* noms sont attribués précisément à *ce* corps[63]. Dans le chapitre IV du *Léviathan* de même, la classification des genres de choses nommées, et la typologie correspondante des noms, montrent la nécessaire antériorité des noms concrets, l'abstraction des noms supposant que l'on sépare la considération des accidents, de la considération des corps qui sont leurs sujets d'inhérence. Il doit donc en aller des noms *« esse »* et *« essentia »,* par rapport au nom *« ens »,* comme de tout nom abstrait par rapport à un nom concret : ils ne sont formés que secondairement, par abstraction, pour dénoter tout *modum concipiendi corporis,* alors que le nom *« ens »,* nom le plus universel de tout corps, est nécessairement premier.

Hobbes ne se contente donc pas de réaliser l'impossible univocité de l'étant selon Aristote, il consacre le partage entre le champ sémantique du nom concret le plus universel *(« ens »)* et celui du nom abstrait le plus universel *(« esse »),* en faisant de *« esse »,* terme abstrait, un terme nécessairement second. Les *Disputationes Metaphysicae* de Suarez montrent au contraire que la dérivation de *« ens »* à partir de *« esse »* se justifie toujours, non seulement si l'on prend *« ens »* comme

63. *DCo,* III, 3, p. 28-29 et 4, p. 29.

participe de *« esse »*[64], mais aussi si on le prend comme nom. Comme participe du verbe *« esse », « ens »* signifie en effet l'*actus essendi,* et l'*ens* ne peut être alors que l'existant en acte ; le participe gardant du verbe la signification temporelle, il signifie l'exercice actuel de l'exister. Si *« ens »* n'était jamais pris que *participialiter,* il ne pourrait donc jamais signifier ce qui n'existe pas en acte. Mais, pris *nominaliter,* il sépare l'essence réelle, de l'existence actuelle, il dit l'étant selon l'*essentia* (essence non chimérique, mais qui existe en puissance) plutôt que selon l'exister effectif. *« Ens »* pris *nominaliter* suppose une *praecisio* (qui n'est pas une négation ou exclusion) de l'existence en acte, son usage est donc second par rapport à l'usage *participialiter :* *« ens »* signifie d'abord ce qui a l'acte d'exister, avant d'être transposé dans un usage nominal, qui fait abstraction de cet acte d'exister, pour ne considérer que l'essence réelle *secundum se*[65]. Si la différence entre *« ens »* pris comme nom, et *« esse »,* tient à une abstraction, celle-ci est donc pour Suarez supportée par le nom, et non par le verbe, qui est au contraire absolument premier, principe de formation de *« ens »,* dans son usage nominal comme dans son usage participial. La dérivation du nom *« ens »* à partir du verbe *« esse »,* en tant qu'elle suppose l'antériorité du participe sur le nom, rend ainsi l'analyse métaphysique du double sens de *« ens » (« in actu »* et *« in potentia »)* conforme à la conception médiévale du statut grammatical du participe, qui ne devient nom véritable, qu'une fois ôtés le temps et l'acte, qui sont les propriétés qu'il conserve du verbe[66].

La question de la dérivation d'un nom par rapport à un autre, est par contre pour Hobbes une question purement logique, qui exige que l'on dissocie deux problèmes : celui des raisons pour lesquelles nous imposons des noms concrets, et celui de la formation de nouveaux noms, pour dénoter ces raisons ou causes de l'imposition de noms concrets. Au premier problème, Hobbes répond par la théorie de l'accident, et de la fonction de dénomination du sujet par l'accident qui lui est inhérent. Au second, il répond par la théorie de la dérivation des noms abstraits (noms d'accidents) à partir de la proposition qui unit des noms concrets, la proposition étant aux noms abstraits, ce que le

64. C'est la position de White dans son *De Mundo,* Dial. III, Nodus IV (Parisiis, ap. Dionysium Morean, MDCLII, p. 305).

65. Pour cette analyse par Suarez de la double signification de *« ens »,* cf. *Disputationes Metaphysicae,* Disputat. II, Sectio IV, 3-4 et 9, ed. cit., T. I, p. 88-89 et p. 90.

66. Cf. Ch. Thurot, *Extraits de Divers Manuscrits Latins pour servir à l'Histoire des Doctrines Grammaticales au Moyen-Age,* Paris 1869 (repr. Minerva, Frankfurt, 1964, p. 341).

sujet d'inhérence est aux accidents: *« nisi esset propositio, a cujus copula oriuntur, esse non possent »* [67]. C'est la combinaison de ces deux analyses qui rend impossible le schéma de dérivation de *« ens »* à partir de *« esse »*.

La notion d'*accidens denominans,* ou *essentia,* qui répond dans la *philosophia prima* de Hobbes à l'interrogation – suscitée dès l'analyse logique de la proposition – sur les *« causae nominum »* [68], bouleverse la distinction traditionnelle entre la prédication essentielle, dite univoque parce qu'elle prédique du sujet ce qui appartient à sa définition, et la prédication seulement dénominative ou accidentelle, qui prédique du sujet les genres de l'étant autres que l'*ousia* [69]. Une substance individuelle, e.g. Socrate, ne reçoit de prédication dénominative que de ses accidents, elle n'est « dénommée » que par ce qui lui est inhérent, c'est l'*inesse* qui est au principe de la dénomination. Alors qu'on dit de Socrate qu'il est *homo*, on ne dira pas qu'il est *ambulatio,* mais qu'il est *ambulans,* ni qu'il est *albedo,* mais qu'il est *albus ;* c'est ainsi que pour un auteur de logique tel que Crakanthorp, qui perpétue au XVIIème siècle la distinction entre la prédication univoque et la prédication dénominative, les accidents *(ambulatio, albedo)* ne nomment pas, comme le font les genres et les espèces *(animal, homo),* mais ils dénomment seulement, la dénomination accidentelle ne faisant que se surajouter au nom du sujet *juxta essentiam* [70]. Pour Hobbes au contraire, il faut étendre la fonction de dénomination aux prétendus genres et espèces, l'*esse animal* ou l'*esse hominem* n'étant pas moins des accidents que l'*esse album*; bien plus, la dénomination, que la tradition réservait à l'accident pour l'opposer à l'essence, devient précisément ce qui permet de tenir les noms *« accidens »* et *« essentia »* pour synonymes: elle est ce qui fait d'un accident quelconque (*esse album* aussi bien que *esse animal*), en tant qu'il est la raison de l'imposition d'un nom au corps dont il est le mode de conception, une essence.

Parallèlement, la dérivation nominale qui redouble traditionnellement la fonction de dénomination attribuée à l'accident (le nom imposé en raison d'une propriété de la chose étant formé à partir du

67. *DCo,* III, 4, p. 29.

68. Cette expression est utilisée dans *DCo*, III, 3, p. 29.

69. Cf. Saint Thomas, *In XII Libros Metaphysicorum Aristotelis Expositio*, Lib. VII, lect. II, n. 1288 ; Lib. IX, lect. VI, n. 1842 (ed. Cathala-Spiazzi, Marietti, 1964, p. 323 et p. 441).

70. In *Logicae Libri Quinque,* Londini, Johannis Legatus, 1622 (Lib. II, cap. III : *« subjecto jam juxta essentiam nominato, accidentalem denominationem superaddunt »*).

nom abstrait de cette propriété), va désormais concerner le nom même de l'accident ou essence. Le nom dérivé, ce ne sera plus *« albus »* (qui est un nom de corps), mais le nom abstrait *« albedo »*, et un nom tel que *« homo »*, tenu par un Crakanthorp pour un nom d'essence, par opposition à un *denominativum* accidentel tel que *« albus »*, sera lui aussi au principe de la dérivation du véritable nom d'essence, *« esse hominem »* . Il y a pour Hobbes abstraction d'un nom, dès lors que l'on essaie de se maintenir, au moyen d'une déformation lexicale (qui, de *« albus »*, fait *« albedo »*), dans la considération séparée d'un certain mode de la conception du corps ; la production du nom abstrait prête une existence nominale à l'accident ou essence qui est la raison de l'imposition du nom concret dont on dérive cet abstrait, elle suppose que l'on considère ce nom concret séparément de tous les autres noms concrets de la même chose, afin d'isoler la raison de son imposition, et de la dénoter par un nouveau nom[71]. Or séparer la considération d'un concret des considérations des autres concrets, c'est nécessairement la séparer aussi de la considération de la matière ou du corps, le nom « matière » ou « corps » étant sous-entendu avec tous les noms concrets : l'abstraction nous fait changer de classe de noms, elle isole un nom du « compte qui concerne la matière », pour le déformer en un nouveau nom[72]. Pour une telle théorie, le nom *« ens »* est nécessairement premier, toute abstraction n'étant jamais que l'altération de noms dont la résolution continue nous ramènerait à ce *summum nomen*.

La déformation d'un nom concret en un abstrait ne saurait cependant nous transporter du « compte » des noms de corps au « compte » des noms d'accidents, sans une médiation propositionnelle : les noms d'essences sont pour Hobbes nécessairement postérieurs à la conjonction opérée par la copule entre les noms de corps[73]. Ainsi, la dérivation nominale ne se fait pas immédiatement de *« album »* à *« albedo »*, mais il y a un passage obligé par un premier terme abstrait, *« esse album »*, qui n'est qu'une réduction de la forme prédicative elle-même. Hobbes tient la copule, comme forme verbale, pour une simple contingence affectant des grammaires particulières[74], mais il fait par contre de *« esse »* le nom-racine de tous les noms d'accidents, l'archétype en quelque sorte des noms abstraits : même si ceux-ci ne présentent pas toujours explicitement la *vox « esse »*, elle est virtuellement comprise en eux, *« vivere »* et *« vita »* ne sont par exemple que

71. Cf. Appendice au *Léviathan* latin, c. I (in ed. Tricaud, p. 743-744).
72. *Lev.*, IV, p. 33.
73. *Exam.DM, AW*, XXVII, 1, p. 313 ; DCo, III, 3, p. 29.
74. *DCo*, III, 4, p. 30 ; Appendice au *Léviathan* latin, I, p. 727.

les substituts de la forme première *« esse vivens »*[75]. Il ne faut pas, à la manière des grammairiens, tenir *« esse »* pour un verbe, mais pour un véritable nom, que l'on obtient non seulement à partir des propositions explicitement *de tertio adjacente* (e.g. *« homo est animal »)*, mais aussi à partir des propositions *de secundo adjacente* (e.g. *« Socrates ambulat »)*, dans la mesure où le *verbum substantivum* est latent dans les *verba adjectiva* qui constituent leurs prédicats : il suffit de l'expliciter, i.e. de dissocier la copule et le prédicat, puis d'ôter au verbe *« est »* et sa signification temporelle et sa fonction de copule, pour convertir la prédication en un nom. C'est à ce premier nom, e.g.*« esse ambulantem »,* que l'on substitue ensuite les noms équivalents *« ambulatio »* ou *« ambulare »*[76]. Tous les noms abstraits, en tant qu'ils sont réductibles à cette première forme, sont autant de manières de procéder à la nominalisation d'un *dictum* ou proposition. Mais la forme archétypique *« esse aliquid »* ne doit pas selon Hobbes tenir son unité d'une interprétation de la combinaison même entre la copule et le deuxième nom dans la proposition comme du véritable prédicat ; l'unité logique qui est au principe de la formation des noms d'essences n'est pas déjà une unité dans la proposition, elle n'apparaît au contraire que par la dissociation entre la copule, simple signe de liaison, et le prédicat. On ne saurait donc identifier la distinction de l'étant et des modes de sa conception, telle qu'elle est signifiée chez Hobbes par le passage des noms concrets aux noms abstraits, à la différence établie par les Stoïciens entre les agents corporels et leurs actions incorporelles ; car pour signifier une action incorporelle, on doit, selon les Stoïciens, recourir à un prédicat, entendu non comme nom, mais comme forme verbale : l'action, i.e. ce qui est causé dans un corps, ne peut être indiquée par une expression nominale, le *katègorèma* doit avoir pour signe un infinitif pris comme tel, et non nominalisé[77]. Pour Hobbes au contraire, l'on ne peut signifier l'accident, que si l'on efface le statut grammatical de la forme infinitive *« esse »,* qui doit cesser d'être verbe, pour être pur nom, et si l'on renonce, dans l'analyse de la proposition dont dérive cette forme, à la problématique logique des

75. Pour les exemples de cette réduction des noms abstraits à la forme prédicative, cf. *Exam.DM, AW*, XXVII, 1, p. 313, XXVIII, 4, p. 334 et XXXIV, 2, p. 381-382 ; *DCo*, III, 3, p. 28-29 ; Appendice au *Léviathan* latin, I, p. 743.

76. Nous développons ici des indications contenues dans *Exam.DM, AW,* XXVIII, 4, p. 334.

77. Cf Sextus Empiricus, *Hypotyposes Pyrrhoniennes,* III, IV, 14, qui donne l'exemple, pour l'effet qui se produit dans la cire quand elle est chauffée par le soleil, du *katègorèma « to cheisthai »* , «être liquéfié» (in ed. Bury, *Outlines of Pyrrhonism,* Loeb Classical Library, 1933, p. 334).

deux parties du discours, le nom et le verbe. Pour cette théorie en effet, il faut distinguer, dans la proposition, entre la fonction du sujet, qui est de nommer la chose dont on parle, et la fonction du prédicat, qui est de dire quelque chose de ce sujet, et qui ne peut avoir pour expression que le verbe, signe de l'acte[78]. Mais la *Logique* de Hobbes refuse d'assigner au prédicat une autre fonction qu'au sujet: le prédicat n'est encore qu'un autre nom du *subjectum* extra-propositionnel, et réciproquement, le sujet est déjà le signe d'un premier *inesse*, de l'inhérence d'un premier accident à la chose. Du fait de cette homogénéisation du sujet et du prédicat, qui sont deux noms concrets imposés chacun en raison d'un accident déterminé de la chose en-dehors de la proposition, la copule se trouve elle-même vidée de toute fonction autre que de coordination, elle est seulement le signe qu'une même chose est nommée deux fois, pour deux accidents différents, et non le signe d'une autre pensée quant à la chose (ce qui ferait d'elle un autre nom de la chose)[79].

Ainsi définie, l'abstraction des noms d'accidents répond pour Hobbes à une démarche légitime de la pensée, qui est incitée, par l'appréhension de la copule comme d'un simple signe de coordination, i.e. par la compréhension que les noms qu'elle unit sont les noms d'une seule et même chose, à s'enquérir encore des raisons de l'attribution à cette chose de noms que tous les corps ne reçoivent pas. Mais ce mouvement de la pensée trouve son double caricatural dans le processus au terme duquel Aristote aurait, selon Hobbes, opéré la transformation illusoire de la copule en un nom de chose existant réellement. Le processus incriminé n'a pourtant d'abord rien de fautif: la pensée est insatisfaite par la seule intellection des noms dans la proposition, et se met en quête d'une autre connaissance. Mais cette pensée inquiète s'engage dans une direction erronée, sa recherche ne portant pas, comme elle le devrait, sur les raisons des noms unis dans la proposition, mais sur le signe même de leur union. Le prétendu mouvement de la pensée n'est guère alors qu'un ressassement, on répète pour la copule la question déjà posée pour les deux noms dans la proposition (« qu'est-ce qu'ils nomment ? », « qu'est-ce qu'elle nomme ? »), comme si ce simple signe de liaison pouvait être tenu pour un troisième nom. Loin de s'enquérir des causes de nos conceptions et de l'imposition des noms les signifiant, la pensée demeure au niveau des noms donnés dans la proposition, et ne cherche qu'à retrouver un même

78. Pour cette théorie, cf. Platon, *Sophiste,* 262 c-d ; Aristote, *Peri Hermeneias,* 3, 16 b 9-10 et 5, 17 a 9-12 ; Sénèque, *Ad Lucilium,* Ep. 117.

79. Cf. *Objectiones Tertiae,* Obj. VI (ed. cit., p. 182). Pour la réduction de la copule au statut de conjonction, cf Appendice au *Léviathan* latin, I, p. 727.

rapport, d'un troisième nom à la chose, « comme s'il existait dans la nature quelque chose dont la dénomination fût *être* ou *essence* » [80].

En faisant des accidents les réquisits ultimes de l'analyse par la pensée de la signification d'une proposition, Hobbes s'est donc donné le moyen de faire des noms d'essences, des noms nécessairement dérivés, par rapport aux noms concrets dans la proposition. C'est parce qu'ils sont découverts, au terme d'une régression, comme les raisons dernières de l'imposition de noms concrets, que les accidents doivent être à leur tour nommés, afin que le raisonnement puisse aussi porter sur les propriétés des corps, sans considérer leurs sujets singuliers. La raison de l'attribution d'un nom à un corps ne peut alors être elle-même signifiée que par un nom dérivant du nom de ce corps. Là où la théorie médiévale de la *denominatio* dirait qu'il y a une raison de l'imposition d'un nom *denominative* à une chose, et que le nom qui la signifie est au principe de la dérivation du nom imposé à partir d'elle, Hobbes nous dit qu'il y a une raison de l'imposition d'un nom à une chose, mais que le nom la signifiant ne peut être lui-même que dérivé du nom imposé à partir d'elle. Le « petit changement » (ou « petite déformation ») [81] qui fait passer du nom concret au nom abstrait ne peut dès lors être identifié à la *ptôsis*, ou flexion d'un mot, qui est selon Aristote la manifestation lexicale de la structure de paronymie. Les paronymes (ou *denominativa* dans la traduction de Boèce [82]) sont en effet, d'après les *Catégories*, des choses qui non seulement sont qualifiées par une propriété, mais qui reçoivent en outre leur nom du nom de cette propriété, au moyen d'une différence dans la « chute » du mot : ainsi *« grammatikos »* à partir de *« grammatikè »*, ou *« andreios »* à partir d'*« andreia »* [83]. Au rebours de la tradition en matière de paronymie, Hobbes dissocie au contraire la raison de l'imposition, et le principe de la dérivation. La raison de l'imposition nous conduit de l'*accidens denominans* au nom concret, mais le principe de la dérivation nous fait passer du nom concret, prédicat d'une proposition, au nom abstrait. Faute de se donner cette hiérarchie entre le nom concret et le nom abstrait, et cet ordre de dérivation, pour lequel *« ens »* est le terme premier et *« esse »* le terme second, il faudrait encore se demander quelle est la raison de l'imposition d'un

80. Pour le mouvement légitime de la pensée, cf. *DCo*, III, 3, p. 28. Pour sa contrefaçon aristotélicienne, cf. *Léviathan* latin, XLVI (en note de l'ed. Tricaud, p. 698, où se trouve le passage cité).

81. Ces deux expressions sont empruntées au *Léviathan*, IV, p. 33.

82. cf. *In Categorias Aristotelis*, lib. I (*Patrologie Latine* <PL> de Migne, 1860, T. LXIV, 2, col. 167 d).

83. *Categoriae*, 1, 1 a 12-15, p. 3 ed. cit.

nom abstrait, i.e. quelle est la raison de l'imposition du nom signifiant la raison de l'imposition d'un nom concret, et ainsi de suite à l'infini. La distinction entre l'imposition d'un nom pour une raison – réservée aux noms concrets – et la formation dérivée d'un autre nom – réservée aux noms abstraits – permet d'éviter cette régression indéfinie[84]. La hiérarchie des noms concrets et des noms abstraits, en ce qu'elle fait dépendre la formation des noms abstraits de la prédication entre noms concrets, rend définitivement impossible toute tentation de « platonisme », quant au rapport entre les noms des choses qualifiées et les noms des qualités. J. Jolivet a montré que cette tentation guette au contraire « presque tous les philosophes qui ont réfléchi sur les rapports du paronyme au nom primitif..., comme si ce fait grammatical imposait à l'esprit un schème de participation... »[85]. A cet égard, l'inversion par Hobbes du sens de la dérivation lexicale est le complément logique indispensable du refus d'hypostasier les accidents : à la disjonction entre l'*ens* et l'*essentia* ou *non ens*, doit nécessairement répondre une redistribution des rapports hiérarchiques entre les noms. La *philosophia prima* nous enseigne qu'il faut abandonner la recherche de la raison d'un nom, dès qu'il s'agit d'un nom abstrait, nécessairement second par rapport à un nom de corps ; il serait par exemple absurde d'essayer de donner la raison de l'imposition du nom *« durities »*, ce serait le confondre avec le nom *« durum »* dont il est dérivé : mieux vaut travailler à montrer quelles sont les causes physiques expliquant l'inhérence de la *durities* à tel corps, i.e. quelles sont les raisons, analysables par la philosophie naturelle, pour lesquelles chaque partie d'un corps résiste aussi longtemps que ce corps résiste tout entier[86].

La partition opérée par Hobbes entre le champ sémantique du nom *« ens »*, et le champ sémantique des noms *« esse »* ou *« essentia »*, se voit donc renforcée par la thèse d'une hiérarchie logique entre la classe des noms de corps et la classe des noms d'accidents. Mais n'est-ce pas au prix d'une mise en péril de toute tentative de traduction du vocabulaire aristotélicien de l'être ? En faisant d'*« ousia »* le dérivé de *« to on »*, et en l'intégrant, du fait de sa synonymie avec *« to einai »*, à la classe des noms abstraits ou noms d'accidents dont *« to einai »* est

84. Hobbes interdit ainsi dans l'*Anti-White* de poursuivre le mouvement de la pensée, de recherche de raisons pour les noms, s'il doit se faire à partir d'énoncés tels que *« probitas est virtus »*, ou *« virtus est habitus »* (XXVIII, 4, p. 334).

85. J. Jolivet, « Vues médiévales sur les paronymes », in *Revue Internationale de Philosophie*, 1975, n° 113, p. 241.

86. *DCo*, VIII, 2, p. 92.

l'archétype[87], Hobbes utilise en effet la théorie logique des classes de noms comme critère de la traduction même de ces termes par les noms *« ens », « essentia »,* et *« esse »,* qui observent entre eux le même rapport de dérivation. On ne saurait traduire un nom d'une langue dans une autre, qu'en lui substituant un nom qui soit, dans cette autre langue, son équivalent dans le même genre de noms. Les différentes langues ne sont que des réserves de vocables se distribuant, dans tous les cas, selon la typologie des noms décrite dans le chapitre IV du *Léviathan,* et c'est la hiérarchie entre les noms concrets et les noms abstraits, qui doit donner les règles de toute traduction, ou transposition d'un terme d'une langue à une autre, sans lui faire perdre son appartenance à une même classe logique. Tout nom a un statut logique, avant d'avoir un statut linguistique, le mot *« to on »* appartient au genre des noms de corps, et le mot *« ousia »* au genre des noms d'accidents, avant d'appartenir à la langue grecque. Pour cette raison, Hobbes dénonce dans la traduction latine d'*« ousia »* par *« substantia »*[88], une pseudo-traduction. Plus que d'une traduction fausse, il s'agit en fait d'une non-traduction, puisque la substitution du mot latin au mot grec nous fait changer de genre de noms, *« substantia »* étant, comme *« subjectum »,* un synonyme de *« ens »* ou *« corpus »*[89]. Les contradictions produites par la formation d'énoncés combinant deux noms hétérogènes, relevant de deux classes distinctes[90], n'épargnent pas la traduction, puisque celle-ci suppose en fait que l'on procède à l'attribution, à une seule et même chose, de deux noms empruntés, dans deux langues différentes, à une classe déterminée de noms : si l'on traduit *« ousia »* par *« substantia »,* c'est comme si l'on disait *« ousia est ens »,* ou *« to einai est ens »,* i.e. l'équivalent de *« essentia est ens »* ou *« esse est ens »,* qui sont des énoncés réputés absurdes dans la *Logique*

87. L'*Anti-White* fait seulement état de la distinction aristotélicienne entre *to on* et *to einai*, comme *« genera rerum »* (XXVII, 1, p. 313 ; XXXIV, 2, p. 381 ; XXXV, 1, p. 387. L'Appendice au *Léviathan* latin donne en outre l'exemple de la déformation de *« on »* en *« ousia »* et *« to einai »* (I, p. 743).

88. Cf. *An Historical Narration concerning Heresy,* EW IV, p. 394 : « ...most of the Latin philosophers used to convert *ousia* into *substantia*, and so confound real and corporeal things with incorporeal... ». cf. aussi, pour la faute symétrique, Appendice au *Léviathan* latin, I, p. 742, à propos des « Pères latins », qui ne distinguent pas entre les mots *« essentia »* et *« substantia »*, pour traduire les termes grecs *« huphistamenon »* et *« hupostan »,* qui sont pourtant les équivalents de *« to on »* (*ibid.*, p. 741).

89. Cf. *Lev*, XXXIV, p. 418. L'Appendice au *Léviathan* latin propose aussi la série d'équivalences *« ens, subjectum, suppositum, substantia, basis, fundamentum »* (I, p. 741-742). En toute rigueur, l'équivalent du nom *« ens »* devrait être *« substans »,* plutôt que *« substantia »* (*ibid.*, p. 743).

90. Cf. *Lev*, V, p. 41 ; *DCo*, V, 2-3, p. 51-52.

de Hobbes. On pourrait arguer que dans un cas précis, celui de la traduction des *Catégories* par Boèce, la traduction d'*« ousia »* par *« substantia »* s'autorise d'une conception de la *substantia* comme sujet sous-jacent aux accidents qui lui sont inhérents; mais Hobbes répondrait que, si le terme « traduisant » est alors entendu à juste titre par Boèce dans l'acception qui le fait relever du genre des noms de corps, c'est le terme « traduit » qui est déjà l'indice d'un déplacement, et cela de la part d'Aristote lui-même, qui appelle *« ousia » (« ousia prôtôs »)* l'étant individuel – e.g. *cet homme* –, sujet d'inhérence des accidents[91]. Mais de ce fait, la traduction d'*« ousia »* par *« essentia »* ne peut pas être davantage légitimée: car elle dissimulerait pour Hobbes un double emprunt, et du nom « traduisant » et du nom « traduit », à une classe qui n'est pas celle des noms signifiant ce que l'on veut signifier, i.e. le *subsistens per se*. Hobbes s'opposerait en cela à Augustin, pour qui le problème de la traduction du grec *« ousia »* est lié à la reconnaissance du sens absolu de ce terme: parce que le nom *« ousia »* est bien le nom d'une réalité *ad se,* il est pour Augustin mieux traduit par *« essentia »,* lui aussi nom d'une réalité *ad se,* que par *« substantia »,* qui n'a cette signification que si on le dérive de *« subsistere »,* mais non s'il désigne un sujet sous-jacent à des accidents[92]. Au lieu de reprocher à la traduction d'*« ousia »* par *« substantia »* de trahir l'*ousia* au profit de l'*hupokeimenon* ou sujet, Hobbes lui reprocherait plutôt d'avoir trop accordé à l'*ousia*, d'avoir donné à ce qui ne peut être qu'accident, le statut de sujet qui doit être réservé à l'étant. Là où d'aucuns diraient que *« substantia »,* c'est trop peu pour *« ousia »,* Hobbes déclare que c'est beaucoup trop, et que *« ousia »* occupe alors une place usurpée. Quant à la traduction par *« essentia »,* elle revient à commettre deux fois, et non une seule, la faute logique qui consiste à prendre le nom d'une essence pour le nom d'un étant, *subsistens per se*. Le passage d'une langue à une autre ne révèle pas alors une confusion entre deux genres de noms seulement dans la langue traduite, mais c'est dans chacune des deux langues que la place du nom est fausse. Que l'on traduise *« ousia »* par *« substantia »* ou par *« essentia »,* on ne se conforme donc pas au critère logique de la traduction, puisque dans un cas, la *translatio* ne s'opère pas à l'intérieur d'un même genre de noms, et dans l'autre, elle s'opère entre deux noms qui ont perdu tous deux leur genre commun d'appartenance, même s'ils demeurent homogènes dans le faux. Lorsque Hobbes procède pour sa part, dans l'*Anti-White,*

91. *Categoriae,* 5, 2 a 11-14.

92. Cf. int. al., *De Trinitate,* L. VII, c. V, 10 (in *Œuvres* de Saint Augustin, Desclée de Brouwer, 1955, T. 15, p. 536-538).

à la mise en équivalence des noms *« ens »* et *« esse »* – redéfinis pour être restreints, l'un aux étants, l'autre aux essences concevables –, et des termes *« to on »* et *« to einai »* dans leur usage aristotélicien, bien qu'il ne s'agisse pas alors pour lui d'un exercice de traduction, il indique du moins que le vocabulaire de l'être, qu'il soit latin ou grec, doit obéir au principe de la double univocité, qui fait rapporter *« ens »* et *« to on »* à la signification unique de corps, comme *« esse »* et *« to einai »* à celle d'accident. Les définitions contenues dans la *philosophia prima* sont ainsi pour Hobbes les véritables noms à inscrire dans le *lexicon philosophicum* qui pourrait constituer la langue commune des philosophes.

Martine PÉCHARMAN
Université de Clermont II

LE VOCABULAIRE DE L'ESPACE

La philosophie commence, selon Hobbes, comme philosophie première, c'est-à-dire par des définitions des termes primitifs les plus généraux. Or dans ce cadre là, Hobbes n'a jamais oublié d'évoquer les termes qui se rapportent à l'espace, tel que 'lieu' (*DCi*, OL II, p. 150; *Lev*, EW III, p. 671 ; *DCo*, OL I, p. 62)[1] ou 'grandeur' (*Lev*, OL III, p. 67), termes qui se trouvent par conséquent à la fondation de son système[2]. Une certaine anomalie se produit cependant dans l'exposé pour ainsi dire officiel[3], c'est-à-dire dans les chapitres VII et suivants du *De Corpore*.[4] Tout en insistant, par le titre même du chapitre VII 'De loco et tempore', sur la priorité du concept de lieu, Hobbes procède, en effet, en définissant, dans les articles 2 et 3, l'espace (*quid sit spatium*) et le temps sans revenir au terme de « lieu » qui ne figure qu'une seule fois dans ce chapitre, et encore d'une façon peu significative (*DCo*, OL I, p. 82). La question *quid sit locus* n'apparaît qu'à l'article 5 du chapitre VIII qui a pour objet les notions de corps et d'accident. Sans prétendre en donner une explication satisfaisante, on notera de toute façon que dans l'esprit de Hobbes les notions d'espace, de corps et de lieu sont intimement liées. En traitant le vocabulaire de l'espace chez Hobbes, il sera donc nécessaire de soumettre à l'analyse tout ce champ de siginifications. Suivant l'exemple de Hobbes lui-

1. Dans ce qui suit on se référera aux ouvrages de Hobbes en précisant la section (« EW » = English Works, « OL » = Opera Latina), le volume (en chiffres romains) et la page (chiffres arabes) de l'édition de Molesworth. L'*Anti-White* (éd. par Jacquot et Jones, Paris 1973) et les manuscrits qui appartiennent au même dossier, seront cités comme « AW » suivi du numéro de la page. Les références seront données dans le texte même. – Je saisis l'occasion pour remercier M. Theo Verbeek qui a bien voulu corriger le manuscrit de cette étude.

2. Hobbes abolit ainsi la distinction aristotélicienne entre physique et métaphysique (philosophie première) (*Exam. DM*, AW, p. 105).

3. Un deuxième exposé important mais que l'auteur n'a jamais publié, se trouve au chapitre III de l'*Anti-White*.

4. Elle se trouve du reste déjà dans le ms. Chatsworth A 10 (AW, pp. 473-477).

même, nous commencerons par l'examen de la notion d''espace imaginaire', pour passer ensuite à celles d'espace réel, de corps et de lieu. Des termes abstraits tels que 'étendue' (*extensio*), 'grandeur' (*magnitudo*), 'dimension' et 'quantité' ne seront pas expressément discutés, puisque, à l'exception de 'quantité',[5] Hobbes ne s'en est jamais occupé d'une façon systématique.[6] On renonce également à discuter des notions subordonnées telles que 'distance'[7] et 'situation' et des termes déictiques ('ici' et 'là-bas', 'en haut' et 'en bas' etc) qui sont évoqués par Hobbes en passant. On verra que le mot de John Laird: « Hobbes's account of space... is a puzzle to all his commentators »[8] est toujours vrai.[9]

I. L'ESPACE IMAGINAIRE

D'après Hobbes la philosophie est la recherche du lien causal entre les phénomènes. Commençons donc par l'étude de l'espace imaginaire sous l'angle de la causalité. L'espace imaginaire est selon Hobbes un *effet*, plus précisément un effet qu'un corps externe ou objet (*Lev*, EW III, p. 1; *DCo*, OL I, p. 334) produit sur nous en vertu de sa grandeur (*De Princ*, AW, p. 453; *DCo*, OL I, p. 93), en tant que nous sommes capables de connaissance. Le pouvoir de connaître se réduit en bonne partie au pouvoir de retenir les impressions des autres corps sur notre propre corps. Cela s'explique par le fait que, loin de s'arrêter à sa surface, les mouvements qui atteignent notre corps continuent pendant un certain temps à produire leurs effets à l'intérieur de celuici. L'idée de l'espace qui résulte de ce processus présuppose par conséquent l'existence de *deux* corps distincts – un corps extérieur et

5. Cf. avant tout *DCo*, OL I, p. 123 suiv.; *Six Lessons*, EW VII, p. 192 suiv., et *Exam*, OL IV, p. 154 suiv. où Hobbes livre une définition de la quantité que, à l'en croire, on chercherait en vain « chez les Anciens ».

6. Malgré ce qu'il dit dans *De Corpore*, ch. XII, où il prétend en avoir donné une au ch. VIII (OL I, p. 123), une définition de la dimension ne se trouve ni dans ce chapitre ni dans une autre partie de cet ouvrage.

7. Voir *Exam.DM*, AW, p. 118 et *Six Lessons*, EW VII, p. 216: « la distance est le chemin le plus court ».

8. John Laird, *Hobbes*, New York 1968[2] (=1934[1]), p. 131.

9. Le titre même de l'article de Gary B. Herbert, « Hobbes's phenomenology of space », *Journal of the History of Ideas* 48 (1987), pp. 709-717, montre combien l'approche de cet auteur est inadéquate. Herbert croit d'ailleurs que « Hobbes's distinction between imaginary space and extension arises in the context of a dispute with René Descartes » (p. 711) – ce qui revient à dire qu'il ne connaît ni l'*Anti-White* ni les racines scolastiques de Hobbes qui précèdent ses contacts avec Descartes.

notre corps – dont l'un peut agir sur l'autre. Ce qui implique que l'existence des corps externes ne dépend pas de celle de notre corps ni de notre connaissance (*Exam.DM*, AW, p. 117). D'autre part, l'idée de l'espace, qui est le résultat d'un effet produit sur nous par un corps différent, peut rester présente à l'esprit sans que le corps qui l'a causée soit encore présent. L'effet, une fois produit, peut continuer d'exister même si sa cause productrice n'est plus (l'enfant continue de vivre après la mort de ses parents). Cette autonomie de l'effet par rapport à sa cause fonde aussi la fameuse fiction hobbesienne d'une annihilation du monde qui est formulée au début de la Philosophie Première au chapitre VII du *De Corpore* :[10] pour avoir une idée quelconque, plus précisément l'idée fondamentale de l'espace, la présence du corps extérieur n'est pas requise dans tous les cas. Il suffit que notre corps survive à l'annihilation du monde, à condition toutefois que les corps extérieurs aient déjà produit certains effets en nous avant cette destruction supposée de l'univers.[11]

D'une part ces effets sont des mouvements *corporels*, produits dans les parties internes ou organes sensoriels de notre corps ; d'autre part ils deviennent mouvements de l'*âme* (*animi motus* : *Exam.DM*, AW, p. 118) ou phantasmes puisque les mouvements centripètes venant de l'extérieur provoquent, de la part de nos organes, des réactions, c'est-à-dire des tentatives de résistance, sous forme de mouvements centrifuges. C'est pourquoi ces mouvements centrifuges se présentent à nous comme représentatifs d'une chose qui se trouve à l'extérieur (*DCo*, OL I, p. 82 et p. 318) et pas comme les événements internes, actifs ou réactifs qu'ils sont en réalité. Idée ou image (*Exam.DM*, AW, p. 117 et p. 312),[12] l'espace imaginaire n'est pas le mouvement local dans nos organes mais un *phantasme* dans l'âme[13]. Il appartient à la sphère de l'imagination. Par rapport à l'espace imaginaire, le corps est donc dans la même relation que la chose par rapport à sa connaissance (*Exam. DM*, AW, p. 117). L'espace imaginaire peut donc être considéré ou bien comme reste de l'effet produit du corps (*DCo*, OL I, p. 83) ou bien comme notre souvenir du corps (*DCo*, OL I, p. 82). Il est idée, et

10. Voir cependant sur l'origine historique de cette idée mon article : « Thomas Hobbes und Francesco Patrizi », *Archiv für Geschichte der Philosophie* 68 (1986), pp. 265-279.

11. Cf. Michel Malherbe, « Hobbes et la fondation de la philosophie première », dans : Martin Bertman et Michel Malherbe, *Thomas Hobbes. De la métaphysique à la politique*, Paris 1989, p. 24 : « La primordialité ontique de la matière est inscrite dans l'être de la représentation ».

12. Cf. aussi *Princ. et Probl*, OL V, 213 : spatium, corporis imago.

13. Voir, sur la diversité d'emploi du mot phantasme, la contribution de Yves-Charles Zarka à ce volume.

il est plus spécialement idée ou phantasme du corps (*DCo*, OL I, p. 96).

Que l'espace, ou du moins l'espace imaginaire, soit un phantasme dans notre âme, est une thèse qui manque probablement de vraisemblance intuitive. Rien d'étonnant donc que Hobbes évoque l'expérience quotidienne afin de rendre sa doctrine plus plausible quoique, à vrai dire, il s'écarte ainsi de son projet primitif de philosopher à partir du pur calcul des mots.[14] Insistons toutefois sur le fait que la vérité de sa doctrine est indépendante d'une pareille démarche. Après avoir montré que l'espace imaginaire est un phantasme, Hobbes continue en effet en disant qu'il n'est *que* cela. Toute sa réalité se réduit à celle d'un accident inhérent à notre esprit (*De Princ*, AW, p. 453). Ontologiquement l'espace imaginaire dépend de notre pensée (*Exam.DM*, AW, p. 117 ; *DCo*, OL I, p. 93) sans relever du corps ou du monde extérieur. Il existe uniquement en vertu de notre conception des choses.

Par conséquent il serait faux de dire que les corps extérieurs existent dans l'espace imaginaire (ce qui reviendrait à dire qu'ils se trouveraient en nous). On ne peut pas attribuer cet espace à quoi que ce soit de réel. L'espace imaginaire est en effet un concept qui résulte de ce qu'on fait abstraction de tout corps. Ce qui revient à dire que l'espace imaginaire est la *privation* de l'existence des corps (*Exam. DM*, AW, p. 117 suiv.; *DCo*, OL I, p. 90).[15] En parlant de privation, Hobbes se sert d'ailleurs d'un terme scolastique qui, à l'époque, n'était plus incontesté, en particulier chez les « novateurs ».[16] Pour sa part Hobbes ne semble pas être au courant de ces discussions, mais paraît se conformer sans plus à la tradition thomiste qui veut que la privation ne soit pas une réalité, mais un être de raison.[17] Notons toutefois que la

14. Cf. les arguments établis à *Exam.DM*, *AW*, p. 116 suiv., et *DCo*, OL I, p. 82 : comme l'image du soleil n'apparaît presque jamais là où le soleil se trouve en réalité, l'espace occupé réellement du soleil n'est pas celui que nous imaginons ; quand un objet s'éloigne, il emporte sa dimension, tandis qu'on continue à s'imaginer l'espace qu'il avait occupé ; quand nous mesurons le ciel, nous calculons les distances à partir de nos idées etc.

15. Selon François Suarez, *Disputationes Metaphysicae*, vol. II (=*Opera Omnia*, tome 26), Paris 1861, p. 975 (disp. 51), l'espace imaginaire « est conçu à la manière d'une certaine privation » et « prend sa base à partir des corps eux-mêmes, en tant qu'ils sont capables de constituer, grâce à leur étendue, des espaces réels ».

16. Voir par exemple Bernardino Telesio, *De rerum natura*, Naples 1586 (=réimp. Hildesheim – New York 1971), p. 84 suiv. (Aristote regarde la privation à la fois comme un être et un non-être) ou Pierre Gassendi, *Dissertations en forme de paradoxes* (éd. par Bernard Rochot), Paris 1959, p. 182 : « il est absurde de faire de la privation un principe ».

17. Cf. Thomas d'Aquin, *In II Sent.*, d. 37, q. 1, a. 1, resp.

doctrine hobbesienne de l'espace imaginaire n'est apparemment pas libre de tout ingrédient scolastique.

Dans l'espace imaginaire il n'existe pas de corps. Il est donc essentiellement *vide* (*Exam.DM*, AW, p. 118; *DCo*, OL I, p. 95), sans que ce vide ait d'ailleurs rien à voir avec le vide physique que Hobbes a affirmé avant 1648 et nié après.[18] Ce développement concerne la philosophie naturelle, alors que la notion de l'espace imaginaire appartient, nous venons de le voir, à l'ordre de la connaissance. Que l'espace imaginaire soit vide, cela veut seulement dire qu'à un moment donné il ne se présente pas tel ou tel corps qui correspondrait à une partie quelconque de l'espace que nous pensons.

Comme nous le disions plus haut, les pensées peuvent être considérées sous deux aspects. En tant que mouvement dans nos organes, l'espace existe réellement dans le monde et est 'quelque chose' au même titre que ces organes mêmes, mais, en tant que image ou concept, il est seulement phénomène *de* quelque chose. Or, pour être représentatif d'un objet extérieur, un mouvement organique n'acquiert pas plus de réalité qu'il n'en avait (on n'ajoute pas de réalité à une peinture lorsqu'on la considère non pas comme ensemble de couleurs, mais comme le portrait d'une personne). D'un point de vue ontologique, le phantasme en tant que tel est donc un pur *rien*. En tant que phantasme, l'espace imaginaire n'est « rien qu'une fiction et un non-être » (*merum figmentum et non-ens*: *Exam.DM*, AW, p. 118). Alors que toutes les choses sont des êtres qui possèdent une existence propre, les phantasmes sont des riens et n'existent pas; ils *semblent* seulement exister, comme leur nom même l'indique (*Lev*, OL III, p. 515). Considérer un phantasme comme phantasme (c'est-à-dire comme l'apparition de quelque chose), veut dire le considérer comme non-existant (*DCo*, OL I, p. 82). L'espace imaginaire, pour la raison même qu'il est imaginaire, est par conséquent un non-être au même titre que tout autre phantasme[19].

Or, Hobbes ne cesse de l'affirmer, tout ce que nous imaginons est fini. La question qui se pose est donc de savoir jusqu'où s'étend l'espace imaginaire. Dans l'*Anti-White* Hobbes dira qu'en dehors du monde il n'existe pas d'espace imaginaire parce que là il n'y a pas de sujet imaginant (*Exam.DM*, AW, p. 117), mais c'est là visiblement un

18. Cf. Jean Bernhardt, *Hobbes* (coll Que sais-je?, no. 2498), Paris 1989, pp. 114-116.

19. Cf. *Exam.DM*, AW, p. 119: S'imaginer un espace hors du monde et l'imaginer au surplus comme étant partagé en deux, revient à dire qu'il y ait des parties dans une chose qui n'existe pas (*sunt ergo partes in non ente*).

sophisme.[20] La solution proprement hobbesienne est plutôt que l'espace imaginaire est *infini en puissance*. Quoique chaque idée particulière que nous en concevons soit finie, « nous lui pouvons ajouter d'autres espaces, aussi nombreux et aussi grands que nous voulons » (*Exam.DM*, AW, p. 331).

Jusqu'ici nous avons parlé de l'espace imaginaire comme d'une idée, phantasme ou image du corps. Avouons cependant que comme définition cela n'est guère suffisant. Quand on s'imagine un corps blanc, dit Hobbes, l'image qu'on se fait ne présente pas l'espace en tant que tel mais un espace blanc (*Exam.DM*, AW, p. 117). Or l'idée de l'espace imaginaire se rapporte à un corps sans que celui-ci soit déterminé par un accident. Sa définition doit donc être précisée dans le sens que l'espace imaginaire est le phantasme d'un corps tout court (*simpliciter*: *Exam.DM*, AW, p. 117) ou d'une chose existante tout court (*Logica MS A 10*, AW, p. 474). L'espace imaginaire est l'image d'un corps en tant que corps (*imago corporis, quatenus corporis*: *Exam. DM*, AW, p. 117) ou de même l'image d'une chose existante en tant qu'existante (*phantasma rei existentis, quatenus existentis*: *De Princ*, AW, p. 450; *DCo*, OL I, p. 83). Apparemment Hobbes croit qu'il est nécessaire de fournir des explications supplémentaires. Il ajoute en effet que par « en tant qu'existant » il veut dire qu'aucun autre accident ne doit être pris en considération que l'apparence d'un corps en dehors de celui qui l'imagine.

Insistons sur l'emploi des mots *simpliciter* et *quatenus* qui rappellent l'usage scolastique[21] ou comme le dit Hobbes lui-même : « Dans les définitions aristotéliciennes, le mot *quatenus* est généralement considéré comme signe de la plus haute exactitude » (*Exam*, OL IV, p. 29).[22] On retrouve donc derrière la structure formelle de la définition hobbesienne un fond scolastique indéniable. Au surplus Hobbes attribue au mot *existere* le sens littéral (quoique peu classique) de *extra*

20. Notons cependant que cet argument n'est employé qu'une seule fois, comme si Hobbes avait reconnu sa futilité.

21. Ultérieurement ils dérivent respectivement du ἁπλῶς et du ᾗ aristotéliciens (qui chez Aristote cependant ont en général un sens opposé : cf. *Soph. El.*, chap. 25, 180 a 23 suiv.). La formule hobbesienne de « chose existante, en tant qu'existante » rappelle naturellement la fameuse définition aristotélicienne de la métaphysique comme science du ὄν ᾗ ὄν. Voir ci-dessus ce que nous disions sur la coïncidence de la physique et la métaphysique chez Hobbes.

22. Cette remarque se trouve dans le dialogue *Examinatio et emendatio* où elle est attribuée à « B », c'est-à-dire à l'interlocuteur de Hobbes. Hobbes (« A ») la fait sienne cependant (« Aristote a raison »). L'exemple cité est la définition aristotélicienne de l'objet de la physique : « corpus mobile, quatenus mobile ». Voir aussi la définition hobbesienne du temps (*DCo*, OL I, p. 84) où se trouve également le mot *quatenus*.

stare. Le corps ou la chose est la chose telle qu'elle existe ou apparaît devant le sujet. L'image de cette extériorité ou de l'existence de la chose est l'espace imaginaire lequel par conséquent ne relève d'aucun attribut particulier. Condition générale de chaque détermination spéciale des corps, il est, en langage kantien, la forme d'une chose possible. « Chose » est donc toujours chose réelle, c'est-à-dire transcendante ou indépendante de la pensée. Aussi est-il le premier concept d'une philosophie première (cf. *DCo*, OL I, p. 21), fondant la valeur et le sens de tous les autres. Rien d'étonnant donc que Hobbes précise que par 'espace' il entend toujours 'espace imaginaire' (*De Princ*, AW, p. 453 ; *DCo*, OL I, p. 93).

Soulignons cependant que cet usage est assez singulier. Ni dans la philosophie ancienne ni dans celle du Moyen-Age on ne trouve l'expression 'espace imaginaire' et elle est également étrangère à la conception classique et newtonienne. Il est peu probable cependant qu'il s'agisse d'une création de Hobbes, non seulement parce que, très attentif au langage ordinaire, il ne crée jamais de néologisme, mais aussi parce qu'on ne s'explique guère l'introduction de ce terme sans explication préalable.

Gargani, le seul qui s'est jamais occupé de cette question, suppose que cette source se trouve chez Robert Grosseteste (mort en 1253), présumant que des idées analogues se trouvent en son œuvre[23]. La paternité de l'évêque de Lincoln reste cependant douteuse[24]. Probablement l'idée d'un espace imaginaire n'a été développée qu'après lui,

23. Aldo Gargani, *Hobbes e la scienza*, Turin 1971, p. 139 : « Grossatesta aveva introdotto un concetto di spazio immaginario, ossia lo schema di un'estensione fittizia, privata di corpi, di materia, che potrebbe essere la fonte dell'analogo hobbesiano di spazio immaginario. » Frithiof Brandt, *Thomas Hobbes' Mechanical Conception of Nature*, Copenhague – Londres 1928, pp. 251-257, et Arrigo Pacchi, *Convenzione e ipotesi nella formazione della filosofia naturale di Thomas Hobbes*, Florence 1965, pp. 89-92, sont silencieux sur les sources possibles de ce concept. Michel Malherbe, « Hobbes et la fondation de la philosophie première », pp. 20 suiv., est le seul à établir une comparaison avec la disputation 51 (« De Ubi ») de Suarez.

24. A. C. Crombie, *Robert Grosseteste and the Origins of Experimental Science 1100-1700*, Oxford 1953, p. 99 montre que pour Grosseteste il ne peut y avoir de distinction locale dans un *spatium imaginatum*, lequel d'ailleurs (cf. p. 106 n. 2) est un *spatium mathematicum*. Cependant, la distinction entre espace physique et espace mathématique (qui fonde, par exemple, la double discussion de l'espace chez Francesco Patrizi, *Nova de Universis Philosophia*, Ferrare 1591 [= reimp. Zagreb 1979], pp. 61-68), n'est pas celle entre l'espace réel et l'espace imaginaire. L'espace imaginé (par les géomètres) n'est pas un espace imaginaire (hors du monde).

peut-être à cause de la fameuse condamnation de 1277[25]. Jean Buridan par exemple prétend contre Aristote qu'on peut imaginer au-delà du ciel un espace infini où il pourrait y avoir un nombre infini de mondes « et de même nous imaginons qu'avant la création il existait un espace aussi grand que celui qu'occupe le monde »[26]. L'espace imaginé précède donc la création, étant la condition de ce monde. De toute façon l'expression « espace imaginaire » ne semble avoir été fixée que par les scolastiques espagnols[27]. Tout en donnant des réponses différentes[28] à la question *Quidnam sit spatium imaginarium*[29], ils croient d'une façon générale que l'espace imaginaire n'existe pas[30] (et que pour cela il n'est pas tridimensionnel, puisque dans ce cas il appartiendrait à la catégorie de la quantité et serait inhérent à une substance), qu'il dépend de notre imagination,[31] qu'il peut être imaginé en dehors du ciel, et qu'il ne contient pas de corps. La conception la plus proche

25. Voir avant tout l'article 66 (Roland Hissette, *Enquête sur les 219 articles condamnés à Paris le 7 mars 1277*, Louvain – Paris 1977, pp.118 suiv).

26. Jean Buridan, *Commentaire sur la Physique d'Aristote*, Paris 1509 (=réimp. Francfort s/Main 1964), f. LXVIIvb et LXVIIIra : « Sic enim imaginamur spacium infinitum ultra caelum in quo infiniti possent fieri mundi, et sic imaginamur quod ante creationem mundi erat spatium tantundem quantus est iste mundus ». Cf. aussi Jean Marsile d'Inghen, *Commentaire sur la Physique d'Aristote*, Lyon 1518 (=réimp. Francfort s/Main 1964), f. XLVIvb : Contre Aristote « nos concedimus ex fide » (allusion à la condamnation de Paris?) que Dieu peut créér un corps en dehors du ciel, « et ideo ex illa possibilitate et imaginatione arguitur ». Encore François Suarez, dans la section « De praesentia Dei in spatiis imaginariis » de la disp. 30 des *Disputationes Metaphysicae*, p. 106, joint l'espace imaginaire à la puissance créatrice de Dieu qui pourrait créer un autre monde dans l'espace imaginaire et annihiler la sphère sublunaire pour ainsi créer un vide dans le ciel.

27. Nous ne connaissons aucune étude détaillée sur la notion de l'espace imaginaire (elle n'est même pas mentionnée chez Max Jammer, *Der Begriff des Raumes*, Darmstadt 1980). On peut attribuer ce manque au désintérêt général à la scolastique espagnole dont l'influence sur le développement des philosophies nouvelles du 17ème siècle est cependant énorme.

28. Voir les citations chez Cornelis De Waard, *Correspondance du P. Marin Mersenne*, vol. II, Paris 1945, p. 357sq.

29. On trouve cette formule dans la Partie I du Commentaire de la Physique d'Aristote des Jésuites de Coïmbre (Cologne 1602, col. 518). Edward Grant, « Medieval and Seventeenth-Century Conceptions of an Infinite Void Space beyond the Cosmos », *Isis* 60 (1969), p. 52, qui cite ce texte, résume : « this imaginary space, both inside and outside the world, is not a true three-dimensional entity ». Comme chez Hobbes, il s'agit donc d'un non-être.

30. Comme le dit Suarez : « au delà de ce monde, il n'y a rien ; car l'espace imaginaire n'existe pas, mais est forgé par l'imagination » (*Disp. Met.*, vol. II, dis. 30, p. 104).

31. D'après Rudolph Goclenius, par exemple, l'espace imaginaire « pendet ex nostra imaginatione », et n'est pas vraiment un être, *Lexicon Philosophicum*, Francfort 1613 (=réimp. Hildesheim 1964), p. 1067.

de Hobbes est peut-être celle qu'on trouve dans le commentaire de la Physique par François Toledo : « Il existe un lieu vrai et il existe un lieu imaginaire. Le lieu imaginaire est comme cet espace imaginaire en dehors du ciel que chacun peut imaginer comme il veut... Mais il vaut la peine de noter, qu'on peut considérer le lieu ou l'espace imaginaire... de manière, qu'il est une chose forgée par l'âme, et ainsi nous imaginons être ce qui n'est pas. »[32]

Ajoutons que, malgré des différences importantes, la même doctrine joue un certain rôle dans les théories des deux autres novateurs du XVIIe siècle, Gassendi et Descartes. Tout ainsi que Hobbes, Gassendi dit de l'espace qu'il est ce « qu'on appelle généralement les espaces imaginaires que la plupart des théologiens admettent être en dehors du monde ».[33] Selon lui, ces espaces précèdent la création, Dieu ayant placé le monde dans la partie qu'il avait choisie.[34] Les allusions à cette doctrine qu'on trouve chez Descartes, sont au contraire toujours ironiques. Son idée de l'espace n'est pas ce que les « philosophes »[35] ou le 'vulgaire'[36] (*vulgus* ; même mot que chez Gassendi) entend par 'espace imaginaire'. Laissant, dans le *Discours*, le monde réel aux disputes des doctes, il préfère évoquer « ce qui arriverait dans un nouveau, si Dieu créait maintenant quelque part, dans les Espaces Imaginaires, assez de matière pour le composer ».[37] Formule ironique qu'on retrouve dans

32. Toletus, *Commentaria una cum quaestionibus in octo libros Aristotelis de Physica auscultatione*, Venise 1580 : « Locus alius est verus, alius imaginarius. Imaginarius quidem est ut extra coelum spatium illud imaginarium quod sibi quisque imaginari potest... Est autem notatu dignum, locum seu spatium imaginarium bifariam nos posse considerare. Uno modo, ut sit res ficta animo, et fingamus esse quod non est... » (cité par Étienne Gilson, *Index scolastico-cartésien*, Paris 1979, p. 96 suiv). Notons au surplus l'identification des termes « lieu » et « espace » qui se trouve également chez Hobbes (par ex. *DCo*, OL I, p. 44 : « locum aliquem sive spatium occupare »).

33. Gassendi, *Opera omnia*, Lyon 1658 (=réimp. Stuttgart-Bad Cannstatt 1964), vol. I, 183b : « constat nomine spatii dimensionumque spatialium nihil intelligere nos aliud quam quae spatia vulgo imaginaria nominant qualiaque sacrorum doctorum maxima pars dari admittit ultra mundum ».

34. *Ibid.*, p. 183a : « Deum... hanc determinatam illorum regionem, in quam mundum conderet, delegisse (relictis circumquaque residuis, *imaginariis* vulgo vocatis) ».

35. Cf. la lettre de Descartes à Chanut du 6 juin 1647 (A.-T. V, p. 52) : « Or, en supposant le monde fini, on imagine au delà de ses bornes quelques espaces qui ont leurs trois dimensions, et ainsi qui ne sont pas purement imaginaires, comme les Philosophes les nomment ».

36. Descartes à Morus, 3 février 1649 (A.-T. V, p. 271) : « ...spatio, quod vulgus... aliquando reale, aliquando imaginarium esse putat ». Du point de vue terminologique l'opposition entre espace imaginaire et espace réel est exactement celle de Hobbes qui se sert donc du vocabulaire « vulgaire » des manuels.

37. A.-T. VI, p. 42.

Le Monde : « Permettez donc pour un peu de temps à votre pensée de sortir hors de ce Monde, pour en venir voir un autre tout nouveau, que je ferai naître en sa présence dans les espaces imaginaires. »[38]

Gassendi, Descartes, et Hobbes se servent donc d'un raisonnement semblable. Présupposant l'espace imaginaire ils posent en lui les corps.[39] Insistons toutefois sur les différences. Gassendi et Descartes parlent d'une pluralité d'espaces imaginaires[40] cependant que Hobbes préfère invariablement le singulier. Aux yeux de Hobbes en effet l'espace imaginaire n'est pas le prolongement de l'espace réel au-delà (*ultra*) et en dehors (*extra*) du monde, mais, n'étant qu'une idée en nous, n'a rien à voir avec le monde. Ainsi se distingue-t-il non seulement de ses contemporains, mais aussi de ses prédécesseurs espagnols. Aussi dit-il explicitement et selon toute vraisemblance contre eux que l'idée d'un espace en dehors du monde est dépourvu de sens et qu'il ne s'en occupe pas (*Seven Phil. Probl*, EW VII, p. 23 ; *Probl.P*, OL IV, p. 323).

II. L'ESPACE RÉEL

C'est encore la tradition néo-scolastique qui est suivie par Hobbes lorsqu'il oppose à l'espace imaginaire l'espace réel qui est, pour ainsi dire, la contrepartie ontologique de cet espace imaginaire épistémologique. Si celui-ci est un effet, celui-là est effectivement une *cause*, plus précisément la cause de l'espace imaginaire, donc de l'idée que nous avons de l'espace. Tandis que l'espace imaginaire est un accident de notre esprit, l'espace réel est « un accident du corps qui existe en dehors de l'esprit » (*De Princ*, AW, p. 453 ; *DCo*, OL I, p. 93). Dans l'*Anti-White* Hobbes s'exprime d'une façon entièrement scolastique en disant que l'espace réel « est inhérent au corps comme un accident à son sujet » (*Exam.DM*, AW, p. 117). Le corollaire de cette thèse est l'affirmation qu'on trouve un peu plus loin, à savoir qu'il n'y a pas d'espace réel en dehors du monde, le monde étant la totalité des corps (et de leurs accidents).

Les prédicats attribués par Hobbes à l'espace réel sont donc ceux que Aristote avait réservés pour le lieu. D'après le chapitre VI des

38. A.-T. XI, p. 31.

39. Cf. *DCo*, OL I, p. 90 : ayant compris ce qu'est l'espace imaginaire, « supposons qu'une chose soit posée ou créée de nouveau en lui ».

40. Malebranche dans ses *Trois Lettres* de 1685 (*Œuvres*, éd. par André Robinet, Tomes VI-VII), Paris 1978, p. 232, parle aussi de « l'idée de certains espaces immenses au-delà du monde, appelés espaces imaginaires ».

Catégories le lieu est une quantité et par conséquent un accident. Au surplus Aristote nie qu'il n'y ait de lieu en dehors du ciel. C'est contre cette doctrine que, depuis la fin du XVIe siècle, on a développé la thèse – pensons à Telesio, Patrizi, Gassendi et Newton – que l'espace est une réalité indépendante du corps qui n'a ni bornes ni limites. La doctrine hobbesienne de l'espace réel (laquelle, comme nous venons de le montrer, doit être soigneusement distinguée de celle de l'espace tout court) demeure à l'écart de ce mouvement. D'après notre auteur en effet l'espace réel a exactement les mêmes dimensions que le monde. S'il y avait une réponse à la question de savoir si le monde est fini ou non, on pourrait du même coup décider de la finitude ou l'infinitude de l'espace réel. Dans aucun cas on ne doit dire que l'espace est plus grand que le monde.

Accident, l'espace réel ou « ce que certaines personnes appellent l'espace réel »[41] ne dépend que des corps dont il est l'accident. Il est donc *indépendant* de notre pensée (*De Princ*, AW, p. 453; *DCo*, OL I, p. 93). Il s'agit d'ailleurs d'un accident tout à fait particulier puisque c'est par rapport à lui que le sujet dont il est l'accident reçoit son nom. Le corps est dit corps parce qu'il a un espace réel. Cet espace réel, il est vrai, n'est qu'un accident et par conséquent ne peut exister que dans le corps qui en est le sujet et lui sert d'appui. Mais en même temps il est l'accident qui donne à ce sujet son nom, ce qui veut dire qu'il est l'essence de cette chose.[42] L'espace réel est donc l'*essence* du corps (*DCo*, OL I, p. 104). Il fait que le corps est corps, étant la corporéité du corps (*Exam.DM*, AW, p. 117). Si donc l'espace imaginaire est la privation du corps; l'espace réel est son essence même. Si l'espace imaginaire est notre idée du corps en tant que corps, l'espace réel est ce qui constitue le corps en tant que corps (*Exam.DM*, AW, p. 117). Aussi l'espace réel n'est-il jamais vide. Toujours *rempli* (*DCo*, OL I, p. 95), il pourrait être appelé la plénitude de ce qui est plein. Enfin, si l'espace imaginaire est un non-être, l'espace réel existe dans la nature des choses, ne dépendant pas de l'existence de notre pensée (*Exam.DM*, AW, p. 117).

Soulignons que l'espace réel est aussi grand que le corps qu'il contient. Chaque corps étant fini, l'espace réel est donc toujours fini. Par conséquent l'espace réel a toujours une figure déterminée (*Exam.*

41. Cette phrase est la seule que je connaisse où Hobbes fait un aveu public d'avoir emprunté cette notion (ainsi que celle de l'espace imaginaire qui lui correspond) à la tradition (scolastique). Cf. Suarez, *Disp. met.*, disp. 51 : « reale spatium non est res distincta a corpore » (cité chez Werner Gent, *Die Philosophie des Raumes und der Zeit*, vol. I, Hildesheim – New York 1971, p. 98).

42. L'origine de cette doctrine n'a pas encore été examinée.

DM, AW, p. 116). De même les dimensions des corps sont limitées de toute part (*Exam*, OL IV, p. 64; *De Princ. Geom*, OL IV, p. 407).

Le résumé de ce qui a été dit est que l'espace réel est cet accident du corps qui constitue son essence et détermine sa figure, en lui assurant au surplus une existence indépendante. Bref, l'essence de l'espace réel est l'étendue du corps ou sa grandeur (*De Princ*, AW, p. 453; *DCo*, OL I, p. 93). Si donc l'essence de l'espace imaginaire consiste dans l'idée du corps en tant que tel, l'essence de l'espace réel est ce qui constitue le corps en tant que tel, c'est-à-dire dans sa corporéité ou, plus précisément, en son *étendue*.[43] La question qui se pose est de savoir ce qu'est le corps lui-même, étant donné qu'il appartient à son essence d'être étendu.

III. LE CORPS

Qu'est-ce qu'un corps? D'après Hobbes il s'agit « d'une question difficile quoique la plupart des hommes croient que la réponse soit facile » (*Decam*, EW VII, p. 79). La notion hobbesienne du corps est en effet encombrée de difficultés. Elles commencent dès qu'on pose la question quel est le rôle du corps dans le jeu des causes et des effets qui domine la philosophie hobbesienne. Apparemment le corps est une chose qui, ou bien se soustrait à ce schème, ou bien (ce qui est peut-être la même chose) fonctionne comme une cause première. En aucun cas il ne peut être un effet de quoi que ce soit. En général Hobbes exprime ceci en opposant le corps (y compris les accidents qui constituent son essence) à ses (autres) accidents. Si les accidents 'ordinaires' peuvent naître et périr sans compromettre l'existence de leur sujet, le corps ni ses accidents essentiels ne peuvent être engendrés ou périr (*De Princ*, AW, p. 453; *DCo*, OL I, p. 93 et p. 103). Ils sont *inengendrables*[44]. Hobbes réalise cette opposition en disant que les corps sont « des choses qui ne sont pas produites, alors que les accidents sont produits sans être des choses » (*DCo*, OL I, p. 104)[45]. On pourrait donc dire qu'il pose

43. Rappelons le mot de Walter Burley dans son *In Physicam Aristotelis Expositio et Quaestiones*, Venice 1501 (=réimp. Hildesheim – New York 1972), f. 88va : « corporeitas... est quantitas eadem manens ».

44. Puisque Hobbes, comme on verra plus loin, détermine le corps entre autres comme ce qui est (*ens*), on pense à la fameuse thèse parménidienne, que ce qui est, *est* sans plus et ne peut pas devenir. Il n'y a aucune raison cependant de supposer un rapport entre la thèse hobbesienne et l'éléatisme. Le problème de ses sources reste donc à poser.

45. Cf. aussi *Exam.DM*, AW, p. 314 : « accidentia, essentias et formas, excepta corporeitate, quotidie produci et perire scimus ».

un être en dehors de tout devenir possible qui n'a rien à voir avec la sphère phantasmatique du changement perpétuel.

Bien que cette définition, qui soustrait les corps à l'empire universel de la causalité, s'accorde parfaitement avec l'idée hobbesienne que la philosophie ne s'occupe que des accidents, le fondement de sa philosophie, c'est-à-dire le traité intitulé *De Corpore*, se rapporterait ainsi à ce qui n'est pas accident et qui par conséquent ne pourrait pas devenir objet de la philosophie. Au surplus, le concept de cause est le seul moyen de dépasser tel ou tel accident donné (peu importe qu'il se trouve, comme par exemple l'espace imaginaire, seulement dans notre esprit ou, comme l'espace réel, dans les choses mêmes) vers le corps qui en dernière instance le supporte et le *cause* dans notre âme. Hobbes parle du corps comme du *sujet* des accidents ou du *suppositum* de l'espace, terme qui – du moins s'il ne se trouve pas dans le contexte de la doctrine logique de la scolastique – désigne avant tout ce qui, d'une façon plus ou moins hypothétique, est 'supposé'[46]. Hobbes se sert de cette notion surtout dans le contexte de sa discussion de l'espace imaginaire. Le corps est 'supposé', en tant qu'il s'étend sous l'espace (*De Princ*, AW, p. 452; *DCo*, OL I, p. 90)[47]. Cette supposition (ou, plus littéralement, sous-position) est le fait de la raison plutôt que des sens, ayant pour condition la notion de cause qui est mise en œuvre par la philosophie[48]. Hobbes applique d'ailleurs à la substance ce qu'il avait déjà dit du corps, à savoir qu'elle est connue par la raison seule (*Obj*, OL V, p. 264). Par corps on entend substance (*Answ. Bramhall*, EW IV, p. 309) et inversement (*Exam.DM*, AW p. 127). Le corps est donc 'supposé' dans le sens qu'il est l'être concret et la cause ultérieure de l'espace imaginaire. Il est un en soi, qui est connu uniquement par la raison. Étant un *primum quoad se*, il est pour ainsi dire la cause

46. C'est dans ce sens que s'est acheminée l'interprétation d'Arrigo Pacchi – le titre déjà l'annonce – dans son *Convenzione e ipotesi*, p. 93 : les accidents sont tout ce qui nous est donné ; à partir d'eux la raison élabore l'hypothèse ou le postulat qu'il y existe une chose derrière eux. Pacchi regarde comme une confirmation de son interprétation la thèse hobbesienne que, en philosophie de nature, nous ne pouvons avancer que des *suppositions* (hypothétiser) sur les causes possibles des effets (des phénomènes qui se produisent en nous et qui sont des accidents de notre esprit). Ces hypothèses portent cependant sur des corps particuliers et leurs actions, tandis que nous voulons parler du corps comme tel.

47. Cf. aussi *Exam.DM*, AW, p. 146 : est corps « tout ce qui se trouve sous l'espace que nous imaginons ».

48. Aux yeux de Hobbes, il y a aussi une position instinctive ou animale des corps au-delà des phénomènes (*DHo*, OL II, p. 7). Par définition elle est cependant dépourvue de valeur rationnelle. Car on arrive à la notion de corps seulement par l'application de la causalité, ce qui veut dire : du concept de nécessité. Nécessité qui n'appartient pas à la sphère animale, mais relève exclusivement de la philosophie

première du spectacle que nos sens nous offrent.[49] Comme c'est le seul concept auquel on n'arrive que par la raison, on pourrait le considérer comme le concept par excellence de la raison pure.

Mais le corps n'est pas seulement *suppositum*, il est aussi sujet. Cette doctrine se rapporte à la relation du corps à ses accidents (*Exam.DM*, AW, p. 313 suiv.; *DCo*, OL I, p. 104). Le corps est le sujet des accidents (*DCo*, OL I, p. 52), et il est en outre leur seul sujet réel (*Six Lessons*, EW VII, p. 226), l'accident étant rien d'autre que la manière dont on pense ou imagine les corps. Comme l'imagination de l'espace est le cadre dans lequel chaque idée peut surgir, le corps, qui s'étend sous notre conception de l'espace, doit être aussi le dernier substrat de tous les accidents.

Pacchi a évoqué à juste titre dans ce contexte la remarque de Thomas d'Aquin selon laquelle le mot substance – en tant qu'il ne désigne pas l'essence d'une chose – exprime le sujet ou le suppositum des accidents et qui subsiste en soi[50]. Soulignons cependant que si Hobbes se sert effectivement d'un vocabulaire scolastique, la source immédiate de ses formules reste toujours inconnue.

Comme l'espace réel qui en constitue l'essence, le corps est *indépendant* de l'imagination (*De Princ*, AW, p. 452; *Lev*, OL III, p. 280; *DCo*, OL I, p. 90). «L'existence d'aucun corps ne dépend de la pensée» (*Exam.DM*, AW, p. 111). C'est pourquoi Hobbes dit aussi qu'il est 'ce qui subsiste par soi'[51] (*De Princ*, AW, p. 452; *DCo*, OL I, p. 91) ou 'ce qui existe en soi' (*Lev*, OL III, p. 537): définitions scolastiques de la substance qu'il applique explicitement au corps[52]. Peut-être est-il redevable à Ockham pour qui une des deux significations du mot corps est d'être une chose en trois dimensions «qui peut exister par soi»[53].

49. Peut-être est-il permis de renvoyer dans ce contexte à la remarque de Hobbes que, s'il y aurait une cause première, il la faudrait penser non comme immuable, mais comme éternellement mue (*DCo*, OL I, p. 336; sur le mouvement comme accident commun du corps voir plus bas). Cf. aussi la belle formule générale *Exam*, OL IV, p. 228: «phaenomena sola experiendo, causae ratiocinando a motu cognoscendae sunt». C'est précisément par cette deuxième voie qu'on arrive à la conception du corps.

50. *S. th.* I, q. 29, a. 2 c. (=Pacchi, *Convenzione e ipotesi*, p. 79).

51. Notons l'usage typiquement scolastique du terme *subsistens*. En Latin classique, langue que Hobbes prétend préférer (à l'opposé de ce qu'il jugeait le pseudo-Latin du Moyen-Age), le sens du mot est s'arrêter, demeurer, résister, porter secours à quelqu'un etc.

52. Cf. par exemple Rudolf Eisler, *Wörterbuch der philosophischen Begriffe*, vol. 3, Berlin 1930, p. 179.

53. Ockham, *Expositio in Libros Physicorum Aristotelis*, Libri IV-VIII (Opera Philosophica V), St. Bonaventure, N. Y. 1985, p. 106: Est corps «quod potest

Hobbes préfère cependant 'corps' à 'substance', probablement parce que sa subsistance sous l'espace imaginaire n'est qu'une des deux caractéristiques du corps. L'autre, qui est inséparablement liée à la première, est que le corps possède une grandeur, ou qu'il est soumis à la spatialité. Le corps est donc ce qui existe en soi *et* a une grandeur (*Lev*, OL III, p. 537). Ce dernier aspect se réalise dans la doctrine des *accidents communs*. Selon Hobbes les accidents du corps, mêmes ceux qui constituent son essence spécifique, ne sont pas nécessairement là. L'homme par exemple qui est essentiellement un être vivant doué de raison peut mourir. Il existe cependant des accidents privilégiés qui sont aussi peu sujets à ce genre de changement que le corps. Hobbes n'en a jamais dressé un inventaire exhaustif. La grandeur (*DCo*, OL I, p. 175; *Exam*, OL IV, p. 27) ou l'étendue (*De Princ*, AW, p. 453) et leurs modifications, la quantité par exemple (*Lev*, EW III, p. 72 suiv.) ou la figure (*De Princ*, AW, p. 453; *DCo*, OL I, p. 93), en font certainement partie. Le second grand accident inengendrable est sans doute le mouvement local (*DCo*, OL I, p. 117).

Hobbes n'a jamais dit pourquoi grandeur et mouvement sont les seuls accidents qui sont impérissables et communs à tous les corps. Il s'en approche le plus en disant que grandeur et mouvement sont impliqués dans chaque action des corps et contribuent à chaque effet que produit ce corps (*Exam*, OL IV, p. 27). Nos concepts sont ultérieurement des effets que les corps produisent en nous. Ces effets présupposent d'une part le mouvement d'un corps vers un autre, et d'autre part la contiguïté spatiale entre les deux corps en question qui a pour condition l'étendue de ces corps. Par conséquent le mouvement et la grandeur sont la condition de toute connaissance et font l'essence de l'objet qui produit ce concept.

Cette doctrine opère, à l'intérieur de la philosophie première, une division. L'allure générale de la philosophie de Hobbes est qu'elle procède du général au spécifique: elle va du corps en général au corps de l'homme pour aboutir au citoyen, à l'homme vu sous un certain aspect. Ce principe domine aussi la philosophie du corps. Ainsi la philosophie première (chapitres VII à XIV du *De Corpore*) commence par une discussion (chapitres VII-X) des accidents qui sont communs à tous les corps (*DCo*, OL I, p. 117)[54] et puis des concepts qui se rapportent aux accidents par lesquels les corps se distinguent (chapitres XI

per se existere sine alio». Presque la même définition dans la *Brevis Summa Libri Physicorum*, (Opera Philosophica VI), St. Bonaventure, N. Y. 1984, p. 58: Est corps «quod potest per se existere et moveri sine alio».

54. En *DCo*, OL I, p. 117 Hobbes ajoute repos, action, passion, possibilité et le possible, qu'on peut tous réduire aux deux premiers.

à XIV). Ceux-ci sont discutés dans la partie suivante de l'œuvre qui ne traite pas du mouvement et de la grandeur en général, mais des relations qui existent entre des mouvements et des grandeurs déterminés[55].

Bien que Hobbes dise souvent que les corps ne peuvent être *conçus* sans ces deux accidents, cela n'implique nullement que sa doctrine doive être interprétée d'une façon uniquement épistémologique (ou même idéaliste)[56]. La cause de notre conception du corps (c'est-à-dire de l'espace imaginaire) est en effet le corps lui-même. D'autre part, le corps est un sujet précisément parce qu'il est le porteur des accidents communs. Avouons toutefois qu'une nouvelle difficulté s'annonce. Comment concilier, d'un côté, que ces accidents là sont, comme les accidents ordinaires, rien d'autre que des phantasmes dans notre esprit et donc des non-êtres (*EL*, EW IV, p. 8)[57], et, de l'autre, qu'ils sont la seule chose qui existe non seulement dans la pensée mais dans le monde réel?[58] Hobbes suggère en effet la question en disant: «ce que les savants appellent les accidents des corps, sont tous des phantasmes – à l'exception du mouvement et de la grandeur» (*Probl.P*, OL IV, p. 329). Par ces mots il réaffirme non seulement le caractère subjectif de sa doctrine des accidents par opposition au caractère objectif de celle des Scolastiques[59], mais confirme du même coup la position extraordinaire des accidents communs. En tant que *pensés*, ils sont évidemment des accidents comme les autres mais en tant que le *corps* (et donc ce qui ne dépend pas de la pensée) est pensé à travers eux, ils en sont évidemment inséparables[60] et ont la même réalité que le corps.

55. *De rationibus motuum, et magnitudinum.* Dans l'optique hobbesienne, cette étude des rapports entre grandeur et mouvements est la géométrie (cf. *Exam*, OL IV, 27). Sur cette définition de la géometrie, cf. mon article «Geometrie und Philosophie bei Thomas Hobbes», *Philosophisches Jahrbuch* 92 (1985), pp. 173 suiv.

56. Nous rejoignons ainsi Yves-Charles Zarka, «Espace et représentation chez Hobbes», *Recherches sur le XVIIème Siècle* 7 (1984), p. 172.

57. Cf. aussi *Answ. Bramhall*, EW IV, p. 306: «I have denied... that there is any reality in accidents».

58. Ce problème a été signalé déjà par Jean Bernhardt, «Grandeur, substance et accident: une difficulté du *De Corpore*», in: Yves-Charles Zarka et Jean Bernhardt (éd.), *Thomas Hobbes. Philosophie première, théorie de la science et politique*, Paris 1990, p. 41 suiv.

59. Dans ce contexte Michel Malherbe, «Hobbes et la doctrine de l'accident», *Hobbes Studies* 1 (1988), p. 47, parle d'une «définition non métaphysique de l'accident». Malheureusement il ne distingue pas les accidents propres des accidents communs.

60. Ce terme, qui ne se trouve pas chez Hobbes, est introduit ici pour signaler le fait que, depuis l'*Isagogè* de Porphyre (ch. 5) la distinction entre les accidents séparables et inséparables était habituelle; au Moyen-Age on subdivisait l'accident inséparable en accident commun et accident propre (voir par exemple les *Summulae*

Étant *suppositum*, le corps est « hors de » l'espace, dans le sens précis qu'il n'est pas dans, mais en dessous de l'espace. Le corps a cependant une certaine grandeur et des dimensions, et est donc lui-même de nature spatiale[61]. C'est pourquoi Hobbes est amené à affirmer que le corps est ce qui occupe (*DCo*, OL I, p. 44) ou remplit (*Lev*, OL III, p. 280) l'espace. Il *coïncide* donc avec l'espace et est *coextensif* avec lui (*De Princ*, AW, p. 452 ; *Logica MS A 10*, AW, p. 476) ou, plus exactement, puisque le corps est toujours fini, le corps occupe une certaine *partie* de l'espace qui comme tel n'a pas de bornes (*DCo*, OL I, p. 90).

L'espace (imaginaire) est l'image d'une existence indépendante de la pensée. Le corps qui remplit cet espace et se trouve hors de nous, est donc ce qui est simplement existant (*existens*) (*De Princ*, AW, p. 452 ; *DCo*, OL I, p. 90). Mais comme tout ce qui existe (a existé ou existera) est un être (*Exam.DM*, AW, p. 381), Hobbes préfère l'expression que le corps est l'être ou ce qui est (*ens*) : « être (*ens*) et corps sont la même chose » (*Exam.DM*, AW, p. 312)[62]. Aux yeux de Hobbes les termes corps et accident ont le même sens que *ens* et *esse* (*Exam.DM*, AW, p. 334) de sorte qu'on peut traduire le titre *De Corpore* par « de l'être » ou « ontologie ». Une des raisons pour lesquelles Hobbes se sert cependant par préférence du terme corps, au lieu de *ens*, est sans doute de nature linguistique : « Pro *ente* igitur de quo loquimur dicemus semper *corpus*, nimirum utentes vocabulo Latino » (*Exam.DM*, AW, p. 312). Il s'agit sans doute d'une allusion aux *Lettres* de Sénèque où celui-ci remarque qu'il est impossible de trouver un équivalent exact en Latin du mot grec ὄν, la meilleure traduction étant *corpus*.[63] Le mot *ens* comme participe présent de l'infinitif *esse* est en effet une invention tardive soit de César, soit de Priscien et qui ne fait pas partie du vocabulaire latin ordinaire.

logicales de Pierre d'Espagne (éd. par L.M. de Rijk sous le titre *Tractatus*, Assen 1972, p. 23). L'accident commun convient à tous les individus ou à plusieurs parties d'un même individu (tous les corbeaux sont noirs, et chaque corbeau est noir de la tête aux pieds). Cf. *Petri Hispani Summulae logicales cum Versorii Parisiensis clarissima expositione*, Venice 1572 (=réimp. Hildesheim – New York 1981), p. 66b. C'est pourquoi Hobbes peut dire que l'universalité de la grandeur et du mouvement est liée à ce que « la vue les a commun avec le toucher » (*DCo*, OL I, p. 329).

61. Cf. *Exam.DM*, AW, p. 312 : « Est corps ce qui possède des dimensions ».

62. Cf. la contribution de Martine Pécharman à ce volume.

63. Sénèque, *Ep.* 58.6. Un écho de ce passage se trouve *Decam*, EW VII, p. 81, où Hobbes dit : « the word essence has no affinity with substance. And Seneca says, he understands it not ».

Sans doute ce n'est pas la seule raison pour laquelle Hobbes préfère le mot corps. Corps, ce n'est pas seulement ce qui est, c'est aussi bien ce qui est corporel (cf. *Exam.DM*, AW, p. 319). Le concept de corps comprend tout ce qui a une existence quantitative et tridimensionnelle. Leur ensemble est le *monde* ou l'*univers* que Hobbes définit comme l'agrégat de tous les corps (*DCo*, OL I, p. 347; *Answ. Bramhall*, EW IV, p. 349). Par conséquent le corps individuel n'est qu'une partie de l'univers (*Lev*, OL III, p. 280). D'autre part, on dit aussi que l'univers n'est qu'un grand corps (*Decam*, EW VII, p. 139). La notion de corps s'étend à l'univers dans sa totalité mais en même temps est restreinte à lui.

On peut résumer tout ceci en disant que le corps est pour Hobbes le sujet réel indépendant et impérissable de la grandeur qui le fait coïncider avec une partie de l'espace. Le corps n'est pas l'étendue (comme c'est le cas de l'espace réel), mais *ce qui est étendu* (*De Princ*, AW, p. 453; *DCo*, OL I, p. 29). S'il est vrai que l'étendue du corps est la raison pourquoi nous nous y référons en le disant ce qui est étendu (et pas par exemple ce qui est coloré)[64], le corps est l'être, qui est appelé étendu. L'étendue est donc le nom essentiel du corps, tandis que la chose qui est étendue est la seule chose qui existe. Elle existe entièrement hors de la pensée et, en tant que telle, ne peut entrer dans nos calculs. En tant qu'elle est étendue par contre, elle coïncide avec le premier concept de la pensée, c'est-à-dire l'idée de l'espace. Discutons pour finir cette rencontre de l'être et de l'esprit.

IV. LE LIEU

Dans le jeu des rapports entre notre âme et le monde extérieur, c'est l'objet qui, en produisant un effet en nous, joue le rôle de cause. L'effet spécifique de la rencontre d'un corps (d'une grandeur déterminée) et de l'espace (imaginaire indéterminé) est le lieu, le lieu étant cette partie de l'espace avec laquelle la grandeur du corps le fait

64. Cela rappelle une fois de plus la position d'Ockham dans son *Expositio in Libros Physicorum Aristotelis*, Libri IV-VIII, p. 183: « substantia est ipsa quantitas realiter » (cf. aussi son *Tractatus de quantitate* (Opera Theologica X), St. Bonaventure, N. Y. 1986, p. 64: « Quantitas non est res distincta realiter a substantia »). Le parallélisme avec Hobbes ressort plus clairement de ce qui est dit sur Ockham par Anneliese Maier, *Metaphysische Hintergründe der spätscholastischen Naturphilosophie*, Rom 1955, p. 187 suiv: « Die quantitas oder Ausgedehntheit ist kein selbständiges gegenständliches Moment, sondern sie ist eine wesentliche Bestimmtheit der körperlichen Substanz als solcher, die in der Kategorie der materiellen Substanzialität notwendig mitgedacht werden muss ».

coïncider (AW, *De Princ*, p. 453; *Logica MS A 10*, AW, p. 477; *Exam. DM*, AW, p. 118; *DCo*, OL I, p. 93). Étant espace, le lieu a un statut comparable à celui de l'espace. Cependant il n'est pas l'espace comme tel mais en tant qu'il est marqué par la présence d'un corps particulier en lui. C'est pourquoi le lieu participe aussi à certaines déterminations du corps. De toute façon tel ou tel lieu particulier est le résultat de l'entrée d'un corps dans l'espace. C'est pourquoi Hobbes peut dire que « un lieu est un espace qui est rempli ou occupé... par un corps » (*DCo*, OL I, p. 62). Par son essence et par le genre auquel il appartient, le lieu n'est ni un corps ni un accident ou une autre chose qui serait inhérent au corps.

Par ces déclarations la doctrine hobbesienne se distingue de toute conception scolastique ou aristotélisante. D'après Hobbes le lieu est espace – conception expressément rejetée par Aristote[65] – et est aussi imaginaire, sa différence spécifique se réduisant à être déterminé par la présence d'un corps. Comme l'espace, le lieu est donc un *phantasme* (*DCo*, OL I, p. 335). Le plus souvent Hobbes souligne en effet ce parallélisme du lieu et de l'espace, ce qui veut dire qu'il ne décrit le lieu que dans son aspect générique. Ainsi le lieu est-il parfois assimilé à l'espace imaginaire (*Exam.DM*, AW, p. 125 et p. 127), ou à l'idée de l'étendue (*DCo*, OL I, p. 96) ou aussi à l'idée ou phantasme du corps (*De Princ*, AW, p. 453; *DCo*, OL I, p. 93).

Comme l'espace le lieu est *rien qu*'un phantasme. « Le lieu n'est rien en dehors de l'esprit », dit notre auteur (*De Princ*, AW, p. 453; *DCo*, OL I, p. 93). Par conséquent il dépend complètement de notre imagination (*Lev*, OL III, p. 280). Localisant, pour ainsi dire, le lieu des corps dans notre âme, cette doctrine rappelle celle de Pierre de la Ramée selon laquelle le lieu est « une chose mentale qui a une position fixe seulement grâce à un brevet de l'esprit »[66]. Pas plus que l'espace, le lieu n'aurait donc d'existence réelle. Ontologiquement il est un rien, une chose *fictive*. Par ceci Hobbes est d'ailleurs proche de William Gilbert qui avait expressément affirmé la non-existence du lieu.[67] En tant qu'idée de l'étendue, le lieu est plus précisément étendue fictive (*De Princ*, AW, p. 453; *DCo*, OL I, p. 93), ce qui par ailleurs im-

65. Cf. *Phys*. IV, 4 (211 b 19-29).

66. *P. Rami Scholarum Physicarum Libri octo*, dans Pierre de la Ramée, *Scholae in Artes Liberales*, Bâle 1569 (=réimp. Hildesheim – New York 1970), col. 715 : « Locum esse rem logicam, solaque mentis consignatione constantem ». La définition du lieu comme « espace de la chose localisée » (*ibid.*, col. 726) fait, elle aussi, penser à Hobbes.

67. William Gilbert, *Philosophia Nova*, Amsterdam 1651, p. 144 : « locus nihil est, non existit, vim non habet».

plique que le lieu, comme l'espace (qui est grandeur), est de nature quantitative (*Exam*, OL IV, p. 17).

On a déjà vu que le corps coïncide avec une partie de l'espace. Celle-ci est le lieu du corps. C'est en vertu de la grandeur du corps que le lieu et le corps coïncident (*Logica MS A 10*, AW, p. 479; *DCo*, OL I, p. 100), c'est-à-dire que les dimensions du corps et du lieu sont identiques (*Six Lessons*, EW VII, p. 224). Le lieu est donc aussi grand que ce qui est localisé en lui (*Exam.DM*, AW, p. 120), le corps s'accommodant parfaitement aux dimensions du lieu (*Exam.DM*, AW, p. 409). Il s'ensuit qu'un corps ne peut pas changer de volume sans perdre son identité. « Un seul et même corps n'a toujours qu'une seule et même grandeur » (*DCo*, OL I, p. 100).[68] Cette conséquence – qui est mise en œuvre par Hobbes contre les théories de la raréfaction et la condensation des corps, qu'elles soient de provenance scolastique ou (comme chez Gassendi) atomiste – découle du fait qu'un corps occupe toujours un lieu d'une grandeur déterminée. S'il avait subitement besoin d'un lieu plus ou moins grand que celui qu'il avait auparavant, le lieu ne serait plus le même, ni par conséquent ce qui le remplit.

Une autre conséquence de l'identité des dimensions du corps et du lieu est qu'aucun lieu ne peut être vide (*Seven Phil. Probl*, EW VII, p. 17). Le monde ou l'univers est l'ensemble de tous les corps. Chacun de ces corps coïncide avec un lieu. Chaque lieu est par conséquent occupé par un corps. De fait l'espace imaginaire seul est vide.

Soulignons que, loin d'impliquer la confusion du corps et du lieu, l'identité de leurs dimensions ne regarde que leur coïncidence. Etre fictif, le lieu peut toujours être *séparé* de son corps, non pas parce que le corps serait libre d'occuper un lieu mais qu'il peut changer de lieu. Il ne retient son lieu (*De Princ*, AW, p. 453; *DCo*, OL I, p. 93) ni ne l'emporte (*DCo*, OL I, p. 82). En tant que la coïncidence du lieu et du corps exprime leur non-identité, elle est donc ce qui rend possible le mouvement, c'est-à-dire la perte d'un lieu en faveur d'un autre (*Exam.DM*, AW, p. 128; *DCo*, OL I, p. 97). Comme Aristote, Hobbes rejette donc les arguments de Zénon d'Élée[69] : les corps peuvent se mouvoir (*DCo*, OL I, p. 56; *Princ. et Probl*, OL V, pp. 207-209). Il se distingue cependant du Stagirite en affirmant la non-réalité du lieu, qui ne serait qu'une position imaginaire dans l'espace imaginaire, tandis que le mouvement est un accident réel des corps. D'autre part, comme la position du lieu est fixe, Hobbes rejoint

68. Cf. la version négative de cette thèse à *Exam*, OL IV, p. 229 : un corps numériquement identique, c'est-à-dire égal à soi-même, ne peut avoir une quantité parfois plus petite et parfois plus grande.

69. Qu'il ne distingue d'ailleurs pas de son homologue stoïcien.

pour sa part, quoique à partir d'un point de départ tout à fait différent, la doctrine d'Aristote sur l'immuabilité du lieu (*De Princ*, AW, p. 453; *DCo*, OL I, p. 94).

Enfin la théorie de la séparabilité du lieu et du corps inspire à Hobbes une conclusion dont la provenance historique reste encore à établir: celle de la comparabilité et par conséquent de la mesurabilité des corps. Le lieu, dit Hobbes dans une formule trop savoureuse pour la traduire, «is the proper index and discoverer of equality and inequality» (*Six Lessons*, EW VII, p. 222).[70] Grâce à la coïncidence du lieu et du corps – coïncidence qui signifie à la fois leur identité et leur non-identité – on peut mesurer les corps en les plaçant dans un même lieu l'un après l'autre. Sont égaux les corps qui peuvent occuper le même lieu (*DCo*, OL I, p. 99; *Exam*, OL IV, p. 68); et inégaux ces corps qui ne le peuvent pas.

On peut résumer la doctrine du lieu en disant: le lieu est une partie de l'espace imaginaire, coïncidant avec un corps (dans le double sens de l'identité et de la non-identité de leurs dimensions). Tous ces traits se retrouvent dans la définition du lieu comme phantasme d'un corps d'une grandeur et figure déterminées (*De Princ*, AW, p. 453; *DCo*, OL I, p. 93 et suiv). Tout comme l'espace, le lieu est l'idée du corps. Sa spécificité réside en ce qu'il n'est pas simplement le phantasme d'un corps quelconque, mais d'un corps donné, c'est-à-dire d'un corps dont les accidents essentiels sont déterminés.[71] Ainsi le lieu est la synthèse d'une part du concept primaire et universel de notre pensée qui est l'espace imaginaire, et d'autre part de l'être concret et individuel du corps réel.

70. Pour le fonds littéraire de cette expression, cf. mon article «Methodenfragen bei Spinoza und Hobbes: Zum Problem des Einflusses» *Studia Spinozana* 3 (1987), pp. 52-56.

71. Dans le chapitre XXVI il y a cependant une définition du lieu qui dit expressément le contraire: «Locus quidem et tempus, id est, magnitudo et duratio corporis simpliciter dicti, id est, indefinite sumpti, sunt phantasmata (ut cap. VII. ostensum est)». Le lieu serait donc la grandeur du corps entendu de manière indéterminée. Mais il s'agit là d'un énoncé peu précis. En parlant de «locus... et tempus», Hobbes fait allusion au chapitre VII du *De Corpore* intitulé «De Loco et Tempore». Mais dans ce chapitre il n'est pas question du lieu (dont le statut phantasmatique n'est démontré qu'au chapitre VIII, art. 5). Que le temps soit phantasme, est affirmé, il est vrai, au chapitre VII, art. 3. Mais Hobbes n'y parle de durée ou du corps simplement non plus. Le terme «magnitudo» n'apparaît de manière plus ou moins significative qu'une seule fois au chapitre VII, là où Hobbes affirme en passant que le corps laisse un phantasme de sa grandeur dans l'âme. Concluons-en que, en faisant allusion au titre (et pas au contenu) du chapitre VII, Hobbes veut dire que dans ce texte il développe ses définitions de l'espace imaginaire (et non pas du lieu) et du temps.

Le vocabulaire de l'espace qu'on trouve chez Hobbes atteste de la diversité des sources qu'il a mises à profit. La distinction entre les espaces imaginaire et réel nous renvoie à la scolastique espagnole, alors que le concept du corps se nourrit de la pensée classique des Romains aussi bien que des considérations de la scolastique tardive. L'origine du concept du lieu est par contre incertaine. Soulignons cependant que, loin de conduire à un amalgame mal digéré, le langage hobbesien a, en ce qui concerne l'espace, une structure bien ordonnée.

Résumons-en pour finir ces traits essentiels. En ce qui concerne la causalité, le corps ne peut être engendré, l'espace réel est la cause de l'espace imaginaire, et le lieu est l'effet de la présence d'un corps dans l'espace. En outre le corps est le sujet qui supporte l'espace réel (qui, à son tour, est un accident de ce corps), alors que l'espace imaginaire et le lieu sont des accidents de notre esprit ou des phantasmes, ou encore : le corps et l'espace réel ne dépendent pas de la pensée, tandis que l'espace imaginaire et le lieu en sont dépendants. Le corps possède deux accidents communs, grandeur et mouvement, dont le premier constitue son essence, étant l'espace réel qui lui est propre. L'espace imaginaire par contre n'est qu'une privation du corps, laquelle fonde la séparabilité du corps et de son lieu. L'espace imaginaire est toujours vide et l'espace réel plein. Il existe donc une coïncidence entre le corps et une partie de l'espace imaginaire et entre le lieu et le corps. Ontologiquement le corps et l'espace réel, qui est son essence, sont réels, tandis que par contre l'espace imaginaire et le lieu sont des non-êtres, des fictions. La totalité des corps est l'univers dont la raison ne peut pas déterminer les bornes et l'espace imaginaire est une infinité en puissance. D'autre part l'espace réel (qui a une figure) et le lieu (qui a une grandeur déterminée) sont limités. Le corps concret et individuel est étendu et possède un espace réel. L'espace imaginaire par contre n'est que l'image de l'étendue ou du corps en tant que tel (corps abstrait). Pour sa part le lieu est l'image d'un corps individuel et concret donné.

Le vocabulaire hobbesien de l'espace montre une cohérence de pensée d'une rigueur exceptionnelle et dont le sens est étroitement lié à l'articulation du projet philosophique de Hobbes tout court. Voilà cependant probablement pourquoi ce vocabulaire, aussi précis et exact, n'a su se maintenir ni, à plus forte raison, s'intégrer au discours général de l'espace qui domine les temps modernes.

Karl SCHUHMANN
Université d'Utrecht

LE VOCABULAIRE DU POUVOIR : POTENTIA / POTESTAS, POWER

On peut considérer comme un paradoxe de la philosophie de Hobbes[1] d'avoir introduit un concept de « pouvoir » extrêmement riche à l'aide d'un lexique relativement restreint. Les termes latins *potentia* et *potestas* ne se prêtent pas à un jeu d'équivalences très varié, et cette variété réduite se réduit davantage encore en anglais où le terme de *power* doit exprimer à lui seul les différences conceptuelles exprimées par les termes latins. Cependant, ce paradoxe n'est pas propre à Hobbes : le lexique philosophique latin qu'il hérite de la tradition scolastique est de fait un lexique riche d'un point de vue sémantique, mais pauvre d'un point de vue terminologique. Aucune translitération du grec ne vient, en outre, l'élargir : car, si dans le *De Cive* (VII, 5) se trouve certes formulée l'équivalence de *potestas* et de τὸ κράτος, il n'en résulte aucune invention lexicale. Le grec n'est pas ici source de renouvellement du vocabulaire latin. Quant à la langue anglaise, elle possède le terme *power* au moins depuis le XIVe siècle[2], mais n'en fait pas d'usage philosophique majeur avant Hobbes.

Or, cette pauvreté relative du vocabulaire du pouvoir pose problème, car elle risque d'induire un usage analogique des termes. Le terme de *potentia* est utilisé, en effet, en philosophie première, en philosophie morale, en philosophie politique et en théologie : comment éviter la confusion ? Ce problème, là encore, n'est pas nouveau :

1. Références aux œuvres de Hobbes, *The Elements of Law (EL)*, éd. Tönnies, Londres, Frank Cass, 1969, *Léviathan (Lev)*, éd. Macpherson, Penguin classics, 1968, trad. F. Tricaud, Paris, Sirey, 1971, *De Cive (DCi)*, éd. Warrender, Oxford, Oxford University Press, 1983, *De Corpore (DCo)*, éd. Molesworth, *Opera Latina (OL)*, vol. I, Londres, 1839-45, *De Homine (DHo)*, éd. Molesworth, *Opera Latina*, vol. II, Londres, 1839-45, trad. P.M. Maurin, Paris, Blanchard, 1976, *The questions concerning liberty, necessity and chance (Lib.N.Ch)*, éd. Molesworth, *English Works (EW)*, vol V, Londres, 1839-45.

2. Le *Oxford English Dictionary* précise surtout que l'orthographe *power* est la plus courante depuis le XIVe siècle.

Guillaume d'Auvergne, dans son *De Trinitate*, avait déjà cherché à ordonner ce lexique quelque peu anarchique, en restreignant l'usage de *potentia* au domaine de la philosophie de la nature, celui de *potestas* au domaine de la philosophie morale et politique et celui de *possibilitas* au domaine de la logique. Mais sa classification était restée lettre morte, car de fait elle ne supprimait pas la possibilité, voire la tentation, de faire un usage analogique de ces termes. D'un tel usage, saint Thomas donne ainsi un bel exemple, dans son *Commentaire du traité de l'âme d'Aristote*, lorsqu'il écrit que les « facultés de l'âme sont comme les départements d'un pouvoir exécutif » (I, I, 8, trad. A. Thiéry, p. 180). La question est donc de savoir comment Hobbes parvient à échapper à cette tentation d'un emploi seulement analogique, voire même métaphorique, du vocabulaire du pouvoir et de la puissance.

Pour tenter d'y répondre, il convient de tenir compte des procédés linguistiques qui permettent à Hobbes, soit de définir le vocabulaire de la puissance et du pouvoir, soit de critiquer les usages qui en sont faits. Pour la commodité de l'analyse, nous en distinguerons quatre, les deux premiers relevant de la grammaire et les deux derniers de la rhétorique : nous réfléchirons tout d'abord sur les usages homonymiques des termes de ce lexique, afin de déterminer les limites de son champ sémantique. Puis il conviendra de montrer comment sont élaborés les concepts de *potentia* et de *potestas*, à l'aide d'un usage réglé et différencié de la synonymie : on mettra ainsi en évidence l'hétérogénéité de ces deux champs conceptuels. La notion de métonymie nous permettra, en outre, de comprendre pourquoi cette hétérogénéité n'est pas parfaite, c'est-à-dire pourquoi la souveraineté ou *summa potestas* fait parfois l'objet d'une description en terme de puissance ou de *potentia*. Enfin, nous chercherons à comprendre comment Hobbes peut à la fois critiquer l'usage métaphorique du terme *power* dans l'Ecriture sainte et promouvoir un usage de la métaphore de la toute-puissance en théologie.

I. LE JEU DE L'HOMONYMIE

L'usage que fait Hobbes du terme *potestas* en géométrie pour désigner la méthode de résolution des problèmes par les puissances est un usage purement homonymique. Entre la puissance d'un souverain et la puissance d'un nombre, il n'y a pas l'ombre d'une ressemblance. C'est donc à juste titre qu'Aristote remarquait, dans sa *Métaphysique*, que certaines « puissances » ne portent ce nom qu'en « raison d'une pure similitude (κατὰ μεταφοράν), par exemple en géométrie, où nous disons d'une chose qu'elle est, ou non, puissance d'une autre, par la présence ou l'absence de quelque relation entre elles» (θ, 1, 1046 a 5, trad. Tricot, p. 483). De fait, Hobbes était d'autant moins enclin à élargir le champ d'application de ce terme mathématique qu'il mettait davantage son point d'honneur de mathématicien à se passer de la méthode qui s'en réclame. Ainsi, dans le *De Corpore* (III, 20, p. 256), il juge la méthode de résolution par les puissances de peu d'étendue *(angusta tamen res est)*, et affirme une préférence marquée pour la méthode de résolution par la seule règle et le seul compas. Il convient donc, comme le disait déjà Aristote, de laisser de côté cette première acception.

On ne peut pas écarter aussi rapidement, bien qu'il s'agisse également d'une pure homonymie, les occurrences du terme *potentia* dans certaines définitions de concepts physiques. Ces occurrences sont en effet d'autant plus surprenantes que Hobbes avait deux raisons majeures de les éviter. D'une part, la physique aristotélicienne et scolastique avait fait de la notion de puissance un usage finaliste, qui aurait dû rendre suspect au physicien mécaniste qu'il était le terme même de *potentia*. D'autre part, la détermination anthropologique du concept de *potentia* exigeait un souci particulier d'univocité, afin d'éviter que la puissance humaine ne soit confondue avec la force. Réintroduire le concept de puissance en physique risquait donc de compromettre à la fois le projet d'une science mécaniste de la nature, parce que le concept de *potentia* ne fait pas l'objet d'une définition rigoureuse, et le projet d'une science génétique de l'Etat, à cause des équivoques qui pouvaient en résulter dans la compréhension anthropologique du concept de puissance. Pourquoi, par conséquent, Hobbes prend-il le risque de cette homonymie malheureuse ?

On peut remarquer tout d'abord que *potentia* n'est pas utilisé par Hobbes pour définir le concept physique de la force : celle-ci se définit par le produit de la vitesse et de ce que nous nommerions aujourd'hui la masse (*DCo*, VIII, 18, p. 102)[3]. En revanche, on le rencontre dans la définition de la vitesse, définition qui conditionne la compréhension de la force, ainsi que dans la définition du moment d'une force pondérale, où curieusement elle remplace ce même concept de force. La vitesse, tout d'abord, est définie comme «le mouvement considéré selon la puissance *(potentia)* qu'un mobile a de parcourir en un temps

3. Il convient de noter toutefois que le concept de masse n'est désigné par Hobbes que par le biais d'une image approximative, et qu'il faudra attendre Newton pour en obtenir une définition physique rigoureuse. De fait, Hobbes n'utilise pas le terme de masse, mais celui de partie d'un corps.

déterminé une distance déterminée» (*DCo*, XV, 1, p.176)[4]. Le moment d'une force pondérale, ensuite, est dit «la puissance qu'a un poids de mettre en mouvement le fléau vers une position déterminée» (*DCo*, III, 23, p. 287). Quel est le sens, dans ces deux cas, du terme *potentia*? Ce terme ne peut désigner ici et là le concept général de puissance, tel qu'il est défini dans la première partie du *De Corpore*. La raison en est simple: le concept métaphysique de la puissance ne fournit, car tel est sa fonction, qu'une définition de nom, qui ne saurait en aucune manière résoudre les problèmes physiques que posent la définition de la vitesse et du moment d'un poids. De fait, l'introduction du terme *potentia* pose davantage de problèmes qu'elle n'en résout. C'est pourquoi il faut remarquer que, dans les deux cas, l'introduction de ce terme ne se fait pas à l'occasion de la première définition des concepts de *velocitas* et de *momentum*, mais dans une seconde définition, qui a pour fonction essentielle de rappeller les acquis de la première. Ainsi la première définition de la vitesse disait-elle seulement: «On appelle vitesse le mouvement, dans la mesure où il peut faire franchir *(transmitti potest)* à un mobile une distance déterminée dans un temps déterminé» (*DCo,* VIII, 15, p. 100). Et la première définition du moment: «Le moment est l'excès du mouvement du corps mobile sur le mouvement ou le *conatus* du corps qui lui résiste» (*DCo,* XV, 4, p. 181). Il apparaît donc que c'est uniquement dans le mouvement de la reprise de sa pensée, que Hobbes introduit le terme de *potentia* en physique, par l'effet d'une réminiscence aristotélicienne, que toute sa physique contredit. Cette incertitude du lexique de la physique révèle, outre les difficultés internes d'une théorie particulière en train de se constituer, les embarras d'une pensée de la puissance, qui s'efforce, sans toujours y parvenir, de redéfinir le sens des mots. Mais c'est ailleurs, dans d'autres registres lexicaux que celui de la physique, qu'on trouve le fondement véritable de la pensée hobbesienne de la *potentia* et de la *potestas*. La synonymie pourra ici nous servir de fil conducteur.

4. Le concept physique de vitesse n'est pas encore parfaitement défini au XVIIe siècle. Les imprécisions de la définition hobbesienne peuvent donc s'expliquer par les difficultés inhérentes à la pensée de la vitesse dans un cadre purement mécaniste.

II. LES JEUX DE LA SYNONYMIE

A – La synonymie partielle comme mode de constitution du champ sémantique de potentia

a – Potentia sive causa

Dans sa philosophie première, Hobbes ne propose pas tant une nouvelle définition de la *potentia* qu'il ne construit une synonymie nouvelle identifiant la notion de *potentia* à la notion de *causa*. Cette identification importe tout d'abord du point de vue de l'histoire du concept: par là, Hobbes modifie profondément la distinction aristotélicienne de la δύναμις et de l'ἐνέργεια, reconduisant à nouveaux frais le nécessitarisme des Mégariques, que cette distinction avait rendu caduc. Aristote présente ainsi la position de ses adversaires[5]: «Il y a des philosophes, les Mégariques par exemple, qui prétendent qu'il n'y a puissance que lorsqu'il y a acte, et que lorsqu'il n'y a pas acte, il n'y a pas puissance» (*Métaphysique*, θ, 3, 1046 b 30). En effet, pour Euclide, le fondateur de l'école de Mégare, il n'y a pas lieu de poser la puissance comme un mode d'être intermèdiaire entre le non-être et l'être. Aussi peut-on dire sans exagération que lorsque Hobbes critique les arguments aristotéliciens de l'évêque Bramhall en faveur de la notion de *potentiality* (*EW IV*, p. 298), ce sont les Mégariques qui prennent leur revanche sur Aristote. Cependant, cette revanche, ou plutôt cette réplique, possède une spécificité remarquable : Hobbes conserve les concepts de puissance et d'acte, mais cesse de les penser comme des modalités de l'être pour les penser comme des modalités de la représentation. Cette détermination nouvelle procède de l'identification de la puissance à la cause : la cause n'étant pas une réalité[6] *(ens),* mais une somme d'accidents, qui sont eux-mêmes des modalités de la représentation de la chose[7], la puissance sera elle-même une modalité de la représentation. Il convient toutefois de se demander si la critique qu'Aristote adressait aux Mégariques peut encore valoir contre Hobbes: «L'argumentation des Mégariques en arrive donc à anéantir mouvement et devenir: l'être debout sera toujours debout, et l'être assis toujours assis: il ne pourra pas se lever, s'il est assis,

5. Cette introduction est d'autant plus utile que Diogène Laërce, par exemple, ne dit mot de ces problèmes dans les notes qu'il consacre à Euclide, le père de l'école de Mégare, et à ses disciples.

6. *DCo,* IX, 3, p. 107.

7. «Nous définissons donc *l'accident comme un mode de conception d'un corps*» (*DCo,* VIII, 2, p. 92).

puisque ce qui n'a pas la puissance de se lever sera dans l'impossibilité de se lever» (*Métaphysique*, θ, 3, 1047 a 10). La réponse est négative, car la déréalisation hobbesienne de la puissance permet de surmonter les paradoxes mégariques du mouvement, sans abandonner pour autant leur nécessitarisme. De fait, dans la mesure où un effet ne se produit que lorsque sa cause est entière, le mouvement consistera dans la série des effets successifs produits par une série de causes, ayant un agent identique (*DCo,* IX, 6, p. 109). Or, ce mouvement, au cours duquel la puissance se fait acte en produisant son effet, n'implique nullement un renoncement à la nécessité. Au contraire, comme ce qui fait la nécessité de la cause n'est rien d'autre que son intégralité[8], et que sans cette intégralité nul effet et donc nul mouvement n'est produit, il apparaît à l'évidence que le mouvement est nécessaire.

Cependant, la synonymie de la *potentia* et de la *causa* n'est que partielle : elle ne vaut que si l'on fait abstraction du point de vue du temps. Cause et puissance sont en effet une même chose, mais considérée sous deux points de vue différents. Ici, la *consideratio* fait toute la différence : *Consideratio tamen diversa est, quia in causa praeteritum, in potentia futurum respicitur* (*DCo*, X, p. 114). Autrement dit, la puissance est la cause en tant qu'elle ne s'est pas encore produite. Cette distinction, qui de prime abord peut paraître mineure, recouvre pourtant un enjeu majeur. En effet, en insistant sur la temporalité, Hobbes annule l'idée selon laquelle la puissance serait une possibilité ; en évitant le jeu de mot qui s'imposait en grec entre δύναμις et δυνατόν, il annule en quelque sorte la racine *posse* du latin *potentia*. Si le temps n'est pas chez Hobbes ouverture au possible, mais limitation de notre connaissance en fonction de notre *consideratio*, c'est donc pour une raison essentielle : entre l'acte nécessaire et l'acte impossible, la logique hobbesienne ne fait pas véritablement sa place au possible, si ce n'est comme une modalité temporelle de l'acte nécessaire ; entre le possible et le nécessaire, il n'y a somme toute que le phantasme du temps. Un événement possible n'est ainsi qu'un événement nécessaire, dont nous savons seulement qu'il se produira, mais sans savoir quand[9]. La définition du terme *potentia* en philosophie première dépend donc de la structure temporelle de la représentation, qui ne nous dévoile la

8. Cf. *DCo,* IX, 5, pp. 108-109.

9. *Actus autem, qui* impossibilis *non est, ille* possibilis *est ; ideoque actus omnis* possibilis *aliquando producetur, nam si nunquam producetur, nunquam concurrent omnia, quae ad productionem ejus requiruntur ; est itaque actus ille impossibilis, (per definitionem) quod est contra suppositum.* (*DCo,* X, 4, p. 115). Dans cette définition de l'acte possible, l'essentiel est donc exprimé par l'adverbe *aliquando.*

nécessité à venir que sous la modalité du possible. Il en résulte en théologie une conséquence remarquable. La limitation de notre point de vue rend pour le moins problématique l'usage univoque du terme *omnipotentia*, car l'idée de toute-puissance est l'idée d'une puissance qui échappe aux limitations de la temporalité. Or, d'après la définition donnée par Hobbes, une puissance susceptible d'échapper au temps n'est plus véritablement une puissance. Cependant, si l'application à Dieu du concept de puissance semble poser problème, son application à l'homme, pour désigner sa puissance en tant qu'être de nature, est dans le droit fil de la définition métaphysique de *potentia*.

b – Potentia sive facultas

La théorie de l'âme, depuis Aristote et Platon, est un domaine d'application privilégié de la catégorie de *potentia*, puisque c'est en terme de puissance que se trouvent désignées les parties de l'âme. Hobbes reprend cette acception à son compte, en ayant soin toutefois de préciser que la notion s'applique tout autant au corps qu'à l'âme. La puissance naturelle s'obtient par une anatomie de la nature humaine[10], qui se pratique d'autant plus aisément que la nature humaine n'est elle-même rien d'autre que la somme de toutes ses puissances: *Man's nature is the sum of his natural faculties and powers, as the faculties of nutrition, motion, generation, sense, reason, etc* (*EL*, I, 1, 4, p. 2). Hobbes accepte donc ici l'équivalence des termes *facultie* (ou *facultas*) et *power* (ou *potestas*). Mais, cette synonymie ne peut être là encore que partielle: si les facultés naturelles de l'homme sont bien des pouvoirs, elles ne sont pas pour autant le modèle anthropologique de la puissance.

On peut tenter de proposer l'interprétation suivante de cette synonymie partielle : la logique linguistique qu'elle décrit correspond assez exactement à la logique de constitution du concept. Ces deux logiques procèdent en effet à la formation d'ensembles, par intégration ou par agrégation, comme le montre à l'évidence l'utilisation qui est faite des termes *aggregatum* et *sum* dans les définitions de la cause *(DCo)*, de la nature humaine *(EL)* et de la puissance (*Lev*, latin). La cause entière est définie comme « un ensemble d'accidents » (*aggregatum omnium accidentium...*, *DCo*, IX, 3, p. 108); la nature humaine comme « une somme de puissances naturelles » (*EL*, I, 1, 4, p. 2) et enfin la puissance de quelqu'un comme « l'ensemble de tous les moyens dont il dispose pour obtenir quelque bien apparent futur » (*mediorum*

10. Hobbes utilise ce terme dans l'expression suivante: *the minute and distinct anatomy of the powers of the body*. (*EL*, I, i, 6, p. 2)

omnium, quae habet ad bonum aliquod futurum apparens adispiscendum, aggregatum, Lev, OL III, X, 1, p. 68). Cette double logique, linguistique et conceptuelle, a pour effet d'intégrer la définition de la *causa* à la définition générale de la *potentia,* et d'éviter ainsi le risque d'une réduction naturaliste de la puissance humaine. Le concept de moyen *(means, medium),* qui se substitue dans la définition anthropologique à celui de cause, permet en effet de penser la puissance de l'homme aussi bien comme naturelle que comme instrumentale. Considérée comme un ensemble de moyens, la puissance est ainsi régie par une logique de la sommation ou de l'agrégation, qui n'est plus bornée par la capacité finie des facultés naturelles de l'homme. Dans le lexique, cette logique se traduit, d'un côté, par l'agrégation des définitions partielles de la puissance, et de l'autre, par l'utilisation du terme *excès,* comme équivalent du terme *potentia.*

c – *Potentia sive excessus*

Dans les *Elements of law* (I, 8, 4, p. 34), Hobbes donne la définition suivante de la puissance : « La puissance absolument parlant n'est rien de plus que l'excès de la puissance d'un homme sur celle d'un autre » *(power simply is no more, but the excess of the power of one above that of another).* Les termes d'excès et de défaut sont utilisés traditionnellement en éthique. On sait qu'Aristote, par exemple, définit la vertu comme la disposition qui se trouve à égale distance de l'excès et du défaut. Cependant, ce n'est pas à un registre éthique qu'il convient de faire ici référence : la puissance selon Hobbes n'est rien moins que vertueuse, ou si elle l'est c'est en tant que vertu de l'excès. Hobbes utilise en l'occurrence un vocabulaire mathématique, celui de la proportion, qui se dit en latin *ratio* ou *proportio.* L'utilisation en anglais du terme *odds*[11] comme synonyme du terme *excess* permet d'affiner ce jugement : le vocabulaire de la puissance, par l'intermédiaire du terme *odds,* renvoie à la mathématique appliquée des échanges commerciaux, qui renvoie elle-même en dernière instance à la mathématique de la proportion. En outre, l'excès qui caractérise la puissance reçoit logiquement son nom à l'intérieur d'un type particulier de proportion, que l'on nomme la proportion inégale : « Dans une proportion inégale, le rapport du terme le plus petit au terme le

11. *to honour a man (inwardly in the mind) is to conceive or acknowledge, that that man hath the odds or excess of power above him that contendeth or compareth himself* (*EL*, I, 8, 4, pp. 34-35). L'emploi du terme *odds* renvoie à la sphère des échanges agonistiques, dont les échanges commerciaux font partie.

plus grand est dit défaut ; le rapport du terme le plus grand au plus petit est dit excès» (*DCo*, XI, 3, p. 119).

Le rapprochement de la mathématique de la *proportio* et de l'anthropologie de la *potentia* se justifie conceptuellement par l'existence d'une condition commune à la constitution d'un rapport de grandeur et à la constitution d'un rapport de puissance: ces deux types de rapport reposent l'un et l'autre sur la comparaison. D'une part, en mathématique, il n'y aurait pas de proportion sans la comparaison d'un antécédent à un conséquent, puisque «la proportion n'est rien d'autre que l'égalité ou l'inégalité de l'antécédent comparé *(comparati)* au conséquent selon la grandeur» (*DCo*, XI, 3, p. 119). D'autre part, en anthropologie, il n'y aurait pas non plus de puissance, à savoir d'excès dans un rapport, sans la comparaison d'une puissance à une autre. Comme Hobbes nomme la faculté de comparer jugement[12], on peut donc dire que la *potentia* et la *proportio* procèdent toutes les deux d'usages analogues de la faculté de juger.

Mais il n'en va pas du tout de même de la notion de *potestas*. Pour mettre en évidence cette différence radicale, nous partirons du fait que le mode de constitution linguistique des concepts de *potentia* et de *potestas* n'est pas le même: alors que la notion de *potentia* se constitue à partir d'équivalences ou de synonymies partielles, la notion de *potestas* se construit à partir d'équivalences ou de synonymies complètes.

B – La synonymie complète comme mode de constitution du champ sémantique de potestas

1 – Les sources

Il est symptomatique que le vocabulaire de la *potestas* ait fait l'objet d'un usage particulièrement abondant dans les traités en latin intitulés *De Legibus*, depuis Cicéron jusqu'à Suarez. De fait, ce terme est introduit généralement dans le cadre d'une réflexion sur les lois et sur le fondement juridique de la cité pour désigner le pouvoir légal. On rencontre ainsi plusieurs occurrences de *potestas* dans le *De Legibus* de Cicéron, et chaque fois pour désigner le pouvoir ou les devoirs afférents à une magistrature (Livre III, iii, 7, p. 84, éd. Budé; iii, 9, p. 85). L'idée de loi est l'idée capitale, puisque le pouvoir du magistrat ne serait rien sans elle: «on peut dire avec vérité que le

12. La définition que Hobbes donne du *good judgement* le prouve à l'évidence: «Mais de ceux qui remarquent leurs différences et dissemblances *[entre les pensées]*, ce qui se nomme distinguer, discerner, juger entre les choses, on dit, lorsque ces distinctions ne sont pas faciles à faire, qu'ils ont un bon jugement» (*Lev*, VIII, 3, trad. p. 65).

magistrat est “la loi qui parle”, tandis que la loi est “un magistrat silencieux”» (III, i, 2, p. 82). Or, il est significatif que, dans ce traité, pas une seule fois n’apparaisse le terme de *potentia*: cela prouve à l’évidence la séparation, dès ce texte fondateur, des registres lexicaux de la *potentia* et de la *potestas*.

Dans le *De imperatorum et pontificum potestate*, Ockham introduit l’expression *summa potestas*, afin de critiquer l’argument de la *plenitudo potestas papae* (c. XI). On observe ainsi que le terme *potestas* s’emploie très souvent avec des épithètes désignant le pouvoir souverain. Suarez, par exemple, utilise couramment l’expression *superior potestas*, au livre III de son *De Legibus*[13].

2 – Termes synonymes

a – Potestas sive autoritas :

Cette équivalence, que l’on trouve formulée dès l’introduction du *Léviathan* latin (*OL III*, p. 2), est rendue significativement en anglais par l’expression *just power or authority of a soveraigne*. La *potestas*, c’est en effet le pouvoir, en tant qu’il incarne l’autorité, c’est-à-dire en tant qu’il est légitime. On ne saurait trop insister sur cette synonymie, car elle traduit une volonté de rompre avec la tradition qui, depuis Cicéron, jouait l’un contre l’autre le pouvoir et l’autorité. Certes, Cicéron ne parle pas tant d’une opposition que d’une «compensation *(temporatio)* des droits où le pouvoir appartient au peuple *(potestas in populo)* et l’autorité au sénat *(auctoritas in senatu)*» (*De Legibus*, III, 28). Mais, cette compensation traduit l’existence d’une opposition première qu’il s’agit de surmonter pour préserver l’équilibre de l’Etat. Cependant, l’équivalence formulée par Hobbes ne vise pas tant Cicéron que la théologie politique de l’église romaine, soucieuse avant tout de défendre les droits de l’autorité pontificale *(auctoritas sacrata pontificum)* face aux droits du pouvoir impérial *(summa potestas)*. Loin de permettre l’obtention d’un équilibre, le duel théorique de la *potestas* et de l’*auctoritas* ne fit en effet qu’accentuer les déséquilibres politiques de la Chrétienté. Le rejet de cette dualité conceptuelle, nullement fortuit, s’inscrit par conséquent dans le droit fil du projet hobbesien en philosophie politique, puisqu’il évite la constitution, à côté de l’Etat, d’une autorité concurrente[14].

13. *Ergo solus magistratus habens potestatem superiorem in republica habet etiam potestatem condendi legem humanam seu civilem. De Legibus*, III, I, 7.

14. La redéfinition du concept de personne dans le cadre de la philosophie de Hobbes peut d’ailleurs être interprétée en ce sens : il s’agit de réduire l’autorité à l’exercice du pouvoir légal.

b – Potestas sive imperium

On trouve cette équivalence utilisée par Hobbes, dans le *De Cive* (V, 11, p. 134), à propos de la *summa potestas*, qui est identifiée au *summum imperium*. La traduction anglaise d'*imperium* par *command* est ici significative : la *potestas* désignant en effet le droit de commander *(jus imperandi* ou *right of commanding)*, il n'y avait pas lieu de distinguer le pouvoir compris en ce sens du droit de l'exercer. Ainsi la *summa potestas* n'est-elle rien d'autre que le droit de commander à autrui, en tant que ce droit repose sur un contrat originaire, quelles que soient par ailleurs les raisons du contrat. Si la raison en est la domination par la force, Hobbes parle alors de *dominium*, le pouvoir s'identifiant à l'empire.

c – Potestas sive dominium

Cette équivalence peut surprendre. Hobbes définit en effet le *dominium* comme un droit sur les choses, en l'opposant à l'autorité, qui est un droit sur les actions : «Et de même que le droit de possession est appelé empire sur une chose [Dominion], le droit d'accomplir quelque action est appelé AUTORITÉ» (*Lev*, XVI, 5, p. 218, trad. p. 163). Fidèle à l'étymologie, puisque *dominium* désigne le droit exercé par le *dominus* comme propriétaire de la maison, cette définition ne lève pas la difficulté qu'il y a à penser le pouvoir sur le mode de la possession. Il est vrai qu'historiquement la propriété du maître s'étend, non seulement aux choses, mais aussi aux actions, puisque en droit les esclaves sont des choses, qui de fait sont capables d'obéir à un commandement. Cependant, Hobbes n'était pas tenu de reprendre cette théorie du droit familial romain. De fait, si le terme *dominium* signifie dans sa philosophie la même chose que le terme *potestas*, c'est au prix d'une redéfinition, qui n'a pas d'équivalent dans le droit romain : le *dominium* est le droit de commander qui repose sur le contrat passé entre un vainqueur et un vaincu. Il en résulte que le droit d'empire s'exerce sur des serviteurs et non sur des esclaves, car ces derniers, gardés qu'ils sont dans des fers, n'ont passé de contrat d'aucune sorte. Politiquement, l'équivalence lexicale de la *potestas* et du *dominium* n'est donc pas sans conséquence, puisqu'elle correspond à la volonté de réduire à presque rien la différence qui sépare les républiques instituées des républiques acquises par la force : « Cette espèce de domination ou de souveraineté diffère de la souveraineté d'institution, seulement en ceci, que les hommes qui choisissent leur souverain le font par crainte l'un de l'autre, et non par crainte de celui qu'ils instituent » (*Lev*, XX, 2, p. 252, trad. p. 207). Ainsi l'extension d'un empire par la force n'est-elle pas contraire au principe même de la souveraineté, à condition toutefois qu'elle se trouve ratifiée par les vaincus. Dans le dialogue rapporté par Thucydide entre les Athéniens vainqueurs et les Méliens vaincus, il ne fait pas de doute que Hobbes approuve les raisons des vainqueurs. On ne peut donc s'étonner que, dans la traduction qu'il donne de ce passage en 1634, il introduise un vocabulaire, et découvre des arguments, que l'on retrouvera en 1651 dans le chapitre XX du *Léviathan*. C'est le cas de l'argument suivant utilisé par les Athéniens: *In the mean time, wee tell you this, that we are here now, both to enlarge our owne dominion and also to conferre about the saving of your citie. For we would have dominion over you without oppressing you* (*Eight books of the Peloponnesian Warre*, V). Dans les républiques par acquisition, la *summa potestas* doit donc être comprise, aussi paradoxal que cela soit, comme exerçant une domination sans oppression.

Et pourtant, il est essentiel au projet de Hobbes que l'on ne puisse pas identifier la logique de la puissance à la logique de la souveraineté, le vocabulaire de l'une à celui de l'autre : l'existence d'un contrat au fondement de la république permet en effet de poser une différence de nature entre ces deux logiques. Pourquoi, dans ces conditions, Hobbes désigne-t-il parfois la *summa potestas* comme *potentia communis et coercitiva* , tendant ainsi à nous faire croire à une synonymie de la *potestas* et de la *potentia*?

III. LE JEU DE LA MÉTONYMIE

a – Summa potestas et potentia communis et coercitiva

Dans la version latine du *Léviathan*, le pouvoir souverain est d'abord présenté à partir du vocabulaire de la puissance: «Le plus grand des pouvoirs humains *(Humanarum potentiarum maxima)* est celui qui est composé des pouvoirs *(potentiis)* du plus grand nombre possible d'hommes, unis par le consentement en une seule personne naturelle ou civile, ...» (*Lev*, *OL III,* X, p.68, trad. p.81). La souveraineté correspond donc d'abord au maximum de puissance, qui peut être obtenu parmi les hommes. Ce maximum est présenté au chapitre XIV comme une *potentia communis et coercitiva* (*Lev*, *OL III*, XIV, p.107, trad. p.137). En revanche, l'expression *summa potestas* n'apparaît pour la première fois qu'au chapitre XIII, pour désigner les personnes qui détiennent la souveraineté *(personae summam habentes potestatem)*, et c'est d'ailleurs aussi la première occurrence, dans le *Léviathan*, du terme *potestas*, traduit en anglais par le terme *authority* (*Lev*, XIII, *OL* III, p. 101, Macpherson, p. 187). Dans quelle mesure cet usage du terme *potentia* pour désigner la souveraineté se justifie-t-il dans la pensée de Hobbes ?

Tout d'abord, il convient de ne pas se méprendre concernant le maximum de puissance de la souveraineté : il ne peut s'agir en aucun cas d'une puissance infinie, car dire d'une puissance qu'elle est infinie revient plutôt à avouer un défaut chez celui qui le dit qu'à attribuer une perfection à la puissance ainsi nommée[15]. Ensuite, la *potentia communis et coercitiva* ne peut provenir, chez les hommes du moins, de la seule puissance : les hommes ne peuvent disposer d'une puissance commune que sur la base d'un contrat, car aucun individu ne dispose d'un pouvoir naturel dont l'excès le mettrait à l'abri du pouvoir d'une coalition de tous les autres. Seul Dieu dispose par nature d'un pouvoir tel que nul ne peut lui résister : les hommes, qui en sont conscients, lui attribuent l'*omnipotentia*, car c'est du fait de sa seule puissance qu'il règne sur eux : *jus dominandi ab ipsa potentia derivatur* (*De Cive*, XV, v, p. 221). Cependant, c'est là l'unique cas où la puissance nue est capable de produire un droit de souveraineté : en ce sens, c'est un cas limite. Par conséquent, on peut considérer qu'il est abusif de vouloir désigner une souveraineté humaine par le terme de puissance : à strictement parler, le droit de souveraineté résulte d'un contrat, et nullement d'une puissance.

Si un tel abus peut se justifier, ce sera seulement d'un point de vue rhétorique. Rappelons que le souverain possède comme un droit particulier le droit d'user de la puissance des citoyens pour assurer la conservation de tous. Ce sera donc par métonymie, la partie désignant ici le tout, que ce droit particulier de recourir à la force *(potentia communis et coercitiva)* pourra désigner la totalité des droits souverains *(summa potestas)*. Or, de fait, ce glissement rhétorique n'est pas sans fondement. Hobbes remarque très justement que celui qui posséde le droit de recourir à la force armée possède ou en vient à posséder très rapidement la souveraineté tout entière : « Le droit de commander l'armée, même sans autre prérogative, constitue le pouvoir suprême ; avoir un droit sur les soldats, c'est en effet avoir un droit sur le pouvoir de toute la cité. »[16] (*Lev*, *OL III*, XVIII, p. 137, trad. p. 186).

15. *Quando dicimus rem aliquam esse infinitam, hoc tantum significamus, non posse nos illius rei terminos et limites concipere, neque aliud concipere praeter nostram impotentiam propriam* (*Lev*, III, *OL III*, p. 20, EW III, p. 99, trad. p. 25).

16. *quia jus in milites est jus in potentiam totius civitatis.*

Ainsi la puissance de la cité *(potentia communis)* résidera-t-elle dans le droit qu'a le souverain de lever une armée, droit qui à lui seul permet presque de définir sa souveraineté. Cette idée de Hobbes constitue, on l'aura compris, l'une des sources possibles de la thèse weberienne, qui fait du monopole de la violence légitime l'un des traits caractéristiques de l'Etat.

Cependant, comme dans l'état civil le souverain possède seul le droit de recourir à la puissance commune et coercitive, il en résulte un changement de statut de la *potentia* des citoyens : celle-ci ne se réfère plus essentiellement au souci de la conservation de soi, puisqu'il est pris en charge par l'Etat, mais au désir du bien-être. Ce changement conceptuel se traduit très clairement au plan lexical, par une sorte de retraduction à usage civil du vocabulaire de la *potentia*.

b – De la potentia à l'utilitas

Hobbes réécrit quasiment le chapitre X du *Léviathan* dans le chapitre XI du *De Homine,* à un concept près, pour nous essentiel. En effet, le terme *potentia* est remplacé de façon quasiment systématique, dans des phrases quasiment identiques, par le terme *utilitas*. Ainsi, par exemple, à propos de l'amitié : « avoir des amis est un pouvoir : ce sont en effet des forces réunies. » (*Lev*, X, trad. p. 82) ; « Les amitiés sont des biens ; leur utilité est évidente. Car, en contribuant à bien d'autres choses, elles contribuent à la protection des amis » (*DHo*, XI, 6, trad. p. 156). La comparaison pourrait être étendue à tous les concepts évoqués pour la description du pouvoir : richesse, science, réputation, etc... Tout se passe en quelque sorte comme si l'auteur tirait alors les conclusions lexicales de sa théorie du pouvoir[17]. Or, sa conclusion principale est qu'il est peu pertinent de désigner les différences entre individus dans l'état civil à l'aide du terme de puissance, car l'existence du Léviathan rend négligeables ces différences : « La puissance, si elle est très grande *(si eximia sit),* est un bien qui sert à se défendre ; or dans la défense, il y a la sécurité. Si elle n'est pas très grande, elle ne sert à rien, car, si elle est égale pour tous, elle n'est rien » (*De Homine,* XI, 6, p. 98, trad. p. 156, modifiée). Cette inutilité civile de la puissance consacre en fait le règne de l'utilité à l'intérieur de la cité. Le

17. Certes, du point de vue de la logique du système, cette hypothèse peut sembler contestable, puisque le *De Homine* en constitue seulement la seconde partie. Cependant, elle se justifie davantage si l'on tient compte également de l'histoire de ce système : on sait en effet que cette seconde partie fut rédigée en 1658 et qu'elle est donc la dernière dans l'ordre de la rédaction des *Elementorum philosophiae*. Elle est en outre postérieure à la version anglaise du *Léviathan* (1651).

concept de richesse illustre exemplairement les effets de ce changement: pensée en terme de pouvoir instrumental dans le *Léviathan*, la richesse devient, dans le *De Homine*, l'emblème de l'utilité, car on ne la désire pas pour elle-même, mais en vue du secours qu'elle peut nous procurer.

D'un certain point de vue, il est vrai que ce changement de vocabulaire ne fait qu'exprimer l'essence même de la *potentia* hobbesienne. Si la puissance se définit comme l'ensemble des moyens *(medium, means)* dont on dispose pour obtenir un bien futur, elle est effectivement fort proche de l'utilité, puisque l'utilité d'une chose n'est rien d'autre que ce qui en elle peut servir de moyen en vue d'atteindre une fin. Quand Hobbes précise que «l'utilité appartient au domaine du médiat et de l'instrumental *(usus mediorum et instrumentorum est)*» (*DHo*, XI, 5, p.97, trad. p.155), il ne fait en somme que dévoiler l'essence même du pouvoir. Cependant, pour superficielle que puisse paraître la traduction de la puissance en utilité, elle n'en comporte pas moins une signification majeure pour la pensée moderne: dans l'Etat souverain, seul détenteur légitime de la puissance, les rapports entre citoyens n'ont pas lieu d'être pensés en terme de pouvoir; le concept d'utilité, dépourvu de connotation politique, suffit. Et si ce n'est pas le cas, s'il faut encore parler de rapports de puissance pour comprendre une situation historique donnée, c'est que l'Etat est en proie à la guerre civile. Ainsi, entre la logique de la puissance et la logique de l'utilité, n'y a-t-il rien de moins, aux yeux de Hobbes, que la différence qui sépare la guerre civile de la paix.

Par conséquent, quand des citoyens entendent profiter de leur richesse ou de leur ministère public pour accroître leur puissance, et non pas leur bien-être, ce ne peut être qu'au détriment de l'Etat. Hobbes distinguera donc les ministres publics *(minister publicus, publique minister)*, qui ne sont que des représentants du Souverain, des puissants *(man in power, potens)*, qui sont autant de menaces potentielles pour ce dernier. Certes, les mêmes hommes entrent souvent dans ces deux catégories: on dira donc que ce sont des ministres, en tant qu'on les considère dans leur capacité publique et des puissants, en tant qu'on les considère dans leur capacité naturelle. Pour ôter l'ambiguité attachée à l'expression *man in power*, Hobbes utilise parfois les expressions *puissant man*[18] et *potent man.* Et comme exemple de ces sujets puissants qui menacent la santé de la république, il cite Jules César, car

18. Cette acception, aujourd'hui obsolète, est attestée par le dictionnaire franco-anglais de Cotgrave (l'édition consultée est celle de 1650). Hobbes emploie cette expression dans sa traduction de *La guerre du Péloponnèse*.

celui-ci, grâce à sa popularité et à l'affection de son armée, s'est rendu maître du peuple et du sénat de Rome.

Cependant, notre analyse ne serait pas complète, si elle omettait l'usage réglé de la métaphore du pouvoir, dont Hobbes décripte le jeu dans sa réflexion théologique.

IV. LE JEU DE LA MÉTAPHORE

La métaphore n'est pas seulement chez Hobbes une figure de rhétorique, car l'usage qui en est fait déborde de beaucoup le cadre strict d'un usage persuasif du langage : elle est en effet le principal concept de la critique hobbesienne des abus de langage, qui constitue l'essentiel de sa philosophie critique. L'abus métaphorique correspond à l'usage communicationnel du langage, dont Hobbes présente ainsi la finalité : « exprimer à autrui la connaissance que l'on a atteinte : il s'agit là de se conseiller et de s'enseigner les uns aux autres » (*Lev*, IV, 3, trad. p. 28). Autrement dit, l'usage métaphorique des mots constitue une entorse aux règles de la communication correcte : c'est une anomalie. Le danger vient de ce que la métaphore tend à propager l'erreur, à la généraliser : elle consiste en effet à user des mots « en un autre sens que celui auquel ils sont destinés », et ainsi à induire « les autres en erreur » (*idem,* trad. p. 29). L'une des opérations de la critique philosophique consistera donc à rectifier cette erreur en restituant le sens véritable des mots, c'est-à-dire la référence correcte. On comprend dès lors aisément en quoi l'analyse de la métaphore peut intéresser l'herméneutique biblique du terme de puissance et plus généralement une théologie de la toute-puissance : elle rend possible une réflexion sur la légitimité de l'emploi de ce concept comme attribut de Dieu.

Il convient de remarquer tout d'abord que, dans son interprétation de la Bible, Hobbes considère le terme de puissance comme un terme référenciel, et non pas comme une expression métaphorique : ce terme ne fait pas partie du lexique canonique[19] soumis à l'interprétation critique. Ainsi apparaît-il en position de référent dans l'une des interprétations de l'expression « parole de Dieu », au chapitre XXXVI du *Léviathan,* expression qui est soumise à interprétation, car elle « s'entend tantôt au sens propre et tantôt par métaphore ». Or, en son sens métaphorique, cette expression désigne parfois la puissance de Dieu.

19. Les titres des chapitres de la troisième partie du *Léviathan* permettent de se faire une première idée, point trop approximative, des termes de ce lexique.

Ainsi, quand il est écrit, « en *Hébreux*, I, 3 : il soutient toute chose par la parole de sa puissance », cela signifie par la « puissance de sa parole, ce qui signifie par sa puissance » (*Lev*, p. 453, trad. p. 445). Cependant, la difficulté reste entière en ce qui concerne la signification de cette référence : la toute-puissance est-elle seulement une métaphore anthropomorphique ou bien est-elle d'abord une propriété réelle de Dieu ?

La réponse à cette question engage de fait une interprétation d'ensemble de la signification et de la cohérence de la théorie hobbesienne des noms de Dieu, qui, si nous la développions, nous ferait sortir de notre propos. Aussi nous efforcerons-nous plus particulièrement d'expliquer pourquoi la toute-puissance occupe, à l'intérieur de cette théorie, une place relativement atypique.

On observe tout d'abord que, dans la plupart des classifications des noms divins proposées par Hobbes, le terme de toute-puissance *(omnipotentia, omnipotency)* n'apparaît pas dans la liste des attributs cités en exemple pour chacune de ces classes. C'est de fait ce que l'on observe à la lecture du texte suivant qui appartient à la *Critique du De Mundo* :

> on ne peut en effet attribuer à Dieu par nature *(naturae)* aucun nom *(nomen)* sinon *quod est*. Tous les autres (lui sont attribués) soit négativement *(negative)*, comme infini ou incompréhensible, etc, soit métaphoriquement *(metaphorice)*, pour l'honorer, comme bon, juste, sage, heureux, et de semblables (*Exam.DM*, XXVII, 8, p. 319).

La toute-puissance n'apparaît ni dans la catégorie des attributs naturels, qui expriment une connaissance de la nature de Dieu, ni dans la catégorie des attributs négatifs, qui expriment l'incapacité de l'homme à concevoir Dieu positivement, ni dans la catégorie des attributs métaphoriques, qui expriment la volonté humaine d'honorer la divinité. Or, cette absence ne tient pas seulement au hasard d'une énumération interrompue trop tôt, car il y a trop de régularité dans ce hasard pour qu'il en soit ainsi. Bien plutôt, certains indices nous permettent de penser que si la toute-puissance ne se laisse ranger dans aucune des trois catégories de noms divins, c'est qu'elle est au principe de leur constitution. On constate en effet que cet attribut rétif à la classification joue en fait un rôle fondamental dans la structuration de chacune des classes d'attributs.

Appliquée à la catégorie des attributs naturels, cette affirmation peut paraître relever du paradoxe, puisque cette catégorie se réduit à un seul nom, *quod est*, qui ne signifie nullement la puissance, mais l'existence. Et pourtant, l'analyse des fondements rationnels de l'attribution de l'existence à Dieu[20] montre clairement, pour les *Elements of Law* tout du moins, l'importance de la notion de puissance:

> les effets que nous reconnaissons naturellement, comprennent nécessairement un pouvoir *(power)* capable de les produire, avant qu'ils ne fussent produits; et ce pouvoir *(power)* présuppose que quelque chose existe qui possède ce pouvoir *(power)* ; et cette chose qui existe, et qui a le pouvoir *(power)* de produire, à moins qu'elle ne soit éternelle, doit nécessairement avoir été produite par quelque chose d'autre avant elle; au point que nous en arrivons à un éternel, c'est-à-dire au premier pouvoir de tous les pouvoirs *(first power of all powers),* et premières causes de toutes les causes. Et c'est cela que tous les hommes appellent du nom de DIEU, ce qui implique éternité, incompréhensibilité, et omnipotence *(omnipotency)* (*EL,* XI, 3, pp. 53-54).

On ne peut s'empêcher de remarquer l'importance numérique des références à la puissance dans ce texte qui se donne explicitement pour enjeu de montrer que l'existence est le seul attribut rationnel de Dieu. De fait, si l'on s'en tient à la seule logique de l'argument, il n'y a pas là de contradiction, puisque le terme *power* vaut pour Hobbes comme un équivalent, ou un quasi-équivalent, du terme *cause*: Hobbes substitue seulement à la traditionnelle formulation de l'argument par la régression causale une formulation par la régression de puissance en puissance jusqu'à une puissance première. La contradiction n'est donc pas intérieure, mais extérieure à l'argument: en effet, il est contradictoire de soutenir à la fois que l'existence est le seul attribut rationnel de Dieu et que l'attribution de l'existence à Dieu suppose sa toute-puissance. Et il ne peut suffire ici, pour résoudre cette difficulté, de distinguer toute-puissance et puissance première, parce que, d'une part, Hobbes identifie ces deux concepts, et que, d'autre part, la substitution de l'un à l'autre ne change pas les données du problème. La solution proposée par Hobbes ne reposera donc pas sur une distinction pratiquée à l'intérieur du concept de puissance, mais sur la distinction de deux modalités de son attribution à Dieu. En tant qu'il se donne pour tâche d'expliquer le sens des notions qu'il emploie, le philosophe ne peut que contester à la toute-puissance tout statut d'attribut naturel, car celle-ci est supposée et non pas connue; mais, en tant qu'il ressaisit le sens de l'existence de Dieu à partir de la toute-puissance qui l'atteste, il lui faut reconnaître la présence impliquée de ce dernier attribut dans l'affirmation de l'exis-

20. Nous préférons parler d'une attribution de l'existence à Dieu plutôt que d'une démonstration de l'existence de Dieu, car on ne trouve pas, dans la philosophie de Hobbes, une telle démonstration à proprement parler.

tence. Un curieux cercle semble ainsi se mettre en place, la toute-puissance impliquant l'existence, qui l'implique en retour.

Les noms qui illustrent généralement la classe des attributs négatifs sont l'infinité et l'incompréhensibilité : une fois encore, par conséquent, la toute-puissance est absente. Pourtant, absente à titre d'élément nommément désigné, elle n'en constitue pas moins le principe qui structure la classe dans son ensemble. En effet, l'infinité et l'incompréhensibilité ne constituent des attributs négatifs de Dieu que parce qu'ils signifient notre incapacité à le connaître positivement. Par conséquent, cette impuissance à le connaître, qui fonde une certaine parole humaine sur Dieu, serait une raison suffisante pour faire de la toute-puissance l'attribut négatif par excellence.

Enfin, on peut montrer que la toute-puissance structure également la classe des attributs métaphoriques de Dieu, sans qu'il en résulte pour autant que la toute-puissance soit elle-même réduite au statut de métaphore. Il convient au préalable de préciser deux points : premièrement, les attributs métaphoriques ont pour fonction d'honorer Dieu *(honoris causa)* sur un mode qui ne diffère pas fondamentalement de la façon dont les hommes s'honorent les uns les autres ; deuxièmement, honorer quelqu'un consiste, parmi les hommes, à estimer le pouvoir de cette personne le plus élevé possible[21]. Il en résulte tout d'abord que, loin de procéder de la logique de l'honneur, la notion de puissance se trouve présupposée par elle : c'est en effet parce que l'on juge Dieu puissant qu'on lui attribue sagesse, bonté, etc, et non l'inverse. A moins de commettre une fois de plus un cercle, il faut donc éviter de dire que l'on attribue à Dieu la toute-puissance, parce qu'il est tout-puissant. Il en résulte ensuite que les attributs honorifiques de Dieu sont la reprise, au plan de la théologie, des multiples expressions de la puissance humaine. A l'évêque Bramhall, qui craint de voir la puissance remplacer tous les autres attributs divins, Hobbes peut ainsi répondre, fort de ses principes :

> Il *(Bramhall)* parle de la bonté et de la miséricorde, comme si elles ne faisaient pas partie de sa puissance *(celle de Dieu)*. La bonté n'est-elle pas, en lui qui est bon, la puissance de se faire aimé, et la miséricorde n'est-elle pas bonté ? Par conséquent, ces attributs ne sont-ils pas contenus dans son omnipotence ? Et la justice en Dieu, est-elle rien d'autre que la puissance qu'il a et qu'il exerce de distribuer les bienfaits et les peines ? La justice n'est pas en Dieu

21. «L'honneur réside dans le fait de concevoir la puissance et la bonté d'autrui et d'y croire, le tout au dedans de soi : en conséquence, honorer Dieu, c'est avoir une conception aussi élevée que faire se peut de sa puissance et de sa bonté» (*Lev*, XXXI, 8, p. 399, trad. p. 383).

comme en l'homme l'observation des lois faites par ses supérieurs. Et la sagesse n'est pas non plus en Dieu comme chez les hommes l'examen logique des moyens à partir de la fin, mais un attribut incompréhensible donné à une nature incompréhensible, afin de l'honorer (*Lib.N.Ch,* N° XV, pp. 211-212).

On peut lire dans ce texte les principes de la constitution d'une théologie de la toute-puissance : la bonté, la justice, la miséricorde et la sagesse ne sont au fond que des modalité de la toute-puissance divine, de la même façon que, dans le chapitre X du *Léviathan*, l'affabilité, la beauté et la science étaient des modalités de la puissance humaine. La métaphore transporte donc les catégories anthropologiques de la puissance dans le registre de la théologie. Cependant, cette opération ne relève pas d'une pure et simple duplication. En effet, Hobbes est attentif à ce que l'on ne puisse pas réduire ce déplacement à un anthropomorphisme vulgaire, car, ainsi qu'il le fait remarquer à Bramhall, on ne peut pas réduire la puissance à la richesse et aux hauts rangs. Le moins que l'on puisse dire est donc que Hobbes ne se laisse pas porter par le charme de la métaphore, et qu'il entend toujours la corriger, afin de la rendre le plus possible adéquate à la chose qu'elle exprime. Mais, pour autant, nous ne pouvons pas conclure qu'il fasse de la toute-puissance une simple métaphore.

Aussi l'enseignement le plus assuré de cette analyse du lexique de la *potentia* et de la *potestas* réside-t-il sans doute, non dans l'appréciation de leur traduction métaphorique, mais dans la mise en évidence de la distinction radicale de leurs champs lexicaux. C'est pourquoi, lorsque Leo Strauss présente la philosophie de Hobbes comme la « première philosophie du pouvoir »[22], on peut se demander s'il ne ferait pas mieux d'utiliser un pluriel qu'un singulier, puisque l'on trouve chez Hobbes deux philosophies du pouvoir, à savoir une philosophie de la *potentia* et une philosophie de la *potestas*. En tout état de cause, cette polysémie singulière explique que la pensée de Hobbes ait pu avoir des héritiers fort différents, chez les théoriciens du droit, d'une part, et chez les philosophes de la volonté de puissance, d'autre part.

Luc FOISNEAU
Université de Tours

22. In, *Droit naturel et histoire*, Paris, Flammarion, 1986, p. 175.

LE VOCABULAIRE DU *CONATUS*

Terme clef de toute l'œuvre de Hobbes, *conatus / endeavour* est un concept central de la science du mouvement physique, de la physio-psychologie de l'esprit humain, et de plusieurs aspects de la philosophie morale et politique. L'usage de ce terme engage donc, à lui seul, le problème de la relation entre les différentes parties de la philosophie de Hobbes. En particulier, la question se pose de savoir si la théorie physio-psychologique de la motivation et la délibération met en œuvre un concept de *conatus* identique à celui de la mécanique, ou, à l'inverse, s'il y a deux concepts de *conatus,* le concept physique et le concept physiologique, dont le rapport resterait à déterminer. Une analyse précise des différentes occurrences de *conatus / endeavour,* permettra en outre de repérer les usages initiaux de ce terme dans l'œuvre.

Il importe d'étudier la fonction du terme *conatus / endeavour* dans ses contextes particuliers en évitant de présupposer une interprétation totalisante de sa signification. Si une telle interprétation devait s'imposer, ce ne pourrait être en effet qu'à l'issue d'un examen diachronique par lequel les occurrences du terme seraient d'abord analysées au fur et à mesure de leurs apparitions dans les textes. Dans cette étude nous essayerons donc de concilier cette exigence chronologique avec une présentation thématique.

La première mention de *conatus / endeavour* dans les écrits de Hobbes date de 1640. Mais le texte et le contexte de cette première apparition ont donné lieu à des appréciations différentes. F. Brandt, qui fournit l'une des meilleures analyses de la notion de *conatus* dans son ouvrage *Thomas Hobbes' Mechanical Conception of Nature*, écrit que « le premier endroit où nous rencontrons le mot *conatus (endeavour)* se trouve dans les *Elements of Law*. Nous le retrouvons de nouveau, un peu plus tard, dans la controverse avec Descartes »[1]. Brandt ajoute que la présence du terme *endeavour* dans le contexte des *Elements of Law* est surprenante, car il y caractérise le commencement intérieur du mouvement animal, et non pas – comme cela sera le cas plus tard – la transmission d'un mouvement par le milieu depuis l'objet sensible jusqu'aux organes des sens et au cerveau.

Dans le premier paragraphe du chapitre VII, Hobbes dit que les conceptions et les apparences ne sont rien d'autre que des mouvements dans quelque substance intérieure de la tête qui se propagent jusqu'au cœur, où ils aident ou gênent le mouvement vital et suscitent ainsi le plaisir ou la douleur. Dans le deuxième paragraphe, il ajoute que le mouvement qui constitue le plaisir est en même temps désir :

> This motion, in which consisteth pleasure or pain, is also a solicitation or provocation either to draw near to the thing that pleaseth, or to retire from the thing that displeaseth; and this solicitation is the endeavour or internal beginning of animal motion, which when the object delighteth, is called appetite; when it displeaseth, it is called aversion.

> Ce mouvement, en quoi consiste le plaisir ou la douleur, est aussi une sollicitation ou une provocation à poursuivre la chose qui plaît ou à fuir la chose qui déplaît ; et cette sollicitation est l'*endeavour* ou le commencement intérieur du mouvement animal. Quand l'objet plaît, ce mouvement s'appelle appétit ; quand il déplaît, il s'appelle aversion.

Nous examinerons ce passage de plus près par la suite. Soulignons pour l'instant que le *conatus* est le commencement intérieur du mouvement animal au sens où un mobile se forme par là, lequel dirige l'animal vers une action externe possible.

Brandt compare ce passage à l'analyse donnée dans le *Court Traité,* où il est dit que « l'acte d'appétit est un mouvement des esprits animaux vers l'objet qui les meut », et que « les esprits animaux sont mus localement ». Il en conclut que l'introduction du concept de *conatus* indique « simplement une caractérisation plus subtile » de ce mouvement[2]. Brandt attache cependant de l'importance au fait que le terme de *conatus* apparaisse d'abord dans un contexte où il est question du désir.

1. Frithiof Brandt, *Thomas Hobbes' Mechanical Conception of Nature*, London, 1928, p. 300.

2. *Ibid.*, p. 103 ; cf. Hobbes, *Court traité des premiers principes,* traduction par Jean Bernhardt, Presses Universitaires de France, 1988, successivement p. 53 et p. 43.

La seconde occurrence du terme *conatus,* toujours d'après Brandt, se trouve dans le *Tractatus Opticus I,* qu'il date de 1641[3]. Hobbes y décrit la propagation de la lumière jusqu'à l'œil comme un mouvement, mouvement qui se poursuit, par le nerf optique, de la rétine jusqu'au cerveau *per conatum*[4]. Cependant, Brandt dépasse la lettre des textes en disant que Hobbes élargit ainsi le concept de *conatus,* en ne l'appliquant pas seulement à l'appétit mais à « l'acte entier du sens ». En effet, l'acte de sensation est défini chez Hobbes, dès1640, par le mouvement de réaction qui va du cerveau[5] vers l'objet. On doit, en outre, remarquer que Hobbes ne se sert pas du mot *conatus* pour caractériser ce mouvement réactif dans le *Tractatus Opticus I,* comme il le fera dans le *De Corpore.*

Sans s'opposer explicitement à Brandt, Yves Charles Zarka tient le *Tractatus Opticus I,* daté selon lui de 1640, comme fournissant le texte et le contexte de première mention du terme de *conatus :* « la découverte hobbesienne du *conatus* se fait dans le *Tractatus Opticus I*, il caractérise d'abord l'effort du nerf optique qui passe de la rétine au cerveau »[6]. Y.C. Zarka remarque que la nouvelle explication physiologique de la vision est intégrée au chapitre II des *Elements of Law* et que l'explication optique est étendue à l'étude du son, de l'odeur et du goût. Mais si le *Tractatus Opticus I* était antérieur aux *Elements of Law*, il serait difficilement compréhensible que le terme *conatus* n'apparaisse pas dans l'explication physiologique du sens des *Elements.*

Mais la chronologie ou plutôt la question de la priorité des textes n'est pas essentielle ici. Ce qu'on doit noter c'est que dans chacun des

3. Brandt, p. 92, « de février 1641 au plus tard », conclusion tirée de l'analyse de la correspondance entre Hobbes et Descartes par l'intermédiaire de Mersenne en 1641, à partir de laquelle Brandt, pp. 93-7, reconstruit deux lettres perdues de Hobbes qui devaient probablement présenter ses principes optiques et ses objections à Descartes, sous une forme qui correspond au *TO I* publié par Mersenne en 1644 dans ses *Cogitata physico-mathematica.*

4 . Hobbes, *OL* V, p. 220.

5. Plus tard il dira que la réaction commence dans le coeur. Ce changement a joué un rôle important dans les controverses sur la datation du *TO I*, cf. Brandt, pp. 87-92.

6. Yves Charles Zarka, « Vision et Désir chez Hobbes », *Recherches sur le XVIIe Siecle*, n° 8, Paris, CNRS, 1986, p. 135. La phrase « l'effort du nerf optique » se trouve dans l'article de Yves Charles Zarka, « La Matière et la représentation : Hobbes lecteur de *La Dioptrique* de Descartes », in *Problématique et Réception du 'Discours de la Methode' et des 'Essais'*, Actes du Colloque Descartes du CNRS, Paris, Vrin, 1988, p. 87n. Le texte du *TO I* est sur ce point quelque peu obscur : « Unde propagabitur motus ad retinam, et inde per conatum retinae nervum opticum usque ad cerebrum » (*OL* V, 220). Il est cependant plus probable que Hobbes pense à un mouvement des esprits animaux *dans* le nerf, une pression qui se propage par ce moyen dans le nerf.

deux contextes le terme *conatus* ou *endeavour* n'est mentionné qu'une seule fois et sans explication. En outre, le terme a des significations apparemment bien différentes dans les deux textes. Bien qu'il semble déjà être un terme technique, il est vraisemblable que personne ne l'aurait remarqué si Hobbes ne lui avait donné tant d'importance plus tard. L'évidence suggère qu'il avait tout juste commencé à l'élaborer en 1640-41, et que sa portée future restait encore imprévisible.

Il y a des passages du *Tractatus Opticus I* où l'on attendrait le terme *conatus,* mais où il manque. Par exemple, Hobbes critique l'idée d'inclination dont Descartes se sert dans le premier discours de la *Dioptrique* pour caractériser la propagation instantanée de la lumière, étant donné qu'aucun mouvement ne se peut faire en un instant. La lumière est propagée, ou même constituée, par « une action » qui n'est qu'une « inclination à se mouvoir » et qu'il faut distinguer du mouvement proprement dit[7]. Dans la version élaborée du texte de Hobbes, connue sous le nom de *Tractatus Opticus II* et datée de 1644-45, le *conatus* figure dans la critique de l'inclination cartésienne[8]. Hobbes ne paraît pas conférer au terme un sens technique, puisqu'il dit qu'il serait facile pour les gens de croire qu'il peut y avoir un «*conatum sine motu*» lorsqu'ils voient qu'un corps au repos et apparemment sans mouvement tombe quand on enlève son support[9].

Dans son manuscrit de 1646, *A minute or First Draught of the Optiques*, Hobbes mettra la notion de *conatus* au centre de son objection :

> But this processure is really and actually a local motion [...] and is not a mere inclination. For all inclination if it be pressure or endeavour is actually a motion and progression of something out of its place, pressure cannot otherwise be conceived [10].

7. Descartes, *Œuvres philosophiques*, ed. F. Alquié, Paris, Garnier, 1963, I, 654, 658. Cf. Y.C. Zarka, « La Matière et la représentation : Hobbes lecteur de *La Dioptrique* de Descartes », *art. cit.*.

8. En ch. I, 10, Hobbes paraît attribuer l'expression '*conatus*' à son adversaire comme s'il était synonyme d''inclination' : «quod ille conari, ego moveri voco». Mais c'est Hobbes qui traduit ici un passage de la *Dioptrique* en latin et qui, par conséquent, établit l'équivalence.

9. Jean Bernhardt, «La Polémique de Hobbes contre la *Dioptrique* de Descartes dans le *Tractatus Opticus II* (1644)», *Revue Internationale de Philosophie*, 33, 1979, p. 436, dit que Hobbes n'a pas compris « la virtualité de l'effet de champ qui est nommé *inclination* au mouvement ». Il trouve aussi que la critique de la séparation chez Descartes du mouvement et de sa détermination (voir *infra*) reste sur un semblable manque de compréhension de l'effet de champ, pp. 438-9.

10. Cité par Brandt, p. 188.

> Mais ce processus est vraiment et de fait un mouvement local [...] et non pas seulement une inclination. Car toute inclination, si elle est pression ou *endeavour* est en fait un mouvement et une progression de quelque chose hors de son lieu ; la pression ne peut pas être conçue autrement.

Hobbes ne présente aucune théorie de la pression comme (ou en termes de) *conatus* dans son *Tractatus Opticus I,* contrairement à ce que Brandt semble suggérer [11]. Dans la correspondance avec Descartes, Hobbes a également tenté d'expliquer la dureté en fonction du mouvement des particules ou des esprits, mais sans référence au *conatus* [12]. D'après Jean Jacquot :

> Il explique la dureté par l'agitation d'un *spiritus* interne (ou matière fluide et subtile). Descartes attribue au contraire la mollesse à la présence dans un corps de matière subtile. Sept ans plus tard [1648], lors d'une réconciliation ménagée par les frères Cavendish, Hobbes reprendra la discussion sur la cause de la dureté, qu'il attribue à un mouvement très rapide des atomes tandis que Descartes l'explique par le contact étroit de particules au repos [13].

Le chapitre XXII du *De Corpore,* où le problème de réfraction sert d'exemple, présentera des conceptions de la pression, de la dureté et la restitution en termes de *conatus* [14]. La réfraction, conçue comme un cas particulier de choc, est le troisième point de la controverse avec Descartes. Dans la correspondance de 1641, Hobbes rejette la séparation cartésienne, concernant la théorie de la réfraction (*La Dioptrique*, Discours Second), entre la cause du mouvement et la cause de la « détermination » ou direction du mouvement. Pour Hobbes chaque mouvement, chaque élément d'un mouvement composé, a une direction qui le détermine vers un certain côté, de sorte qu'une quantité de

11. Brandt, pp. 301-2, lie étroitement la critique de « l'inclination à se mouvoir » dans la correspondance de 1641 (mais supprimée dans le texte publié en 1644 par Mersenne) à l'introduction du *conatus* dans le *TO I*, alors que l'inclination cartésienne ne concernait que la propagation externe et le *conatus* hobbesien la propagation physiologique interne de la rétine au cerveau. Brandt établit une seconde liaison entre l'expression *« beginning of motion »* des *Elements of Law* et l'allusion au « commencement de mouvement » comme étant en soi un mouvement (*« principium motus est motus » OL* V, p 296), dans une réponse de Descartes portant sur la critique de l'inclination. Mais, quand il en conclut, « Here, then, *conatus* is used about the process of medium [?], which answers to Descartes 'process of inclination' », il établit un corrélation forcée.

12. *OL* V, pp. 283-4 ; Brandt, p. 112.

13. *Exam.DM,* p. 17.

14. *DCo*, XXII, 1-2, 7, 13 et 18; *OL* I, pp. 271-2, p. 275, p. 281 et p. 283.

mouvement sans détermination serait une chose impensable [15]. Les raisons de cette conviction seront plus tard au cœur de l'idée de *conatus* comme concept-clef de la mécanique, mais elles sont déjà présentes en 1641 sans être directement appliquées à ce concept.

Brandt a souligné comme un facteur d'intérêt exceptionnel le fait que toutes les remarques critiques de Hobbes sur *La Dioptrique* concernaient le problème du mouvement et celui du choc [16]. En effet, ces remarques à propos de l'inclination, de la dureté et de la détermination procèdent d'une intuition centrale qui prendra plus tard le nom de *conatus*. Le fond de la critique hobbesienne de Descartes deviendra chez Leibniz un des ressorts de la dynamique. Cependant, concernant le développement de la doctrine hobbesienne elle-même, on doit noter que, dans les textes de 1640-41, on trouve à la fois le vocabulaire et le principe de la théorie du mouvement physique fondée sur le concept de *conatus,* qui sera exposée en 1655 dans le *De Corpore*, mais sans que ces deux aspects ne soient encore reliés systématiquement.

En 1643, Hobbes a présenté une grande partie de ses idées physiques dans son examen du livre de Thomas White, *De mundo dialogi tres* (1642), qui était fondé sur le *Diaologo* [...] *sopra i due massimi sistemi del mondo* (1632) de Galilée. Le texte de Hobbes, *Examen du 'De Mundo' de Thomas White*, comporte le déploiement et l'insertion du concept de *conatus* dans le système mécanique. Hobbes déclare, par exemple, comme une chose généralement acceptée, que :

> la gravité n'est rien d'autre qu'un *conatus* de certains corps vers le centre de la terre. Ce *conatus* est un mouvement soit du corps entier, quand le corps entier tombe, soit des parties en lesquelles se trouve [ou s'exerce : *consistit*] la pression par quoi les parties agissent même si le corps entier ne bouge pas [17].

Et dans le chapitre XIII, Hobbes donne une définition du *conatus* comme « commencement *[principium]* de mouvement ». Le mouvement est un processus continu qui consiste à quitter une position pour

15. Cf. Brandt, *op. cit.*, pp. 113-5, et Jeffrey Barnouw, "*Respice Finem!* The Importance of Purpose in Hobbes's Psychology", M. Bertman and M. Malherbe eds., *Thomas Hobbes. De la Métaphysique à la Politique. Colloque franco-américain de Nantes*, Paris, Vrin, 1989, 47-61. Pour une application métaphorique de l'idée d'une quantité de force sans direction à la motivation, voir pp. 55-6.

16. Cf. Brandt, *op. cit.*, p. 113.

17. *Exam.DM*, fol. 94v, p. 180. Hobbes se sert du mot *conatus*, fol. 39, p. 141, au sujet de l'idée d'Aristote selon laquelle un mouvement le long d'une ligne droite est 'contraire' à un mouvement sur la même ligne mais dans la direction opposée. Ce que Hobbes trouve exact en ce qui concerne le conflit ou l'effort *[pugnam, sive conatum]*.

en acquérir une autre, de sorte que chaque partie d'un mouvement est un mouvement, et que le commencement du mouvement n'en est que la première partie [18].

Remarquons que le terme de *conatus* joue des rôles semblables dans le texte de White. Ainsi, par exemple, la section du *De Mundo,* à partir de laquelle Hobbes formule sa définition, s'en sert. White parle ailleurs de la gravité comme d'un *conatus « insita gravitas & conatus ad centrum »* [19]. Ceci dit, il ne semble pas que White ait eu à proprement parler une théorie du *conatus,* mais il est possible que son usage du terme ait conduit Hobbes à développer sa théorie.

Dans son *Examen du 'De Mundo',* Hobbes répète en d'autres termes sa critique de 'l'inclination à se mouvoir' cartésienne. Contre la suggestion selon laquelle le *principium* du mouvement est «*potentiam ad motum sine actu*», il montre que, si cette puissance n'est pas action, elle n'aura aucun effet. Ce qui prouve que « le *conatus* est *actualiter* un mouvement, même s'il est très petit et non manifeste aux yeux » [20]. Les corps qui sont sur terre tendent vers le centre, puisque, quand ce qui empêche leur chute est ôté, ils tombent, ce qu'ils ne feraient pas s'ils ne tendaient pas auparavant. La tension d'une corde d'arc qui est relachée s'explique de la même façon. Or, «ôter un obstacle [*impedimentum*] n'est pas une action, et il faudrait une action si des choses sans mouvement étaient mues». Le mouvement était donc dans ces corps sous forme de *conatus.*

> Tout *conatus* est ainsi un vrai mouvement [*motus actualis*], soit dans le corps entier qui tend, soit dans ses parties intérieures et invisibles. Mais qu'un mouvement soit présent dans les parties intérieures de tous les corps durs et de ceux dont les parties visibles tiennent ensemble [*inter se cohaerent*] et résistent aux agents extérieurs est soutenu par le fait que toute résistance est mouvement, puisque la résistance est une réaction, une réaction est une action, et toute action est un mouvement [21].

18. *Ibid.*, fol. 118, p. 194-5.

19. Thomas White, *De mundo dialogi tres*, Paris, 1642, p. 116, qui correspond à *Exam.DM*, fol. 118/118v; p. 205 pour la gravité. Voir aussi pp. 139, 161, et 183.

20. *Exam.DM*, fol. 119, p. 195.

21. *Ibid.*, fol. 119v, p. 195. Ensuite Hobbes discute le raisonnement de White sur l'effet du *conatus* dans la gravité, fol. 120. Yves Charles Zarka, « Vision et Désir... », *art. cit.*, p. 129, note que dans *TO II* Hobbes étend la portée du terme pour lui faire désigner le commencement de la chute d'un corps ainsi que le mouvement à travers un milieu. La première apparition de cette extension se trouve dans *Exam.DM*.

Il y a d'autres passages dans l'*Examen du 'De Mundo'* où notre terme apparaît, mais ces mentions sont plutôt occasionnelles [22]. Vers la fin du manuscrit, pourtant, Hobbes expose sa conception de la volonté comme dernier appétit résultant d'une délibération. La notion d'appétit est ici élaborée à partir d'un concept de *conatus* identique à celui que nous avons rencontré plus haut dans les *Elements of Law*. Le manuscrit de 1643 insiste cependant moins sur le *conatus* comme premier commencement de mouvement que sur son fondement physique : « l'appétit est le premier *conatus,* c'est-à-dire, un mouvement invisible des nerfs ou des esprits animaux vers l'objet qu'ils perçoivent ou imaginent, car il n'y a aucun mouvement que celui des substances corporelles » [23].

Le contexte où est examinée la volonté est fourni par la discussion du mouvement physique, ou plutôt du mouvement en général, *überhaupt*. Hobbes y constate que « tout ce qui meut est mû » par un corps mouvant qui agit par poussée ou par traction (*vel trahit*), et les deux sortes de *conatus* sont également des mouvements [24]. Il termine la discussion qui prépare celle sur la volonté en indiquant qu'« il faut savoir que tout mouvement est déterminé dans quelque direction » [25], puisqu'il n'est pas de mouvement qui ne soit dirigé vers un lieu certain et déterminé, et ne procède selon une ligne déterminée.

Il est clair que Hobbes s'efforce ici, peut-être pour la première fois, de concevoir la connexion entre les mouvements étudiés par la mécanique et les mouvements intérieurs qui constituent les mobiles actifs de l'esprit humain. Or, il est remarquable que l'idée d'une fin soit suggérée : le lieu vers lequel un mouvement est dirigé dans la détermination qui le constitue comme mouvement [26]. Nous avons insisté ailleurs sur l'importance des buts ou des intentions chez

22. Hobbes mentionne le *conatus* dans des contextes de mécanique, *Exam.DM*, fol. 176, p. 229, et, à propos de la rotation de la terre, fol. 184v., p. 235.

23. *Ibid.*, fol. 410v. p. 404. Hobbes fait allusion à cette idée d'appétit dans un autre passage, fol. 349, p. 359 : si le plaisir est présent sans l'impulsion (*conatus*) à s'approcher, cela s'appelle amour.

24. *ibid.*, fol. 410, p. 404

25. *Ibid.*

26. Il faut noter que Hobbes, fol. 455/455v, p. 435, critique White d'avoir infléchi la conception aristotélicienne du mouvement vers une fin par une analogie avec le mouvement local, et ensuite distingue entre l'idée que le monde a été doué de son mouvement pour un but *(propter finem)* et l'idée que ce mouvement sera un jour terminé, une fin *(terminus)* pris comme limite *(extremo)*. « L'ambiguité [chez White] crée un paralogisme: car la fin [*finis*] prise comme l'objet ou l'intention ne veut pas dire la même chose que quand elle est prise comme limite ou *terminus ad quem* d'un mouvement ».

Hobbes [27], importance qui ne diminue en rien sa tentative de compréhension déterministe de la formation et du fonctionnement des mobiles dans l'esprit. Déjà dans le *Court Traité,* il fallait entendre l'action (c'est-à-dire l'attraction) du *bonum* – l'objet désiré – comme une cause efficiente qui s'exerce par mouvement local. Nous verrons plus bas quel sens cela peut avoir dans la conception développée du *conatus* hobbesien. Retenons de ce passage qu'il importe à Hobbes que chaque *conatus* soit déterminé, c'est-à-dire ait une force et une direction inséparables qui le font ce qu'il est, et que, sous cette forme, il se compose à d'autres *conatus.* Cela est valable aussi bien dans la mécanique que dans la psychologie de la motivation.

La considération du *conatus* dans le *De Corpore* commence par une définition:

> Premièrement, nous définissons le *conatus* comme le mouvement qui s'effectue en un espace et en un temps moindres que ce qui est donné, c'est-à-dire déterminé ou assigné par exposition ou nombre ; c'est-à-dire le mouvement qui s'effectue en un point [28].

Hobbes précise qu'il ne s'agit pas d'une étendue et d'une durée qui n'auraient pas de quantité et seraient donc indivisibles (car il n'existe rien de tel dans la nature), mais seulement d'une étendue et d'une durée dont la quantité n'est pas considérée. En ce sens on ne peut pas comparer quantitativement un *conatus* à la ligne ou à la durée dont il est une partie, mais on peut bien comparer un *conatus* à un autre.

Cette conception a été considérée par Kurd Lasswitz comme une saisie exceptionnelle de la mécanique galiléenne, où l'idée de parties infiniment petites de temps et d'espace est exactement celle des éléments de temps et d'espace dans le calcul différentiel, *ds* et *dt*, chez Benedetti et Galilée [29]. Mais, quand bien même Hobbes mériterait d'être mentionné dans l'histoire de l'invention du calcul infinitésimal – par une influence indirecte, par Barrow, sur Newton et une influence directe sur Leibniz –[30], le *conatus* n'en serait pas moins formulé chez

27. Cf. *art. cit., supra*, n. 15, et Jeffrey Barnouw, « Hobbes's Psychology of Thought: Endeavors, Purpose and Curiosity », *History of European Ideas*, vol. 10, no. 5, 1989, pp. 519-545.

28. *DCo*, III, ch. 15, §2, *OL* I, 177.

29. Kurd Lasswitz, *Die Geschichte der Atomistik vom Mittelalter bis Newton*, Hamburg, 1890, II, p. 214.

30. Cf. Carl B. Boyer, *The History of the Calculus and its Conceptual Development*, New York: Dover, 1959, pp. 177-8, 195, 212. Boyer dit que le *conatus* hobbesien a contribué à rendre acceptable l'idée (rejetée par Aristote) d'un mouvement en un point, mais il ajoute, à tort, que Hobbes ne considérait pas,

lui sans perspective d'une application mathématique. La pensée qui a guidé Hobbes dans sa définition est exprimée dans un texte anglais de ses dernières années, le *Decameron Physiologicum* :

> In all motion, as in all quantity, you must take the beginning of your reckoning from the least supposed motion. And this I call the first endeavour of the movent; which endeavour, how weak soever, is also motion. For if it have no effect at all, neither will it do anything though doubled, trebled, or by what number soever multiplied [31].

Hobbes ne visait pas à réduire la mécanique au calcul, et s'opposait à l'arithmétisation de la mathématique (aux dépens de la géométrie) que mettaient en œuvre Wallis et d'autres.

La valeur de la formulation hobbesienne du *conatus* tient plutôt à ce qu'elle rend possible, comme Lasswitz l'a montré, la détermination d'un mouvement :

> Le point d'espace et de temps ne doit pas être considéré comme absolument indivisible, mais plutôt comme l'unité du poser [*die Einheit der Setzung*] qui est nécessaire pour désigner un individu spatio-temporel dans l'étendue de l'espace et du temps; non pas comme s'il était extrait [*gerissen*] du contexte du continuum, mais plutôt afin qu'il soit souligné comme moment [*Glied*, membre] dans l'engendrement du continuum [32].

Il est possible d'illustrer cette conception par une analogie cinématographique. On fait un film d'un corps en mouvement sur lequel on prélève une image fixe. On aura alors l'image d'un mouvement stoppé. Cela n'est pas paradoxal, si la direction du mouvement est suggérée par l'image. Il est ainsi possible de concevoir le mouvement en un point si ce mouvement est déterminé par une direction, une vitesse et une force qui le définissent. De cette façon la continuité du mouvement est impliquée dans sa détermination.

Comme le statut du point d'espace et de temps est d'ordre conceptuel et tient au point de vue par lequel le mouvement est considéré, on doit concevoir de la même manière la notion d'une propagation du *conatus* à l'infini. Il ne faut pas confondre cette idée avec celle d'inertie, dont elle n'est qu'une implication. Quand Hobbes dit que « tout *conatus,* fort ou faible, est propagé à une distance infinie, puisqu'il est mouvement » et « atteint instantanément n'importe quelle

comme Aristote, le mouvement instantané comme un concept intellectuel non empirique.

31. *EW* , VII, p. 87.

32. *Geschichte der Atomistik*, II, p. 215.

distance» [33], il ne contredit pas le principe selon lequel tout mouvement prend du temps. On doit entendre cette propagation comme une projection, un futur idéel projeté à partir d'un présent conçu comme *conatus*. Cette suite de conséquences possibles va nécessairement être liée à d'autres conséquences que l'on peut également concevoir en termes de *conatus*.

On sait que, dans la conception hobbesienne du *conatus*, il importe de spécifier la direction, la vitesse et la force, puisqu'on doit pouvoir en principe calculer la manière dont les corps réagissent quand leurs mouvements se rencontrent. L'intuition du mouvement chez Hobbes comporte ce caractère intensif qui manque à la description purement phoronomique, et qui se trouve relativement négligé dans la conception cartésienne. Dès qu'il est question d'un choc, la force doit être considérée.

Les définitions de l'*impetus*, de la résistance, de la pression, de la restitution et de la force, données dans le *De Corpore*, permettent de préciser la nature du *conatus*. « Nous définirons la résistance comme le *conatus* d'un corps mû soit entièrement soit en partie, contrairement au *conatus* d'un autre corps mû qui le touche ». Si le corps qui résiste est en repos apparent, sa résistance est néanmoins due aux mouvements internes des parties qui le constituent. Le repos absolu ne saurait avoir aucun effet : « c'est seulement le mouvement qui donne le mouvement aux corps en repos et le retire des corps en mouvement» [34].

Les définitions de l'*impetus* (« quantité ou vitesse du *conatus* ») et de la force sont confuses dans leurs déterminations mathématiques, mais ce qui importe est que la force soit considérée comme le moyen par lequel ce qui est mû a plus ou moins d'effet sur le corps qui résiste. Hobbes conçoit également la vitesse en fonction de la force, c'est-à-dire de la capacité de produire des effets [35]. En fin de compte la théorie du mouvement est en totalité examinée en fonction des effets possibles, et ce dynamisme est compris *in nuce* dans le concept de *conatus*.

L'étendue ou *magnitudo* d'un corps n'est pas, par elle-même, capable d'exercer une résistance, de sorte qu'un corps en repos absolu, quelle que soit sa grandeur, pourrait être mû par le plus petit corps extérieur en mouvement qui viendrait à le toucher. De la même façon, il n'y a pas de corps absolument dur, ainsi le moindre choc d'un corps extérieur en mouvement produira, sinon un déplacement du corps qu'il rencontre, du moins un mouvement interne de ses parties. En ce

33. *DCo*, XV, 7; *OL* I, pp. 182-3
34. *Ibid.*, 3, *OL* I, p. 180.
35. *Ibid.*, 2 et 8, *OL* I, p. 179 et p. 183.

sens Lasswitz peut dire que « la théorie de la matière chez Hobbes est tout à fait une cinétique » [36].

En effet, Hobbes fait une distinction capitale entre le repos apparent et le repos absolu, qui n'est qu'un cas idéel. Le concept de *conatus* exprime le mouvement imperceptible mais concevable qu'il faut supposer par la pensée afin de comprendre les effets des corps apparemment en repos comme la résistance, la pression, la dureté, ou la cohésion. Lasswitz a encore raison de dire que le *conatus* n'est qu'un mouvement pensé [37], mais il faut le penser comme un mouvement réel.

Le chapitre XXII du *De Corpore* commence par une reprise de la définition de *conatus :* « un mouvement à travers une certaine longueur qu'on ne considère pas comme une longueur mais comme un point. Ainsi, qu'il y ait de la résistance ou non, le *conatus* sera le même. Car *conari*, c'est simplement *ire*, aller ». La conception de la pression en termes de *conatus* sert ici à former les notions de dureté et de mollesse, ainsi que de fluidité, de flexibilité et de tension. La restitution d'un corps comprimé ou tendu est expliquée par la persistance d'un mouvement intérieur ou *conatus* dans le corps, qui demeure après que « la force » par laquelle il était comprimé ou tendu ait été ôtée. Comme dans le cas du mouvement qui suit la suppression d'un obstacle dans le chapitre XV, Hobbes insiste sur le fait que la suppression de cette force ne doit pas être prise pour une cause positive du mouvement de restitution [38].

Un des aspects les plus intéressants de l'application du concept de *conatus* à la physiologie est développé dans la discussion des mouvements physiques du chapitre XXII du *De Corpore* où Hobbes définit l'habitude comme : « un mouvement rendu plus facile par la coutume, c'est-à-dire par un *conatus* perpétuel ou un *conatus* réitéré » [39]. Pour rendre plus clair le concept d'habitude dans son application physique, Hobbes se sert d'une analogie avec l'habitude humaine. Quand nous apprenons à jouer d'un instrument de musique nous faisons des efforts répétés qui deviennent peu à peu des mouvements accoutumés et qui se laissent progressivement intégrer dans des mouvements ou des *conatus* plus complexes. L'analogie a d'abord pour fonction d'indiquer le processus de composition des mouvements dans la mécanique, mais elle souligne également l'importance de l'intégration des habitudes dans la vie humaine. Il est à remarquer que Hobbes

36. Lasswitz, *Geschichte der Atomistik*, II, p. 219.
37. *Ibid.*, p. 222.
38. *DCo*, XXII, 13 et 18, *OL* I, pp. 280-1 et p. 283.
39. *Ibid.*, XXII, 20, *OL* I,pp. 284-5.

puise son analogie non pas dans un exemple d'habitude passive mais dans la formation délibérée et consciente d'habitudes, celles qui joueront un rôle capital dans sa philosophie morale et civile.

L'analogie permet également de souligner la différence entre les habitudes des corps purement physiques et celles des agents humains. Les mouvements d'un joueur d'instrument de musique sont d'un autre ordre que des mouvements simplement mécaniques. L'habitude est un concept propre au comportement animal qui a été ici de toute évidence transféré au 'comportement' des corps inanimés. Or il semble bien qu'il en aille de même pour le concept de *conatus / endeavour*. Celui-ci a été d'abord appliqué à la psychologie et a été ensuite transposé dans la mécanique. Nous y reviendrons.

La séparation des deux sphères du physique et du psychique se retrouve dans l'analyse de la sensation et de la phénoménalité que Hobbes place intentionnellement au début de sa physique dans la quatrième partie du *De Corpore*. Se trouvent distinguées deux sortes de science : l'une dont l'inférence procède des causes aux effets, c'est-à-dire des définitions établies par nous à leurs conséquences nécessaires et, l'autre, qui procède « des effets ou apparences à quelque cause ou génération possible ». La physique est de cette dernière sorte, « cherchant à partir des apparences ou des effets de la nature, que nous connaissons par nos sens, les manières par lesquelles ils ont, je ne dis pas été engendrés, mais pu être engendrés ». Cette sorte de science probable comprend non seulement l'explication des phénomènes particuliers, mais aussi du fait même de la phénoménalité.

> De tous les phénomènes qui sont proches de nous, le plus admirable est l'apparition elle-même, *to phainesthai*; c'est-à-dire le fait que quelques corps naturels ont en eux des modèles de presque toutes les autres choses [40].

L'explication de la phénoménalité ou de la sensation ne sera donc plus que conjecturale, comme la physique, mais cette explication ne fera pas partie de la physique, parce que le *conatus* enveloppé dans la sensation est différent du *conatus* physique. Hobbes utilise tout d'abord des définitions données dans la première partie du *De Corpore*, lesquelles n'étaient pas spécifiques aux corps inanimés, pour montrer que la sensation est un changement dans l'être sentant et rappeler ce qu'il a déjà établi pour les corps en général [41], à savoir que « tout changement est un mouvement ou un *conatus* (qui est aussi un mouvement) dans les parties intérieures de ce qui est changé ». Or,

40. *Ibid.*, XXV, 1, *OL* I, pp. 315-6.
41. *Ibid.*, IX, 9, *OL* I, pp. 111-2.

puisque tout mouvement est engendré par un corps contigu et mû, il s'ensuit que la cause immédiate de la sensation tient au fait que la partie la plus extérieure de l'organe des sens est touchée et pressée par quelque corps extérieur que nous appelons objet.

Hobbes se sert ainsi de son concept de pression pour rendre compte de la propagation de l'impression depuis l'objet jusqu'à la source intérieure des phantasmes ou des idées (représentations mentales). Et, reprenant la conception de la résistance qu'il a développée pour les corps en général, il conclut :

> il y a dans l'organe entier du sens, en raison de son propre mouvement naturel interne, une résistance contre le mouvement propagé de l'objet jusqu'à la partie la plus intérieure de l'organe [...] [et] de cette réaction, quelque petite que soit sa durée, un phantasme ou une idée prend son être, qui, parce que le *conatus* est maintenant dirigé vers le dehors, apparaît toujours comme quelque chose situé hors de l'organe [42].

Cette théorie de l'extériorité des apparences était déjà présente dans les *Elements of Law*, mais sans référence au *conatus*. Le mouvement venant de l'objet lumineux (ou illuminé) est propagé jusqu'au cerveau, et de là «par résistance ou réaction du cerveau, il y a un rebondissement dans [*into*] le nerf optique, que nous ne concevons pas comme mouvement ou rebondissement du dedans et que nous prenons ainsi pour extérieur en l'appelant 'lumière'» [43]. Mais dans le texte de 1640, Hobbes offre cette théorie sans l'expliquer davantage et sans y insister. Il vise principalement à établir que la lumière et la couleur, ainsi que les qualités sensibles produites par les autres organes des sens, sont inhérentes au sujet qui sent, alors que dans le monde extérieur il n'y a que des mouvements par lesquels ces apparitions sont causées.

La théorie de l'extériorité des apparences n'implique pas un phénoménalisme intégral [44], parce que la connaissance de l'action des

42. *Ibid.*, XXV, 2, *OL* I, p. 318. Hobbes joue sur les deux sens du terme 'apparaître' [« videtur, *phainetai* »] : paraître et être phénomène, sans suggérer que l'apparence soit une illusion. Apparaître ne veut rien dire d'autre qu'apparaître dehors. Cf. *Ibid.*, XXV, 12, *OL* I, p. 331, ainsi que les analyses de Yves Charles Zarka dans son étude figurant dans le présent volume.

43. *EL* I, II, 8; et pareillement pour le son, *ibid.*, 9, « from the brain it reboundeth back into the nerves outward, and thence it becometh an apparition without, which we call sound ».

44. Notre perception des corps externes, dit Lasswitz, présuppose que ces corps aient d'abord produit des effets sur notre propre corps, par un mouvement qui nous affecte. Un corps absolument en repos ne pourrait pas être perçu. La réalité empirique d'un corps est ainsi liée à son mouvement. C'est en ce sens que Lasswitz peut dire que l'intérêt de la physique hobbesienne est foncièrement épisté-

corps extérieurs en mouvement est toujours présupposée. L'application de l'idée de *conatus* au phénomène de l'*apparitio* est clairement conçue par Hobbes comme conjecturale et ne peut prétendre fonder la connaissance des divers phénomènes particuliers dans leurs relations mutuelles.

L'explication des apparences est semblable dans l'*Examen du 'De Mundo'*. Elle est développée sans référence au *conatus,* mais le rebondissement y est conçu comme ayant lieu dans le cœur [45]. Ce changement est important puisque le rebondissement est ainsi lié à une réaction qui a sa source dans le mouvement vital [46]. C'était, nous nous en souvenons, dans le contexte de l'engendrement du désir et de l'aversion que l'*endeavour* avait fait son apparition dans les *Elements of Law*. Le mouvement en quoi consistait le plaisir ou la douleur était « une sollicitation ou une provocation à poursuivre la chose qui plaît ou à fuir la chose qui déplaît ». Ce sens d'*endeavour* comme « commencement intérieur de mouvement animal » anticipe nettement l'idée leibnizienne des petites perceptions qui sont en même temps des petites appétitions ou sollicitations. La connexion entre la sensation (la théorie du rebondissement) et le désir (la conception du *conatus* fondée dans le mouvement vital) est pleinement réalisée dans le premier chapitre du *Léviathan* :

> The cause of Sense, is the Externall Body, or Object, which presseth the organ proper to each Sense [...] ; which pressure, by the mediation of Nerves [...] continued inwards to the Brain, and Heart, causeth there a resistance, or counter-pressure, or endeavour of the heart to deliver it self ; which endeavour because *Outward*, seemeth to be some matter without. And this *seeming*, or *fancy*, is that which men call *Sense.*

mologique *(erkenntnistheoretisch), Geschichte der Atomistik*, II, p. 236. D'après lui le phénoménisme de Hobbes est fondé sur un dynamisme intuitif où le mouvement est l'élément primitif. Il pousse cet avis jusqu'à dire, p. 223, que le *conatus* est une façon d'objectiver le sentiment de pression, et que Hobbes « prend son point de départ dans l'expérience sensible du sentiment de poussée », théorie développée par Dilthey et Scheler, non sans emprunts à la conception hobbesienne de l'extériorité des apparences.

45. *Exam.DM*, fol. 307v, pp. 326-7, « Hi motus repulsi sive retro procreati per reactionem & resistentiam cordis usque ad partes animalis extimas, sunt phantasmata illa externe apparentia quae vocamus, in visione quidem lucem, vel colorem, in auditu sonum... ».

46. *Ibid.*, fol. 338v-339, p. 350, « Ex qua reactione oriuntur duo praecipui effectus, quorum alter est ut phantasma, quod non est aliud quam motus in cerebro, appareat tamen tanquam res aliqua externa,... alter est ut corpus sentientis, & partes eius crassiores, mediantibus nervis, huc illuc secundum phantasmata progrediuntur, regrediunturque, qui motus dicitur animalis ».

> La cause de la sensation est le corps extérieur, ou objet, qui presse l'organe propre à chaque sensation [...] ; cette pression, propagée vers l'intérieur par l'intermédiaire des nerfs [...] jusqu'au cerveau et au cœur, cause là une résistance, une contre-pression[47], un effort [*endeavour*] du cœur pour se délivrer : cet effort, étant dirigé *vers l'extérieur*, semble être quelque réalité située au dehors. Et ce *semblant*, ce *phantasme*, c'est ce qu'on appelle *sensation*.

Ici, pour la première fois, la théorie du rebondissement est présente dans une conception qui intègre le *conatus* physio-psychologique. Elle est résumée dans le *De Homine* [48]. Le conatus réactif du cœur intervient, pour reprendre une formule du *De Corpore*, « en raison de son propre mouvement naturel interne ». Mais Hobbes ne cherche pas suggérer que les mouvements qui constituent la sensation et le désir sont des réactions simplement mécaniques [49]. L'*apparitio* et l'*appetitio* sont deux aspects d'un même processus propre à certains corps naturels qu'on dénomme animés. Ils donnent à ces corps ce qui manque à tout autre corps : l'orientation vers une fin. Leurs mouvements intérieurs sont donc différents de ceux qui procèdent d'un simple *conatus* mécanique.

La connexion essentielle entre le *conatus* dans son application physique ou mécanique et le *conatus* comme principe psychologique est nettement exprimée dans le chapitre VI du *Léviathan*, « Des commencements intérieurs [...] des mouvement volontaires », où Hobbes explique :

> puisque *marcher*, *parler* et les autres mouvements volontaires semblables dépendent toujours d'une pensée antécédente du *vers*

47. Dans sa traduction française du *Léviathan*, Paris, Sirey, 1971, p. 12, François Tricaud note que la version Latine ajoute ici « seu *antitupia* » – en grec dans le texte – ce qui suggère une influence stoïcienne.

48. *DHo*, XI, 1, *OL* II, pp. 94-5, « Voluptas autem et molestia, etsi sensiones non dicantur, differunt tamen in hoc tantum, quod sensio sit objecti, ut externi, propter reactionem sive resistentiam quae fit ab organo; et proinde consistit in conatu organi extrorsum; voluptas autem consistit in passione quae fit ab actione objecti, et est conatus introrsum ».

49. Et cela bien que les *Elements of Law*, II, 8, insistent sur le fait que la propagation du mouvement venant de l'objet procède « de la même manière » dans le milieu externe que dans les parties internes du corps sentant, et que les lois de la réfraction sont observées même dans ce dernier. Mais Hobbes ne manque pas d'ajouter des spécifications, ainsi : « from lucid bodies there can be derived *motion*, so as to affect the optic nerve in such manner as is proper thereunto... » (*ibid.*, 7). Cette affirmation montre suffisamment que Hobbes n'opère pas une réduction mécanique des mouvement intérieurs. Sur ce point, cf. Jeffrey Barnouw, « Hobbes's Causal Account of Sensation » *Journal of the History of Philosophy*, T. XVIII, n. 2, 1980, 115-130.

> *où*, du *par où* et du *quoi*, il est évident que l'imagination est le premier commencement interne de tout mouvement volontaire. Et quoique les hommes sans instruction ne conçoivent pas qu'il y ait aucun mouvement là où la chose mue est invisible, ou encore là où l'espace dans lequel la chose se meut est imperceptible à cause de sa petitesse, cela n'empêche pas qu'il existe de tels mouvements. [...] Ces petits commencements de mouvement qui sont intérieurs au corps de l'homme, reçoivent communément, avant d'apparaître dans le fait de s'avancer, de parler, de frapper et dans d'autres actions visibles, le nom d'EFFORT [ENDEAVOUR] [50].

Comme dans la mécanique, les *endeavours* psychiques sont des mouvements imperceptibles qu'il faut supposer par la pensée afin de comprendre les mouvements perceptibles, ici les actions humaines. Un *conatus* / *endeavour* psychique est un mobile, conçu comme un mouvement intérieur, qui peut s'exprimer dans l'action, comme un *conatus* physique de gravité peut le faire dans un corps retenu mais qui peut tomber. Les deux sortes de *conatus* peuvent respectivement entrer dans des mouvements composés ou bien être supprimés par des *conatus* opposés. Dans le domaine psychique comme dans le domaine physique chaque *conatus* est déterminé dans sa direction et sa force. Bien que ce soient des mouvements invisibles dans les deux cas, ce qui importe est la capacité du mouvement d'avoir des effets. Et puisque les *conatus* de désir ou d'aversion trouvent leur origine dans l'expérience sensible, ils sont aussi liés causalement aux *conatus* du monde externe. Ainsi, c'est plus qu'une analogie et moins qu'une continuité parfaite qui relie les deux principales sphères d'application du concept de *conatus*.

Le *conatus* au sens psychologique est intrinsèquement orienté vers une fin, mais la spécification de cette fin dépend de l'expérience. Hobbes dit ainsi que « le mouvement animal est le premier *conatus*, et il se trouve même dans l'embryon qui, lorsqu'il est dans le ventre maternel, bouge ses membres d'un mouvement volontaire pour fuir la douleur, quand il y en a, ou rechercher le plaisir ».Et il ajoute, « en s'accoutumant peu à peu », les enfants apprennent à reconnaître ce qui est vraiment à chercher et à fuir. L'importance de l'habitude comme *conatus* composé et réitéré ou constant est ici attestée [51].

Au commencement de cette étude, nous avons dit que la première mention du terme *conatus* ou *endeavour* figurait dans les *Elements of Law* et, d'après Brandt, dans un seul passage. Mais cette constatation ne tient qu'au fait qu'on n'accorde pas suffisamment d'attention à l'usage

50. *Lev*, tr. Tricaud, pp. 46-47.
51. *DCo*, XXV, 12, *OL* I, p. 332; cf. *Lev*, tr. Tricaud, pp. 47-48.

du terme dans les contextes moraux, ou plutôt à ce qu'on n'accorde pas à cet usage la teneur conceptuelle d'un terme philosophique, comme c'est au contraire le cas dans la physique ou la physiologie. Sans cela on aurait remarqué que, dans les *Elements of Law*, il y a bien d'autres occurrences d'*endeavour*. Ainsi, à la fin du chapitre XV, Hobbes indique que les pactes n'obligent qu'à l'effort *(endeavour)* :

> Les pactes et les serments se font à propos de choses volontaires, c'est-à-dire, de choses possibles. Et celui avec qui le pacte se fait ne peut pas comprendre que celui qui fait le pacte promette des choses impossibles, car elles ne rentrent pas dans la déliberation; par conséquent [...] aucun pacte n'oblige à rien de plus que de faire tout notre possible [*our best endeavour*], soit pour remplir la promesse, soit pour quelque chose d'équivalent [52].

Dans le chapitre suivant, il est dit qu'une des lois naturelles prescrit de nous efforcer *(endeavour)* de nous accommoder aux autres :

> C'est aussi une loi de nature que tous les hommes s'aident les uns les autres et cherchent [endeavour] à s'accomoder les uns avec les autres, tant qu'il n'y a pas de danger pour leur personne, ni perte des moyens dont ils disposent pour se préserver et se maintenir [53].

Tant qu'il n'y a pas de securité assurée par la loi civile, une loi de nature n'oblige qu'à l'intention, c'est-à-dire à un mouvement intérieur distingué de l'acte. Plus loin, Hobbes précise qu'en général les lois naturelles en elles-mêmes n'exigent que la volonté et l'effort :

> et en conséquence elles ne demandent rien d'autre que le désir et l'intention constante de nous efforcer [*endeavour*] de les observer et d'y être prêts, à moins que les autres hommes ne refusent de les observer à notre égard et ne nous donnent des raisons de faire le contraire. Donc la force de la loi de nature n'est point *in foro externo*, jusqu'à ce que les hommes puissent être assurés en lui obéissant, mais toujours *in foro interno*, où l'acte d'obéissance n'étant point sans risque, c'est la volonté et la disposition [*readiness to perform*] que l'on prend pour la réalisation [54].

Quelques pages plus loin, nous apprenons également que le Christ n'exigeait aussi que « our best endeavour » [55]. Dans le même sens, Hobbes dit aussi que notre salut requiert que nous tâchions *(endeavour)* d'obéir aux lois naturelles (qui sont identiques à celles du royaume céleste) et d'être juste, « au sens où l'on entend par justice non pas

52. *EL* I, XV,18, tr. L. Roux (modifiée), pp. 210-211.
53. *Ibid.*, XVI, 8, tr. Roux, p. 216.
54. *Ibid.*, XVII, 10, tr. Roux, p. 223.
55. *Ibid.*, XVIII, 10, cf. tr. Roux, p. 229.

l'absence de culpabilité, mais l'effort *[endeavour]* et la volonté constante de faire ce qui est juste»[56]. Cette application du concept de *conatus* est essentielle pour libérer le peuple du pouvoir des prêtres.

Enfin, dans le chapitre pénultième, où il s'agit des obligations du souverain, il est dit que les actes du souverain qui tendent à nuire au peuple sont opposés à la loi naturelle et que les souverains sont obligés de faire le contraire « du mieux qu'ils pourront [*to the utmost of their endeavour*] ». «En sorte que c'est la loi générale pour les souverains qu'ils procurent le bien du peuple, du mieux qu'ils le pourront [*to the uttermost of their endeavour*] »[57].

On voit que le *conatus,* comme notion morale et juridique, se retrouve à tous les niveaux dans les sections morales et politiques des *Elements of Law.* Il contribue à une expression de l'obligation morale qui est essentielle pour rendre compte de la force de la loi naturelle et des limites tracées à la contrainte externe par le for intérieur de l'être humain. Hobbes a pleinement développé cette conception dans le *Léviathan,* mais elle était déjà préparée dans les *Elements of Law,* et, qui plus est, préparée comme une doctrine élaborée.

La conception morale et juridique du *conatus* et la psychologie qu'elle implique ne sont pas des découvertes de Hobbes, puisqu'elles informent la jurisprudence anglaise de son temps. En 1615, le grand juriste de *Common Law,* Edward Coke, qui fut l'adversaire de Francis Bacon avant d'être la cible des critiques de Hobbes, écrit à propos d'une plainte contre un James Bagg :

> « the matter which shall be a cause of his disfranchisement, ought to be an act or deed, and not a conation, or an endeavour, which he may repent of before the execution of it ».
>
> « La matière qui sera la cause de sa privation des privilèges électoraux doit être une action ou un fait, et non pas une *conation* ou un *endeavour* dont il pouvait se repentir avant de l'accomplir » [58].

56. *Ibid.* II, VI, 10, tr. Roux (modifiée), p. 279, continue ainsi , « en effet, par la loi de Moïse, qui s'applique à toutes les actions des hommes, et exige l'absence de culpabilité, tous les hommes sont susceptibles d'être damnés; et personne en conséquence n'est justifié par ses œuvres mais par la foi seulement. Mais si on prend l'effort [*endeavour*] pour l'accomplissement, c'est-à-dire, si on prend l'intention [*the will*] pour l'acte, ou la justice intérieure pour la justice extérieure, alors les œuvres contribuent au salut ».

57. *Ibid.* II, IX, 1, tr. Roux, p. 298.

58. *The Reports of Sir Edward Coke*, ed. George Wilson, Dublin, 1793, part XI, p. 98b.

'Conation' et *'endeavour'* sont équivalents, comme *'act'* et *'deed'*, et ils se distinguent de l'action comme des mouvements intérieurs qui peuvent encore être arrêtés avant l'acte.

Hobbes n'avait donc pas innové en traduisant *conatus* par *endeavour* ou en appliquant le terme aux mouvements intérieurs de l'esprit. Mais sa conception de la nature et des mouvements internes est plus systématique que chez ses contemporains. L'une des raisons de cette systématicité tient à ce qu'il a puisé dans la mécanique et, plus précisément, dans l'application du concept de *conatus* au mouvement physique, le modèle en fonction duquel il a rendu compte de l'action et de la motivation humaines.

Dans la philosophie politique et morale, l'explication des actions à partir de mouvements intérieurs est moins importante que le jalonnement de l'espace intérieur opéré par l'opposition entre les actions et les *endeavours*. Les différents aspects de l'idée d'obligation morale (et la liberté correspondante) que nous avons rencontrés dans les *Elements of Law* sont réélaborés dans le *De Cive*. D'abord, puisque les lois de nature ne sont rien d'autre que les préceptes de la droite raison, elles nous obligent à nous efforcer *(conetur)* de préserver notre raison afin de pouvoir les observer [59]. Mais dans l'état de nature, il serait dangereux de les suivre toujours dans nos actions. Car loin que, dans cet état, les hommes soient toujours obligés de les exercer extérieurement, ils ne doivent être prêts à les suivre que lorsque cela leur paraît conduire à la paix. Les lois naturelles s'adressent donc à la conscience, ce qui veut dire que celui qui est juste fait tout effort [*omni conatu*] pour les remplir [60]. Hobbes soutient cela par de nombreuses citations de la Bible, qui énoncent que les commandements divins concernent la volonté, non pas les actes, et qu'ils peuvent être transgressés ou observés par une intention, parce que Dieu prend la volonté pour l'acte dans le bien comme dans le mal.[61]

Mais le *De Cive* insiste sur un élément nouveau : si les lois de nature n'exigent que le *conatus,* il faut que le *conatus* soit authentique et constant [62]. Et, en ce qui concerne le salut, nous lisons dans le dernier chapitre, l'obéissance à la loi divine n'implique pas le fait mais la volonté et les efforts [*studium*] par lesquels nous tâchons [*conari*] autant que nous pouvons d'obéir dans l'avenir. Dans ce contexte

59. *DCi*, III, 25; *Works* II, p. 117.
60. *Ibid.*, IV, 21, *Works* II, p. 128.
61. Cf. *Lev.*, XLIII, « The Obedience required at our hands by God, that accepteth in all our actions the Will for the Deed, is a serious Endeavour to Obey him », cf. tr. Tricaud, p. 606.
62. *DCi*, III, 30; *Works* II, p. 119.

Hobbes définit la justice comme « la volonté constante d'accorder à chacun le sien » [63]. Cette volonté constante est le résultat d'une composition de *conatus* sur la longue durée.

L'accentuation sur le caractère authentique et constant du *conatus* est réitérée dans le *Léviathan,* où elle contribue à une théorie de la formation des dispositions morales comme fondement essentiel de la paix civile. La première loi naturelle prescrit « que tout homme doit s'efforcer à la paix, [*endeavour peace*] aussi longtemps qu'il a un espoir de l'obtenir » [64]. En général les lois de nature n'obligent « qu'à désirer et à s'efforcer (j'entends: à s'efforcer sans feinte et sans relâche [*an unfeigned and constant endeavour*]) » [65]. Comme préceptes de raison pratique les lois de nature agissent en nous, non seulement en dictant des actions particulières, mais aussi en modelant des dispositions.

> Les dénominations de juste et d'injuste, appliquées à l'homme ont un sens : elle en ont un autre, appliquées à des actions. Appliquées à l'homme, elles désignent la conformité ou la non-conformité des mœurs [*manners*] à la raison [...]. Un homme juste est donc celui qui veille autant qu'il peut à ce que toutes ses actions soient justes [...]. C'est pourquoi un homme juste ne perd pas ce titre par une ou plusieurs actions injustes qui procèdent d'une passion soudaine ou d'une méprise sur les choses ou sur les personnes, pas plus qu'un homme injuste ne perd ce caractère par l'effet d'actions qu'il accomplit ou dont il s'abstient sous l'empire de la crainte : car sa volonté n'est pas ici modelée par la justice, mais par l'avantage manifeste de l'acte qu'il va accomplir.[66]

« L'injustice des mœurs est la disposition, l'inclination à faire tort. Elle est injustice avant même de passer à l'acte ». Le *conatus* peut être injuste comme *conatus,* sans qu'une action s'ensuive, parce qu'il est une disposition composée de plusieurs *conatus* qui forment le caractère moral. En tant que tel l'*endeavour* n'implique pas seulement un rapport entre l'individu et Dieu, parce que les mœurs se manifestent dans le comportement (signes sociaux et actions) où ils encouragent ou empêchent la paix.

La huitième loi naturelle exige que « nul, par ses actions, ses paroles, sa mine, ou ses gestes, n'exprime sa haine ou son mépris d'un autre » [67]. Mais en un sens plus subtil toutes les lois de nature ont un

63. *Ibid.,* XVIII, 3; *Works* II, pp. 281-2, cf. *Dedicatoria, ibid.* II, p. 75.
64. *Lev.*, XIV; tr. Tricaud, p. 129.
65. *Ibid.*, XV; tr. Tricaud, p. 159.
66. *Ibid.,* tr. Tricaud, p. 148.
67. *Ibid.,* tr. Tricaud, p. 153.

rapport aux mœurs et à la communication sociale, où les intentions et les dispositions se manifestent souvent sans qu'il n'y ait d'action ouverte. Quand Hobbes spécifie qu'il faut que l'*endeavour* soit *unfeigned*, il est évident qu'il pense aux hommes et non pas à Dieu. Et là où il insiste sur la distinction entre le for interne de la conscience et le for externe des lois civiles, il définit la présence d'un espace social entre les deux.[68]

Jeffrey BARNOUW
Université du Texas, Austin

68. Pour la portée sociale du *conatus*, et l'importance des signes sociaux, cf. nos articles, « The Psychological Sense and Moral and Political Significance of 'Endeavor' in Hobbes », in Emilia Giancotti (ed.) *Hobbes and Spinoza, Proceedings of the Urbino Conference*, à paraître, et « Persuasion in Hobbes's *Leviathan* », *Hobbes Studies*, t. 1, 1988, 3-25.

LA NOTION DE PERSPECTIVE ET LES MÉTAPHORES DE L'ESPACE[1]

Hobbes termine sa réponse à la préface de *Gondibert* de Davenant[2], qui lui était adressée, par l'image suivante :

> You have seen a curious kind of perspective, where he that looks through a short hollow pipe upon a picture containing divers figures, sees none of those that are there painted, but some one person made up of their parts, conveyed to the eye by the artificial cutting of a glass. I find in my imagination an effect not unlike it, from your poem. The virtues you distribute there amongst so many noble persons, represent, in the reading, the image but of one man's virtue to my fancy, which is your own; and that so deeply imprinted, as to stay for ever there, and govern all the rest of my thoughts and affections in the way of honouring and serving you (*Answ. Davenant, EW* IV, p 457).

> Vous avez vu un habile jeu d'optique, où celui qui regarde par une sorte de tube creux une image faite de diverses formes ne voit aucune de celles qui y sont peintes, mais une unique personne faite de leurs éléments, transmise à l'oeil par un verre taillé selon les règles de l'art. Je trouve dans mon imagination un effet qui y ressemble, causé par votre poème. Les vertus que vous répartissez sur tant de nobles personnes, représentent, à la lecture, pour ma phantaisie, l'image de la vertu d'un seul homme, qui est la vôtre, et si profondément imprimée qu'elle y restera toujours et gouvernera le reste de mes pensées et de mes affections pour vous honorer et vous servir.

1. La notion de perspective sera étudiée à partir du texte de Hobbes intitulé : *Answer to Sir William Davenant's Preface before Gondibert* .

2. L'édition utilisée pour les œuvres de Hobbes est l'édition Molesworth. Le texte concerné se trouve dans les *English Works* (= *EW*), Londres, 1840, vol IV, pp. 443-458. Pour le texte de Davenant, l'édition utilisée est *Gondibert,* ed.David F. Gladish, Oxford, Clarendon, 1971.

L'usage que fait Hobbes ici de cette figure s'explique par les règles habituelles d'emploi des métaphores spatiales au XVIIe siècle : elles sont fondamentalement syntaxiques ; elles relient le tout et la partie en un ordre. Davenant dans sa préface et Hobbes dans sa réponse utilisent un réseau de thèmes qui était relié dans l'esprit du temps à cette figure finale : images d'optique et de jeux d'optique, accompagnées de leurs corollaires habituels les images de peinture et de cartographie, et en relation avec les images de dynamique. Dans la forme même Davenant et Hobbes les font aboutir à une version particulièrement importante de l'expression figurée au XVIIe siècle, la métaphore qui se compare à elle-même, ou « image réflexive »; par ce moyen la construction du monde impliquée dans ces textes, et surtout dans celui de Hobbes, entraîne une vision de la conscience.

Le mot « perspective » avait un sens large couvrant les règles de l'optique, dont la perspective au sens courant moderne (dépendant de la géométrie des projections) est un exemple éminent, puisqu'elle permet d'ordonner les objets dans l'espace en une représentation unifiée ; le sens particulier, employé ici par Hobbes, est une acception concrète qui désigne l'artifice d'optique plus connu de nos jours sous le nom d'anamorphose, qui relève aussi du sens général puisque les images anamorphotiques sont obtenues par des projections. On doit donc percevoir, derrière cette allusion à une curiosité, l'ensemble des règles de l'optique dont elle est une application, et qui étaient conçues comme un moyen de faire apparaître un ordre dans l'espace. Si les anamorphoses sont considérées de nos jours comme des moyens de faire surgir des formes extraordinaires, elles étaient à l'inverse conçues comme des miroirs reformants plutôt que déformants, mettant en valeur, non la création d'une image bizarre à partir de l'image normale, mais celle d'une image normale à partir d'une apparence incohérente ; les usages métaphoriques apprennent à discerner l'ordre sous le désordre apparent.

Plus largement, la représentation spatiale des concepts donnait une image d'ordre[3]. Les poèmes descriptifs de paysages voient dans les dimensions de la topographie, le haut et le bas, le proche et le lointain, une image des hiérarchies dans la société. Les constructions et décors tenaient compte du point de vue du spectateur afin de favoriser le point

3. Sur ce sujet, voir notamment E.B. Gilman, *The Curious Perspective : Literary and Pictorial Wit in the Seventeenth Century,* New Haven and London, Yale UP, 1978 ; J. Turner, *The Politics of Landscape*, Oxford, Blackwell,1979; Société d'Etudes Anglo-Américaines des XVIIe et XVIIIe Siècles, *Espaces et représentations dans le monde anglo-américain aux XVIIe et XVIIIe siècles*, Paris, Didier-Erudition,1984.

de vue royal. Les anamorphoses faisaient souvent apparaître une image royale. Cette symbolique de l'espace suscitait l'hostilité des puritains, qui y voyaient de l'idolâtrie, et répondaient par le refus biblique de toute figuration.

Les images empruntées à la peinture servaient de même souvent à thématiser la distinction entre les plans et les distances de l'espace, entre le haut et le bas, et à faire apparaître, notamment par des contrastes de clair et d'obscur, l'idée de séparation ou de groupement. Elles impliquaient aussi référence à soi, par le thème du point de vue de l'observateur qui modifie l'angle de vue selon ses changements éventuels.

Parmi les images du processus de représentation se trouvaient aussi les analogies géographiques et cartographiques[4], qui souvent se rapportent à la distinction de la mer et de la terre. C'était une préoccupation depuis l'époque des Grandes Découvertes, notamment en Angleterre, que la primauté relative de la mer ou de la terre. Les questions posées par la représentation de l'espace sont d'un côté celle des points de repère et des positions relatives (problèmes de triangulation), d'un autre celle des différents types d'espace, la terre, le mer, et donc celle des lieux frontières entre eux. D'autre part la cartographie hésitait entre divers types, allant de la cartographie dans un plan à la quasi-figuration tridimensionnelle en perspective oblique redressée dans le plan; ceci impliquait souvent la question de la taille relative, dans une carte, des points de repère qui y étaient figurés de façon réaliste ou symbolique. Enfin cette représentation de divers mondes soulevait la question du plausible, de ce qui est un attribut de l'un et ne peut se rapporter à un autre.

Toutes ces images d'optique sont souvent, dans les textes du temps, mises en relation avec celles de mécanique[5]. Les métaphores empruntées à la dynamique offraient le registre de la représentation de l'altérité dans l'identité : l'action à distance, la démultiplication des forces; l'intérêt en était dû tant à la physique (levier, force de l'eau ou du vent) qu'à l'étude des circuits physiologiques comme celui du sang. Les images acoustiques de même, du fait que l'harmonie musicale implique diversité et que le son est produit par la transmission d'une force, s'y rattachaient. Toutes ces figures pouvaient donc devenir des images de la perception, qui agit par différentiation, tout en l'expri-

4. Voir Numa Broc, *La Géographie de la Renaissance 1420-1620*, Paris, Bibliothèque Nationale , 1979; Jean Céard et Jean-Claude Margolin, eds. *Voyager à la Renaissance*, Paris, Maisonneuve et Larose,1987.

5. Sur ce sujet, voir Roy Strong, *The Renaissance Garden in England*, London, Thames and Hudson , 1979, ch. IV.

mant comme fonction du sujet. Elles pouvaient aussi représenter la relation (identité et altérité) entre le sens et le signe.

Dans la forme, ces images apparaissent tantôt sous forme simple, tantôt avec la construction plus complexe de l'« image réflexive », type courant de figuration de la pensée au XVIIe siècle, qui consiste à comparer non pas une chose à une autre (comme dans les métaphores habituelles), mais une chose à une représentation d'elle-même[6]. Un exemple célèbre est celui d'un poème de Marvell « On A Drop Of Dew» (Sur une Goutte de Rosée), où la goutte de rosée qui s'évapore au soleil représente l'âme qui aspire au Ciel; la goutte de rosée est décrite « Like its own tear» (semblable à sa propre larme); elle est tout entière assimilée à la larme qui en serait issue, reflet et division de soi-même. Ces images se forment souvent sur des thèmes qui, comme l'eau ici, peuvent visuellement suggérer la réflexion à la fois au sens concret et au sens abstrait. Ces métaphores sont très fréquentes parce qu'elles thématisent un sujet de préoccupation du XVIIe siècle, la conscience réflexive. L'usage de cette métaphore repose sur le paradoxe : la figuration spatiale de la distance, tandis que la réflexivité implique superposition. Cette contradiction exprime le paradoxe de la conscience de soi, à la fois dissociation et fusion. Elles tendent vers l'extrême de la coïncidence.

Davenant, dans sa préface de *Gondibert*, utilise les métaphores spatiales par analogie : images empruntées à l'architecture, à la peinture, et à la géographie, qui toutes aboutissent à des métaphores réflexives. Il commence par des métaphores architecturales, comparant son œuvre à un bâtiment, et, pour dire qu'il va en montrer la composition, déclare qu'il va parler des matériaux :

> And because you shall pass through this new Building with more ease to your disquisition, I will acquaint you what care I took of my materialls, ere I began to worke (*Gondibert,* p 3).

> Et puisque vous passerez à travers ce nouveau bâtiment avec plus d'aise pour votre réflexion, je vais vous faire connaître le soin que j'ai pris pour mes matériaux, avant de commencer à travailler.

Plus loin, il reprend la même idée :

6. Voir à ce sujet C. Ricks, « Its Own Resemblance » et J. Carey, « Reversals Transposed » in *Approaches to Marvell*, ed. C.A. Patrides, London, Routledge, 1978; R. Ellrodt, ed. *Genèse de la conscience moderne,* Paris, PUF, 1983; G. Poulet, *La Pensée indéterminée*, Paris, PUF, 1985.

> Having describ'd the outward frame, the large roomes within, the lesser conveyances, and now the furniture; it were orderly to let you examine the matter of which that furniture is made ... tell you of what I design'd their substance; which is, *Witte* (*ibid.*, p 18).

> Ayant décrit la construction extérieure, les grandes pièces à l'intérieur, les passages moins importants, et maintenant le mobilier, il serait convenable de vous laisser examiner la matière dont ce mobilier est fait... vous dire de quoi j'ai prévu sa substance, qui est, *l'esprit*.

Il développe ensuite « wit » par la métaphore de l'araignée :

> It is a Webb consisting of the subtlest threds, and like that of the *Spider* is considerately woven out of ourselves; for ... all things done, are either from consideration, or chance; and the workes of chance are accomplishments of an instant, having commonly a dissimilitude; but hers are the work of time, and have their contexture alike.

> C'est une toile consistant des fils les plus subtils, et comme celle de l'araignée elle est avec soin tissée à partir de nous-même, car ... toutes les choses faites viennent soit du soin, soit du hasard; et les œuvres du hasard sont les accomplissements d'un instant, ayant habituellement une dissimilitude; mais les siens sont les œuvres du temps, et ont des contextures semblables.

L'image de l'araignée, qui tisse sa toile à partir d'elle-même, était une métaphore réflexive habituelle[7], et Davenant l'emploie pour prolonger les images d'architecture; dans l'édition de 1673, il supprima cette deuxième image. Davenant emploie aussi de nombreuses métaphores de peinture, qui représentent l'oganisation d'un ensemble, les connexions et la séparation en parties :

> Poets ....are not lesse prudent than Painters, who when they draw Landschaps entertain not the Eye wholly with even Prospect, and a continu'd Flatte ; but (for variety) terminate the sight with lofty Hills (*Ibid.*, p 4).

> Les poètes ne sont pas moins sages que les peintres, qui lorsqu'ils dessinent des paysages ne distraient pas l'œil seulement avec une vue monotone, et une plaine continue, mais, pour la variété, closent le spectacle avec des hauteurs.

7. Voir Y.C. Zarka, *La Décision métaphysique de Hobbes*, Paris, Vrin, 1987, p. 132.

Après cette simple organisation des formes, il représente la même idée en la soutenant par une image de contraste de lumières et d'ombres, cette fois pour donner l'idée péjorative d'absence de lien (les couleurs en peinture étaient sources de métaphores péjoratives, au contraire des formes) ; il dit à propos du poème héroïque de Spenser:

> His allegorical story (by many held defective in the connexion)... as painted History, when with the cousenage of lights it is represented in Scenes (*ibid.*, p. 7).
>
> Son histoire allégorique, tenue par beaucoup comme déficiente dans les liens... comme l'histoire en peinture, quand avec l'artifice des lumières elle est représentée en scènes.

Les images réflexives prolongent souvent les métaphores d'instruments d'optique par des métaphores cartographiques. Comme il était coutumier, la distance spatiale était utilisée pour thématiser la distance dans le temps, et Davenant expose par ces moyens son sens du rapport à l'histoire de l'écrivain contemporain. Il commence d'abord, par une comparaison d'optique, en associant la poésie et la nature humaine :

> any Heroick Poem, that in a perfect glasse of Nature gives us a familiar and easy view of ourselves (*ibid.*, p. 3).
>
> tout poème héroïque, qui dans un parfait miroir de la nature nous donne une vue familière et aisée de nous-mêmes.

Il poursuit en représentant par une image de distance cartographique le rapport entre les auteurs anciens et le poète moderne :

> *Homer*, who though he seemes to me standing upon the Poets famous hill, like the eminent Sea-marke, by which they have in former ages steer'd ... yet some ... say, that as Sea-markes are cheefly usefull to Coasters, and serve not the ambition of Discoverers, that love to sayle in untry'd Seas; so he hath rather prov'd a Guide for those, whose satisfy'd witt will not venture beyond the track of others, then to them, who affect a new and remote way of thinking.
>
> Homère, quoi qu'il me semble se tenir sur l'illustre colline des poètes, comme point de repère élévé d'après lequel les marins des siècles précédents se sont guidés ... cependant certains... disent, que , comme les points de repère sont surtout utiles aux caboteurs, et ne servent pas aux explorateurs qui aiment voguer dans des mers inconnues, de même il s'est surtout révélé guide de ceux dont l'esprit satisfait ne veut pas s'aventuer au-delà de la trace des autres, plutôt que pour ceux qui affectionnent une façon de penser nouvelle et lointaine.

La notion de distance entre l'observateur et l'objet, relation à propos de laquelle Horace avait formulé son aphorisme *ut pictura poesis*, était aussi souvent celle sur laquelle portaient les comparaisons entre la littérature et l'espace ; de plus on les transposait quelquefois dans le temps pour exprimer la distance entre la littérature du passé et le lecteur actuel, l'écart esthétique temporel[8]. Ici Davenant prolonge son image spatiale par une référence à la carographie et à la navigation tout à fait importante de son temps : avant les Grandes Découvertes, le monde connu des navigateurs, comme celui des voyageurs sur terre, était toujours en vue des côtes, et ils identifiaient leur position d'après des points de repère, tour ou clocher, comme ceux qui suivaient une route ; la conception de l'espace était liée à des points de repère concrets ; mais quand les navigateurs se lancèrent dans l'Océan, ils durent estimer leur position en termes abstraits de référence à une grille mathématique invisible de parallèles (ce qui était assez facile, car il y avait des instruments de repérage de la latitude par la hauteur du soleil) et de méridiens (ce qui était fort difficile : la question de la longitude préoccupa les savants pendant des siècles). La navigation en haute mer conduisit à une conception entièrement nouvelle de l'espace comme cadre abstrait homogène, et comme illimité. Davenant, partant d'une analogie habituelle entre la distance spatiale et la distance temporelle, choisit pour l'image spatiale celle d'étendue illimitée, ce qui entraîne aussi dans l'histoire l'idée de mouvement sans bornes.

Comme plus haut l'image de soi représentée par la métaphore visuelle du miroir avait introduit l'idée de nature, puis d'histoire, comme médiation entre le lecteur et l'image, Davenant, après avoir défini la distance temporelle, en donne un exemple qui fait à nouveau appel à la conscience réflexive, cette fois celle du poète dans la création, la personnification de la Muse :

> he often interrogates his Muse, not as his rationall Spirit but as a *Familiar*, separated from his body,
>
> il interroge souvent sa Muse, non comme son esprit rationnel, mais comme un esprit familier séparé de son corps.

L'image de soi est représentée par la figure visuelle de la Muse comme double du poète. Il définit plus loin par des métaphores de distance mesurée avec un instrument d'optique les divers genres litté-

8. Voir M.-M. Martinet, « 'The Sister Arts' et le sens du temps », *Actes du Congrès de Poitiers de la Société des Anglicistes de l'Enseignement Supérieur*, Paris, Didier-Erudition, 1984, pp. 417-32.

raires, la comédie qui montre les mœurs de nos proches et la tragédie qui montre les personnages lointains, en disant que les hommes

> think the best objects of their owne country so little to the size of those abroad, as if they were shew'd by the wrong end of a Prospective (*ibid.*, p. 11)

> estiment les meilleurs objets de leur propre pays si petits par rapport à la taille de ceux de l'étranger, comme s'ils étaient montrés par le mauvais bout d'une lunette.

L'image d'instrument d'optique avec ses deux distances inclut maintenant la référence à soi. Il continue à utiliser les images cartographiques pour représenter l'idée de norme et d'écart :

> In the choyce of these Objects (which are as Sea-markes to direct the dangerous voyage of life) I thought fitt to follow the rule of Coasting Mapps, where the Shelv's and Rocks are describ'd, as well as the safe Chanell; the care being equall how to avoyd, as to proceed (*ibid.*, p. 13).

> Dans le choix de ces objets (qui sont comme des repères utilisés par les marins pour diriger la dangereuse navigation de la vie) j'ai trouvé souhaitable de suivre la règle des cartes côtières, où les écueils et les rochers sont décrits, autant que la passe sûre, le soin étant égal pour éviter les uns que pour avancer dans l'autre

Plus loin la métaphore cartographique inclut la référence à soi de la part de l'auteur :

> you move not by common Mapps, but have painfully made your owne Prospect (*ibid.*, p. 24)

> vous ne vous dirigez pas avec des cartes ordinaires, mais vous avez avec labeur fait votre propre figure des lieux.

Les images d'espace utilisées par Davenant, avec tous leurs développements (distance de l'observateur, sens de l'illimité, application au temps, bornes), mènent toujours à l'image réflexive.

Hobbes, dans sa réponse, utilise comme Davenant les images spatiales pour ordonner les notions, et il les poursuit de même en métaphores réflexives, mais il les prolonge par une analyse de la pensée et de l'espace dans ses rapports avec le sujet qui reviennent à dépasser la métaphore. Il définit les genres littéraires par une classification spatiale :

> As philosophers have divided the universe, their subject, into three regions, *celestial, aerial* and *terrestrial;* so the poets, ...have lodged themselves in the three regions of mankind, *court, city* and *country*... For there is in princes, and men of conspicuous power, anciently called *heroes,* a lustre and influence upon the rest of men, resembling that of the heavens; and an insincereness, inconstancy, and troublesome humour in those that dwell in populous cities, like the mobility, blustering, and impurity of the air; and a plainness, and, though dull, yet a nutritive faculty in rural people, that endures a comparison with the earth they labour (*Answ. Davenant, EW* IV, p. 443-44).

> Comme les philosophes ont divisé l'univers, leur sujet, en trois régions, *céleste, aérienne,* et *terrestre ;* ainsi les poètes... se sont placés dans les trois régions de l'humanité, *la cour, la cité,* et *la campagne* ... Car il y a dans les princes, et chez les hommes de pouvoir éminent, anciennement appelés *héros,* un lustre et une influence sur le reste des hommes, ressemblant à celle des cieux; et une insincérité, une inconstance, une humeur difficile chez ceux qui habitent dans les villes populeuses, comme la mobilité, le déchaînement, et l'impureté de l'air; et une simplicité, et une faculté, quoique bornée, cependant nutritive chez les personages ruraux, qui supporte la comparaison avec la terre qu'ils labourent.

Hobbes félicite Davenant de n'avoir pas suivi la pratique antique de l'invocation à la Muse; et comme dans la préface de Davenant, il nous révèle ainsi sa conception de la pensée poétique. Après avoir critiqué, par analogie avec les poètes inspirés par la Muse, ceux qui, en matière religieuse, se prétendent prophètes parlant sous la dictée d'un esprit divin et causent des troubles dans la société (allusion contemporaine), il résume :

> A foolish custom, by which a man enabled to speak wisely from the principles of nature, and his own meditation, loves rather to be thought to speak by inspiration, like a bagpipe (*ibid.,* p. 448).

> Une coutume sotte, par laquelle un homme qui a le moyen de parler sagement d'après les principes de la nature, et de sa propre méditation, préfère plutôt qu'on le croie parler par inspiration, comme une cornemuse.

Tout en reprenant l'idée de Davenant de la pensée faussement représentée comme un double, il substitue aux images spatiales des images qui font appel à l'ouïe (la cornemuse), et surtout, dans la même image, à l'énergie; c'est la transmission d'énergie du musicien à l'instrument qui explique le fonctionnement de la cornemuse. Cette image du registre dynamique n'objectifie plus visuellement la pensée, mais la voit du côté du sujet agissant. Il explique ensuite le sens de l'idée antique selon laquelle la Mémoire est la mère des Muses, en exposant sa théorie de la pensée : «memory begets judgment and fancy» (*ibid.*, p. 449), «la mémoire engendre le jugement et la pensée». Puis :

> memory is the world, though not really, yet so as in a looking-glass, in which the judgment, the severer sister, busiest in a grave and rigid examination of all the parts of nature

> la mémoire est le monde, non en réalité, mais comme en un miroir, dans lequel le jugement, la plus sévère des deux sœurs, la plus occupée dans un examen grave et rigide de toutes les parties de la nature.

La personnification s'accompagne d'une image visuelle de réflexion. Il montre ensuite que cette figuration spatiale de la pensée représente en fait un phénomène intérieur à l'esprit qui se passe hors de l'espace et du temps :

> Whereby the fancy, when any work of art is to be performed, finds her materials at hand and prepared for use.... So when she seemeth to fly from one Indies to the other, and from heaven to earth, and to penetrate into the hardest matter and obscurest places, into the future, and into herself, and all this in a point of time, the voyage is not very great, herself being all she seeks.

> Par quoi l'imagination, quand un quelconque travail de l'art est à faire, trouve ses matériaux sous la main et prêts pour l'usage... Ainsi quand elle semble voler des Indes Orientales aux Indes Occidentales, et du ciel à la terre, et tout ceci en un instant, le parcours n'est pas très grand, elle-même étant tout ce qu'elle cherche.

Hobbes, par le biais de l'image réflexive, montre que sa spatialisation apparente recouvre le paradoxe de la conscience, l'espace et le temps abolis. Sa liste de tout ce qui a été produit par l'imagination guidée par la raison révèle ses sources de références : images spatiales, images dynamiques, temps :

> All that is beautiful or defensible in building; or marvellous in engines and instruments of motion; whatever commodity men receive from the observations of the heavens, from the description of the earth, from the account of time, from walking on the seas (*ibid.*, p. 450).

> Tout ce qui est beau ou propre à la défense en matière de bâtiment, ou merveilleux comme machines ou instruments de mouvement... tous les avantages que les hommes reçoivent de l'observation du ciel, de la description de la terre, de l'estimation du temps, de la circulation sur la mer.

Il oppose ces activités à celles du domaine moral et poétique, où la raison n'opère pas et où l'imagination reste seule ; il décrit son opération en remplissant les deux rôles par des couples d'images d'architecture à la fois comme lien et comme matériau, puis comme corps et comme âme, et comme couleur et ombre :

> The architect Fancy must take the philosophers part upon herself... He [the poet] must not only be the poet, to place and connect, but also the philosopher, to furnish and square his matter; that is, to make both body and soul, colour and shadow of his poem out of his own store

> L'architecte Imagination doit prendre elle-même le rôle du philosophe...Il [le poète] ne doit pas seulement être poète, pour placer et lier, mais aussi philosophe, pour mettre au point et équarrir son matériau, c'est à dire, pour faire à la fois corps et âme, couleur et ombre de son poème à partir de ses propres réserves.

La présentation par Hobbes de la construction du poème le mène à définir les rapports de la partie et du tout en images révélatrices, l'une organique et l'autre politique. Pour dire que le poème est organisé de telle façon que les divers personnages se regroupent progressivement autour de Gondibert et d'Oswald, il emploie d'abord l'image des ruisseaux qui se réunissent pour former deux grands fleuves, puis celles des veines:

> It hath the same resemblance also with a man's veins, which proceeding from different parts, after the like concourse, insert themselves at last into the two principal veins of the body (*ibid.* p. 450)

> Elle ressemble aussi aux veines, qui, venant de différentes parties, après s'être réunies, s'insèrent enfin dans les deux principales veines du corps.

Ces images du corps, qui seront reprises plus tard, sont en partie des images réflexives qui évoquent le sujet percevant. L'image suivante représente le lien entre la partie et le tout comme le lien politique du contrat de transfert de souveraineté, et fait penser au frontispice du *Léviathan* :

> But when I considered that also the actions of men, which singly are inconsiderable, after many conjectures, grow at last into one

great protecting power, or into two destroying factions, I could not but approve the structure of your poem.

Mais quand je considérai qu'aussi les actions des hommes, qui isolées sont insignifiantes, après de nombreuses conjectures, se forment enfin en un grand pouvoir protecteur, ou en deux factions destructrices, je ne pus qu'approuver la construction de votre poème.

La relation de transfert de la partie au tout porte sur les actions, ce qui montre l'importance de la dynamique comme fondement du lien social. Il expose sa théorie de la vraisemblance poétique par une métaphore géographique de dimension (où l'exagération reste permise) et de nature (où l'abus n'est pas permis) :

I can allow a geographer to make in the sea, a fish or a ship, which by the scale of his map would be two or three hundred miles long, and think it done for ornament, because it is done without the precincts of his undertaking : but when he paints an elephant so, I presently apprehend it as ignorance, and a plain confession of *terra incognita* (*ibid.,* p. 452).

Je peux permettre à un géographe de dessiner dans la mer un poisson ou un bateau, qui d'après l'échelle de sa carte serait long de deux ou trois milles, et penser que c'est fait comme ornement, car c'est en dehors des limites de son entreprise; mais quand il peint un éléphant ainsi, je l'identifie immédiatement comme ignorance, et une confession de *terra incognita*..

Il définit ainsi l'écart et la norme en termes de qualité et de quantité. Hobbes donne ensuite une théorie de l'expression qui repose sur la connaissance du nouveau par rapport à l'ancien:

That which giveth a poem the true and natural colour, consisteth in two things; which are, *to know well,* that is, to have images of nature in the memory distinct and clear; and *to know much.* A sign of the first is perspicuity...A sign of the latter is novelty of expresion, and pleaseth by excitation of the mind (*ibid.,* p. 453).

Ce qui donne à un poème sa couleur vraie et naturelle, consiste en deux choses, qui sont, *de connaître bien*, c'est-à-dire, d'avoir dans la mémoire des images de la nature distinctes et claires, et *de connaître beaucoup*. Un signe de la première est la clarté...Un signe de la dernière est la nouveauté d'expression, et plaît par l'excitation de l'esprit.

Sa définition de la nouveauté implique une étude de la compréhension de phrases nouvelles à partir de formules anciennes, de la relation entre le sens et la syntaxe:

> There be so many words in use at this day in the English tongue, that, though of magnific sound, yet like the windy blisters of troubled waters, have no sense at all, and so many others that lose their meaning by being ill coupled.
>
> Il y a tellement de mots en usage en ce moment dans la langue anglaise, que, quoi qu'ils soient de son magnifique, cependant, comme les bulles de vent sur les eaux troublées, n'ont aucun sens, et tant d'autres qui perdent leur signification en étant mal associés.

La difficulté pour lui vient soit du sens de mots isolés (pour lesquels il utilise la métaphore habituelle des bulles, ici troublées), soit de la construction de la phrase. Il traite aussi du sens trop grand pour être contenu dans les mots:

> To this palpable darkness, I may also add the ambitious obscurity of expressing more than is perfectly conceived; or perfect conception in fewer words than it requires. Which expressions, though they have had the honour to be called strong lines, are indeed no better than riddles (*ibid.,* p 454).
>
> A cette obscurité palpable, je puis aussi ajouter l'ambitieuse obscurité d'exprimer plus qu'on ne conçoit parfaitement, ou une conception parfaite en moins de mots qu'il n'est nécessaire. Expressions qui, quoi qu'elles aient l'honneur d'être appelé style vigoureux, ne valent pas mieux que des énigmes.

Il développe encore «knowing much» par une théorie de la métaphore, où il critique cette fois l'usage d'expressions trop courantes :

> From *knowing much,* proceedeth the admirable variety and novelty of metaphors and similitudes, which are not possible to be lighted on in the compass of a narrow knowledge. And the want thereof compelleth a writer to expressions that are either defaced by time, or sullied with vulgar or long use.
>
> De *connaître beaucoup* provient l'admirable variété et nouveauté des métaphores et des comparaisons, auxquelles on ne peut penser dans les limites de connaissances restreintes. Et le manque de ceci contraint un écrivain à des expressions qui sont soit défigurées par le temps, soit ternies par un usage galvaudé et long.

Il compare la perception de la langue à la perception du mouvement de ses propres membres :

> For the phrases of poesy, as the airs of music, with often hearing become insipid, the reader having no more sense of their force, than our flesh is sensible of the bones that sustain it. As the sense we have of bodies, consisteth in change of variety of impression, so also does the sense of language in the variety and changeable use of words (*ibid.*, p. 455).

> Car les formules poétiques, comme les airs de musique, à force d'être souvent entendus deviennent insipides, le lecteur n'ayant pas plus de sens de leur puissance, que nòtre chair ne sent les os qui la soutiennent. Comme le sens que nous avons de nos corps consiste en changement variable d'impressions, ainsi en est-il pour le sens du langage dans la variété et l'usage modifiable des mots.

Il souligne l'importance de la perception par différence, le lien entre la perception du sens et la perception de soi, ce que les métaphores de dynamique et de musique, sens intimes, soulignent. Il applique alors son idée de la nouveauté à la syntaxe:

> I mean not in the affectation of words newly brought home from travel, but in the new, and withal significant, translation to our purposes, of those that be already received; and in far-fetched, but withal apt, instructive, and comely similitudes.

> Je ne veux pas dire dans l'affectation de mots nouvellement rapportés de voyage, mais dans l'adaptation à nos buts nouvelle, et en outre significative, de ceux qui sont déjà reçus, et dans des comparaisons recherchées, mais en outre aptes, instructives, et aimables.

Tous ces développements préparent donc l'image de l'artifice d'optique dans la conclusion adressée directement à l'auteur, qui se rapporte à deux sujets, l'auteur puis le lecteur. Hobbes réutilise le sens des images d'optique comme figures de l'ordre fixé par la pensée ; mais reprenant le procédé de l'image réflexive poussé jusqu'au bout, il en montre les limites métaphoriques ; il définit alors le sens des mots par rapport à la syntaxe, et il définit de même la perception par différence, ce qui centre l'analyse sur le sujet.

Marie-Madeleine MARTINET
Université de Paris IV

LE VOCABULAIRE DE LA PASSION

L'objet des pages qui suivent est d'étudier le vocabulaire de la passion chez Hobbes, et en particulier de distinguer les contextes où apparaissent les mots *passion* et *passio* de ceux où ces termes manquent alors qu'on aurait pu, légitimement, s'attendre à les y trouver. Mais bien entendu, cette recherche lexicologique ne pourra pas faire l'économie de quelques rappels relatifs à la théorie de la passion que professe Hobbes : théorie assez stable, si du moins on laisse de côté le *De Homine,* qui ici comme dans d'autres domaines pose des problèmes particuliers.

On sait que les textes de base, pour une telle étude, sont les chapitres VII et VIII de la Ière Partie des *Elements of Law*, le chapitre VI du *Léviathan*, et les chapitres XI et XII du *De Homine*. Mais il sera bon de ne pas ignorer, non plus : dans la *Critique du 'De Mundo' de Thomas White*, le paragraphe 23 du chapitre XXX ; le manuscrit « Of Passions » récemment publié par Madame Minerbi Belgrado [1] ; dans le *De Corpore*, le chapitre VI, paragraphe 7, ainsi que le chapitre XXV, paragraphes 12 et 13 ; enfin, quelques indications *du Cive*, dont l'une au moins appartient aux additions de 1647.

En travaillant sur ce corpus, je suis arrivé à la conclusion que la réflexion de Hobbes sur le problème de la passion s'exerce à trois niveaux très distincts : 1° celui de la doctrine élémentaire de la passion, où il s'agit avant tout de définir des termes fondamentaux : plaisir et douleur, appétit et aversion, etc. ; 2° celui du catalogue raisonné des passions humaines, participant de ce genre littéraire florissant au XVIIe siècle que j'appellerai le « traité des passions » ; 3° celui où Hobbes considère globalement ces penchants permanents de la nature humaine qui, là où l'Etat n'existe pas, provoquent la fameuse guerre de tous contre tous.

J'examinerai le vocabulaire de la passion, successivement, dans ces trois « couches » de la pensée de Hobbes. Néanmoins, mon exposé

1. Thomas HOBBES : « Of Passions » (Ms. Harl. 6083), a cura di Anna MINERBI BELGRADO, in : *Rivista di storia della filosofia,* Milan, n. 4, 1988.

comptera quatre parties principales, parce que la différence terminologique qui distingue la deuxième «couche» de la première m'a paru assez importante pour mériter un développement autonome.

I

La doctrine élémentaire de la passion s'insère presque toujours (une fois mis à part le *De Homine*) dans ce qu'on peut appeler la théorie des deux mouvements : d'une part, le mouvement «vital», d'autre part, ce que le *Léviathan* appelle le mouvement «animal» ou «volontaire». Mais comme chez Hobbes, tout est mouvement, l'étude de ces deux mouvements réclame au préalable la prise en considération d'un troisième mouvement, qui ne ressortit pas à la théorie de l'affectivité ou de la volonté, mais à celle de la sensation et de la connaissance.

Je parle ici de ce mouvement émané de l'objet perçu, qui se communique d'abord au cerveau, puis au cœur, occasionnant, à ce stade, une sorte de choc en retour, d'*antitypia*, qui constitue la base physiologique, et peut-être la réalité fondamentale, de la sensation. Mais en outre – et ici nous entrons dans le domaine de l'affectivité – en arrivant au cœur, ce mouvement venu du dehors a stimulé ou gêné le fonctionnement de cet organe, et par là l'ensemble du *mouvement vital* : le *Léviathan* englobe sous ce terme l'ensemble des fonctions physiologiques indépendantes de la volonté ; dans le *De Corpore*, le mouvement vital est identifié à la circulation du sang (IV, XXV, 12, *O.L.I*, p. 331) ; mais la différence est plus apparente que réelle, parce que pour Hobbes le mouvement produit par le cœur préside certainement à tous les autres mouvements internes de l'organisme.

Le différentiel de mouvement qui affecte ainsi le mouvement vital *est* le plaisir ou la douleur. Le plaisir n'est en réalité qu'un «mouvement autour du cœur» (*EL*, I, VII, 1, trad. fr. de L. Roux, L'Hermès, Lyon, 1977), favorable au mouvement vital ; la douleur est le processus inverse.

D'autre part, soit à la suite de l'expérience du plaisir ou de la douleur, soit aussi, dans quelques cas, sous l'action d'une sorte d'instinct inné, l'homme *tend à* accomplir les mouvements musculaires qui le rapprocheront de l'objet bon ou l'éloigneront de l'objet mauvais. Cette *tension vers* est décrite par Hobbes comme l'amorce, le commencement imperceptible, du geste de capture ou d'évitement. Ce mouvement infinitésimal se nomme «effort» : *conatus* ou *endeavour*. De même que l'amélioration ou la détérioration du mouvement vital est le fond substantiel du plaisir ou de la douleur, ce commencement intérieur du mouvement volontaire est ce qu'il y a de réel, et pas seulement d'apparent, dans le désir et l'aversion.

En principe, on a dans ces *conatus* qui esquissent, soit l'approche ou la prise, soit l'acte de repousser ou de fuir, toute la matière dont est constituée la passion. Les passions élémentaires sont autant de *conatus* simples. Les passions complexes sont des mixtes, composés, selon des formules diverses, à partir de ces passions simples

Assurément, ici, une question se pose (comme du reste une question parallèle se pose à propos de la sensation) : que désigne exactement le mot de *passion*, ou ses synonymes, ou les noms des passions particulières ? le *conatus* physiologique, simple ou complexe, ou sa répercussion dans la conscience (dans le *mind*), ou les deux ? Certains textes paraissent favoriser de la première réponse ; on connaît la première partie du titre du Chapitre VI du *Léviathan* : « *Of the Interiour beginnings of Voluntary Motions, commonly called the* PASSIONS » : « Des commencements intérieurs (communément appelés passions) des mouvements volontaires » ; et le premier alinéa du chapitre dit clairement qu'il s'agit ici de commencements intérieurs physiques, corporels : l'appétit et l'aversion sont de « petits commencements de mouvements qui sont intérieurs au corps de l'homme » (small beginnings of Motion, within the body of Man). On trouve des formules comparables dans les *Elements of Law* (I, VII, 2).

Si nous nous attachons à ces textes, nous dirons que la passion, simple ou complexe, est le début d'un ébranlement moteur de l'organisme. Quant au fait de conscience correspondant, il faudra alors que ce soit une simple apparence, un reflet, ce que le XIXe siècle appellera un épiphénomène.

Mais cette interprétation hyper-matérialiste est démentie par d'autres passages, voisins de ceux qui viennent d'être évoqués. Dans le même premier alinéa du chapitre VI du *Léviathan*, peu avant le passage cité ci-dessus, on lit :

> And because *going*, *speaking*, and the like Voluntary motions, depend alwayes upon a precedent thought of *whither*, *which way*, and *what*; it is evident, that the Imagination is the first internall beginning of all Voluntary Motion.
> (Et puisque *marcher*, *parler* et les autres mouvements volontaires semblables dépendent toujours d'une pensée antécédente du *vers où*, du *par où* et du *quoi*, il est évident que l'imagination est le premier commencement interne de tout mouvement volontaire)[2].

2. La version française des passages du *Léviathan* cités dans cette communication est empruntée à la traduction de l'ouvrage que j'ai publiée chez Sirey en 1971.

Plus clairement encore, dans les dernières lignes du chapitre VI de la Ière partie des *Elements of Law*, il est dit que les affections et les passions manifestent «le pouvoir moteur de l'esprit» (the power motive of the mind). Par définition, un épiphénomène n'exerce pas de pouvoir moteur. Or c'est partout dans l'œuvre de Hobbes, peut-être plus particulièrement dans le *Léviathan*, que la passion, en tant que fait psychologique, apparaît dotée d'un pouvoir moteur; on peut même aller plus loin: elle est ce qui meut l'homme. Je pense que cela est impliqué, par exemple, par ce qu'en dit l'«Introduction» du *Léviathan*.

Le commentateur se trouve ici devant un type d'aporie dont Hobbes lui offre plus d'un cas: un mot n'a pas exactement le même sens dans les phrases qui le définissent explicitement, et dans d'autres textes, parfois très voisins des précédents, où l'auteur, oubliant sa prétention à créer son propre lexique, use de la langue commune.

Outre cette difficulté, la doctrine élémentaire de la passion en offre une seconde, qui n'est peut-être pas sans rapport avec la précédente. J'ai présenté cette doctrine comme une théorie des deux mouvements. Cela n'est pas une affaire d'interprétation personnelle, puisque la distinction des deux mouvements est explicitement dans Hobbes. Il y a d'un côté le mouvement du cœur et du sang, et les processus qui en découlent directement, et de l'autre, par exemple, le mouvement des bras, des jambes, ou de la langue. Cela posé, il ressort des textes que le couple plaisir-douleur se rattache aux vicissitudes du premier mouvement, alors que le couple appétit-aversion correspond aux «premiers commencements» des mouvements de la seconde espèce. Bref, le système du plaisir et de la douleur, d'une part, et celui de l'appétit et de l'aversion, d'autre part, sont, en principe, parfaitement séparés, à partir des territoires organiques distincts qu'ils modifient respectivement.

Or cette distinction n'est jamais respectée. Dans le *De Homine*, il est dit explicitement que l'appétit est un plaisir et la fuite une douleur (et appetitio voluptas, et fuga molestia est: XI, 1, *O.L. II*, p. 94). Certes le *De Homine*, ne professant pas la théorie des deux mouvements, ne se rend pas coupable de contradiction en en négligeant les exigences[3]. Mais dans la plupart des autres ouvrages anthropologiques de Hobbes, cette théorie est explicitement énoncée, cependant que la conséquence qui devrait en être tirée, à savoir la séparation des deux domaines, y est constamment négligée. Ainsi, on lit dans les *Elements of Law*:

3. Sur ce qui remplace la théorie des deux mouvements dans le *De Homine*, voir note 7 à la fin de cet article

> pleasure, love, and appetite, which is also called desire, are divers names for divers considerations of the same thing (le plaisir, l'amour, et l'appétit, qu'on appelle aussi désir, sont des dénominations différentes pour exprimer différentes façons de considérer la même chose) (I, VII, 2, trad. L. Roux).

On trouvera la même interpénétration des deux champs conceptuels dans la *Critique du 'De Mundo'* (XXX, 23) et dans « Of Passions » ; dans ce dernier texte, la première ligne de la première partie énonce la théorie du *conatus*, alors que la quatrième partie propose la théorie du plaisir et de la douleur comme modifications du mouvement vital ; or la liste proposée des passions énumère indistinctement des joies et des chagrins, des désirs et des craintes. Mais c'est peut-être dans le *Léviathan* que la confusion est la plus complète ; je pense ici à cet endroit du chapitre VI où est évoqué

> This Motion, which is called Appetite, and for the appearance of it *Delight*, and *Pleasure* (Ce mouvement, qui se nomme appétit, et, pour ce qui est de son apparition, *volupté* et *plaisir*) (pp. 121-2 dans l'éd. de Macpherson, Penguin Books).

Cela n'est pas dit en passant. Dans tout le chapitre, des variétés de la joie (joy) et du chagrin (grief) voisinent avec des variétés du désir et de la crainte. Or la joie et le chagrin, même s'ils se différencient du plaisir et de la douleur que nous appelons « physiques » (en cela qu'ils sont causés par des représentations, alors que le plaisir et la douleur physiques procèdent de l'impact d'un objet matériel présent), sont des espèces du genre plaisir et du genre douleur. Ce sont donc des altérations du mouvement vital, et non des commencements de mouvements volontaires. Mais ici, la séparation des deux domaines est plus oubliée que jamais. Il arrive même à Hobbes (dans un passage du *De Corpore* XXV, 13 que je citerai plus longuement tout à l'heure), de mettre au rang des passions le pur plaisir et la pure douleur, exempts de tout mouvement d'appétit ou de fuite. Ici le thème de la passion comme *conatus* est complètement effacé.

A nouveau, le commentateur soucieux d'exactitude lexicographique sera embarrassé. En effet, s'il s'en tient à la définition de la passion que donne Hobbes (le *conatus* par lequel commence l'action volontaire), il se sert d'un concept qui n'englobe pas tous les faits que Hobbes range sous la rubrique de la passion.

J'ai suggéré tout à l'heure que cette difficulté n'était pas sans rapport avec celle qui provient de l'ambiguïté de la position de Hobbes, face au problème de l'importance relative à accorder au physiologique et au psychologique. En effet, le sujet de perplexité que nous venons de considérer consiste dans les infidélités que commet Hobbes à l'égard de sa propre théorie des deux mouvements. Cette théorie est l'hypothèse physiologique qui est censée fournir une base ferme à la doctrine de l'affectivité et de la volonté. Si nous la laissons de côté, nous nous retrouverons sur un terrain purement psychologique. Et dès lors, même si l'on maintient une distinction entre le système du plaisir et de la douleur et celui de l'appétit et de l'aversion. il devient plus facile d'admettre qu'entre les deux systèmes les interactions sont incessantes et multiformes. Elles ne posent problème que par rapport à la fiction mécaniste à laquelle Hobbes a rêvé – en vain – d'attacher son analyse psychologique.

II

J'examinerai maintenant le trait remarquable par lequel les « traités des passions », développés ou à peine esquissés, se distinguent, pour ce qui est du vocabulaire, de ces exposés de la doctrine élémentaire.

Considérons, par exemple, le chapitre VII de la Ière partie des *Elements*, ainsi que le chapitre VI du *Léviathan*. Dans les deux cas, le chapitre est annoncé comme devant traiter des passions. Dans les *Elements*, cette indication figure, comme nous l'avons vu ci-dessus, dans les dernières lignes du chapitre précédent : l'auteur fait savoir qu'il va étudier les « affections and passions » par lesquelles s'exerce le pouvoir moteur de l'esprit. Dans le *Léviathan*, c'est le titre même du chapitre VI qui indique qu'on aborde désormais l'étude des passions. Dans les deux ouvrages, on rencontre alors un exposé de la théorie des deux mouvements, avec ses conséquences immédiates ; à savoir, principalement, la définition d'un certain nombre de notions de base, disposées pour la plupart en couple d'opposés : plaisir et douleur, appétit et aversion, bon et mauvais, etc. Dans les *Elements*, cela prend trois pages, c'est-à-dire tout le chapitre VII. Dans le *Léviathan*, ces considérations couvrent quatre à cinq pages de l'édition des Penguin Books, procurée par Macpherson (soit deux pages et demie de l'édition de 1651). Or ces deux présentations de la doctrine élémentaire de la passion ignorent le mot même de *passion* : celui-ci est absent, dans les *Elements*, de tout le chapitre VII, et dans le *Léviathan*, des pages 118 à 122 de l'édition de Macpherson, jusqu'à l'endroit (au bas de la page 122) où le chapitre passe de l'étude des passions simples à celle des passions complexes.

Mais cette absence du mot ne signifie pas qu'il n'aurait pas pu être employé. Après le chapitre VII des *Elements*, où le mot fait défaut, le chapitre suivant s'ouvre par une phrase qui dit en substance : au début de chapitre précédent, nous avons vu le mouvement émané de l'objet se poursuivre jusqu'au cœur, et là, y prendre le nom de passion (and there to be called passion). C'est donc bien de la passion qu'il a été question pendant tout le chapitre VII; mais, à ce niveau de la doctrine élémentaire, l'objet de la recherche n'a nullement été appelé « passion » ; dans de tels passages, le mot ne vient pas naturellement, et même ne vient pas du tout, sous la plume de Hobbes. Il en va de même dans le *Léviathan*, dans cet endroit du chapitre VI qui fait la transition entre l'étude des passions simples et celle des passions complexes. Depuis le titre du chapitre, le mot de passion n'a pas reparu. Mais on lit maintenant :

> Les dénominations de ces passions simples appelées *appétit, désir, amour, aversion, haine, joie* et *chagrin* ont été diversifiées au gré de considération diverses : premièrement, quand il y a succession de l'une à l'autre, les hommes leur attribuent différentes appellations selon ce qu'ils pensent de la probabilité d'obtenir ce qu'ils désirent ; ils en usent ainsi, deuxièmement, selon que l'objet est aimé ou haï ; troisièmement, s'ils considèrent ensemble des passions multiples ; quatrièmement, en fonction de leur modification ou de leur succession elle-même.

Ce texte présente des obscurités, que je n'entreprendrai pas de dissiper toutes dans le cadre de cette communication. Ce qui est suffisamment clair, c'est, 1° que le nom de *passion* aurait, en principe, pu être appliqué à ces mouvements affectifs élémentaires que sont l'appétit, l'amour, la haine, etc., 2° que cependant, il ne l'a pas été, le mot ne s'introduisant dans le corps du chapitre qu'à partir de ce paragraphe où il apparaît bien, en dépit de plusieurs difficultés d'interprétation, qu'on aborde désormais l'étude des passions complexes.

On trouve une organisation analogue, en plus bref, dans le paragraphe 23 du chapitre XXX de la *Critique du 'De Mundo'*. L'auteur annonce qu'il va dire quelques mots des « facultés motrices » : de facultatibus motivis. Après ce préambule (qui fait penser à la présentation des passions, en *Elements* I, VI, 9, comme manifestation du « pouvoir moteur » de l'esprit), on trouve un exposé de la théorie des deux mouvements, avec les habituelles définitions par paires antagonistes. Puis, vers la fin du paragraphe, Hobbes parle des situations mixtes où la *delectatio* et la *molestia* se succèdent et s'entrepénètrent, créant des formations affectives hétérogènes. Alors seulement s'introduit le mot de *passio*, dans la phrase suivante :

> De cette succession alternée naissent ces passions qu'on appelle *animi perturbationes*, telles que l'espoir, la crainte, la colère, l'envie

et la jalousie, le repentir, les *affectus* de ceux qui rient et qui pleurent, et d'autres, innombrables, dont la plupart n'ont pas de nom[4].

J'aurai l'occasion, un peu plus loin, de commenter l'expression *perturbatio animi*. Pour le moment, je me borne à souligner que le mot de *passio*, absent des passages qui expriment la doctrine élémentaire de la passion, est comme appelé par l'évocation des passions complexes, celles qui sont dignes de figurer dans un « traité des passions ». Ici, la *Critique du 'De Mundo'* n'étant pas un ouvrage de *philosophia moralis*, on n'a qu'une liste non commentée de passions complexes. Mais toutes celles qui sont nommées avaient été étudiées dans le chapitre IX de la Ière partie des *Elements*, qui constitue le « traité des passions » de cet ouvrage.

Il est juste d'ajouter que dans les *Elements* la notion de passion complexe n'est pas aussi explicitement présente que dans la *Critique du 'De Mundo'* et dans le *Léviathan*. On sait que dans ce premier traité politique de Hobbes, la description des passions s'inscrit toute entière dans une présentation de la condition humaine qui réduit celle-ci à une compétition pour le prestige : à bon droit le chapitre se termine en comparant la vie à une course, où tout ce qui compte est de dépasser et de n'être pas dépassé. De ce fait, la problématique de la gloire et de l'humiliation y refoule au second plan la problématique du simple et du composé. Il est clair, toutefois, que là aussi, Hobbes considère les passions proprement dites comme des montages complexes, où le désir et l'aversion, la joie et le chagrin, se trouvent assemblés de diverses façons, selon les diverses situations où les accidents de la compétition peuvent nous placer.

Bref, le schéma que Hobbes suit assez régulièrement dans ses exposés sur la passion est le suivant : d'abord, l'exposé de la doctrine élémentaire de la passion, appuyé sur la théorie des deux mouvements (dont nous avons vu les difficultés) ; le mot de passion ne figure pas dans cette partie du développement. Ensuite s'introduit la notion de complexité : c'est alors qu'apparaissent, d'une part le mot de passion, d'autre part une tendance à énumérer ces passions complexes : selon le propos poursuivi, cette énumération se développe en un « traité des passions », où celle-ci sont définies à partir de leurs composants, ou au contraire elle se limite à quelques exemples. Ce dernier cas se rencontre, de façon exemplaire dans le *De Corpore,* IV, XXV, paragraphe 13. Le paragraphe 12 a exposé la théorie des deux mouvements. Le treizième est passé de la considération de l'*appetitus* et de la *fuga* vers

4. J'ai traduit en français, pour les besoins de la présente communication, tous les textes latins de quelque longueur que j'ai cru nécessaire d'évoquer.

celle de la *deliberatio* et de la *volitio* (ce deuxième groupe d'analyses n'appartient pas à mon présent propos; mais je rappelle au passage qu'il est régulièrement lié, chez Hobbes, à la question du désir et de l'aversion). Vient alors le développement suivant:

> En outre, lorsque l'appétit et la fuite se succèdent rapidement l'un à l'autre, la série totale qui en résulte reçoit son nom tantôt de l'un, tantôt de l'autre. En effet, la même délibération, penchant tantôt d'un côté, tantôt de l'autre, est nommée espoir en considération de l'appétit, crainte en considération de la fuite. Car là où il n'y a pas d'*espoir,* on ne doit pas parler de *crainte*, mais de *haine ;* et là où il n'y a pas de *crainte* on ne doit pas parler d'*espoir*, mais de *désir (cupido).* En somme tout ce qu'on appelle les *passions* de l'esprit est composé *d'appétit* et de *fuite* (mis à part le pur plaisir et la pure douleur, qui sont la *jouissance* assuré d'un bien ou d'un mal). Ainsi, la *colère* est *fuite* d'un mal imminent, mais jointe au désir (appetitus) de fuir ce mal au moyen de la violence (*O.L. I*, pp. 333-334).

Ce texte est un de ceux qui montrent le mieux comment le mot de *passion* est convoqué, chez Hobbes, lorsqu'il faut donner une appellation générique à ces combinaisons variables de l'*appetitus* et de la *fuga* que j'appellerais volontiers des *complexes,* si le mot n'était pas déjà retenu pour un autre usage.

III

Mais on n'épuise pas l'étude lexicographique des « traités des passions » (même si l'examen se borne aux termes les plus généraux) en montrant comment le mot même de passion apparaît alors, et pas avant. Encore que ce terme soit, dans ce type de développements, le plus employé, il s'y trouve néanmoins en concurrence avec d'autres appellations, qui finissent, dans le *De Homine,* par le refouler au second rang. Ici, je pense principalement à *affectus* et à *perturbatio animi.*

Affectus apparaît sous sa forme anglaise (*affection*) dès les *Elements of Law.* Nous avons vu, en effet, qu'à la fin du chapitre VI, Hobbes explique qu'on va maintenant étudier les manifestations du pouvoir moteur de l'esprit, qui sont « our affections and passions ». Rien ne permet du reste, dans le contexte, de distinguer les unes des autres. Le mot latin apparaît plusieurs fois dans le *De Cive :* dans le premier chapitre (§ 12), les *affectus* sont la cause de l'hostilité mutuelle des hommes. L'expression *affectus animi* se retrouve, avec le même sens, dans la « Praefatio ad lectores » de 1647 (*Works II*, p. 81). Il ne me semble pas qu'*affection* soit bien fréquent dans le

Léviathan. Mais *affectus* occupe une place éminente dans le *De Homine*, aux côtés de *perturbatio animi*.

La présence de *perturbatio animi* dans cet ouvrage (donc en 1658) n'est pas une nouveauté. Nous avons déjà rencontré cette expression dans la *Critique du 'De Mundo'*, écrite vers 1643. Je ne pense pas qu'on en trouve l'équivalent dans le *Léviathan*. On rencontre bien, dans le chapitre VI, *trouble of mind* (p.121 dans l'éd. de Macpherson), mais en cet endroit ce n'est pas une appellation générique de la passion : c'est une façon particulière de nommer le déplaisir. Dans le *De Corpore* (1655), inversement, on rencontrera le génitif pluriel *perturbationum animorum* (I, VI, 7) et le nominatif pluriel *perturbationes animi* (IV, XXV, 13). Mais cela est dit sans insister. Dans le *De Homine* au contraire, plus précisément dans le chapitre XII qui est le « traité des passions » de l'ouvrage, *perturbatio animi,* sans être le terme le plus fréquent, est le plus fortement thématisé. D'abord, le chapitre s'intitule : « De affectibus, sive perturbationibus animi ». Le mot de *passio* est donc absent du titre. Il reparaîtra dans le corps du texte, aussi souvent qu'*affectus* et un peu plus souvent (si mes comptages sont exacts) que *perturbatio animi*. Mais il est intéressant de constater que le chapitre proprement dit s'ouvre par une justification de l'expression *perturbation animi :*

> Les *affectus* ou *perturbationes animi* sont des espèces d'appétition et de fuite, différenciées par la diversité et les particularités des objets que nous appétons ou que nous fuyons. On les appelle *perturbationes* parce qu'elles font obstacle, la plupart du temps, au raisonnement correct (rectae ratiocinationi). Elles font obstacle au raisonnement correct en cela qu'elles militent contre le vrai bien en faveur d'un bien apparent, immédiat (praesentissimo), qui la plupart du temps, une fois bien pesé tout ce qui lui est annexé, se trouve être un mal. En effet, en vertu du pacte existant entre le corps et l'esprit, l'initiative de l'entreprise vient de l'appétition, et le plan d'action de la raison (ex foedere animi et corporis est, ut initium quidem exequendi ab appetitu, consilium autem a ratione sit). Et ainsi alors que le vrai bien doit être recherché par un regard qui se porte au loin, ce qui est la tâche de la raison, l'appétition se précipite sur le bien immédiat, sans prévoir les maux plus grands qui lui sont nécessairement attachés. Elle perturbe donc, elle entrave, l'action de la raison ; c'est pourquoi elle est à bon droit appelée *perturbatio* (*O.L. II*, pp.103-4).

On ne saurait dire plus explicitement que le mot de *perturbatio* est désormais préféré à cause de la conception de la passion qu'il illustre éloquemment. De ce fait, l'enquête lexicographique est obligée, plus que jamais, de s'aider d'un examen de la doctrine, et peut-être de ses fluctuations.

Certes, quand Hobbes, dans le *De Homine*, oppose la passion à la raison, ce thème (en vérité fort classique), n'est pas nouveau dans son œuvre. Il s'exprime dès les premières lignes de l'épître dédicatoire des *Elements*. Dans le *Léviathan*, à la fin du chapitre XVIII, les passions et l'amour de soi (Passions and Self-love) sont présentées comme des puissances trompeuses, par opposition à la science morale et politique (Morall and Civill Science), qui seule permet de sûrs calculs à long terme. On pourrait multiplier ce genre de citations. Néanmoins, il ne serait pas malaisé de trouver, dans les mêmes ouvrages, un éloge de la passion. Dans les *Elements*, la comparaison de la vie humaine à une course, telle qu'on la trouve à la fin du chapitre IX de la Ière Partie, ne se borne pas à un rapprochement global; chaque épisode vécu par le coureur est l'illustration d'une passion particulière: « considérer ceux qui sont derrière, c'est la fierté » (glory). « Considérer ceux qui sont devant, c'est l'humilité ». « Etre retenu, c'est la haine ». De tels aphorismes, on le sait, occupent une page entière. Et le dernier énonce: « Abandonner la course, c'est mourir »[5]. Qu'en conclure, sinon que la passion est la substance même de la vie ?

Dans les *Elements*, la passion se rapporte toujours à la compétition. Dans le *Léviathan*, cette perspective un peu étroite ne s'impose plus avec la même force. Mais l'exaltation de la passion n'a pas disparu: au chapitre VIII, l'homme qui n'a pas de grande passion est dit « indifferent »: le mot a le même sens qu'en français, mais en même temps il suggère une idée de médiocrité. Au reste, quelques lignes plus loin, on lit ceci: « De même, en effet, que c'est être mort que de n'avoir aucun désir, de même avoir des passions faibles, c'est de la lourdeur d'esprit » (Dulnesse) (p.139 de l'éd. Macpherson).

Assurément, de telles déclarations sont incompatibles avec le début de *De Homine* XII. Toutefois, il serait excessif d'interpréter le *De Homine* comme si Hobbes s'était converti à une éthique inspirée de Platon ou d'Aristote. Je veux dire: à une conception selon laquelle les joies stables procurées par la contemplation des intelligibles l'emportent sans discussion sur la recherche, toujours décevante en fin de compte, des plaisirs sensibles. Chez Hobbes, il n'y a pas d'intelligibles à contempler, pas de *summum bonum* à goûter dans une jouissance immobile. Le moteur de l'activité est toujours un *appetitus* inquiet, soumis aux vicissitudes du temps. Sur l'objet de *l'appetitus*, il est possible que tous les textes ne s'accordent pas. Il semblerait, par endroits, que seuls les plaisirs corporels, et l'évitement des maux corpo-

5. Trad. L. Roux, légèrement modifiée.

rels, constituent la fin véritable de l'activité: le pouvoir et l'honneur ne serait recherchés que comme les moyens de garantir une jouissance sûre, sans cesse renouvelée, de ces biens sensibles. D'autres textes suggèrent une doctrine plus complexe: l'honneur peut devenir une fin en soi, puisque certains aimeront mieux mourir que dévorer l'affront (cf. *De Cive*, III,12); en outre, la curiosité intellectuelle distingue l'homme de la bête (cf. par exemple *EL*, I, IX, 18). Mais même en élargissant ainsi, dans plusieurs directions, le champ des projets humains, on ne retrouve pas pour autant la perspective platonico-aristotélicienne. Le modèle de la félicité reste celui d'un désir (désir sensuel, désir de considération, désir de savoir et de comprendre) qui est un instant assouvi, puis s'éveille à nouveau, et se porte vers de nouveaux objets, de nouvelles satisfactions, cela indéfiniment. En ce sens, l'initiative revient toujours à *l'appetitus*, même dans un ouvrage comme le *De Homine*, qui souligne fortement que le plan d'action, le *consilium*, doit rester l'affaire de la raison.

Pourtant, il ne faut pas conclure de ce qui précède que le *De Homine* conserverait, à des nuances d'expression près, la doctrine des ouvrages antérieurs. Considérons par exemple le *Léviathan*. Sur le sujet de la passion, on y relève, comme nous venons de le voir, des propos apparemment contradictoires. Mais je pense que la contradiction disparait si l'on admet, simplement, qu'il existe des passions perturbatrices, mais aussi des passions aptes à collaborer avec la raison (j'y reviendrai bientôt, dans la quatrième partie de cet exposé). Cette doctrine du reste, s'exprimait déjà dans la *Critique du 'De Mundo'*, où Hobbes refuse de faire consister la *prudentia* dans la médiocrité des passions (XXXVIII, 14), et professe que les méchants ne se distinguent pas des bons par la véhémence, mais par l'objet, de leurs passions (XXXVIII, 15).

Telle n'est pas la position du *De Homine*, du moins de ce premier alinéa du chapitre XII que j'ai tenu à traduire en entier. En effet, si l'on s'en tient rigoureusement à ce texte, toutes les passions qui figurent dans les « traités des passions » de Hobbes sont condamnées: la sagesse serait de poursuivre les fins de *l'appetitus*, mais en se gardant de toute fièvre passionnelle, en s'en remettant paisiblement, pour le choix des moyens, à la *ratiocinatio*. Je ne suis pas certain, au demeurant, que le reste du chapitre conserve d'une façon vigilante et uniforme cette défiance à l'égard des passions. Aussi me garderai-je de faire du commencement du chapitre XII du *De Homine* je ne sais quel « aboutissement » de la réflexion de Hobbes sur les passions. C'est seulement une page qui se trouve privilégier, sur un problème complexe que

Hobbes n'a jamais traité systématiquement, une des orientations possibles de sa pensée.

IV

Il me reste à examiner le vocabulaire de la passion dans les passages où la théorie des passions se présente comme la prémisse essentielle de la doctrine de l'état de nature. Ici, deux remarques me paraissent justifiées.

La première, c'est qu'en dépit de nombreux textes où les passions (appelées, nous le verrons, de différents noms) apparaissent comme la cause de la guerre de tous contre tous, il n'est pas possible d'opposer globalement un état de nature qui serait le monde de la passion et de la déraison, au respect des lois de nature identifié sans nuance au règne de la raison. Certes, le fond passionnel l'homme est dangereux, gros de guerres possibles. Mais il existe aussi, comme je l'ai déjà indiqué brièvement, de bonnes passions, prêtes à militer aux côtés de la raison. A la fin du chapitre XIII du *Léviathan*, qui décrit la guerre de tous contre tous, Hobbes nomme les passions qui inclinent l'homme à la paix : la *crainte* de la mort, le *désir* des choses nécessaires à une vie aisée, l'*espoir* d'obtenir ces choses par le travail (Industry). Il nous avait bien entretenu, dans ses « traités des passions », de la crainte, du désir et de l'espoir; mais pas particulièrement de cette crainte, de ce désir et de cet espoir. Le catalogue complet des passions accueille donc, quand on examine l'aptitude de l'homme à la vie en société, des pulsions bienfaisantes sur lesquelles les développements proprement anthropologiques n'avaient guère insisté.

Il est vrai, néanmoins, que Hobbes n'est pas prolixe sur le cas de ces passions amies de la raison, et que ses développements sur la nécessité de l'Etat s'appuient le plus souvent sur la constatation de la nocivité des passions naturelles de l'homme, considérées dans leur ensemble. Mais ici, l'étude du vocabulaire de la passion réclame une deuxième observation, peut-être inattendue : c'est qu'à nouveau, le mot même de *passion* ou de *passio* tend à disparaître de ces grands raccourcis anthropologiques où Hobbes met en scène une humanité incommode, dangereuse, par nature, pour elle-même, et qui ne peut être sauvée de la ruine que par l'artifice rationnel de l'Etat bien constitué.

Cela n'est peut-être pas très remarquable dans les *Elements*. Il se trouve, néanmoins, que le passage des chapitres anthropologiques qui prépare le plus directement la théorie de l'état de nature est le paragraphe 7 du chapitre VII (de la Ière partie). C'est là, en effet, que Hobbes explique que l'homme est incapable de goûter un état de satisfaction qui le tiendrait en repos : tout succès suscite un nouveau désir et ainsi de suite, indéfiniment ; or le thème du désir en général est à peu près indiscernable, en cet endroit comme en bien d'autres dans les *Elements*, de celui, plus déterminé, du désir de supériorité. On touche donc de près, dans ce paragraphe 7, à ce qui fera de la condition naturelle de l'homme un état de guerre incessante. Mais le mot de *passion* n'a pas été prononcé : nous sommes dans le chapitre VII, qui, nous l'avons vu, ignore ce terme. On peut comparer ce texte à la célèbre phrase du chapitre XI du *Léviathan* : « je mets au premier rang, à titre d'inclination générale de toute l'humanité (for a generall inclination of all mankind), un désir perpétuel et sans trêve d'acquérir pouvoir après pouvoir, désir qui ne cesse qu'à la mort » (p. 161 de l'éd. Macpherson). Ici non plus, au moment d'énoncer, sur la nature humaine, une affirmation fondamentale, de laquelle il découle que les hommes se battront entre eux aussi longtemps qu'ils n'auront pas eu la sagesse d'instituer un pouvoir politique irrésistible, le mot de *passion* n'a pas été prononcé.

Mais c'est peut-être dans les ouvrages, ou les fractions d'ouvrages, qui ne se proposent pas de traiter systématiquement « de l'homme », et lorsque ces textes doivent néanmoins parler brièvement de ce qu'il y a d'insociable dans la nature humaine, que l'absence du mot passion est la plus remarquable. Ainsi, dans l'Epître dédicatoire du *De Cive*, il est question des

> deux postulats très assurés de la nature humaine, celui de la cupidité naturelle, par laquelle chacun réclame pour lui seul l'usage des choses communes, et celui de la raison naturelle, par lequel chacun s'efforce d'éviter la mort violente comme le plus grand des maux naturels (*Works II*, p.75).

Le terme général est *postulatum* (qui englobe la raison : une raison curieusement définie, non par la puissance de calculer, mais par l'horreur de la mort). Le terme spécifique, le plus proche par le sens de ce qui ailleurs est appelé passion, est *cupiditas*. De *passio,* point de mention.

On trouve une situation comparable en *De Corpore* I, VI, 6 et 7. Dans ces pages, le problème est de savoir si la connaissance de la *philosophia moralis*, et, par voie de conséquence, de la *philosophia civilis*, dépend de la connaissance de la *philosophia naturalis*. Or, l'objet essentiel de la *philosophia naturalis*, c'est : *appetitus*, *aversio*, *amor*, *benevolentia*, *spes*, *metus*, *ira*, *aemulatio*, *invidia*, *etc*. (paragraphe 6, *O.L. I*, p.64). Il s'agit donc à coup sûr de ce qui est ailleurs appelé *passio*. Mais ici, l'expression employée est *motus animorum*, qu'on retrouvera à quatre reprises dans le paragraphe 7, où il est expliqué que les *motus animorum* constitutifs de la nature humaine peuvent être découverts par tout homme, même ignorant de la *philosophia naturalis*, s'il est suffisamment attentif à sa propre expérience intérieure. Et cette enquête introspective le convaincra de la nécessité de l'institution du pouvoir :

> on parviendra enfin à ceci : que les *appetitus* et les *motus animorum* des hommes sont tels, que si ceux-ci ne sont pas contraints par quelque pouvoir, ils se feront la guerre les uns aux autres, chose qui peut être connue par l'expérience de quiconque examinera son propre esprit (*O.L. I*, p. 66)

Une fois de plus, quand il s'agit de résumer en quelques mots le danger que les passions humaines font courir à l'humanité, danger qui appelle l'érection de l'Etat, le mot même de *passion* fait défaut. J'accorde volontiers que dans ce chapitre VI, où toute science se ramène à une variété de la cinématique, l'expression de *motus animorum* soit comme appelée par le contexte, pour désigner ce que nous appelons passions. Mais le même texte, moins d'une page auparavant, parle d'accéder « ad scientiam cupiditatum, perturbationumque animorum » (*ibid.*, p. 65). *Cupiditas, perturbatio animorum* : deux synonymes approximatifs de *passio*, qui ne sont pas plus appelés qu'*appetitus*, que nous venons de rencontrer, par l'omniprésence du thème du mouvement dans le chapitre VI du *De Corpore*. Au total, quatre termes : *motus* ou *perturbatio animorum*, *appetitus*, *cupiditas*. Et pas une fois *passio*, qui serait ici le terme technique précis : pourquoi ce délaissement ?

V

Ma réponse sera conjecturale. Je constate que Hobbes emploie naturellement et fréquemment le mot de *passion* ou *passio* chaque fois qu'il est question de définir les passions complexes, de les analyser, d'en faire un catalogue systématique, bref, d'esquisser ou de développer un petit « traité des passions ». Au contraire, le mot de passion fait curieusement défaut aux deux extrémités du développement : à la base, quand il faut construire la doctrine élémentaire de la passion ; au sommet, quand la théorie des passions doit servir de préambule à la doctrine de l'état de nature, d'où découlera l'essentiel de la théorie politique. Or, je remarque que ces deux niveaux de la réflexion, où le mot de passion disparait, ou tend à disparaître, sont parmi les parties de l'œuvre de Hobbes où son originalité, sa marque personnelle, s'aperçoivent le mieux. Au contraire, le « traité des passions » est un genre littéraire assez banal au XVIIe siècle; en s'y essayant, Hobbes se met en position d'accueillir les influences culturelles extérieures. Arrigho Pacchi a bien montré, du reste, à la suite de Leo Strauss, ce que les «traités des passions» des *Elements*, du *Léviathan* et du *De Homine* doivent à Aristote et à Descartes[6]. Il semble que la conclusion s'impose: le mot de passion n'appartiendrait pas au fond le plus authentiquement hobbesien de la pensée de Hobbes; il n'apparaitrait que lorsque Hobbes entreprend de se faire reconnaître comme un moraliste, dans une culture où le moraliste tient une place éminente. Telle est l'hypothèse que l'étude du vocabulaire de la passion chez Hobbes invite à avancer. Si elle est fondée, elle est peut-être de nature à ouvrir la voie à des interprétations qui iraient au delà d'une simple étude de vocabulaire[7].

François TRICAUD
Université Jean Moulin (Lyon III)

6. A. PACCHI: «Hobbes and the passions», pp. 111-119 in: *Topoi* 6 (1987). Cf. p. 114, col. 2.

7. Dans le *De Homine* (XI,1), il est rappelé hâtivement que la sensation provient d'un mouvement émané de l'objet perçu, reçu dans l'organisme, et repoussé vers l'extérieur. La sensation «consiste dans ce *conatus* de l'organe dirigé vers l'extérieur» (consistit in conatu organi extrorsum). Symétriquement, et encore plus brièvement, il est dit que le plaisir «consiste dans la passion causée par l'action de l'objet, et est un *conatus* dirigé vers l'intérieur» (consistit in passione quae fit ab actione objecti, et est conatus introrsum). (Ici «passion» n'a pas de signification psychologique: c'est le corrélatif et l'opposé d'«action»). On peut apercevoir dans ces lignes une référence très elliptique à la théorie du plaisir et de la douleur conçus comme des altérations favorables ou défavorables du mouvement vital; ou plutôt, une référence aux propos qui accompagnent l'exposition de cette théorie en *De Corpore* IV, XXV, 12 (*O.L. I*, p. 331), et qui distinguent entre *conatus* «ad externa» et *conatus* «ad interiora». Quant à la théorie de la passion comme *conatus* du mouvement musculaire volontaire, elle n'apparaît pas dans l'ouvrage. En XII, 1, aussitôt après le commentaire de *perturbatio animi* dont j'ai donné ci-dessus la traduction, les réalités organiques sous-jacentes à la passion sont décrites et expliquées comme suit: «Les *affectus* consistent en mouvements variés du sang et des esprits animaux, selon que, de diverses façons, tantôt ils s'épandent et tantôt ils se retirent vers leur source; les causes de ces mouvements sont les phantasmes relatifs au bien et au mal suscités dans l'esprit par les objets». Aussi bien en XII, 1 qu'en XI, 1, on rencontre l'ambiguïté de la construction *consistere in*, qui peut se traduire soit par «consister en», soit par «reposer sur». Mais quelle que soit la traduction choisie, les processus corporels évoqués n'ont rien de commun avec ces «commencements intérieurs des mouvements volontaires» dont parlait le chapitre VI du *Léviathan*. Dans le travail cité ci-dessus (voir note 1), Anna Minerbi Belgrado souligne à juste titre la parenté de ces nouvelles hypothèses physiologiques avec celles que propose Descartes dans les *Passions de l'Ame* (*op. cit.*, p. 4).

LE VOCABULAIRE DE LA PERSONNE

Les difficultés inhérentes à ce sujet n'ont guère à être soulignées. Elles tiennent à son ampleur : la notion de personne, telle que l'élabore et l'utilise Hobbes, touche à la métaphysique, à la théorie politique, au droit, à la théologie. Elles découlent également du problème permanent des sources de la pensée de Hobbes, et des influences qui ont pu s'exercer sur lui. Encore faut-il mentionner les usages variables que fait le philosophe de ce concept (comme d'autres). Or, l'importance du sujet est tout aussi manifeste que sa complexité : la notion de personne est au cœur de la doctrine hobbesienne de la souveraineté, comme de son discours théologique – elle détermine le sens donné par Hobbes au crédo chrétien et, par là, permet d'apprécier les rapports qui existent entre la formulation explicite de sa foi, sa métaphysique, et l'orthodoxie anglicane et romaine tout ensemble. M'étant engagé sans doute inconsidérément dans l'exploration de ce thème, je me garderai de prétendre en épuiser les significations et la portée. Je l'aborderai, au sens propre du terme, sous trois angles : la constitution et le contenu de la doctrine politico-juridique de la personne chez Hobbes ; les matériaux conceptuels qu'on peut sans trop de risque supposer avoir été à la disposition du philosophe, de manière à tenter de mesurer les continuités et les innovations par rapport à un certain héritage romain, médiéval et proprement anglais ; la théologie hobbesienne de la personne, du point de vue de ses liens avec la doctrine politico-juridique, de sa cohérence interne, et de l'image qui s'en dégage de la religion de Hobbes.

I

Etablir la généalogie de la notion de personne exige un repérage préalable des principales occurrences du mot lui-même, ainsi qu'un classement des usages successifs qu'en a fait Hobbes dans ses grandes œuvres de théorie politique. Ce travail a été, pour une bonne part, effectué par François Tricaud[1] : grâces lui en soient rendues ici ! Les *Eléments* réunissent les sens les plus courants du mot de personne :

— il s'agit d'abord de l'être humain en général. Ainsi lorsque Hobbes y écrit : « Et ici il faut comprendre que lorsque le détenteur du pouvoir souverain accorde à un sujet une exemption ou un privilège, non séparable de la souveraineté, et garde cependant directement le pouvoir souverain même s'il ignore la conséquence du privilège qu'il accorde, la ou les *personnes* exemptées ou privilégiées ne sont point de ce fait déliées »[2];

— il s'agit ensuite de l'homme ou de la femme considérés en eux-mêmes et par eux-mêmes, indépendamment de ce qui leur appartient mais n'est pas eux-mêmes. Tel est le sens du mot dans l'expression *in person.* Ainsi dans le fragment de phrase : « Si l'on considère qu'il est impossible qu'un homme qui détient un tel pouvoir souverain puisse entendre *en personne* toutes les controverses et en décider (...) »[3]. La signification est la même dans cette interrogation : « D'où vient que la plupart du temps ceux-là ont en amour une bien meilleure fortune de qui les espoirs sont bâtis sur quelque chose qui est *en leur personne* (...) ? »[4]. *Person* équivaut à *self,* c'est-à-dire à l'identité. Toutes connotations juridiques sont absentes du mot ;

— il s'agit enfin d'une personne artificielle, telle qu'une corporation, autrement dit d'une société constituée de personnes individuelles qui, grâce à ses règles de fonctionnement internes, est capable d'exprimer une volonté unique, de telle manière que chacune des volontés individuelles s'y trouve comprise et impliquée. C'est en ce sens qu'un corps politique forme une personne, comme dans l'affirmation : « L'erreur concernant le gouvernement mixte vient de ce qu'on n'a pas compris ce que signifie l'expression 'corps politique' et qu'elle signifie non pas la concorde, mais l'union de plusieurs hommes. Bien que dans les chartes des corporations subordonnées, il puisse être dit que la corporation est une personne juridique, on ne l'a pas remarqué du corps politique d'une république ou cité, et aucun des innombrables écrivains qui ont écrit sur la politique n'a observé une telle union »[5]. La juridicité est ici clairement posée, de même que l'enracinement

1. François Tricaud, « An Investigation Concerning the Usage of the Words 'Person' and 'Persona' in the Political Treatises of Hobbes », in : *Thomas Hobbes, His View of Man,* J.G. van der Bend ed., Amsterdam : Rodopi B.V., 1982.

2. *Les Eléments du droit naturel et politique* (trad. Louis Roux, Lyon, L'Hermès, 1977 ; cette traduction est basée sur l'édition Tönnies du texte anglais, *Elements of Law,* Londres, Frank Cass, 1969, II, II, 13.

3. *Ibid.*, II, I, 11.

4. *Ibid.*, I, IX, 16.

5. *Ibid.*, II, VIII, 7.

dans la tradition du droit anglais. Cette personne est dite *civile :* elle se distingue de la personne *naturelle* qui, elle, renvoie au premier sens mentionné. Hobbes déclare s'être attaché à examiner « comment une multitudes de *personnes naturelles* s'unissent par contrat en une *personne civile* ou corps politique »[6].

On retrouve dans le *De Cive* les trois sens déjà rencontrés :

— pour le premier, la phrase : « cum Dominium, hoc est, imperium supremum indivisibile est, ita ut nemo duobus Dominis seruire possit, ad generationem autem duae *personae* concurrant, Mas & foemina, impossibile est ut Dominium omnino acquiratur sola generatione »[7] ;

— pour le second : « si mater bello capta sit, natus est ex ea capientis est, propterea quod qui Dominium in *personam* habet in omnia quae sunt ejus »[8] ;

— pour le troisième : « Cap. 5 articulo 9 definitur civitas esse *persona* una facta ex pluribus hominibus, cujus voluntas, ex ipsorum pactis, pro ipsorum omnium voluntatibus habenda est, ut singulorum viribus & facultatibus uti possit, ad pacem & defensionem communem »[9].

Ce sens, il est intéressant de le noter, est celui d'environ 50% des occurrences de *person*, alors que le pourcentage, dans les *Elements,* est de 25% seulement.

C'est ce troisième sens qui l'emporte massivement dans le *Léviathan,* où il devient la clef de voûte de la doctrine de la souveraineté. Le difficile est qu'il s'y enrichit d'apports conceptuels qui le complexifient à l'extrême, en même temps qu'ils lui confèrent toute sa force et son originalité. Ce point ressort avec évidence du début du chapitre XVI, où Hobbes définit ce qu'est la personne (*person/ persona).*

La clarté de l'exposé exige, je le crains, que l'on cite tout ce début :

> Est une personne, celui *dont les paroles ou les actions sont considérées, soit comme lui appartenant, soit comme représentant les paroles ou actions d'un autre, ou de quelque autre réalité à laquelle on les attribue par une attribution vraie ou fictive.*
>
> Quand on les considère comme lui appartenant, on parle d'une *personne naturelle,* quand on les considère comme représentant les paroles ou les actions d'un autre, on parle d'une *personne fictive* ou *artificielle.*

6. *Ibid.*, II, I, 1.
7. *De Cive*, éd. Warrender, Oxford, Clarendon Press, 1983, IX, 1.
8. *Ibid.*, IX, 5.
9. *Ibid.*, X, 5.

Le mot de personne est latin. A sa place, les Grecs ont πρόσωπον, qui désigne le *visage*, alors que *persona*, en latin, désigne le *déguisement*, *l'apparence extérieure* d'un homme, imités sur la scène; et parfois, plus précisément, la partie du déguisement qui recouvre le visage : le masque. De la scène, le mot est passé à tout homme qui donne en représentation ses paroles et ses actions, au tribunal aussi bien qu'au théâtre. *Personne* est donc l'équivalent d'*acteur*, tant à la scène que dans la vie courante, et *personnifier*, c'est *jouer le rôle*, ou *assurer la représentation*, de soi-même ou d'autrui : de celui qui joue le rôle d'un autre, on dit qu'il en assume la personnalité, ou qu'il agit en son nom; c'est en ce sens que Cicéron prend ces mots lorsqu'il dit : *Unus sustineo tres personas, mei, adversarii, et judicis*, j'assume trois personnalités : la mienne, celle de mon adversaire, et celle du juge; et on l'appelle de différents noms selon les différents cas : *celui qui représente* ou *représentant*, *lieutenant*, *vicaire*, *avocat*, *substitut*, *procureur*, *acteur*, etc.
Les paroles et actions de certaines personnes artificielles sont *reconnues pour siennes* par celui qu'elles représentent. La personne est alors *l'acteur ;* celui qui en reconnaît pour siennes les paroles et actions est *l'auteur*, et en ce cas l'acteur agit en vertu de l'autorité qu'il a reçue. Car celui qui, en matière de biens de toute espèce, est appelé propriétaire (*dominus* en latin, et κύριος en grec), est appelé, en matière d'actions, l'auteur» [10].

La personne est toujours un moi, une identité; mais un moi qui se décompose en deux éléments, par la vertu de cette *persona* ramenée à son sens étymologique de masque : un représentant *et* un représenté ; un acteur *et* un auteur. Encore faut-il préciser que peuvent entrer dans la catégorie des personnes, par ce processus de «personnification», des choses inanimées : une église, un hôpital ou un pont. Et Dieu lui-même peut faire l'objet d'une personnification (par où la théologie marque une première intrusion dans ce discours) : «Le vrai Dieu peut être personnifié. Il le fut, en premier lieu, par Moïse, qui gouvernait les Israélites (...). En deuxième lieu, par le Fils de l'Homme, son propre fils, notre Sauveur béni *Jésus-Christ* venu pour ramener les Juifs et amener toutes les nations vers le royaume de son père non comme de son propre chef, mais en qualité d'envoyé du père. En

10. *Léviathan*, XVI, trad. Tricaud, Paris, Sirey, 1971, p. 161-163; éd. Macpherson, Harmondsworth, Pelican Classics, 1974, p. 217-218. Pour les citations suivantes du *Léviathan*, sauf exception clairement indiquée, nous ferons figurer le numéro de chapitre, puis a) la référence de page dans la traduction de François Tricaud; b) la référence de page dans l'édition anglaise de C.B. Macpherson.

troisième lieu, par le Saint-Esprit, ou Consolateur, qui parlait et agissait dans les Apôtres »[11]. Comme nous le verrons, cette affirmation est à coup sûr l'une des plus problématiques de tout le *Léviathan*.

La notion de personne met dorénavant en jeu deux concepts : la représentation et l'autorisation. On les retrouve au fondement même de la théorie politique, puisque la république ne se conçoit pas sans personnification. En effet, « on dit qu'une *république* est *instituée*, lorsqu'un *grand nombre* d'hommes réalisent un accord et passent une *convention (chacun avec chacun)*, comme quoi, quels que soient l'*homme* ou l'*assemblée d'hommes* auxquels la majorité d'entre eux aura donné le *droit* de *représenter* leur personne à tous (c'est-à-dire d'être leur *représentant)*; chacun, aussi bien celui qui a *voté pour* que celui qui a *voté contre, autorisera* toutes les actions et tous les jugements de cet homme ou de cette assemblée d'hommes, de la même manière que si c'était les siens »[12]. La personne désigne, comme dans les œuvres antérieures, le mode de constitution du corps politique : la génération de la république « va plus loin », précise Hobbes, « que le consensus ou la concorde : il s'agit d'une unité réelle de tous en une seule et même personne, unité réalisée par une convention de chacun avec chacun (...) »[13]. Mieux : la personne s'identifie à l'essence même de ce corps, que Hobbes définit ainsi à la fin du chapitre XVII : « une personne unique telle qu'une grande multitude d'hommes se sont faits, chacun d'entre eux, par des conventions mutuelles qu'ils ont passées l'un avec l'autre, l'auteur de ses actions »[14]. Telle est « l'essence de la république ». Cette personne qui résume l'être de la *civitas*, c'est le souverain qui en est le *locus* : « le dépositaire de cette personnalité est appelé souverain, et l'on dit qu'il possède le *pouvoir souverain ;* tout autre homme est son sujet »[15].

Ici, il est intéressant de rapprocher le texte anglais et le texte latin. L'anglais dit : « And he that carrieth this Person, is called SOVERAIGNE, and said to have *Soveraigne Power*[16]. On lit dans le latin : « Is autem qui Civitatis Personam gerit, summam habere dicitur Potestatem »[17]. *Personam civitatis gerere :* l'expression revient notamment au chapitre XVIII[18] et au chapitre XIX[19]. C'est très exactement celle

11. *Ibid.*, XVI, p. 165-166, p. 220.
12. *Ibid.*, XVIII, p. 179, p. 228.
13. *Ibid.*, XVII, p. 177, p. 227.
14. *Ibid.*, XVII , p. 178, p. 228.
15. *Ibid.*, XVII, p. 178, p. 228.
16. Voir note précédente.
17. *Lev*, trad Tricaud, p. 178, n. 37.
18. *Lev*, éd. Molesworth, OL, III, p. 134.
19. *Ibid.*, p. 142.

qu'emploie Cicéron, dans le *De Officiis* en particulier. Ainsi lorsqu'il y évoque les devoirs des magistrats et affirme que « c'est le devoir propre du magistrat de comprendre qu'il représente la cité (*est igitur proprium munus magistratus intellegere se gerere personam civitatis*), qu'il doit soutenir son prestige et son honneur, sauvegarder les lois, définir les droits et se souvenir que tout cela a été confié à sa bonne foi »[20]. Or, à chaque fois, l'anglais élimine cette référence à la personne « de la république », pour parler de celui qui porte (ou qui est le dépositaire de) « cette personne », « leur personne à tous », « leur personne » tout court, ou encore « la personne du peuple ». D'où l'on peut légitimement conclure que, sur certains points extrêmement importants comme celui-ci, le texte latin du *Léviathan* est plus proche du *De Cive* que le texte anglais de 1651, bien qu'il ait été publié en 1668, et que, par conséquent, il doit y avoir quelque justification à la thèse soutenue par François Tricaud sur l'existence d'un « proto-*Léviathan* » latin dont l'édition de 1668 ne serait que la reprise, et sans doute pas la transcription pure et simple. Définir le souverain comme le dépositaire de la personne de la république, ce serait laisser entendre que la république possède en propre une personne indépendamment de son souverain représentant, antérieurement à son apparition – donc, qu'elle existe en tant que telle, c'est-à-dire comme entité juridique et politique, sans sa médiation. Or, tout l'effort du *Léviathan* anglais est de disqualifier cette idée qu'on puisse distinguer entre l'existence de la république et celle du souverain – ce qui ressort clairement d'un point essentiel sur lequel le texte anglais et le texte latin s'accordent : que le souverain (homme ou assemblée) *est* la personne de la république, la *persona civitatis*. Quelques rares passages pourraient permettre d'en douter, comme au chapitre XV, quand Hobbes écrit que « c'est à la personne de la république qu'on fait tort par le brigandage et la violence »[21] : il semble que la personne mentionnée ici soit celle de la république en tant que personne artificielle. Mais, à l'ambiguïté de ces lignes, il convient d'opposer la clarté d'autres passages. Le chapitre XXVI en offre deux exemples probants. On y lit qu'« il n'y a rien de plus dans l'expression de loi civile, sinon la mention de la personne qui ordonne, qui est la *persona civitatis*, la personne de la république »[22], et que, par ailleurs, « dans toutes les cours de justice, c'est le souverain (qui est la personne de la république) qui juge »[23].

20. Cicéron *Les Devoirs*, trad.Maurice Testard, Paris, Les Belles Lettres, 1965, p. 169, I, XXXIV, 124.
21. *Lev*, XV, p. 150, p. 207.
22. *Ibid.*, XXVI, p. 282, p. 312.
23. *Ibid.*, XXVI, p. 288, p. 317.

Cela étant dit, on n'a fait, par ces remarques liminaires, qu'entrevoir une toute petite partie du sujet. A preuve cette affirmation, apparemment simple, selon laquelle le souverain *est* la personne de la république. Pour en mesurer la portée et toutes les implications, il faut revenir au chapitre XVI, et plus précisément au passage où Hobbes explique comment se crée l'unité de la personne civile, en quoi elle consiste, et en qui elle réside :

> Une multitude d'hommes devient *une seule* personne quand ces hommes sont représentés par un seul homme ou une seule personne, de telle sorte que cela se fasse avec le consentement de chaque individu singulier de cette multitude. Car c'est l'*unité* de celui qui représente, non l'unité du représenté, qui rend *une* la personne. Et c'est celui qui représente qui assume la personnalité, et il n'en assume qu'une seule. On ne saurait concevoir l'unité dans une multitude sous une autre forme[24].

Avec François Tricaud, on pourrait dire que le mot « personne » renvoie ici à cinq significations distinctes : l'être humain (« représentés par un seul homme ou une seule personne »); l'identité individuelle (dans le même fragment de phrase); la corporation (« une multitude d'hommes devient une seule personne »); le droit d'agir au nom ou pour le compte de quelqu'un d'autre (« celui qui assume la personnalité »); l'homme ou l'assemblée habilités à agir pour le compte de la république ou d'une corporation subordonnée (« l'unité de celui qui représente »). De là ce commentaire humoristique du traducteur du *Léviathan* : « It could be said, in good hobbesian language, that if many persons want to secure their persons and goods they must unite into one person; they will do so by handing over their person to a man or assembly that will thus become their person »[25].

Yves-Charles Zarka, pour sa part, retient trois de ces significations : la multitude des hommes représentés; le représentant; le rapport du représentant au représenté. Mais il en ajoute une quatrième qui mérite à coup sûr l'attention, parce qu'elle est, je le crois comme lui, la clef de cette polysémie de la notion de personne : « ni spécifiquement le représentant, ni spécifiquement le représenté, mais l'unité de l'être juridique qu'ils constituent tous deux »[26] – ce que paraît bien suggérer la phrase : « For it is the *Unity* of the Representer, not the

24. *Ibid.*, XVI, p. 166, p. 220.
25. François Tricaud, « An Investigation Concerning the Usage of the Words 'Person' and 'Persona' in the Political Treatises of Hobbes », article cité, p. 96.
26. Yves-Charles Zarka, *La décision métaphysique de Hobbes*, Paris, Vrin, 1987, p. 343.

Unity of the Represented, that maketh the Person *One* » [27]. De fait, dans la mesure où le représenté/auteur autorise le représentant/acteur à prononcer ou à accomplir une classe déterminée d'actions et de paroles en son nom (que cette classe soit limitée ou illimitée, comme c'est le cas dans la relation sujet/souverain), « les paroles et les actions du représentant/acteur sont considérées comme celles du représentant /auteur, et inversement, le représenté/auteur parle et agit lui-même par le représentant/acteur. L'un agit par l'autre, l'autre agit pour l'un » [28]. On a bien affaire, juridiquement, à une seule et même personne. Dès lors, on peut légitimement affirmer, à la fois, que le représentant *est* la personne, que le représenté *est* la personne, et que le représentant assume la personne du représenté.

Les implications de cette polysémie paradoxale sont multiples. J'en soulignerai trois. D'abord, la doctrine du *Léviathan* offre une solution à un problème resté en suspens dans les *Elements* et le *De Cive :* d'une part, la volonté du souverain était totalement étrangère aux individus qui s'étaient dépossédés de tous leurs droits à son profit (elle était simplement posée comme l'émanation de leur volonté exprimée dans le pacte social ; mais une fois effectué le transfert de droit contenu dans le pacte – et le pacte ne signifiait *que* ce transfert –, les individus cessaient de vouloir, d'agir, d'exercer le moindre droit) ; d'autre part, Hobbes ne parvenait pas à fonder juridiquement la puissance du souverain, à partir de droits constitutifs de la personne civile de l'Etat. Désormais, cette hypothèque est levée. Par le mécanisme de l'autorisation, en premier lieu, les individus ne se dépouillent pas de tout droit. Transformés en « auteurs » des actes du souverain, ils deviennent des sujets-citoyens dotés de droits qu'il est impossible de restreindre. On ne saurait, en effet, reconnaître pour sien, c'est-à-dire « autoriser » au sens hobbesien, des actes qu'aucun homme ne peut vouloir. Si l'autorisation hobbesienne a un sens, c'est bien d'assurer la préservation de ces droits sur soi-même. Aussi ne peut-on qu'adhérer à l'assertion d'Yves Charles Zarka : « ces droits sur soi-même, que chaque citoyen conserve, échappent à l'autorisation non parce qu'ils la limitent mais parce qu'ils la fondent » [29]. En second lieu, le souverain reçoit des auteurs un mandat qu'on peut définir comme « un droit d'agir au nom du droit des auteurs » [30]. Il cesse d'être étranger à la société civile, dont il exprime la volonté ; et les droits qui s'attachent à la personne civile

27. *Lev*, éd. Macpherson, p. 220.

28. Yves-Charles Zarka, *La décision métaphysique de Hobbes*, *op. cit.*, p. 344.

29. *Ibid.*, p. 351.

30. *Ibid.*, p. 341.

dont il est le dépositaire deviennent des droits proprement politiques. Il ne s'agit plus du droit sur toute chose que possédait le souverain comme individu dans l'état de nature et qui, selon les *Elements* et le *De Cive*, constituait, après la conclusion du pacte social, la base de sa puissance, puisqu'il était seul à en disposer encore. Le pouvoir absolu qui définit la souveraineté va maintenant au souverain en tant qu'il assume la personne civile de l'Etat, et non pas à la personne naturelle qu'il continue, bien entendu, d'assumer – « tout homme ou assemblée investis de la souveraineté représentent deux personnes, ou, comme on le dit couramment, ont une double capacité, l'une naturelle et l'autre politique (ainsi, un monarque n'assume pas seulement la personne de la république, mais aussi celle d'un homme) » [31].

Seconde implication liée à la précédente : la personnification hobbesienne ne transforme pas seulement l'individu en auteur, puis en sujet-citoyen, quand un autre, ou plusieurs autres, deviennent acteur et souverain : elle opère une métamorphose (mot justement employé par Lucien Jaume) [32] qui fait advenir le peuple de la multitude – non pas le peuple en tant que réalité empirique distincte de ses souverains successifs; non plus le peuple symbolisé, emblématisé par un souverain temporaire qui n'en serait que le masque ou la métaphore; mais le peuple voulant, parlant, agissant par son souverain. A partir d'un schéma qui semble initialement pouvoir se ramener à l'octroi d'un mandat (de la multitude à l'un ou à plusieurs des siens), le processus de personnification aboutit à un renversement complet au terme duquel c'est le mandataire (le souverain) qui fait le mandant (le peuple, ou le corps politique en lequel se subsume la multitude par l'acte d'autorisation). Quelle est « la seule façon d'ériger un tel pouvoir commun » (c'est-à-dire la république), demande Hobbes à la fin du chapitre XVII ? Il faut

> désigner un homme, ou une assemblée, pour assumer leur personnalité ; et que chacun s'avoue et se reconnaisse comme l'auteur de tout ce qu'aura fait ou fait faire, quant aux choses qui concernent la paix et la sécurité commune, celui qui a ainsi assumé leur personnalité ; que chacun par conséquent soumette sa volonté et son jugement à la volonté et au jugement de cet homme ou de cette assemblée. Cela va plus loin que le consensus ou la concorde : il s'agit d'une unité réelle de tous en une seule et même personne, unité réalisée par une convention de chacun avec chacun passée de telle sorte que c'est comme si chacun disait à

31. *Lev*, XXIII, p. 254, p. 289.
32. Lucien Jaume, « La théorie de la 'personne fictive' dans le *Léviathan* de Hobbes », in *Revue française de science politique*, vol. 33, n° 6, 1983.

chacun : *j'autorise cet homme ou cette assemblée, et je lui abandonne mon droit de me gouverner moi-même, à cette condition que tu lui abandonnes ton droit et que tu autorises toutes ses actions de la même manière.* Cela fait, la multitude ainsi unie en une seule personne est appelée une RÉPUBLIQUE, en latin CIVITAS[33].

« Une unité réelle de tous en une seule et même personne » : on suit volontiers Lucien Jaume quand il commente ce passage en écrivant que « ce n'est pas le peuple qui fait Léviathan, mais c'est Léviathan qui institue le peuple »[34]. Le peuple ne se distingue pas du souverain. Il ne saurait, non plus, se diviser : toute division ne pourrait être qu'interne au souverain, qui se dissoudrait de ce fait ; ou bien elle signifierait que le peuple se met à exister par et en lui-même, indépendamment du souverain, ce qu'exclut la théorie. Par définition, le peuple est un : il a l'unité, le caractère distinctif d'entité que lui confère l'unité de la personne « portée » par le souverain. De même que la personne naturelle de ce dernier s'efface devant sa personne artificielle (ce qui ne signifie pas qu'elle cesse d'exister), de même, la personne naturelle de chacun des individus qui composent la multitude (lesquels ne sont pas davantage abolis) s'estompe au profit de cette personne artificielle et réelle à la fois, douée d'une volonté unique que Hobbes pose comme étant celle de tous, en laquelle s'incarne l'être collectif de la république. Que vienne à disparaître le souverain, et le peuple sera *ipso facto* dissout. Si masque il y a dans la personne civile, il n'en épuise pas, assurément, la réalité. Et si, à la notion hobbesienne de personne, est lié un effet de miroir, c'est – à partir du *Léviathan* tout au moins – celui par lequel le peuple est réfléchi par le souverain : dans les paroles et les actes que celui-ci pose « au nom du peuple », et en quoi consiste l'existence du peuple. Malgré les apparences, et malgré le recours à l'expression *personam civitatis gerere* (dans un *Léviathan* latin, il est vrai, qu'on peut présumer antérieur au *Léviathan* anglais), on est bien au-delà de la distinction opérée par Cicéron entre la multitude et le peuple, qui repose toute sur l'idée d'une association contractuelle comme essentielle à la définition du peuple. Je cite *La République :* « Donc, reprit l'Africain, la république, c'est la chose du peuple ; mais un peuple n'est pas un rassemblement quelconque de gens réunis n'importe comment ; c'est le rassemblement d'une multitude d'individus, qui se sont associés en vertu d'un accord sur le droit et d'une communauté d'intérêts (*coetus multitudinis iuris consensu et*

33. *Lev*, XVII, p. 177, p. 227.
34. Lucien Jaume, « La théorie de la 'personne fictive' dans le *Léviathan* de Hobbes », article cité, p. 1017.

utilitatis communione sociatus)»[35]. Chez Cicéron, l'instituant fait l'institué : chez Hobbes, l'institué fait l'instituant. Désormais, on peut dire que *Rex est populus*. C'est maintenant que prend sens la formule du *De Cive* : *«Populus in omni civitate Regnat; nam & in Monarchiis populus imperat, vult enim populus per voluntate unius hominis»*[36]. D'une métaphore liée à l'idée de la représentation, on est passé dans le domaine de la réalité juridique, grâce à cette nouvelle version «enrichie» de la notion de personne.

La troisième implication que je veux mentionner est encore de l'ordre du renversement. Elle repose aussi sur une polysémie intéressante. Elle a trait au couple acteur/auteur. Dans un premier temps de l'analyse, l'*author* apparaît comme celui qui se fait représenter, celui qui donne mandat; l'*actor* est le représentant, le mandataire. En cela, rien que de conforme à la terminologie latine. Si l'on se réfère au dictionnaire de Daremberg et Saglio[37], l'*auctor* (formé sur *augere)* est celui qui prend l'initiative d'un acte. En droit public, il propose une mesure ou une loi, ou du moins il la recommande au peuple ou au Sénat (c'est en ce sens que les sénateurs sont appelés *patres auctores*). En droit privé, c'est celui de qui l'on tient ses droits, qui en a été la cause première (c'est en ce sens que le vendeur est considéré comme *auctor* vis-à-vis de l'acheteur, ou le tuteur vis-à-vis d'un pupille qu'il autorise à faire un acte juridique). En droit criminel, il s'agit de l'auteur principal d'une infraction à la loi pénale ou, plus souvent, de l'instigateur de l'infraction. Du sens mentionné d'*author,* Hobbes passe à une action qu'il exprime à l'aide du verbe *to authorize* (autoriser, habiliter, donner le droit d'agir et de parler au nom de soi), mais également à l'aide du substantif *authority,* et c'est là que les choses commencent à se compliquer. Ce sens d'*authority* n'est pas nouveau en anglais, ni aucunement rare : l'*Oxford English Dictionary* en fournit des exemples qui remontent à Wyclif et à la Bible de Coverdale. Il en découle pourtant une conséquence surprenante : l'*authority* en question, qui exprime le droit, le titre, le pouvoir juridique d'agir, n'appartient plus à l'*author,* mais à l'*actor*. Elle émane de l'*author*. Mais ce dernier n'est *author* qu'en tant qu'il autorise, autrement dit qu'il transmet son *authority* à quelqu'un d'autre – l'*actor*. Certaines *authorities* sont établies dans un but précis et pour un temps déterminé,

35. Cicéron, *La République*, trad. Esther Bréguet, Paris, Les Belles Lettres, 1980, p. 222 (I, XXV, 39). Ce passage est cité à deux reprises par Saint-Augustin dans *La Cité de Dieu,* II, 21 ; XIX, 21.

36. *DCi*, II, XII, 8.

37. Charles Daremberg, Edmond Saglio *et alii, Dictionnaire des antiquités grecques et latines*, Paris, 1877-1919.

comme une procuration électorale. D'autres peuvent valoir pour une durée illimitée et une multiplicité d'actes. Il est clair que l'autorité du souverain hobbesien entre dans ce second cas, puisque *tous* ses actes sont par avance autorisés. L'important, cependant, est que, en conséquence de cette autorisation illimitée qui fait de lui la personne de la république, l'acteur qu'est censé être le souverain (et qu'il est bien, en vertu du mandat reçu) devient l'auteur politique essentiel. On le constate en particulier au sujet des lois civiles. Hobbes écrit au chapitre XXVI : « Il n'est donc pas seulement indispensable que la loi soit signifiée, mais aussi qu'il existe des signes adéquats indiquant son auteur et son autorité. Qui est l'auteur, c'est-à-dire le législateur, cela est censé être connu dans chaque république de façon manifeste : c'est en effet le souverain, lequel ayant été institué par le consentement de chacun, est censé être adéquatement connu de chacun »[38]. Un peu plus loin dans le même chapitre, Hobbes évoque ainsi la question de l'authentification de la loi : « Je dis authentifiée, et non pas autorisée ; l'authentification ne concerne en effet que l'attestation et l'enregistrement de la loi, et nullement son autorité, laquelle réside seulement dans le commandement du souverain »[39]. L'autorité, ici, c'est : 1) le droit de commander du souverain ; 2) la validité que la loi tire de la source d'où elle émane ; 3) le mécanisme par lequel (comme pour la personnification, entre le représenté et le représentant) il passe quelque chose du souverain à la loi. Le sens latin de l'*auctoritas* semble présent à l'arrière-plan. Comme le fait valoir Michel Humbert, l'*auctoritas* exprime « l'idée d'augmenter l'efficacité d'un acte juridique ou d'un droit »[40]. C'est ainsi que le Sénat a la vertu d'augmenter la portée de tout acte pour lequel il a donné son accord : projet de loi, levée militaire, établissement d'un impôt. Rien n'oblige le magistrat à retirer un projet qui n'a pas su capter l'*auctoritas* du Sénat. Mais l'opinion formulée dans un sénatus-consulte a une autorité telle qu'elle *lie* pratiquement le magistrat. Par ailleurs, à compter du moment où le Sénat reconnaît à Octave la vertu d'*auctoritas* et lui décerne le titre officiel d'*Augustus* (étymologiquement, celui qui est porteur d'*auctoritas*), toutes les décisions qu'il prend, tous les actes qu'il accomplit se trouvent enrichis d'une autorité supérieure : le pouvoir impérial reçoit son fondement juridique essentiel. Ce qui apparaît nouveau, chez Hobbes, c'est, tout d'abord, que l'*auctoritas* se mâtine du sens second d'*authority* (pouvoir dérivé ou délégué d'agir), et, d'autre part, que la

38. *Lev*, XXVI, p. 291, p. 320.
39. *Ibid.*, XXVI, p. 293, p. 320.
40. Michel Humbert, *Institutions politiques et sociales de l'antiquité*, Paris, Dalloz, 1986, p. 327.

capacité d'*auctoritas* du souverain le constitue comme auteur. Ainsi s'explique, sans aucun doute, qu'il puisse à son tour être source d'autorisation, c'est-à-dire donner mandat pour parler et agir en son nom, et requérir l'obéissance des sujets. «Est ministre public», écrit Hobbes au chapitre XXIII, «celui que le souverain (qu'il s'agisse d'un monarque ou d'une assemblée) emploie dans telles ou telles affaires, avec autorité pour représenter, dans cet emploi, la personne de la république»[41]. Comme on le voit, à la concession d'autorité correspond une ultime dérivation de la personne civile, qui passe du souverain à ses ministres autorisés – ce qui est confirmé par ce que Hobbes dit, au même chapitre, des juges : «Ceux-là aussi auxquels est remise la juridiction sont des ministres publics. En effet, sur leurs sièges de juges, ils représentent la personne du souverain, et leur sentence est sa sentence»[42]. L'acteur devient auteur, le représentant se fait représenté, la personne de la république apparaît objet de personnification : le concept de la *persona civilis* assure définitivement son emprise sur le corps politique; la république acquiert, à travers toutes ses composantes, la personnalité juridique et devient, pour utiliser le langage des juristes germaniques, sujet et objet de droit.

II

Comme Hobbes lui-même le signale au début du chapitre XVI du *Léviathan,* sa doctrine de la personne repose, au moins en partie, sur un emprunt au droit romain. Le dictionnaire auquel je me suis déjà référé indique, au mot *persona,* quatre significations propres au langage juridique : un individu déterminé; le rôle qu'une partie joue dans un procès ou dans un acte juridique; la condition juridique d'un homme (de ce point de vue, les hommes sont libres ou esclaves, ingénus ou affranchis, citoyens romains, Latins ou pérégrins); un être capable d'être le sujet actif ou passif d'un droit – en général un être humain, une personne naturelle, parfois un être qui n'a qu'une existence juridique. Cette quatrième acception s'affirme au second siècle de notre ère. Elle est évidemment celle qui nous importe ici. La personne juridique mentionnée s'applique à un groupe de personnes formé pour atteindre un but politique, religieux ou social. Il peut s'agir des municipes, des colonies, des cités de droit romain, des *sodalitates* (confréries religieuses vouées à un culte, puis, sous l'Empire, associations politiques), des collèges ou corporations. Ces

41. *Lev*, XXIII, p. 254, p. 289.
42. *Ibid.*, XXIII, p. 257, p. 291.

groupes semblent assimilés à des personnes réelles. Trois conséquences en découlent. La personne juridique a une existence distincte de celle des individus qui la composent. Les membres du groupe n'ont aucun droit sur les biens qui lui appartiennent et ne sont pas tenus de ses dettes. Si une personne juridique doit agir en justice, son représentant n'est pas considéré comme agissant au nom des membres qui la composent. Les personnes juridiques sont capables d'avoir des droits patrimoniaux : elles peuvent posséder, acquérir la propriété, la servitude. Mais, sauf le peuple romain, elles n'ont les droits de succession qu'à titre exceptionnel.

La caractéristique qui doit retenir notre attention est que la personne juridique a une existence distincte de celle des individus qui la composent. C'est ce qui explique qu'elle ne puisse pas appartenir à la *societas*. Cette dernière est forcément de droit privé. Elle repose sur un contrat conventuel et de bonne foi. Les éléments du contrat sont : l'intention formelle de constituer une société; l'apport égal ou inégal de chacun des associés, consistant en propriété, jouissance d'un objet, travail ou activité quelconque; l'attribution à chacun d'une part des avantages ou des bénéfices réalisés. Il existe plusieurs espèces de sociétés : la société universelle de tous les biens présents et futurs; la société des seuls acquêts et gains futurs; la société portant sur un seul bien ou sur une seule opération (contrat, travail, achat, vente); la société relative à une série d'opérations, à un métier, un commerce ou une industrie. Ces différentes formes de sociétés sont temporaires. Leur dissolution se produit : *ex personis,* par la mort ou la ruine d'un des associés (il est alors nécessaire que ceux qui restent concluent un nouvel accord pour que la société puisse survivre) ; *ex rebus,* quand le but social est atteint; *ex voluntate,* par accord entre les associés; ou enfin, par une action en dissolution. Les relations entre les associés comportent des obligations, des créances, des droits, que peut sanctionner une action *pro socio.* Mais la *societas* ne possède pas la personnalité juridique. Ce qu'elle a en propre et qu'on retrouvera dans la doctrine de Hobbes n'est évidemment pas négligeable : le contrat qui la fonde et qui crée entre ses membres des relations de droit. Elle n'a pas, cependant, les attributs, notamment d'ordre temporel, qui s'attachent au *collegium* et à l'*universitas.*

Le *collegium* désigne une réunion de personnes associées par la communauté des fonctions ou de la profession, ou pour la célébration d'un culte. L'association à laquelle s'applique le terme possède la personnalité « morale » ou juridique. Elle a une individualité distincte et peut acquérir des droits ou être soumise à des obligations. Son existence n'est bornée à la vie d'aucun de ses membres ni à la durée de leur participation individuelle. Ceux qui en font partie sont appelés *fratres sodales, socii, corporati* ou *collegiati*. Parmi les différents types de *collegia*, on peut mentionner les collèges sacerdotaux (pontifices ou augures); les corporations industrielles (charpentiers, potiers, cordonniers, teinturiers), qui n'ont pas de monopole légal et dont le but est l'accomplissement de cérémonies religieuses, le maintien des traditions de leur art ; les sociétés de secours à l'usage des artisans et des petites gens. Pour fonder une corporation, il faut le concours de trois personnes au moins s'associant dans un but déterminé et pour une durée fixe ou indéfinie. Un lien religieux consacre toujours la réunion des associés. L'Etat est appelé à donner son approbation. Dans la plupart des corporations, la qualité d'associé est héréditaire. Il est très difficile et onéreux de se démettre de sa qualité de membre. La corporation se dissout : par le décès de tous ses membres (tant qu'un seul demeure, sa personnalité subsiste); par le retrait de l'autorisation gouvernementale; par la volonté unanime de tous les membres. Les administrateurs des corporations portent le nom d'*actor* ou de *syndicus ;* c'est à eux qu'échoie la mission de représenter l'association en justice et de diriger ses procès. La première conséquence de la personnalité que possèdent les corporations est qu'elles peuvent acquérir des biens et avoir une caisse commune. Certaines associations communales sont parfois autorisées, sous l'Empire, à établir et à recueillir des impôts. Chaque société, en règle générale, bénéficie de privilèges spécifiques, qui sont autant de concessions du pouvoir : exemptions d'impôts, par exemple, ou de charges publiques telles que le service militaire ou la tutelle. Les collèges constitués sans autorisation préalable sont dits *collegia illicita*; leur existence est un délit et donne lieu à dissolution par le Sénat indépendamment de toute accusation en forme (sous l'Empire, la dissolution est prononcée par l'empereur ou certains magistrats tels que le *praefectus urbi)*. Si l'on excepte la transmission héréditaire de la qualité d'associé (encore n'existe-t-elle pas dans tous les collèges), le *collegium* correspond d'assez près à ce que Hobbes appelle en anglais *systems* et en latin *systemata*. François Tricaud traduit ces termes par « organisations » et s'explique ainsi de ce choix : « L'anglais et le latin parlent ici de 'systèmes'. Le choix du mot me paraît comporter une vague métaphore anatomique, que j'ai cherché à rendre à mon tour par le mot d'organisation, dérivé de celui d'organe. Il s'agit dans certains cas visés par Hobbes d'une 'organisation' extrêmement rudimentaire »[43]. Que dit Hobbes à ce sujet au début du chapitre XXII du *Léviathan*?

43. *Lev*, trad. Tricaud, p. 237, n. 3.

> Par organisation, j'entends un nombre quelconque d'hommes réunis par le soin d'un même intérêt ou d'un même genre d'affaire. Certaines, parmi ces organisations, sont *réglées*, et d'autres ne le sont pas. Les organisations *réglées* sont celles où un homme ou une assemblée sont constitués représentants de tout le groupe. Toutes les autres sont des organisations *non réglées*.
> Parmi les organisations réglées, les unes sont *absolues* et *indépendantes* , exemptes de toute autre sujétion que celle qui les lie à leur représentant : seules les républiques sont dans ce cas (...). D'autres sont *dépendantes*, c'est-à-dire subordonnées à quelque pouvoir souverain auquel tous leurs membres, ainsi que leur représentant, sont *assujettis*.
> Parmi les organisations subordonnées, certaines sont *politiques* et certaines sont *privées*. Les organisations politiques (appelées également *corps politiques* et *personnes juridiques)* sont celles qui sont établies de par l'autorité du pouvoir souverain de la république. Les organisations *privées* sont celles qui sont constituées par les sujets entre eux, ou de par l'autorité reçue d'un étranger (...).
> Parmi les organisations privées, certaines sont *licites* et certaines *illicites*. Sont *licites* celles qui sont permises par la république : toutes les autres sont *illicites*. Les organisations *non réglées* sont celles qui, n'ayant pas de représentant, consistent seulement dans un rassemblement de gens : ces rassemblements, s'ils ne sont pas interdits par la république ou issus d'un mauvais dessein (par exemple, s'il s'agit de l'afflux de gens qu'occasionnent les marchés, les spectacles, ou toute autre fin inoffensive), sont licites. Mais quand l'intention est mauvaise, ou (si le nombre de gens est considérable) inconnue, le rassemblement est illicite »[44].

Si l'on s'en tient aux quatre distinctions opérées ici par Hobbes (réglées/non réglées, indépendantes/dépendantes, politiques/privées, licites/non licites), il semble manifeste que ce que vise François Tricaud quand il parle d'organisations « extrêmement rudimentaires », ce sont les *irregular systems,* qu'il désigne comme « organisations non réglées ». Or, si l'on prend en compte : 1) la définition qu'en donne Hobbes ; 2) le fait qu'ils sont à l'évidence très proches des organisations illicites ; 3) les termes dont se sert Hobbes pour les désigner en anglais (*concourse,* puis *conflux*), on peut douter, en fait, qu'ils relèvent de la définition propre du *system*. A l'appui de cette interprétation, je citerai encore ce qu'écrit Hobbes au sujet des organisations non réglées dans la suite de ce chapitre :

44. *Lev*, XXII, p. 237-238, p. 274-275.

Les organisations non réglées ne sont par nature rien d'autre que des alliances, voire parfois un simple rassemblement de gens qui ne sont pas unis par quelque dessein particulier, ni par une obligation de l'un envers l'autre : elles procèdent seulement d'une similitude de volonté et d'inclination; elles deviennent licites ou illicites selon le caractère licite ou illicite du dessein de chaque homme qui en fait partie : et ce dessein doit être interprété selon la cause qui occasionne ce rassemblement.
Etant donné que les alliances sont généralement instituées en vue d'une protection mutuelle, la plupart des alliances entre sujets sont inutiles au sein d'une république et y ont un relent de dessein illicite, puisque la république n'est rien d'autre qu'une alliance générale de tous les sujets; elles sont, pour cette raison, illicites, et généralement qualifiées de factions ou de conspirations »[45].

Ce qui distingue le « système » (et je pense qu'il conviendrait de garder ce terme en français), c'est son caractère « intégré ». Il implique l'existence d'un représentant. Celui-ci en assume la personne dans tous les cas, politiques ou privés (à propos des « systèmes réglés », le texte latin, comme le signale François Tricaud, affirme qu'ils se définissent par le fait qu'un homme ou une assemblée y « assume la personne de l'ensemble »). Cette personne a une signification juridique qui met en jeu les mécanismes de la représentation et de l'autorité, jusque dans le cas des systèmes privés comme la famille. Elle constitue *tout* système en « corps » (*body* ou *corpus*), y compris les systèmes privés qui sont désignés à la fin du chapitre XXII comme « corps privés ». On peut donc parler d'une transcendance du *corpus* vis-à-vis de ses éléments composants, lesquels y sont « incorporés », c'est-à-dire, à nouveau, métamorphosés en sujets d'obligations et de droits, tels les *corporati* du *collegium*.

Différence capitale entre le *collegium* romain et le système hobbesien : ce dernier peut, quand il est « indépendant » et « absolu », prendre la forme de l'Etat, ou de la république. Par là, il se rapproche de l'une des trois variétés de l'*universitas* romaine. Celles-ci sont : un ensemble de personnes formant une corporation (*universitas personarum)*; un ensemble de droits actifs et passifs appartenant à une personne (*universitas iuris)*; un ensemble de choses corporelles qui, tout en restant distinctes, sont considérées comme formant un tout (*universitas facti)*. L'*universitas personarum* sert à désigner les sociétés de publicains, les collèges professionnels, les corporations en général et, dans un sens large, les cités et les curies. Elle constitue une personne juridique distincte des individus qui la composent. Ses

45. Ibid., XXII, p. 249-250, p. 285-286.

membres peuvent se renouveler indéfiniment. S'ils disparaissent successivement, tant qu'il en restera un, l'*universitas* subsistera. Les conséquences pratiques de ce statut juridique sont celles qui ont été énumérées à propos de la *persona.* Le plus important, dans ce contexte, est que, dès la fin de la République, la notion d'*universitas* est admise pour le peuple romain. Par ailleurs, du point de vue des définitions, me référant aux analyses de Raymond Saleilles, j'ajouterai que l'*universitas*, c'est le collège « considéré dans son unité corporative »[46]. Elle est un terme générique qui renvoie à une « conception organique unitaire » qui se développe « à côté de l'idée de groupement collectif telle qu'elle émane de l'ensemble des membres du groupe réuni en collectivité »[47]. Elle sert à désigner « tout groupement organisé et unifié, en tant qu'il est considéré par le droit comme une unité patrimoniale gérée dans l'intérêt de la collectivité »[48]. Elle est, proprement, ce qui permet d'assimiler une association licite à une personne, puisque, de l'*universitas,* on dit : *Personae vice fungitur,* ou encore, *Personae vicem sustinet*[49].

Il reste que ce développement du droit procède de nécessités pratiques et que, selon Jean Gaudemet, « il ne semble pas que le droit romain,même dans son dernier état, soit parvenu à élaborer une théorie de la personnalité juridique, ni même à en dégager clairement la notion »[50]. Ce jugement s'accorde parfaitement avec celui de Raymond Saleilles. L'*universitas* autorise bien l'assimilation du groupement ou de la collectivité à une personne. Mais il ne s'agit que d'une fiction, et d'une fiction qui, en tant que telle, ne constitue pas la collectivité en *persona certa,* c'est-à-dire en personne douée d'une individualité déterminée, tel un être humain. C'est pourquoi, pendant longtemps, on ne put ni faire un legs à une *universitas,* ni l'instituer son héritier : elle était considérée *persona incerta,* et l'on ne pouvait supposer qu'un testateur éprouvât à son endroit un sentiment d'affection ou de sympathie personnelle. Si la règle fut, sous l'Empire, adaptée pour des raisons d'utilité publique ou des motifs de piété, ce fut par voie de dérogations : elle ne fut pas abrogée. Elle figure encore au Code de Justinien, où il est dit qu'à moins de privilège spécial, un collège ne peut recevoir une hérédité (*Collegium, si nullo speciali privilegio subnixum sit, hereditatem capere non posse, dubium non*

46. Raymond Saleilles, *De la personnalité juridique. Histoire et théories*, Paris, 1910, p. 80.
47. Ibid., p. 77.
48. *Ibid.*, p. 78.
49. *Ibid.*, p. 79.
50. Jean Gaudemet, *Le droit privé romain*, Paris, Armand Colin, 1974, p.62.

est[51]). C'est pourquoi encore le droit romain proclame l'irresponsabilité délictuelle des personnes morales, comme le montrent les textes sur le dol. L'action de dol est une action personnelle, et elle ne sera pas donnée contre les municipes qui, en tant que collectivités, ne peuvent commettre aucun dol[52].

Le sujet de droit que crée l'*universitas* n'est donc pas de même nature qu'une personne ordinaire, ce qui explique que, paradoxalement, on ne puisse faire complètement abstraction des individualités qui s'y trouvent comprises. Un texte de Marcien admet qu'en cas de retrait individuel d'une *universitas,* celui qui se retire ait droit à sa part du patrimoine détenu par la collectivité, ce qui entraîne la liquidation partielle. Ce qu'on attendrait, c'est un abandon définitif de tout droit individuel sur le patrimoine commun tant qu'il subsiste, et aussi longtemps que survit l'*universitas* [53]. Autre manifestation de cet état de fait que Raymond Saleilles considère comme probante : que les juristes de l'époque impériale, parlant des magistrats des cités, disent, indifféremment, qu'ils agissent au nom de l'*universitas* ou bien au nom des citoyens de la cité[54]. Il faut donc penser, écrit cet auteur, que les individualités qui composent l'*universitas* trouvent dans le droit unitaire qui définit celle-ci « de nouveaux rapports de droit ou, si l'on veut, de nouveaux droits individuels destinés à caractériser leur situation, en tant que membres de l'*universitas* » [55]. C'est ainsi que « se concilient, dans l'*universitas* du droit romain, les deux idées, en apparence contradictoires, d'unité et de pluralité », et que « s'expliquent les textes qui distinguent l'*universitas* de ses membres considérés *ut singuli* tout en l'identifiant avec eux considérés comme un ensemble et une collectivité » [56].

Cette notion d'*universitas* fait l'objet de gloses nombreuses au Moyen Age, tant de la part des romanistes que des canonistes. Je voudrais en signaler une qui nous rapprochera un peu plus de Hobbes, même si elle emprunte une forme qui n'a pas grand-chose de hobbesien : la spéculation d'Innocent IV qui aboutit à une théorie de la fiction que Pierre Michaud-Quantin ramène à la double formule : la collectivité *fingitur una persona ;* elle est un *nomen intellectuale*[57]. *Fingere* signifie représenter comme existant un être qu'on ne trouve

51. Raymond Saleilles, *De la personnalité juridique*, *op. cit.*, p. 103.
52. Voir, *ibid.*, p. 103.
53. Voir, *ibid.*, p. 81.
54. *Ibid.*, p. 83.
55. *Ibid.*, p. 88.
56. *Ibid.*, p. 89.
57. Pierre Michaud-Quantin, *Universitas. Expressions du mouvement communautaire dans le Moyen-Age latin,* Paris, Vrin, 1970, p. 207.

pas *in rerum natura*. Ce peut être mentir, fabuler. Cela peut aussi exprimer le produit d'une activité de l'esprit visant à expliquer cette nature des choses. C'est en ce sens que les astronomes du XIIe et du XIIIe siècles écrivent *fingitur circulus* quand ils veulent rendre compte des méridiens, de l'équateur et des parallèles : ce sont des lignes que les sens ne perçoivent évidemment pas; elles ne sont pas pour autant des mensonges ou de pures imaginations, car elles représentent une réalité. Il en va ainsi de l'*universitas* (terme qui peut s'appliquer à un épiscopat, une abbaye, un hôpital, ou tout autre établissement, dignité ou fonction au sein de l'Eglise). Le groupe d'individus qui la composent est dépositaire de droits et de devoirs qui sont ceux d'une personne. Celle-ci ne pouvant pas se rencontrer physiquement, on est amené à la *fingere*, c'est-à-dire à la construire, à la supposer, à l'imaginer. La *persona ficta* ainsi obtenue est un concept opératoire qui « permet d'expliquer et de réglementer ce qui se passe dans l'action collective d'un groupe qui a statut d'*universitas* »[58]. Elle est certes un *nomen intellectuale* au sens où elle ne renvoie qu'au résultat d'une opération de l'intellect. Elle se définit également comme *res incorporalis* parce qu'elle n'a pas de réalité matérielle. Mais, en tant que *res*, elle est une réalité, au même titre que la forme substantielle du métaphysicien. C'est pourquoi elle est capable d'action tout comme une personne physique. Ce qui rend spécifique l'*universitas* des canonistes qui subissent l'influence de cette théorie de la *persona ficta*, c'est qu'à partir du moment où elle est dûment fondée, il existe un nouvel être qui, pour le coup, est totalement indépendant des individus qui se sont regroupés pour le créer. L'*universitas* dispose de la permanence dans le temps alors que ces individus apparaissent et disparaissent. Elle conserve son identité à travers ses modifications successives. Elle ne cesse d'exister que dans le cas où l'autorité compétente la supprime comme illicite. Encore peut-on observer qu'aucune disposition juridique n'envisage sa suppression par accord unanime de ses membres. Il faut souligner, cependant, que cette perpétuité dont bénéficie l'*universitas* aux yeux des canonistes leur est d'autant plus facile à concevoir qu'elle s'appuie sur une base transcendante, qui n'est autre que la perpétuité de l'Eglise elle-même (maxime juridique et article de foi tout ensemble) : par où l'on s'éloigne à nouveau de la problématique de Hobbes.

Du côté des publicistes médiévaux, les analyses qu'en proposent Otto von Gierke et Raymond Polin m'inspirent deux remarques. Quand ils recourent à la notion de personne, c'est uniquement,

58. *Ibid*, p. 209.

semble-t-il, pour distinguer la personne privée du souverain de sa personne publique. La personne publique, dans cette distinction, n'est qu'une autre manière de nommer la *dignitas* du prince, la fonction dont il est le titulaire temporaire, et qui perdure à travers ses détenteurs successifs. Par ailleurs, quand la notion d'*universitas* sert à désigner le peuple, comme chez Guillaume d'Ockham ou Marsile de Padoue, elle signifie bien un sujet de droit particulier, qui peut agir librement pour son propre bien et en vertu de sa propre autorité. Mais c'est là une vue rarement défendue, et l'on ne passe pas pour autant de l'*universitas* à la *persona* L'idée *juridique* de la personnalité reste cantonnée au droit privé. Elle ne déborde pas sur la théorie politique, qui tend de plus en plus à concevoir l'Etat, selon un schéma purement mécanique, comme une construction due à l' association d'individus autonomes. Baldus, qui est, selon Gierke, l'auteur qui s'approche le plus d'une formulation précise et moderne de la personnalité de l'Etat, n'en affirme pas moins que la volonté qu'exprime l'empereur est la sienne propre, et non pas celle de l'empire. L'empire n'a pas d'âme, donc pas de volonté : *Imperium non habet animum, ergo non habet velle nec nolle quia animi sunt*[59]. On peut transférer de l'empire à l'empereur une entité juridique *(id quod juris est),* mais non pas la volonté qui est un phénomène réel *(id quod facti est)*[60].

J'en viens enfin au dernier apport possible que je voudrais examiner brièvement ici : la tradition du droit anglais. Je commencerai par une citation de ce juriste qui servit si souvent de cible à Hobbes, Edward Coke, qui écrivait : « Persons are natural, created by God, and incorporate created by the policy of man, and these latter are either sole or aggregate of many » (les personnes sont soit naturelles et créées par Dieu, soit incorporées et créées par la politique de l'homme, et ces dernières sont soit singulières soit collectives)[61]. On trouve ici : 1) la distinction entre personnes naturelles et personnes artificielles ; 2) le caractère corporatif (ou « incorporé ») des personnes juridiques ; 3) la grande division, toujours valide, entre corporations singulières et corporations collectives – autrement dit, les fondements mêmes du droit anglais des personnes morales, tant il est vrai que ces personnes morales sont identifiées à des « corporations ». Sur certains points

59. Otto von Gierke, *Les théories politiques du Moyen-Age,* trad. Jean de Pange, Paris, 1914, p. 223.

60. *Ibid.*, p. 223. Voir également, sur ce sujet, Raymond Polin, *Politique et philosophie chez Thomas Hobbes*, Paris, Vrin, 1977, chapitre X, « Théorie de la personne publique ».

61. *In :* C.F. Padfield (revised by D.L.A. Barker), *Law Made Simple*, Londres, Heinemann, 1988, p.101.

essentiels, la corporation anglaise est proche de l'*universitas* romaine. Elle est une entité juridique et possède, à ce titre, une personnalité qui peut se distinguer de celle de ses membres. Quel que soit son mode de fondation – par charte royale, par statut du Parlement ou par enregistrement en vertu de la loi en vigueur –, elle se caractérise par la capacité de contracter, d'une part, et, d'autre part, par la « succession perpétuelle » : elle survit à ses membres jusqu'à ce que sa dissolution soit prononcée (par sa Majesté ou par le Parlement). Selon le langage des juristes anglais, une corporation ne meurt pas : il faut qu'on la « tue » pour qu'elle cesse d'exister. Jusque-là, on pourrait supposer que la corporation anglaise est, tout autant que l'*universitas* romaine, présente à l'esprit de Hobbes quand il évoque ce qu'il appelle, pour sa part, des « systèmes ». C'est bien, d'ailleurs, à cette variété anglaise d'association qu'il paraît penser lorsque, au chapitre XXII du *Léviathan,* il décrit les « corps politiques » qui administrent les colonies (il mentionne la Virginie et les Bermudes) et certaines villes, ainsi que ceux qui se consacrent au commerce, ce qui l'amène à parler, en anglais, de *corporation* et d'*incorporating*, tous termes qui appartiennent au droit positif national de l'époque comme d'aujourd'hui.

A cela, j'ajouterai deux observations. Si la corporation anglaise, à ma connaissance, ne saurait désigner, à la différence de l'*universitas,* l'ensemble de la communauté nationale ou de la société, en revanche, elle peut consister en une personne unique, ce qui n'est pas le cas de l'*universitas*. Comme le signale la phrase citée de Coke, l'une des deux catégories de corporations est celle des corporations dites *sole*. Elles se composent d'une seule personne occupant une fonction déterminée et appelée à échoir, à perpétuité, à chacune des personnes qui lui succèderont – ce qui n'est possible, en réalité, que si l'on distingue entre la personne naturelle qui occupe la fonction, et la personne artificielle à laquelle s'identifie la corporation. Les exemples en sont intéressants : le vicaire d'une paroisse (comme le rappelle Hobbes au chapitre XVI du *Léviathan,* « vicaire » est synonyme de représentant et d'acteur, et le vicaire, dans l'Eglise d'Angleterre, peut également se dire *parson,* qui a pour étymologie le mot de personne, dans son sens, à nouveau, de représentant) ; un évêque ; le monarque lui même, qui est une corporation à lui tout seul. Or, il faut se référer ici à Kantorowicz pour bien faire valoir que la corporation royale n'a rien à voir avec la *dignitas* mediévale. Ce qui ressort de la loi de 1461 par laquelle le duché de Lancastre fut dévolu, en tant que corporation *stricto sensu,* c'est-à-dire comme masse de biens affectée de la personnalité juridique, au yorkiste Edouard IV et à ses successeurs en tant que dépositaires de la Couronne d'Angleterre, c'est, véritablement, « l'entrée de la pensée corporatiste dans la pratique constitutionnelle au plus haut niveau »[62]. C'est à partir de cette affaire du duché de Lancastre, et bien souvent en référence à elle, que les juristes anglais de l'époque Tudor développèrent le concept du « corps politique » du roi, distinct de son corps naturel. Ce concept était appelé à une riche postérité (la révolution de 1640 allait se jouer en grande partie, du côté parlementaire, sur l'affirmation qu'on pouvait légitimement combattre la personne naturelle du roi – jusqu'à s'en emparer et la mettre à mort – pourvu que cela se fît au nom de la défense du corps politique du monarque). Il englobait et remplaçait la notion de *dignitas*. Cette « incorporation » du souverain, c'est-à-dire son assomption en une personne abstraite, une construction juridique, portait en elle un effacement de son substrat empirique dont je pense, pour ma part, qu'il a sans doute compté davantage dans l'idée qu'on s'est fait plus tard du pouvoir politique, en Angleterre et ailleurs, que le concept de *trust*. A partir du moment où s'imposait l'identification du monarque à une abstraction juridique, devenait possible le recouvrement du champ de la souveraineté par le concept moderne de l'Etat, symbolisé par une « Couronne » qui n'avait plus rien ni de mystique ni de charnel. Ce n'est qu'une fois bien entamé ce processus que pourra se développer et triompher la conception « fiduciaire » du pouvoir théorisée par Locke[63]. A quoi j'ajouterai que, selon moi, l'idée du *trust* ne l'emportera que comme conséquence secondaire de la « personnification » juridique du souverain, et sur la base d'un détournement des enjeux de la souveraineté au profit d'une réflexion sur les conditions d'exercice du pouvoir[64]. Quoi qu'il en soit, il me paraîtrait tout aussi difficile d'affirmer que cette germination conceptuelle était absente de l'horizon intellectuel de Hobbes, que de nier que, en son temps et à sa manière, il y ait eu sa part.

62. Ernst Kantorowicz, *Les deux corps du roi. Essai sur la théologie politique du Moyen -Age*, Paris, Gallimard, 1989, p. 292.

63. Aussi ne puis-je suivre tout à fait Maitland lorsqu'il écrit que « l'idée que le roi jouait le rôle d'un *trustee* a permis bien des choses, et même l'euthanasie de la monarchie, c'est-à-dire la mort civile du 'gouvernement personnel' » (introduction à Otto von Gierke, *Les théories politiques du Moyen-Age*, *op. cit.*, p. 49). Pour que cette étape pût être franchie, il fallait que se fût produite, au préalable, la « juridisation » du souverain permise par l'incorporation/personnification, laquelle tendait à rendre indifférente son individualité. Juridiquement personnifié, le monarque devait, paradoxalement, cesser tôt ou tard de compter en tant que personne. Dès lors, il pouvait bien être réduit à la condition de fondé de pouvoir.

64. Voir, sur ce point, notre « Souveraineté absolue, souveraineté légitime », *in : Thomas Hobbes. Philosophie première, théorie de la science et politique*, volume publié sous la direction d'Yves-Charles Zarka et de Jean Bernhardt, Paris, Presses Universitaires de France, 1990, p. 275-287.

Ma seconde observation sur ce point prolongera la première. Seule la corporation, en droit anglais, crée la personnalité juridique : le *trust* existe en dehors du cadre conceptuel dessiné par la notion de personne artificielle. Il ne fait qu'instaurer une relation de droit d'un type particulier (relevant de l'*equity* et portant sur l'administration d'une propriété) entre trois groupes de personnes « naturelles » : le *trustor* (qui est à l'origine du *trust)*, les *trustees* (à qui est confiée la gestion du *trust)* et le bénéficiaire (*cestui que trust*). La procédure ne repose pas sur un contrat entre les parties (il n'y a pas d'accord entre le *trustor* et le bénéficiaire). Elle ne suscite pas entre elles un lien de représentation, et, paradoxe, notamment pas en ce qui concerne celui qui est à l'origine du *trust :* les *trustees* agissent pour le compte du bénéficiaire, et il ne se produit aucun dessaisissement de droits ou de pouvoir du bénéficiaire au profit des *trustees.* Si, enfin, les *trustees* ont mandat pour agir au nom du bénéficiaire, leur volonté reste la leur, et n'est pas posée comme étant celle du bénéficiaire : ils agissent librement dans les limites que leur a tracées le *trust* et sont responsables de leurs actes devant le bénéficiaire, à qui ils doivent des comptes de leur administration – ce qui implique que celui-ci conserve aussi sa volonté propre.

Il serait hors de propos de développer ici les usages politiques auxquels se prête – et s'est abondamment prêté – le concept juridique du *trust.* Ce que je veux souligner, c'est que :

1) il ne peut y avoir d'usage politique, comme chez Locke, qu'au prix d'une métaphorisation du *trust* qui en altère radicalement la nature : de trois intervenants, on passe à deux ; entre ces deux, un lien contractuel est instauré ; le bénéficiaire est transformé en mandant et le *trustee* en mandataire ;

2) si affirmé est le caractère métaphorique de ce *trust* politique qu'on peut légitimement se demander s'il ne repose pas sur l'idée générale de confiance, de loyauté, et de bonne foi exprimée par le mot *trust* dans son sens courant, plutôt que sur la procédure juridique utilisée comme modèle[65] ;

3) si cette interprétation est fondée, il est clair que c'est dans la théorie de Hobbes, beaucoup plus que dans celle de Locke, que l'Etat se trouve défini comme une structure proprement juridique, au fonctionnement déterminé par des règles de droit, au lieu de se réduire à une association de caractère privé (*societas,* et non pas *universitas),* construite sur des fondements essentiellement moraux.

65. Tel est l'avis auquel incline J.W. Gough dans *John Locke's Political Philosophy*, Oxford, Clarendon Press, 1968. Voir, en particulier, le chapitre intitulé « Political trusteeship », p. 136-172.

Cette juridicité forte de la théorie hobbesienne conduit-elle à une dichotomie complète entre ce qui, dans la personne, relève du politique et ce qui appartient à la théologie ?

III

Remarquons d'emblée que la coupure entre le politique et le théologique n'a certes rien de nécessaire et que, à supposer qu'elle soit fondée, elle ne traverse pas, manifestement, la notion de personne. Je citais à l'instant Kantorowicz, qui a démontré mieux que quiconque que la doctrine des deux corps du roi avait à l'origine un fondement essentiellement christologique, puisqu'elle se modelait sur l'idée des deux natures du Christ, et que le concept du corps politique n'avait fait que laïciser celui du corps mystique, en l'enveloppant dans une signification juridique. Il faudrait mentionner, à ce sujet, le fait intéressant que le symbole d'Athanase, auquel fait si étroitement écho le raisonnement des juristes Tudor sur les deux corps du roi unis en une personne, était resté très populaire parmi les laïcs anglais et que, sur la suggestion de Cranmer, il avait été intégré au Livre des Prières publiques de l'Eglise d'Angleterre, alors qu'il tombait dans l'oubli au sein de l'Eglise romaine[66]. Par ailleurs, Hobbes lui-même établit formellement une relation entre les sens « temporels » de la notion de personne et la théologie lorsque, comme on l'a vu, il écrit au chapitre XVI du *Léviathan*, que Dieu peut être « personnifié ». Il faut, dès lors, tenter d'expliciter cette relation, en rendant compte, dans un premier temps, des variations apparentes qui se dégagent de la théologie hobbesienne de la personne. Je me baserai, pour ce faire, sur trois textes : le *Léviathan* anglais, l'appendice du *Léviathan* latin, et la controverse avec l'évêque Bramhall à propos du livre intitulé *The Catching of The Léviathan,* dans lequel, en 1658, le prélat s'était employé à réfuter la plupart des thèses métaphysiques et théologiques de Hobbes.

La thèse du *Léviathan* anglais est formulée dans deux passages : au chapitre XVI, ainsi qu'à la fin du chapitre XLI et au début du chapitre XLII. Elle est aisée à énoncer : Dieu a été représenté, ou « personnifié », trois fois – par Moïse, par Jésus et par le Saint-Esprit « parlant et agissant dans les Apôtres »[67]. Au chapitre XLII, Hobbes écrit : « Dieu le Père, en tant que représenté par Moïse, est une personne ; en tant que représenté par son fils, une autre personne ; et en tant que représenté par les Apôtres et par les docteurs qui enseignent en vertu

66. Ernst Kantorowicz, *Les deux corps du roi, op. cit.*, p. 29.
67. *Lev*, XVI, p. 166, p. 220.

d'une autorité qu'ils tiennent des Apôtres, c'est une troisième personne : et pourtant, chacune de ces personnes est la personne d'un seul et même Dieu»[68]. L'affirmation est surprenante. Elle le paraît d'autant plus quand on voit Hobbes en tirer un peu plus loin l'explication de la Trinité : «En conclusion, la doctrine de la Trinité, pour autant qu'elle se tire directement des Ecritures, est en substance celle-ci : que Dieu, qui est toujours un et identique, était la personne représentée par Moïse, la personne représentée par son Fils incarné et la personne représentée par les Apôtres»[69]. En d'autres termes, les trois personnes de la Trinité ne sont pas le Père, le Fils et le Saint-Esprit, formés d'une substance unique, mais trois projections extérieures de Dieu, trois visages successifs – pour tout dire, trois incarnations historiques de sa substance éternelle, ce que Hobbes laisse clairement entendre dans le même passage : «Dans la Trinité céleste, les personnes sont les personnes d'un seul et même Dieu, encore qu'il soit représenté en trois époques et occasions différentes»[70]. Hobbes a beau déclarer que la Bible n'applique à Dieu «ni le mot de personne, ni celui de Trinité», la thèse n'est, à l'évidence, aucunement conforme à l'orthodoxie des Eglises de Rome et d'Angleterre, telle que la formule le symbole d'Athanase qui affirme les trois personnes de la Trinité – Père, Fils et Saint-Esprit – «co-éternelles» et «co-égales». Comme le souligna Bramhall à juste titre dans *The Catching of TheLéviathan,* «d'après les raisons qu'il développe, il y eut un temps où il n'existait pas de Trinité»[71].

Hobbes dut se rendre à cette objection et admettre qu'il avait commis une faute, en donnant pour preuve de sa bonne foi (sinon de sa foi orthodoxe) le fait que tout ce passage du chapitre XLII relatif à la Trinité avait été supprimé de l'édition latine du *Léviathan*. Je cite la réponse de Hobbes à Bramhall :

> La faute que je commis à ce point, sans m'en apercevoir, était celle-ci : j'eusse dû prouver qu'il n'y a nulle contradiction, comme Lucien et les railleurs païens le voudraient, à affirmer que Dieu était un et trois. Je considérai que la vraie définition du mot «personne» servirait mon propos de cette manière : Dieu, en sa propre personne, créa le monde et, à la fois, institua une Eglise en Israël, utilisant à cette fin le ministère de Moïse ; le même Dieu, en la personne de son Fils Dieu et homme, racheta le même monde et la

68. *Ibid.*, XLII, p. 518, p. 522-523.
69. *Ibid.*, XLII, p. 519, p. 524.
70. *Ibid.*, XLII, p. 519, p. 524.
71. Cité par Hobbes dans *An Answer to Bishop Bramhall's Book Called The Catching of Leviathan*, EW, IV, p. 315. C'est moi qui traduis.

> même Eglise; le même Dieu, en la personne du Saint-Esprit, sanctifia la même Eglise et tous ceux qui, dans le monde, ont la foi. N'est-ce pas là une preuve claire qu'il n'y a nulle contradiction à affirmer que Dieu est trois personnes et une seule substance? [72]

Hobbes reprend ici les termes mêmes qu'il emploie dans l'appendice du *Léviathan* latin, où il s'accuse d'une «grosse négligence» commise dans une «pieuse intention». «S'il avait dit», y écrit-il en parlant de lui-même, «que Dieu a créé le monde dans sa propre personne, a racheté le genre humain dans la personne du fils, a sanctifié l'Eglise dans la personne du Saint-Esprit, il n'aurait rien dit d'autre que dans le catéchisme publié par l'Eglise» [73].

Ce travail de correction et d'auto-critique appelle un certain nombre d'observations. Apparemment, c'est par le même acte que Dieu aurait créé le monde et institué son Eglise en Israël : cette affirmation n'est guère intelligible, sauf à supposer que Hobbes a voulu maintenir la référence à Moïse, par souci de cohérence, tout en prétendant lui conférer une signification nouvelle. Plus important, l'erreur de Hobbes aurait consisté à parler de la «personne» de Moïse au lieu de son «ministère». De là deux questions : cette distinction est-elle réellement fondée; et, si elle l'est, comme il faudrait le présumer, signifie-t-elle que Hobbes n'entend plus la personne dans le même sens qu'auparavant? «Ministère», en effet, paraît impliquer que Moïse fut l'instrument, l'agent, donc le représentant de Dieu. Il faut supposer, par conséquent, que Hobbes signifie autre chose par le mot «personne». Est-ce le cas? A première vue, oui. Un peu avant le passage cité de sa réponse à Bramhall, il écrit :

> Une 'personne' (en latin, *persona*) est une substance intelligente, qui peut accomplir tout acte en son nom propre ou au nom d'un autre, de sa propre autorité ou par celle d'un autre. De cette définition, on ne peut trouver d'autre preuve que dans l'emploi du mot par les auteurs latins réputés les plus adroits dans leur langue, au nombre desquels était Cicéron Mais Cicéron, dans une lettre à Atticus, s'exprime ainsi : *Unus sustineo tres personas, mei, adversarii, et iudicis ;* ce qui signifie : 'moi qui ne suis qu'un seul homme, j'assume trois personnes : la mienne propre, la personne de mon adversaire, et celle du juge.' Cicéron était ici la substance intelligente, un homme; et, parce qu'il plaidait pour lui-même, il se désigne comme sa propre personne; parce qu'il plaidait également pour son adversaire, déclare-t-il, il assumait la personne de celui-ci; et enfin, parce qu'il prononçait lui-même la sentence,

72. *Ibid.*, p. 316.
73. *Lev*, trad. Tricaud, p. 775.

dit-il, il assumait la personne du juge. Nous utilisons le mot dans le même sens en notre langue lorsque nous disons que celui qui agit de sa propre autorité agit 'en personne', et que, quand c'est par l'autorité d'un autre, il est la 'personne' de ce dernier»[74].

A dire vrai, un léger doute s'insinue dans l'esprit du lecteur devant ce texte – doute qui tient à l'emploi de la même citation de Cicéron qu'au chapitre XVI du *Léviathan* (alors à une toute autre fin, qui était d'illustrer le sens de représentant que Hobbes attribuait à la personne). Or, par un glissement sémantique interne à ce texte-ci (lequel glissement serait, d'une certaine manière, rassurant), l'idée du rôle, de la représentation, ne réaffleure-t-elle pas lorsque Hobbes emploie l'expression «assumer la personne»? Je crois, pour ma part, qu'on trouve confirmation de ce soupçon dans les lignes qui suivent :

> Ainsi voyons-nous la signification exacte du mot 'personne'. La langue grecque ne peut la rendre, car πρόσωπον est, à proprement parler, un visage, et, métaphoriquement, le masque de l'acteur à la scène. Comment les Pères grecs exprimèrent-ils donc le mot 'personne'? Ils s'y prirent mal. A la place du mot 'personne', ils mirent *hypostasis,* qui signifie substance; d'où l'on pourrait déduire que les trois personnes de la Trinité sont trois substances divines, c'est-à-dire, trois Dieux. Ils ne pouvaient utiliser le mot πρόσωπον parce que ni le visage ni le masque ne sont des attributs honorables pour Dieu, pas plus qu'ils n'expriment l'intention de l'Eglise grecque. Aussi l'Eglise latine (et l'anglaise, par conséquent) rend-elle *hypostasis,* tout au long du symbole d'Athanase, par 'personne'. Mais l'expression 'union hypostatique' est conservée et employée à juste titre par les théologiens, pour désigner l'union de deux hypostases, c'est à-dire, de deux substances ou natures en la personne du Christ. [75]

Relevons d'abord ce léger détail qu'après avoir loué ici le recours à l'expression «union hypostatique» par les Eglises de Rome et d'Angleterre, Hobbes ne s'accorde pas moins le droit, quelques pages plus loin, d'écrire : «Pour un Anglais qui n'entend ni le grec ni le latin, et que ces choses, néanmoins, regardent tout autant que Monseigneur, le mot 'hypostatique' n'est pas moins de l'hypocrisie que le 'présent éternel'»[76]. Plus important, quel est le reproche adressé par Hobbes aux Pères grecs? D'avoir utilisé le mot équivoque d'«hypostase» pour désigner chacune des personnes de la Trinité, parce que le grec πρόσωπον , qui signifie masque ou visage, n'eût pas été digne de

74. *Answ. Bramhall*, p. 310-311.
75. *Ibid.*, p. 311.
76. *Ibid.*, p. 318.

qualifier Dieu. Pourquoi « hypostase » est-il équivoque ? Parce qu'il signifie substance, quand le mot « personne », lui, a l'avantage de n'avoir pas ce sens. Qu'écrivait Hobbes quelques lignes plus haut ? Qu'« une personne (en latin *persona)* est une substance intelligente ». Quelle signification quasiment explicite donne-t-il maintenant au mot « personne » ? Visage ou masque. Et l'on ne saurait croire qu'il approuve les Pères grecs d'avoir reculé devant un mot trop peu honorable, puisqu'on lit dans l'appendice du *Léviathan* latin :

> Le sens propre de πρόσωπον, c'est la face de l'homme, soit sa face naturelle, soit une face artificielle telle qu'un masque, soit encore une face représentative, et cela non seulement au théâtre, mais au Forum et dans l'Eglise. Une face représentative, qu'est-ce d'autre que l'image ou la figure du représenté ? C'est ainsi que saint Paul, en *Hébreux*, I, 4, appelle notre Sauveur la figure de la substance de Dieu [77].

En fait, du *Léviathan* anglais au *Léviathan* latin et à la controverse avec Bramhall, Hobbes modifie légèrement son langage mais campe sur ses positions hétérodoxes, sinon hérétiques, selon lesquelles les trois personnes de la Trinité renvoient à trois manifestations historiques de Dieu, trois manières qu'a eues Dieu d'apparaître au monde, trois visages qu'il a pris pour agir sur les hommes. L'exclusion de Moïse de la Trinité n'est qu'apparente, et l'équivalence de statut ontologique entre Moïse, Jésus et les Apôtres paraît indéniable. Aussi suivrai-je jusqu'à un certain point, bien que je n'adhère pas à toutes ses conclusions [78], Alexandre Matheron quand il relève dans la théologie de Hobbes une oscillation entre le modalisme et le subordinationisme : subordinationisme qui consiste à hiérarchiser les personnes et à réserver au Père seul la pleine et entière divinité (encore que la thèse de Hobbes ne recoupe pas complètement celle-ci, puisqu'elle tend à effacer la notion de Père et à substituer Moïse à Dieu dans le rôle de la première personne) ; modalisme qui signifie que chaque personne est Dieu en tant qu'il a parlé ou agi par l'intermédiaire de tel ou tel repré-

77. *Lev*, trad. Tricaud, p. 746

78. J'hésite à considérer, pour ma part, que les personnes de la Trinité hobbesienne renvoient à « trois Etats-Eglises dont la succession jalonne l'histoire : le premier royaume de Dieu dirigé par Moïse, les Etats chrétiens dirigés par leurs propres souverains et correspondant au Saint-Esprit, (...) et enfin la royaume de Dieu des temps futurs que Jésus-Christ reviendra diriger pour l'éternité après la Résurrection » (« Hobbes, la Trinité et les caprices de la représentation », in *Thomas Hobbes. Philosophie première, théorie de la science et politique, op. cit.*, p. 390). Je pense que la Trinité hobbesienne a un contenu moins dense que ne l'estime cet interprète. Pour la même raison, j'ai peine à supposer, comme Alexandre Matheron, que la Trinité ait été l'objet d'une foi quelconque de la part de Hobbes.

sentant, et que, par conséquent, Dieu est autant de personnes qu'il a eu de représentants [79]. Cette dernière interprétation correspond à une critique formulée par Bramhall à l'encontre de Hobbes ; mais je pense que celui-ci s'en défend d'autant plus mal, dans le passage où il reconnaît l'erreur commise au sujet de Moïse, qu'il travestit sa pensée pour laisser croire qu'il identifie les personnes de la Trinité à Dieu, quand il continue de les interpréter en termes de représentation stricte et maintient, donc, la différence de statut ontologique entre elles et Dieu. Et l'on en trouve à nouveau confirmation, me semble-t-il, lorsque, résumant sa position sur la Trinité à la fin de l'appendice latin, Hobbes écrit :

> Je m'en tiens à la doctrine du symbole de Nicée, que je vois, tout à fait manifestement, être dérivée de l'Ecriture sainte : que ces trois, le Père, le Fils, l'Esprit Saint, sont un seul Dieu en trois personnes, à condition du moins qu'on prenne 'personne' dans sa signification propre et véritable au sens de ce qui joue son propre rôle ou celui d'autrui. Mais si le mot 'personne' est pris absolument parlant, au sens d'une substance intelligente singulière (comme l'entend Bellarmin) telle que Pierre, Paul et Jean, ou bien (ce qui est la même chose) au sens d'*hypostase,* je ne comprends pas comment le Père, le Fils et l'Esprit Saint ne sont pas trois substances individuées, c'est-à-dire trois Dieux numériquement distincts ; et je ne vois pas comment on pourrait prouver cela par l'Ecriture, où l'on ne distingue en Dieu ni *hypostases* ni *personnes* [80].

Si modalisme il y a, comme cela paraît le cas, ce n'est, si j'ose dire, qu'à la surface du texte.

Je terminerai sur cette question : Hobbes *pouvait-il* concevoir autrement les personnes de la Trinité ? Et la réponse qu'on apportera à cette question ne détermine-t-elle pas le rapport qui peut s'établir entre le politique et le théologique, sur ce point particulier de la personne ? Comme nous l'avons vu, la personne de la théorie politique est ce qui fait être la république. Celle-ci existe *par* et *en* elle. La personne civile, pourrait-on dire, est l'hypostase de la société, à laquelle elle donne corps : elle « incorpore », au sens de la corporation anglaise, la multitude, qu'elle métamorphose en peuple, c'est-à-dire en être juridique. C'est pourquoi son attribut essentiel est, plutôt que l'unité, l'unicité. Faut-il que j'imite M. de La Palisse et que j'aggrave mon cas par une prétérition en disant, malgré tout, que la Trinité se compose de trois personnes ? La lapalissade sera un peu moins choquante si l'on rappelle que ces trois personnes sont inséparables de Dieu, qu'elles participent

79. *Ibid*, p. 385-386.
80. *Lev*, trad Tricaud, p. 751.

de tous ses attributs et qu'elles coopèrent simultanément à son œuvre. Le Père est éternellement Père, comme le Fils est Fils de toute éternité et l'Esprit Saint présent à tous les actes du Père et du Fils. Si le Fils a été « engendré » et « non pas créé », selon la formule du symbole de Nicée, c'est parce qu'il a pris part à la Création, dans l'union avec le Père ; et l'Esprit Saint « donne la vie » au même titre que Dieu. Père, Fils et Esprit sont « consubstantiels ». Aussi exercent-ils tous trois la souveraineté sur le monde : le Père comme « Tout-Puissant », le Fils puisque « par lui tout a été fait », l'Esprit comme celui « qui est Seigneur et donne la vie ». C'est pourquoi il leur revient d'être également glorifiés.

Trois souverains, c'est évidemment un de trop en bonne doctrine hobbesienne, de même que trois personnes ne sauraient contenir à égalité l'essence du royaume de Dieu. Dès lors, il *faut* que la Trinité se ramène à trois rôles, c'est-à-dire trois masques – au mieux, trois fonctions distinctes et s'exerçant à des moments successifs. Mais, du même coup, ce qui se découvre rebelle à la théologie trinitaire chrétienne, c'est moins la doctrine de la personne de Hobbes que sa conception de la souveraineté. Si Dieu n'était, pour parler le langage hobbesien, que « sa propre personne » ; s'il n'agissait et ne se manifestait qu'« en personne » ; toute difficulté serait levée. L'hypostase et la personne divines pourraient coïncider et fournir le fondement du royaume naturel de Dieu, qui serait, à la fois, réellement unifié et adéquatement personnifié en un souverain absolu. Le dogme trinitaire, avec ce qu'il comporte, selon le symbole d'Athanase, d'« incompréhensible » – et Hobbes ne se fait pas faute d'insister sur son caractère mystérieux[81] –, constitue un obstacle insurmontable à cette transposition du schéma politique au domaine théologique. Les dénominations personnelles de Dieu ne peuvent qu'être référées, ouvertement ou implicitement, à la signification juridique *minimale* du concept de personne : celle de représentant[82]. Je dirai que, vis-à-vis du Dieu sou-

81. Tous les Pères de l'Eglise, se plaît-il à rappeler dans l'appendice latin, « s'accordaient à dire que la nature de Dieu est incompréhensible, de même que celle de la Trinité, des anges, et, ajoute Athanase, de l'âme rationnelle » (*ibid.*, p. 730).

82. Sur ce point encore, je suis en désaccord avec Alexandre Matheron. Relevant qu'au chapitre XLII du *Léviathan*, Hobbes affirme avoir montré au chapitre XVI qu'« une personne est celui qui est représenté, chaque fois qu'il l'est » (trad. Tricaud, p. 518 ; éd. Macpherson, p. 522), ce commentateur avance que la contradiction apparente entre ce passage et le contenu réel du chapitre XVI s'explique par le fait que « le représentant en tant que tel et le représenté en tant que tel sont véritablement une seule et même chose » (« Hobbes, la Trinité et les caprices de la représentation », article cité, p. 388). Il est vrai que la contradiction entre les deux textes n'est qu'apparente. Il me paraît non moins vrai que tout le début du chapitre

verain, Moïse, Jésus et les Apôtres sont dans la position des ministres publics vis-à-vis de leur souverain terrestre : ils ont, à des fins déterminées, autorité pour le représenter; ils bénéficient d'une délégation de sa personne. Il est significatif, à ce propos, que si Jésus, selon Hobbes, exerce bien la « fonction » de roi, et de « roi éternel », c'est « sous l'autorité de son père, comme Moïse et les grands-prêtres le furent chacun en son temps »[83].

Loin qu'il y ait contradiction entre le droit et la théologie de Hobbes, c'est par un effet de la pertinence des deux systèmes l'un par rapport à l'autre que le philosophe se met en défaut à l'égard de l'orthodoxie chrétienne. C'est ce décalage qui le conduit à tenter, si j'ose m'exprimer ainsi, de brouiller les pistes et, par là, à susciter chez ses interprètes les plus vives perplexités. Sans doute est-ce l'un des signes de ce que sa définition de la personne créait quelques enjeux théoriques nouveaux et décisifs.

Franck LESSAY
Université de Paris III

XLII tend à démontrer que « personne » est synonyme de représentant – conformément à l'emploi juridique restreint, ou cicéronien du terme –, et que c'est en ce sens qu'il faut concevoir les personnes de la Trinité. C'est bien pourquoi Hobbes supprimera ce passage de l'édition latine du *Léviathan*. L'affirmation relevée selon laquelle « personne » signifie représenté contredit le mouvement de la démonstration. Je pense qu'elle trouve sa raison dans le souci de Hobbes de donner à entendre qu'il identifie Dieu et ses personnes, quand, en réalité, il n'en est rien. Cette prudence rhétorique introduit un élément de confusion dans ce chapitre. De plus, elle se révélera insuffisante à masquer la conception intime que Hobbes ne peut s'empêcher de laisser percevoir ici.

83. *Lev*, XLI, p. 508, p. 512.

LE VOCABULAIRE DU CONTRAT, DU PACTE ET DE L'ALLIANCE : QUELQUES ENJEUX LEXICAUX

Les notions de contrat et de pacte sont au cœur de la pensée politique de Hobbes. Mais, comme il lui arrive fréquemment pour d'autres notions (personne et auteur notamment), il utilise ces termes dans des sens spécifiques définis d'une façon qui les éloigne du sens communément admis.

Le lexique mis en œuvre par Hobbes dans sa philosophie politique s'ancre dans une tradition, mais le scandale que causa cette pensée en son temps vient de son originalité dans l'emploi de cette terminologie. Je replacerai donc ce lexique dans un contexte historique synchronique pour montrer en quoi Hobbes s'écarte de l'usage ou accentue les différences sémantiques entre des termes voisins. Je présenterai ensuite un échantillon de ce lexique dans les œuvres latines et anglaises, puis les principales définitions dans les trois versions de la pensée politique. Je proposerai enfin deux conclusions, l'une linguistique et littéraire, l'autre philosophique et historique[1].

I. PHILOLOGIE ET HISTOIRE : SITUATION DU TERME DE *COVENANT* DANS SON ÉVOLUTION FORMELLE ET SÉMANTIQUE

1. Définitions de covenant *dans l'*Oxford English Dictionary

Nulle variation sémantique majeure dans le temps ne semble attestée par l'*Oxford English Dictionary* pour le terme de *covenant* :

1. D'autres travaux ont déjà été publiés sur des sujets proches avec des approches voisines, entre autres : Louis ROUX, "Le droit et le pouvoir dans le *Léviathan* (éléments pour une lecture quantitative)", in *Cahiers Vilfredo Pareto, Revue européenne des sciences sociales*, Tome XVIII, 1980, N° 49, p. 133-159 ; François TRICAUD, "Lecture parallèle du chapitre XIV de la première partie des *Elements of Law* et du chapitre premier du *De Cive*", in Martin Bertman et Michel Malherbe, *Thomas Hobbes, de la métaphysique à la politique*, Paris, Vrin, 1989, p. 93-106.

Mutual agreement to do or refrain from doing certain acts.
A vow
Each of the terms of an agreement
A formal agreement
The matter agreed upon as covenanted
Security
Engagements entered by and with the Divine Being
The engagements of the Scottish Presbyterians in 1638 and 1643.

A l'exception des sens de *vow* et de *security*, qui sont employés dans les textes hobbesiens mais ne sont pas d'exacts synonymes des termes clés qui nous intéressent, tous les sens proposés ci-dessus participent à la problématique contractuelle de l'œuvre de Hobbes, ou sont intégrés aux définitions qu'il propose.

2. Le classement d'un lexicographe anglais du XVIIe siècle

Le sondage qui suit a été réalisé à partir de l'ouvrage de Randle Cotgrave, *A Dictionarie of the French and English Tongues*, dont la première édition est parue en 1611 [2].

Je suis parti des mots français : alliance, contrat, convention et obligation. Je cite les articles en partie seulement.

ALLIANCE : *alliance ; confederation, combination ; agreement, consent ; a league of friendship.*

CONTRACT : *contract, bargaine, agreement ; coaping ; treatie ; covenant.*

CONTRACTER : les verbes issus des substantifs ci-dessus, plus *to chaffer*, classé avec *agree* et *covenant.*

CONVENTION : *covenant, contract, bargain, agreement ; also, a suing, impleading, or conventing before a judge.*

Tous les mots de la famille contiennent des renvois à *covenant.*

OBLIGATION : *obligation, or bond.*

OBLIGATOIRE : *obligatory, obliging, binding.*

OBLIGÉ, adj. : *obliged, tied, bound.*

OBLIGÉ, sb. : *an obligor ; he thats bound in an obligation.*

Tous ces termes sont présents sous l'entrée PACHE, synonyme de PACTE et de PACTION. On rencontre aussi les verbes PACTIONNER et PACTISER pour traduire tous les verbes évoqués plus haut et dans la suite de cette présentation, plus le verbe anglais *to indent*, qui renvoie à la procédure contractuelle liant le maître et l'apprenti, l'*indenture* (statut de quasi-servage).

2. Randle COTGRAVE, *A Dictionarie of the French and English Tongues*, Londres, 1611, University of South Carolina Press, 1968.

Les termes couramment utilisés aujourd'hui pour traduire la terminologie du contrat chez Hobbes étaient possibles au XVIIe, et les différences très nettes que Hobbes opère semblent plus liées aux nécessités de sa pensée qu'à des emplois courants. La polysémie existe dans les deux langues, mais ce qui frappe est le peu de différence entre ces mots

3. Dans les Bibles

On trouve dans les traductions anglaises de l'Ancien Testament le terme *covenant* pour désigner l'alliance de Dieu avec Abraham et ses descendants, puis avec Moïse, et en général avec le peuple élu. C'est le même terme pour l'Arche de l'Alliance. La *Geneva Bible*[3] propose en revanche une fois, comme légende d'une illustration, *Ark of the Testimony*. Dans le Nouveau Testament, on trouve aussi *testament.*

Pour l'instauration de l'alliance entre Dieu et Abraham, en Gen. XVII : 7, on découvre des termes qui ont une importance considérable dans la constitution du lexique de Hobbes.

La Vulgate dit : *Et statuam* pactum *meum inter me et te, et inter semen tuum post te in generationibus suis* foedere *sempiterno, ut sim Deus tuus et seminis tui post te.*

L'*Authorized Version* de 1611 propose pour le même passage : *And I will establish my* covenant *between me and thee and thy seed after thee in their generations for an everlasting* covenant, *to be a God unto thee and to thy seed after thee.*

Les deux versions de ce verset seront essentielles dans la discussion du *De Cive*. En effet, on verra alors que pour chaque version Hobbes adopte en général les termes de la traduction biblique correspondante.

4. Dans le Mayflower Compact

Le projet des Pères Pélerins du Mayflower dans l'élaboration de leur *Compact* était de calmer les tensions qui se manifestaient déjà avant le débarquement dans la baie de Massachussets et de prévenir les rivalités et les dissensions qui pourraient survenir dès l'installation des colons, qui n'étaient pas tous des puritains convaincus et militants. Le langage de ce texte est très marqué par la rhétorique biblique. Il est la première forme de document constitutionnel écrit dans l'histoire de ce qui devait devenir les États Unis d'Amérique.

3. *Geneva Bible,* édition de 1560, facsimile avec une introduction de L.E. Berry, Madison, The University of Wisconsin Press, 1969.

Ce texte appelé à devenir un mythe national était beaucoup moins important qu'on ne l'a enseigné à des générations de jeunes Nord-Américains. Les passagers du Mayflower semblent cependant conscients de l'originalité de leur démarche, comme le seront leurs continuateurs de la Convention de Philadelphie qui rédigea la Constitution actuelle. Ils fondent un appareil politique, mais en même temps, ils constituent une société volontaire.

> *Having undertaken, for the glory of God, and advancement of the Christian faith, and honour of our king and country, a voyage to plant the first colony in the Northern parts of Virginia,* [*we*] *do by these presents solemnly and mutually in the presence of God, and one another, covenant and combine ourselves together into a civil body politic, for our better ordering and preservation and furtherance of the ends aforesaid; and by virtue hereof to enact, constitute, and frame such just and equal laws, ordinances, acts, constitutions and offices, from time to time, as shall be thought most meet and convenient for the general good of the colony, unto which we promise all due submission and obedience. In witness whereof we have hereunder subscribed our names at Cape Cod* [*the 11th of November 1620*][4].

On remarquera la présence du langage de la réciprocité : *solemnly and mutually in the presence of God, and one another*, qui souligne le caractère mutuel et sacré de l'engagement. Les deux verbes *covenant* et *combine* renforcent cette idée. La présence divine n'est pas invoquée dans les formules du pacte hobbesien, mais ici la spécificité de la majorité des individus rassemblés est leur désir de fonder une société nouvelle sur les bases de l'Écriture sainte.

Les fins et les moyens sont distingués : les fins sont abstraites (*the glory of God, and advancement of the Christian faith, and honour of our king and country*) ou plus strictement économiques (*to plant the first colony in the Northern parts of Virginia*) et les moyens sont juridiques et déjà constitutionnels. L'objectif intermédiaire visé est l'établissement de structures, de lois, et de magistrats, pour que les fins soient atteintes sans conflits dans la future société.

Toutefois, de notre point de vue dans cette étude, l'originalité de cet acte réside dans la formule *in the presence of one another*, car c'est peut-être le seul exemple connu des contractants eux-mêmes, d'une société se fondant et fondant son État. On pouvait imaginer un changement de constitution ou de souverain (l'histoire récente en fournissait bon nombre d'exemples) mais il ne semblait pas possible de penser

4. Citation intégrale du *Compact*, à l'exception du préambule.

la naissance d'une société humaine. Ce qui importe pour la suite de la pensée politique américaine, c'est la nature contractuelle de la démarche des Pères. En effet, ils fondent au même moment et dans le même acte leur société comme société civile, économique (*plantation*) et comme État politique (*a civil body politic*). La forme de cette fondation est celle des contrats commerciaux. Ils connaissent la société, le contrat, et il leur reste à inventer la constitution : ils ne parlent encore que de *frame*.

5. Chez les Indépendants et les Niveleurs

Les événements de la révolution et de la guerre civile anglaises font apparaître une nouvelle façon de poser le problème des rapports entre pouvoir, représentation politique et hiérarchie sociale. Le Parlement représente le peuple d'Angleterre, mais tout le peuple d'Angleterre ne se sent pas représenté dans les Chambres. Au cours de la guerre civile, les soldats qui se battent pour le parti parlementaire bien que n'ayant pas accès au suffrage, cherchent à obtenir une large extension du droit de vote à la Chambre basse. Ce mouvement des Niveleurs cherche à faire reconnaître un autre mode d'allégeance, reposant sur l'engagement idéologique et sur la reconnaissance juridique et politique de l'égalité essentielle des hommes devant Dieu.

Lors des rencontres de 1647 entre les généraux de l'Armée Nouveau Modèle et les délégués des Niveleurs à Putney, le gendre de Cromwell, Henry Ireton, réplique aux Niveleurs en fondant l'ordre social sur la propriété en des termes qui rappellent parfois Hobbes.

> *There is no other foundation of right I know, of right to any one thing from another man, no other foundation of* [...] *general justice,* [*than that*] *we should keep covenant one with another. Covenants freely made, freely entered into, must be kept one with another. Take away that, I do not know what ground there is of anything you can call any man's right.* [...] *For matter of goods, that which does fence me from that right which another man may claim by the Law of Nature, of taking my goods, that which makes it mine really and civilly, is the law. That which makes it unlawful originally and radically is only this : because that man is in covenant with me to live together in peace one with another* [...]. *This is the general thing : that we must keep covenant one with another when we have contracted one with another*[5].

5. A.S.P. WOODEHOUSE, *Puritanism and Liberty*, Londres, Dent, 1938, 1986, p. 26-27.

Ce chef puritain, dont on sait qu'il était intelligent et cultivé, pouvait avoir entendu parler des idées de Hobbes, les *Elements of Law* et le *De Cive* étant déjà en circulation sous des formes diverses depuis plusieurs années. Des idées de Hobbes, on retrouve, la nature inter–individuelle du pacte, qui lie les individus entre eux, et non envers un pouvoir ou une puissance extérieure. On peut supposer que Hobbes est vraiment présent derrière cette formulation maladroite, saisie par le sténographe dans le feu de la polémique, car l'enjeu de l'intervention d'Ireton à ce moment précis était de défendre le droit de propriété, qui constituait selon lui le fondement de toute société et de toute représentation politique. Or il a pu trouver dans la description de l'état de nature et du contrat dans les chapitres XIV et XV de la première partie des *Elements of Law*, un modèle théorique tout à fait adapté. Qu'il confonde ici droit et loi de nature est indifférent pour notre propos, car comme Hobbes le souligne, cette confusion est le fait de tous les auteurs traitant du sujet. L'essentiel est que le modèle hobbesien semble avoir trouvé un emploi idéologique dès 1647, et il est intéressant de noter que cet emploi soit le fait de l'un des chefs les plus brillants du parti combattant le roi.

6. Chez Milton.

Dans *The Tenure of Kings and Magistrates*, de 1649[6], écrit durant le procès de Charles Ier, Milton renverse la relation entre les parties contractantes, en parlant de la tenure du suzerain, alors qu'on parle de la tenure d'un vassal. Il fait du terme de *covenant* une utilisation fort différente de celle de Hobbes.

> *... least each man should be his own partial Judge, they communicated and deriv'd either to one, whom* [...] *they chose above the rest, or to more then one* [...]. *Not to be their Lords and Maisters* [...] *but, to be their Deputies and Commissioners, to execute, by vertue of thir intrusted power, that justice which else every man by the bond of nature and of Cov'nant must have executed for himself* [*CPWJM*, III, p. 199].

Plus loin, il écrit, en prenant le mot dans un autre sens :

> *When* [...] *that the law was either not executed, or misapply'd, they were constrain'd from that time,* [...], *to put conditions and take Oaths from all Kings and Magistrates at their first instalement to doe impartial justice by Law : who upon those termes and no*

6. Je cite Milton dans l'édition des *Complete Prose Works of John Milton*, Yale University Press, vol. III, p. 199. Ensuite, abrégé *CPWJM*.

other, receav'd Allegeance from the people, that is to say, bond or Covnant to obey them in execution of those Lawes which they the people had themselves made, or assented to. [*CPWJM*, III, p. 200]

Lors de son apparition dans le premier texte ci-dessus, le terme qui nous intéresse désigne un rapport que Hobbes situerait dans l'état de nature, et qui dénote clairement chez Milton l'état anté-politique : le droit par lequel un homme exerce sa vengeance. Il s'agit de quelque chose qui ressemblerait fort au droit de nature, si l'expression *bond of nature* ne lui était mise en parallèle. Il semblerait donc qu'il s'agisse d'une loi de nature ordonnant, pour prévenir les offenses entre les hommes, la punition des coupables. On ne peut que conjecturer, car Milton ne définit pas son vocabulaire comme le fait Hobbes.

La seconde citation établit une équivalence entre *bond* et *covenant*, que nous retrouverons plus loin à propos du *De Cive* (*foedus / pactum / bond / covenant*), mais le rapport entre les deux parties contractantes est totalement inversé : Milton prend au pied de la lettre les termes du serment que prêtaient les rois d'Angleterre à leur couronnement. Milton, ici encore, est très discret sur une difficulté qu'il introduit en écrivant *those Lawes which they the people had themselves made, or assented to*, ce qui semble suggérer que le peuple (la multitude chez Hobbes) a fait ses propres lois avant d'avoir un souverain, puis approuve celles de son souverain[7].

II. REPÉRAGE ET DÉLIMITATION DANS LE CORPUS HOBBESIEN

Que fallait-il choisir? J'ai tenté de couvrir assez largement la zone lexicale du contrat et de l'association contractuelle, ce qui explique la présence de syntagmes tirés du chapitre X du *Léviathan*, par exemple, comme *buying protection*, décrivant un type d'association possible dans l'état de nature, ou *strengths united*, présent dans le même contexte[8]. De même, les chapitres correspondants, sur l'estime de soi, dans les deux autres textes sont examinés (*EL*, I, VII, IX, X, *DCi* I).

J'ai procédé à un repérage dans les *Elements of Law*, dans les deux versions du *De Cive* et les deux versions du *Léviathan*, en privilégiant, pour les deux derniers, la langue originale.

7. Hobbes discute ces serments royaux dans *B* II, p. 104. On peut trouver un commentaire sur ce genre de contradiction dans *EL*, II, I, 3 et II, II, 1-2, voir plus bas.

8. *Lev* X, 21 (p. 152).

1. Classement linguistique

J'ai sélectionné dans chaque espèce de mots et pour les syntagmes des éléments représentatifs, sans prétendre, bien sûr à l'exhaustivité. J'ai cherché à rassembler ci-dessous des termes appartenant aux diverses facettes de la problématique contractuelle dans les textes définis plus hauts. Outre le lexique proprement contractuel, on trouvera donc ici ce qui a trait à la démarche psychologique des individus avant et après l'acte contractuel, et ce qui concerne les relations juridiques entre les sujets et le souverain.

Substantifs

ANGLAIS : *bond, compact, contract, contractor, covenant, covenantee, covenanter, duty, faction, faith, free gift, oath, obligation, obligee, obliger, pact, paction, promise, trust, vow.*

LATIN : coetus, conditio, contractus, donatio, factio, foedus, pactum, pactio, pactitium, promissio, secta, translatio, votum.

Verbes

ANGLAIS : *to compact, to contract, to covenant, to forgive, to perform, to trust, to vow, to transfer, to oblige.*

LATIN : compacisci, contrahere, convenire, condonare, vovere, transferre, obligare.

Adjectifs et participes

ANGLAIS : *bound, leagued, obliged.*

LATIN : obligans, obligatus.

Syntagmes

ANGLAIS : *buying of protection, strengths united.*

LATIN : juris translatio, pactum inire, pactum servare.

2. Repérage des occurences

Dans les *Elements of Law*, c'est assez tard que le lexique du contrat apparaît, vers I, XII, 7-8.

Dès le début, dans le *De Cive*, tout le premier chapitre étant consacré à la justification du contrat, ou du moins de l'association entre les hommes.

Dans le *Léviathan*, ce lexique apparaît dans l'introduction, mais se fait plus dense à partir du chapitre X, car les traits de caractère et les notions liées à l'évaluation de soi et d'autrui conduisent Hobbes à parler de diverses modalités d'association. C'est au chapitre XIV que les définitions se mettent en place, et que le modèle se construit à partir d'elles.

Dans les trois textes, les enjeux théologiques de la question du contrat, surtout dans les troisième et quatrième parties du *Léviathan*, ne peuvent être exprimées en français qu'en termes d'alliance et de testament, alors que l'anglais utilise *covenant* pour le sens politique et le sens théologique, et que le latin de Hobbes suit la Vulgate, qui utilise indifféremment *pactum* et *foedus*, comme je l'ai montré plus haut. Cette constation est lourde de conséquences pour la compréhension de la genèse de ce concept chez Hobbes.

3. Formulations diverses chez Hobbes.

A – Les Elements of Law :

Contract :

Elements of Law, I, XV, 8. Seulement trois types de *contract* sont possibles : *both presently perform*; *one party performs presently, and the other promises*; *neither party performs presently, but trust one another*. Sorbière traduit par *contract*.

Covenant :

> *Elements of Law*, I, XV, 9. *In all contracts where there is trust, the promise of him that is trusted, is called a covenant. And this* [...] *is no less than an actual donation.* [...] *Promises therefore, upon consideration of reciprocal benefit, are covenants and signs of the will, or last act of deliberation, whereby the liberty of performing, or not performing, is taken away, and consequently are obligatory. For where liberty ceases, there begins obligation.*

Le terme et la relation de *covenant* s'appliquent donc aux *covenanters* et non au *covenantee*, aux individus qui contractent entre eux, non à celui envers qui ils s'engagent à l'obéissance. En effet (*EL*, I, XVI, 2), la rupture du contrat est une offense envers celui qui est le récepteur de la promesse. Sorbière traduit par *pacte*. La disjonction opérée d'abord entre *covenant* et *contract*, et la disparition presque totale du mot *contract* dans la suite du texte, permettent à Hobbes de concentrer son attention sur le point de vue du sujet et de tenir celui envers qui les hommes s'engagent à l'écart du pacte et de la réciprocité qu'il implique.

Le cas du *covenant* avec Dieu est particulier, et nous en verrons l'importance ensuite (*EL*, I, XV, 11) : *It is impossible for any man to make a covenant with God Almighty*[9], *farther than it has pleased him*

9. Sorbière traduit : « contracter avec la majesté divine ».

to declare who shall receive and accept of the said covenant[10] *in his name*. Sans intermédiaire (prophète ou souverain) il est impossible de connaître les termes de l'engagement. Le *covenantee* particulier qu'est Dieu est maître des fins du contrat, et des termes du contrat, alors que pour le pacte social, une démarche rationnelle des hommes les conduit à contracter ensemble dans un but dont tous sont également conscients. Une difficulté va surgir avec la question de l'origine du souverain.

Covenant of union :

> *Elements of Law*, I, XIX, 7. *The making of union consists in this that every man by covenant oblige himself to some one and the same man, or to some and the same council, by them all named and determined, to do those actions, which the said man or council shall command them to do ; and to do no action which he or they shall forbid, or command them not to do.*

Dans *Elements of Law*, II, I, 3, il est expressément dit que le premier stade de tout système politique, après la conclusion du *covenant*, est la démocratie, en application de la règle de la majorité. La démocratie, étant donnée la façon dont Hobbes la définit (assemblée de tous les membres) n'est donc qu'une fiction, n'existant qu'au moment du *covenant*, situé hors de toute histoire enregistrée, ce qui est confirmé dans *Elements of Law* II, II, 1-2, où il est stipulé que lorsque la démocratie est en cours de formation,

> *there passes no covenant between the sovereign and any subject. For while democracy is a making, there is no sovereign with whom to contract. For it cannot be imagined that the multitude should contract with itself, or with any one man, or number of men, parcel of itself, to make itself sovereign ; nor that a multitude, considered as an aggregate, can give something which before it had not. seeing then that sovereignty democratical is not conferred by the covenant of any multitude (which supposes union and sovereignty already made) it rests, that the same be conferred by the particular covenants of every several man.* [...] *So that where, to the supreme and independent court, every man may come that will and give his vote, there the sovereign is called the people.*

Il semble donc ici qu'un homme ou groupe d'hommes candidat(-s) à la souveraineté doive(-nt) déjà être présent(-s) et identifiable(-s) en tant que tel(-s), pour que puisse naître une monarchie ou une aristocratie.

10. Sorbière : « lesdits contrats ».

Covenant with God

Dans le chapitre II, VI, le *covenant* avec le souverain est présenté comme compatible avec le *covenant* avec Dieu. Ce chapitre définit les conditions du salut pour le chrétien, ce que Dieu lui demande de faire en application du contrat. Ici, c'est le *covenantee* qui est à la fois maître des termes de l'alliance, maître du choix de chacun des *covenanters* qui reçoivent de lui la foi, et maître du temps, ce qui donne à cette relation son originalité. Un trait commun avec le contrat politique est le fait que l'offre concerne un groupe d'hommes tout comme chacun de ses membres en particulier.

B – Dans le De Cive :

Le corpus de départ est le texte latin. J'ai étudié les équivalences entre les deux versions. Les deux textes semblent avoir été conçus dans un même esprit. Je pensais, au début du travail de comparaison, que le texte anglais n'était pas de Hobbes, mais on va voir qu'il y a sans doute une profonde réflexion linguistique à l'œuvre dans le rapport entre les deux langues, notamment dans le choix des termes de *pactum, foedus, pact* et *covenant*. Chaque version du *De Cive* suit en effet le texte biblique de la langue correspondante, notamment Genèse XVII: 7. J'en ai donné le texte au début de ce travail.

Les termes équivalents ont les mêmes définitions dans les *Elements of Law* et le *De Cive*, mais le passage au latin donne un autre ton au texte, de même que l'absence des parties correspondant au *De Corpore* et au *De Homine*. La tonalité biblique est beaucoup plus présente dès le début de l'œuvre que dans les *Elements of Law*. Un modèle possible du *covenant* socio-politique pourrait bien être le *covenant* entre Dieu et le peuple élu.

La première occurence de *pactum* survient dès I, 2, et le mot a pour parallèle anglais *covenant*. Le mot *foedus* apparaît quant à lui dès la première note (sur *aptum natum*). Il est question de *congressus* et de *foedera*, qui sont rendus en anglais par *meetings* et *bonds*. C'est peut-être la seule fois où *foedus* est rendu par *bond*. Ailleurs, il est rendu par *pact* ou *covenant*.

Si l'on recherche les mêmes termes que dans les *Elements of Law*, on trouve des définitions similaires.

Contractus :

> *De Cive*, II, 9 : *Duorum autem, vel plurium iura sua mutuò transferentium actio, vocatur contractus. In omni autem contractu,*

> *vel uterque statim praestat id de quo contractum est, ita ut alter alteri nihil concredat ; vel alter praestat, alteri creditur ; vel neuter praestat.*

Les cas de figure sont les mêmes que dans les *Elements of Law*. Le texte des *Elements of Law*, I, XV, 9 se trouve dans *De Cive*, II, 10, *covenant* étant traduit par *pactum* Le texte sur la liberté et l'obligation est presque la traduction latine des *Elements of Law* : *ubi enim libertas desinit, ibi incipit obligatio*.

La section 13 du même chapitre introduit les termes d'*obligantem* et d'*obligatum*, en anglais *obliger* et *obliged*, pour désigner le récepteur de la promesse et celui qui s'engage (*covenantee* et *covenanter* de *EL*, I, XV, 12).

L'une des inconséquences du texte anglais du *De Cive* se trouve en II, 18, ou *pactum* est rendu par *contract*.

La formule du *covenant*, ou *pactum*, est ainsi formulée dans *De Cive*, V, 6 :

> *Quoniam igitur conspiratio plurium voluntatum ad eundem finem non sufficit ad conservationem pacis, et defensionem stabilem, requiritur ut circa ea quae ad pacem et defensionem sunt necessaria, una omnium sit voluntas. Hoc autem fieri non potest, nisi unusquisque voluntatem suam, alterius unius, nimirum, unius Hominis, vel unius concilii, voluntatis, ita subjiciat, ut pro voluntate omnium et singulorum, habendum sit, quicquid de iis rebus quae necessariae sunt ad pacem communem, ille voluerit.* [...]
>
> 7. [...] *quando unusquisque eorum unicuique caeterorum se Pacto obligat, ad non resistendum voluntati illius hominis, vel illius Concilii cui se submiserit, id est ne usum opum et virium suarum* [...] *contra alios quoscumque illi deneget.*

Dans les chapitres qui suivent, les termes les plus fréquemment employés sont *pactum* et *compactum*.

Quand au chapitre XV, il est question du royaume de Dieu par nature, si un parallèle est mis en place entre le droit du souverain humain et le droit de Dieu, on remarque en revanche qu'on parle de *status naturalis* pour la condition naturelle de l'homme, mais de *regnum Dei naturale*. Pour l'homme, on ne peut parler d'un *regnum naturale* durable. On lit en XV, 5, que *Quomodo jus regnandi ex pacto oritur, ostensum est capite 6*, et que dans un état de nature, tous ayant un droit égal à régner, celui qui a le plus de force finit par l'emporter :

> *Quod si quis caeteros potentia in tantum anteisset, ut resistere ei ne omnes quidem conjunctis viribus potuissent, ratio quare de jure*

sibi a natura concesso decederet nulla omnino fuisset. [...] *Iis igitur quorum potentiae resisti non potest, et per consequens Deo omnipotenti, jus dominandi ab ipsa potentia derivatur.*

Le droit de Dieu à punir celui qui l'offense selon les lois de nature et de la droite raison, même hors de toute alliance, provient donc de sa puissance comme du péché de l'homme.

Le droit de Dieu sur les hommes est présenté dans des termes proches de ceux employés pour le droit du souverain sur les sujets : il est le plus puissant, même pour ceux qui l'ignorent, ses lois de nature sont connaissables, et sa puissance se fait sentir; pour ceux qui adhèrent au pacte biblique, sous ses formes néo ou vétéro-testamentaire, sous la souveraineté de Dieu à certains stades de la relation entre Dieu et le peuple élu, ou encore sous un souverain chrétien, alors les termes d'une alliance sont à respecter. C'est à la fois la crainte de la puissance divine et la confiance en un certain nombre de promesses qui sont les moteurs de l'adhésion au pacte, dont les signes extérieurs sont les articles de foi et les comportements sociaux nécessaires au salut compris principalement dans le culte privé et dans le culte public.

Le lexique s'étoffe à partir du chapitre XVI, avec l'équivalence *foedus-pactum*[11]. J'ai évoqué plus haut cette synonymie lourde de conséquences. Dans la section 1 de ce chapitre, par exemple les termes *pactum*, *foedus*, et *testamentum* sont mis sur le même plan. Dans la section suivante, le texte de Gen. XVII : 7, est cité. Hobbes retrouve dans cette alliance tout ce qui constitue selon sa définition, un pacte : une promesse du *covenantee*, portant sur l'avenir (je serai ton Dieu, pour toi et pour tes fils et leurs fils), le don d'une terre (toute la terre de Canaan en possession éternelle), et un signe d'alliance de la part du *covenanter* (la circoncision).

Le lexique français est ici déficient, car le seul mot de notre tradition est celui d'*alliance*. Or ses connotations, proches de celles de *foedus*, (on traduit l'*arca foederis* de la Vulgate par « arche d'alliance ») ne sont pas les mêmes que celles de *covenant*, quoique *pact* n'en soit pas éloigné. Il serait donc justifié de parler de *pacte* en français, dès que Hobbes utilise le mot *covenant*. C'est en effet *pactum* qui domine le *De Cive* latin, alors que l'anglais, dès que *foedus* devient plus fréquent, cesse toute tentative de cohérence, et utilise indifféremment *contract* et *covenant* pour traduire *pactum* et *foedus*, ce qui dénote une attitude plus simple à l'égard des concepts mis en œuvre. En effet, il est de plus en plus clair à mesure que progresse la formulation

11. Sorbière traduit par « alliance » les deux termes, même dans le titre du chapitre XVI.

de la pensée politique de Hobbes, que le contrat est la démarche qui va lier les sujets au souverain, alors que le pacte est l'engagement réciproque entre les sujets, comme on le verra plus nettement encore en étudiant le *Léviathan*.

Les actes devant être accomplis pour marquer son adhésion au *foedus christianum* sont énumérés en XVII, 7 et dans le chapitre XVIII.

Ce qui semble donc constituer l'originalité du *De Cive*, c'est précisément la place du lexique d'origine consciemment biblique pour désigner la relation contractuelle et le droit de la souveraineté. L'usage de *foedus* et de *pactum*, de préférence à *contractus* (ou *promissio*), terme synonyme dans le lexique disponible à l'époque, me semble dénoter chez Hobbes l'intention d'inscrire sa réflexion sur le contrat socio-politique dans ce texte particulier dans une lignée particulière.

En effet, on a trop souvent dit que Hobbes raccrochait artificiellement et *a posteriori* le problème du religieux ou de l'ecclésiastique à sa construction de la république. On pourrait aussi se demander si son modèle n'a pas été plutôt la relation entre Dieu et ses élus, comme le passage de la Genèse que j'ai cité semble l'attester. Comme c'est surtout sur le *Léviathan* que l'on s'est fondé pour appuyer l'opinion que je viens de critiquer, la comparaison entre les deux versions du *Léviathan* sur ces divers points peut nous éclairer.

C – Dans le Léviathan :

Les textes du *Léviathan* sur le contrat et le pacte politiques sont assez connus, mais je les rappelle cependant. Je continuerai ma comparaison en me concentrant sur le chapitre XXXI et les suivants.

Entre les individus, dans l'état de société comme dans l'état de nature, surviennent des effets d'alliance et d'adhésion. C'est au chapitre X que sont énumérées ces alliances reposant sur la réputation ou sur l'apparence. La différence entre ces associations et le pacte social est que ce dernier repose sur un pouvoir, sur une valeur et une dignité effectives et efficaces.

Le contrat est défini comme étant *The mutual transferring of right*. Le *covenant* ou *pact* est défini dans le *Léviathan* de la façon suivante (XIV, 11) :

> *Again, one of the contractors, may deliver the thing contracted for on his part, and leave the other to perform his part at some determinate time after, and in the mean time be trusted; and then the contract on his part, is called Pact or Covenant.*

Praeterea, alter contrahentium ad tradendam rem vel ad contractum exequendum altero prior esse potest ; tunc posteriori credi sive fides haberi dicitur ; et promissio ejus pactum dicitur.

Le seul terme en latin est *pactum*, alors que nous avons *pact* et *covenant* en anglais. Ici, ces termes désignent la promesse et la confiance. A mesure qu'il fait avancer sa théorie, il semble que Hobbes simplifie son lexique[12].

C'est dans le recours au discours direct pour la présentation du pacte social que le *Léviathan* se distingue. Plus que dans les autres formulations antérieures, Hobbes insiste sur le fait que le *covenant* concerne les hommes en tant qu'ils vont être la matière de la république. Ce texte concentre tout ce qui figure dans les deux autres formulations. J'ai indiqué entre parenthèses ce qui remonte aux versions antérieures. C'est ainsi qu'on lit (*Lev* XVII, 13) :

This is more than consent, or concord (DCi) ; it is a real unitie of them all (EL), in one and the same person, made by the covenant of every man with every man, in such a manner, as if every man should say to every man, I authorise and give up my right of governing myself, to this man, or to this assembly of men, on this condition, that thou give up thy right to him, and authorise all his actions in like manner.

Est autem hoc aliquid amplius quam consensio aut concordia. Est enim in personam unam vera omnium unio ; quod fit per pactum uniuscujusque cum unoquoque, tamquam si unicuique unusquisque diceret, Ego huic homini, vel huic coetui, authoritatem et jus meum regendi meipsum concedo, ea conditione, ut tu quoque tuam authoritatem et jus tuum tui regendi in eundem transferas.

Dans la formule de la définition de la *civitas* ou du *commonwealth*, *mutual covenants* devient *pacta mutua* (*Lev* XVII, 13).

Le chapitre XXXI affirme la permanence et la nécessité du royaume de Dieu, car en le niant, *men may shake off their ease, but not their yoke.* Il existe une différence entre le royaume de Dieu selon la nature et selon le pacte (XXXI, 2) : ne peuvent être sujets que ceux qui reconnaissent la puissance et adhèrent aux termes de la promesse. Donc les athées et les animaux ne peuvent être comptés au nombre des sujets de Dieu selon l'alliance. En revanche, il est clair, au §5 de ce chapitre (§4 dans le latin), que le droit de Dieu par nature reposant sur sa puissance s'étend à tous, du fait que les lois de nature, qui sont les lois

12. Je ne suis pas convaincu par la théorie de M. François Tricaud sur l'antériorité du latin ; voir l'introduction à sa traduction du *Léviathan*, Paris, Sirey, 1971, p. XIX-XXV.

de Dieu, sont applicables à tous en toutes circonstances (donc la justice impossible entre les hommes dans l'état de nature s'exerce cependant par la puissance de Dieu, bien que les hommes soient, dans cet état, aussi incapables d'alliance entre eux que d'alliance avec Dieu).

> *To those ... whose power is irresistible, the dominion of all men adhaeres naturally by their excellence of Power; and consequently it is from that power, that the kingdom over men, and the right of afflicting men at his pleasure, belongs naturally to God Almighty; not as creator, and Gracious, but as Omnipotent.* [...] *the right of afflicting is not always derived from men's sin, but from God's Power.* (*Lev* XXXI, 5)

Le latin s'exprime différemment :

> *Naturae ergo omnipotenti, cui resisti non potest, regnum et dominium in genus humanum universum adhaeret naturaliter. Atque juris, quo quem velit affligit et cui velit ignoscit Deus; fundamentum hoc est; non autem, ut multi arbitrati sunt, peccata hominum.* (*Lev* latin XXXI, 4)

La différence la plus intéressante ici est l'idée de *genus humanum universum.* En effet, il est plus clair que personne n'échappe à ce pouvoir.

Quand, au chapitre XL, il est question de l'alliance avec Abraham, c'est sans cesse *covenant* et *pactum* qui sont utilisés, comme si Hobbes cherchait à unifier le lexique de l'alliance ou du pacte dans la troisième version de sa philosophie politique.

Le sentiment d'une sorte de contamination de la réflexion sur le pacte politique par le lexique de l'alliance biblique est moindre dans le *Leviathan*, du fait que le terme de *foedus* n'est pas employé dans la version latine.

III. CONCLUSIONS

1. Conclusion linguistique et littéraire

Si l'on compare les rapports entre l'anglais et le latin dans le lexique des deux œuvres pour lesquelles nous avons deux versions, on se rend compte que le rapport quantitatif entre les deux langues s'inverse. On a plus de termes pour désigner le pacte dans le *De Cive* latin, que dans le *De Cive* anglais, et une plus grande rigueur d'emploi en latin. En revanche, dans le *Léviathan*, c'est l'anglais qui est le plus riche, mais pour des raisons différentes. En effet, le style du *Leviathan* anglais est plus ouvragé, me semble-t-il, que celui du *Leviathan* latin, alors que c'est sans conteste le *De Cive* latin le mieux écrit des deux *De Cive*.

Qu'en conclure ? D'abord que la langue dans laquelle Hobbes écrit (et donc pense) la version initiale d'une œuvre, est celle dans laquelle il soigne le mieux son style. Ensuite, le *De Cive* anglais est une traduction peu soigneuse, alors que le *Leviathan* latin semble être une réécriture de la version originale.

Il est souvent difficile de se prononcer en faveur de l'antériorité d'une version en l'absence de preuves. On peut en revanche mesurer plus justement la qualité stylistique et la cohérence lexicale de chaque texte. On peut ici relever une gène chez le lecteur qui cherche à comparer les styles de Hobbes, car certains traits de style du styliste anglais peuvent être rendus en latin par des locutions et des constructions aux connotations fort différentes. C'est le cas de l'hendyadys, figure qui joint par un *and* ou un *or* deux termes synonymes; cette figure est un cliché de la prose anglaise jacobéenne, un automatisme chez les prédicateurs et prosateurs, et dont Hobbes en fait un usage très fréquent. En latin, cette figure est rendue par un *sive*, conjonction logique qui implique une équivalence, alors que l'hendyadys jacobéen vise souvent à montrer deux aspects d'une même idée.

Outre ces observations lexicologiques et rhétoriques, il faudrait aussi examiner les implications philosophiques de la syntaxe de Hobbes dans la problématique contractuelle. En effet, la syntaxe est très importante aux yeux de Hobbes car à de nombreuses reprises il insiste sur la valeur des temps verbaux pour expliquer les différences entre des formules contractuelles. Le don immédiat est autre chose que le transfert immédiat d'un droit actuellement possédé en vue de la possession ultérieure par le bénéficiaire du transfert, tout deux étant une meilleure garantie que la promesse d'un don ultérieur, qui ne transfère pas le droit de posssession présent.

2. *Conclusion historique et philosophique*

On retrouve dans tous les textes que nous venons d'examiner des définitions parallèles des notions de *contract-contractus* et de *covenant-pactum-foedus*. Pour la définition du *covenant*, le *Léviathan* est le seul à utiliser le discours direct, le *De Cive* ayant recours au style indirect, et les *Elements of Law* à une définition théorique. On retrouve partout l'idée que le pacte est conclu entre les membres de la multitude, sans lier le souverain qu'ils instituent.

Un autre point commun est l'insistance sur le futur et sur la nature particulière du *covenant* socio-politique : il n'est pas dissout par l'accomplissement des actes auquel il lie, car la protection du souverain ne doit pas cesser, et donc l'obéissance promise ne peut cesser qu'avec la mort.

Partout présente, sauf dans le *De Cive* anglais dans un contexte linguistique que j'ai évoqué, la différence entre le contrat et le pacte. La disjonction des deux processus est l'une des originalités de Hobbes. Son approche logique est largement conditionnée par le type de pouvoir qu'il entend accorder au souverain et par le type d'obéissance qu'il veut imposer aux sujets. C'est ainsi que ces deux éléments de la relation politique font l'objet d'une dissociation. Le contrat (*contract* ou *contractus*) est la relation qui lie les sujets au souverain sans que le souverain soit redevable de ses actes devant les sujets. Le souverain n'est souverain qu'à partir du moment où en s'engageant par le pacte réciproque (*covenant*, *pact*, *pactum*, *foedus*) à ne plus se gouverner chacun individuellement, les individus se constituant comme sujets s'engagent en même temps et dans la même formule à obéir à un souverain désigné. L'ensemble composé par ces sujets liés entre eux par le pacte et obéissant au souverain qui les gouverne en vertu du contrat s'appelle le *commonwealth*.

On remarquera que d'une version à l'autre, le modèle contractuel se détache d'un rapport avec l'historicité. Le paragraphe sur la démocratie et le pacte dans les *Elements of Law* II, II, 1-2 ne figure plus dans les autres versions d'une façon aussi explicite. Le *De Cive*. et le *Léviathan* ne retiennent que l'idée de la soumission nécessaire aux vœux de la majorité. La nécessité de continuer à envisager la vraisemblance historique du modèle logique qu'est l'acte protofondateur s'efface. Le texte des *Elements of Law* trouvera un écho dans le *Contrat social* de Rousseau, mais plus chez Hobbes. Mon sentiment est que le paradoxe inhérent à ce modèle démocratique intégral est devenu évident pour Hobbes, qui évitera ensuite de présenter le problème de la diversité des régimes à un stade aussi prématuré dans la construction du modèle global du *commonwealth*. Il sépare dans le reste de son œuvre l'étape logique (*covenant* entre les individus sortant ainsi de l'état de nature et *contract*) et l'étape constitutionnelle.

Avec les *Elements of Law*, l'acte protofondateur est en quelque sorte encore un acte fondateur, susceptible de faire l'objet de questions du type Où et Quand ? Toutefois, seul ce texte des *Elements of Law* semble permettre de répondre à la question de la provenance du futur souverain : il est un homme ou assemblée d'hommes face à l'assemblée se constituant des individus sur le point de devenir sujets. Dans les autres versions de la pensée politique, on doit attendre la discussion du droit de Dieu par nature pour lire une suggestion à ce sujet : le souverain issu du processus contractuel est peut-être celui qui se sera montré le plus puissant. Le *covenant* est peut-être le dernier des contrats de l'état de nature fondés sur la crainte et la méfiance, alors que celui-ci, toujours fondé sur la crainte, introduit pour la première fois la confiance.

Le pacte avec Dieu n'est pas traité aussi abondamment dans les *Elements of Law* que dans le *De Cive* et le *Leviathan*, mais il n'en est pas absent. La première discussion détaillée de ce sujet, dans le *De Cive*, produit comme je l'ai souligné une impression singulière : le rapport entre les Bibles latines et anglaises et les deux versions du *De Cive*, suggère que le modèle du pacte politique pourrait être l'alliance avec Dieu. La similitude lexicale semble mettre en évidence le désir de Hobbes de comparer le pouvoir qu'il confère au souverain au seul pouvoir de Dieu. Dans l'introduction au *Léviathan* il qualifiera le souverain de *mortal God*, ce qui est encore plus explicite. Cependant, il ne faudrait pas pousser trop loin l'analogie, car le risque serait de considérer Hobbes comme un adepte de la théorie mystique du droit divin des rois. Ce qui est semblable au pouvoir divin serait ici le mode de relation (*covenant*), et ce mode de relation pourrait s'appliquer à tout type de régime politique.

La place de la pensée religieuse dans la réflexion de Hobbes apparaît donc plus importante qu'on ne l'a longtemps écrit. Si l'impression produite par l'usage de ce lexique est moins forte dans le *Léviathan*, la place plus importante accordée à ce sujet dans ce dernier texte tendrait à prouver que le sujet n'était certainement pas pour Hobbes une nécessité diplomatique, ni seulement un impératif du combat idéologique, mais bel et bien un axe essentiel de sa démarche.

Luc BOROT
Université de Montpellier III

LA NOTION DE SOUVERAINETÉ DE BODIN À HOBBES

Jean Bodin, auteur, en 1576, des *Six Livres de la République,* est généralement présenté comme le premier théoricien de la souveraineté. Et lorsque Hobbes, trois quarts de siècle plus tard, élabore également en sa philosophie politique une doctrine de la souveraineté, celle–ci semble tout naturellement s'inscrire dans la ligne de pensée inaugurée par Bodin, que, d'ailleurs, il cite dès 1640 dans les *Elements of Law*[1]. Si cette prétendue filiation signifie que, chez les deux penseurs, la souveraineté désigne, dans la *Res publica* ou Etat, la «suprême puissance» ou *potestas* qui en est la «forme» ou «l'âme», le rapprochement de Bodin et de Hobbes est acceptable. Cependant, à considérer leurs analyses de manière plus fine, il faut bien admettre qu'un héritage de.mots est loin, en ce qui les concerne, de constituer un héritage d'idées et, moins encore, un héritage philosophique. C'est pourquoi il importe de corriger d'emblée deux thèses couramment reçues et répétées. D'une part, s'il est vrai que Bodin effectue une théorisation de l'idée de souveraineté, il n'en a pas inventé le concept: on peut d'autant moins ignorer les sources gréco-romaines ou médiévales féodalo-vassaliques de l'idée de souveraineté que lui–même en a rappelé les équivalents antérieurs dans la *Methodus*, dix années avant *La République :* par exemple τὸ κύριον πολίτευμα ou τὰ κυρία ἀρχὴ selon Aristote, le *summum imperium* des Latins, la *seigneurie* des Italiens. D'autre part, s'il est vrai que, selon Bodin comme selon Hobbes, l'idée de souveraineté connote l'essence même de la République, on ne saurait faire silence sur la différence de leur projet : Bodin, légiste et engagé dans le clan des «politiques», cherche à donner à la monarchie de France une assise doctrinale qui puisse en consolider les structures; Hobbes, peu soucieux de praxéologie, entend

1. Hobbes, *Elements of Law* (II, VIII, 7) cite Bodin (*République*, livre II, chap. II).

élaborer une « science » politique en laquelle il est question, « dans l'abstrait, du siège du pouvoir »[2]. Donc, pour cerner les conceptions de la souveraineté selon Bodin et selon Hobbes, il est nécessaire de les situer l'une et l'autre au carrefour de la tradition et de la modernité naissante; il faut également tenir compte de leur inscription dans des corpus philosophico-politiques aux ambitions différenciées. C'est pourquoi, lors même que la définition de la souveraineté proposée par Bodin – la souveraineté est « l'autorité suprême en quoi réside le principe de la République »[3] – est bien, en la forme, celle que répète Hobbes – le pouvoir souverain appartient au Léviathan, ce dieu mortel en qui « réside l'essence de la République »[4] –, c'est en réalité un accord discordant que révèle l'étude comparée de leurs deux conceptions car la consonance des mots et des formules est minée par la dissonance de deux postulations philosophiques.

Le concept de souveraineté est inséparable chez Jean Bodin de son inscription dans un contexte cosmologique riche des harmonies les plus profondes de la Nature; le même concept de souveraineté ne prend sa forte tonalité dans l'œuvre de Hobbes qu'adossé à l'artifice contractualiste dont la raison des hommes a l'initiative. Si donc Hobbes s'accorde avec Bodin pour considérer que la souveraineté est bien l'essence de la République – ou, comme dit Charles Loyseau en son *Traité des Seigneuries,* « la forme qui donne l'être à l'Etat »; si même ils définissent l'un et l'autre la souveraineté comme la « plénitude de puissance » *(plenitudo potestatis)*, ils dessinent néanmoins, au seuil de la modernité politique, deux épures de la République qui sont philosophiquement irréductibles. L'un et l'autre penseurs entre deux âges, ils sont, l'un par son naturalisme que marque la tradition, l'autre par son artificialisme qui s'élance vers la pensée moderne, attirés vers des horizons qui ne peuvent se rejoindre.

Nous voudrions, sous l'accord apparent des doctrines, faire entendre le désaccord profond des deux philosophies et en dégager le sens politique.

2. Cf. traduction du texte latin de la dédicace du *Léviathan* à Francis Godolphin (trad. F. Tricaud, p. 2, note 3). Dans nos références au *Léviathan,* l'indication de la page renvoie, sauf précision contraire, à la traduction de F. Tricaud, Paris, Editions Sirey, 1971.

3. *Methodus*, p. 359.

4. *Lev,* XVII, p. 178.

I. L'ACCORD APPARENT DES DOCTRINES

La lettre des textes est d'une éloquence qui semble de prime abord effacer tout problème puisque Bodin et Hobbes utilisent, pour parler de la souveraineté, un lexique et des catégories identiques.

1. La souveraineté est « l'essence de la République »

Bodin est explicite : dans la *Methodus* de 1566, il définit la souveraineté comme «l'autorité suprême en quoi réside le principe de la République» [5]; et, dès les premières lignes des *Six Livres de la République,* il écrit : «La République est un droit gouvernement de plusieurs ménages et de ce qui leur est commun avec puissance souveraine» [6]. La belle métaphore du vaisseau-république, en prolongeant l'image par laquelle Bodin évoquait, dans la *Préface* des *Six Livres,* le navire France tourmenté par la tempête, exprime à merveille le caractère essentiel de cette notion : «Tout ainsi que le navire n'est plus que bois, sans forme de vaisseau, quand la quille qui soutient les côtés, la poupe et le tillac sont ôtés : aussi la République sans puissance souveraine, qui unit tous les membres et parties d'icelle, et tous les ménages et collèges en un corps, n'est plus République» [7]. Quelle que soit la taille d'une Cité, et qu'on l'appelle πόλις, *Civitas, Res publica* ou Etat, c'est « l'union d'un peuple sous une seigneurie souveraine» [8] qui fait la République. En conséquence, «un petit roi est autant souverain que le plus grand monarque de la terre». La souveraineté, en effet, est le principe d'union qui rassemble en un tout les «parties» ou «membres» de la République, quels qu'en soient la taille ou le régime. Ainsi la souveraineté est–elle « le vrai fondement et le pivot sur lequel tourne l'état d'une Cité» [9].

Le juriste Charles Loyseau donne aux définitions de Bodin un tour lapidaire définitif : «La souveraineté est du tout inséparable de l'Etat, duquel, si elle était ôtée, ce ne serait plus un Etat... Car enfin la souveraineté est la forme qui donne l'être à l'Etat» [10].

En la lettre, Hobbes parle davantage du « souverain» et du «pouvoir souverain» que de la souveraineté [11]; le latin emploie l'expression

5. *Methodus,* p. 359.
6. *Les Six Livres de la République,* I, I, p. 1.
7. *Ibid.,* I, II, p. 12.
8. *Ibid.,* I, II, p. 13.
9. *Ibid.,* I, II, p. 14.
10. Charles Loyseau, *Traité des Seigneuries,* p. 24.
11. *Lev*, XVII, p. 178; XVIII, p. 182.

summa potestas[12], équivalent de l'anglais *Soveraigne Power :* ces diverses expressions connotent la « suprême puissance »[13] qui appartient au Léviathan, homme ou assemblée, en qui réside « l'essence de la République ».

Ainsi, l'autorité suprême du *Commonwealth – Etat, République* ou *Civitas*[14] – est bien, pour Hobbes comme pour Bodin, le critère formel de la communauté politique.

C'est une tout autre question de savoir si ce pouvoir souverain est né de la conquête ou de l'institution. Bodin néglige cette question et, selon Hobbes, la génération de la République n'implique rien quant à son essence. D'ailleurs, pour les deux auteurs, l'important est que la souveraine puissance corresponde à l'empire *(summum imperium)* qui est la norme de la société civile ou politique.

2. *La nature et les marques de la souveraineté*

La nature de la souveraineté se concentre en son caractère absolu. Les exposés fermes et minutieux que donnent Bodin et Hobbes de ce thème majeur, pour l'essentiel, se rejoignent.

La souveraineté, dit Bodin, en tant qu'elle est, selon les penseurs médiévaux, *plenitudo potestatis,* a pour caractère spécifique d'être « la plus grande puissance de commandement »[15]. Comme le pilote en son navire, le prince souverain est, après Dieu, seul maître à bord du vaisseau République et il commande aux citoyens qui sont ses sujets. De même, Hobbes déclare que « la puissance souveraine exerce l'empire et la suprême domination »[16] : elle est « puissance de commandement » et « droit d'empire », de sorte que, à raison de sa nature, elle ne trouve en face d'elle que sujets voués d'avance à l'obéissance[17]. Dans la République comme dans l'Etat–Léviathan, il s'agit d'un commandement *public* et non d'un commandement d'ordre privé : on ne saurait, dit Bodin, le confondre avec le commandement de particulier à particulier qu'est l'ordre donné par le mari à son épouse, par le père à ses enfants, par le seigneur à ses esclaves ou par le maître à ses serviteurs[18]. De la même manière, Hobbes différencie la puissance de commandement du Souverain de celle que pourrait s'arroger un monarque en tant que

12. *DCi,* VI (titre) ; VI, 15 ; *Lev,* XVII, p. 178, note 37 ; XVIII, titre, p. 179.
13. *DCi,* V, 11.
14. *Lev,* XVII, p. 177.
15. *Les Six Livres de la République,* I, VIII, p. 122.
16. *DCi,* V, 11.
17. *Lev,* XVIII, p. 183.
18. *Les Six Livres de la République,* I, II, p. 19.

personne privée; elle appartient à l'Etat en tant qu'il est *persona civilis* ou, mieux, *persona civitatis* [19]. Une telle puissance de commandement, explique Bodin, est «parfaite et accomplie» [20]: elle est «la puissance absolue et perpétuelle d'une République» [21]. Sans doute Hobbes insiste-t-il davantage, quant à lui, sur le caractère absolu de la puissance souveraine que sur sa perpétuité; mais, dès les *Elements of Law,* ce caractère absolu lui apparaît comme la condition de viabilité de la souveraineté [22]: elle exclut toute limitation, y compris dans le temps. La perpétuité de la souveraineté transcende la personne des Princes ou la durée des Assemblées. La continuité de l'Etat défie le temps.

La similitude du vocabulaire utilisé par Hobbes et par Bodin correspond bien, en l'occurrence, à la même compréhension du concept : la souveraineté est identique à la *superioritas* dont parlaient les auteurs médiévaux : en sa nature superlative, elle ne peut connaître de limites. C'est l'idée que le juriste Loyseau exprime éloquemment : «L'Etat et la souveraineté prise *in concreto* sont synonymes, écrit–il, et l'Etat est ainsi appelé pour ce que la souveraineté est le comble et période de puissance où il faut que l'Etat s'arrête et s'établisse» [23]. Ce «comble de puissance», continue Loyseau, «consiste en puissance absolue et entière de tout point... et comme la couronne ne peut être si son cercle n'est entier, aussi la souveraineté n'est point si quelque chose y défaut» [24].

Encore convient–il, en ce point, d'écarter une erreur souvent commise. Que la souveraineté soit absolue signifie à coup sûr qu'elle est inconditionnelle, donc qu'elle est, comme dit Bodin, une, c'est–à–dire «simple et non composée» [25] ou, comme dit Hobbes, qu'elle est «indivisible» [26] et ne saurait, sous peine d'inefficacité, être partagée [27]. Hobbes, comme Bodin, repousse vigoureusement la doctrine des «parties de la souveraineté» qui va de pair avec l'idée de *regimen mixtum.* Sans degré de supériorité –car, comme dit Loyseau, celui qui a un supérieur «ne peut être supérieur et souverain»–, la souveraineté ne tolère aucun contrôle et, par conséquent, ne se partage pas. Cela ne signifie pas qu'elle est arbitraire et dépend des caprices de celui ou de ceux qui l'incarnent. Bodin et Hobbes donnent à l'adjectif *absolu*

19. *DCi,* V, 9 et 10.
20. *Les Six Livres de la République,* I, VIII, p. 128.
21. *Ibid.,* I, VIII, p. 122.
22. *EL,* II, I; *DCi,* VI, 18.
23. Loyseau, *Traité des Seigneuries,* p. 24.
24. *Ibid.,* p. 25.
25. *Les Six Livres de la République,* II, I, p. 255.
26. *EL,* II, I, 16.
27. *Ibid.,* II, I, 13 et 14; *DCi,* VI, 18.

la signification que, en suivant Ulpien[28], lui donnaient les penseurs médiévaux : en quelque régime que ce soit, le pouvoir souverain est *solutus legibus,* c'est–à–dire absous des lois humaines. En effet, parce que la prérogative essentielle de l'autorité souveraine est de donner et de casser la loi[29], et puisque le Souverain est le seul législateur en la République[30], les lois ne peuvent lier celui qui les fait : la puissance de les faire est aussi bien celle de les défaire et c'est un principe élémentaire du droit que n'être lié qu'à soi c'est n'être point lié[31]. Aussi le détenteur de la souveraineté est–il, quoi qu'il fasse, injusticiable[32]. Dire que la souveraineté est absolue, c'est dire qu'elle est franche ou libre à l'égard des lois, édits ou ordonnances dont elle a seule le pouvoir de décider et de disposer. Tout pouvoir souverain est au–dessus des lois puisqu'elles dépendent de lui ; il n'est lié par aucun *vinculum juris* qui l'obligerait juridiquement ; d'ailleurs, *service* et *souveraineté* sont des notions antinomiques.

Bien entendu, cette marque essentielle de la souveraineté serait incompatible avec la limitation du champ politique : la souveraineté, dit Loyseau qui exprime en cela à la fois la pensée de Bodin et celle de Hobbes, est « parfaite et entière en tout point ». Elle a donc vocation à s'exercer en tous domaines : « sous la puissance de donner et de casser la loi », sont compris tous les autres droits en matière de guerre ou de paix, de monnaie, de fiscalité, de justice, de magistrature, d'enseignement[33]. « Les marques de souveraineté, écrit Bodin, sont indivisibles : car celui qui aura puissance de donner la loi à tous, c'est–à–dire de commander ou défendre ce qu'il voudra, sans qu'on en puisse appeler, ni même s'opposer à ses mandements : il défendra aux autres de faire ni guerre ni paix, ni lever tailles, ni rendre la foi et hommage lige, obligera la noblesse et le peuple de ne prêter obéissance qu'à lui »[34]. A ce passage de *La République,* le long chapitre XVIII du *Léviathan* fait écho en reprenant les arguments du *De Cive :* le souverain n'est pas seulement détenteur de l'épée de justice et de l'épée de guerre[35] ; il est souverain juge, il a haute main sur tous les magistrats ; il décide même

28. Cf. A. Esmein, « La maxime *Princeps legibus solutus est* dans l'ancien droit public français », in *Essays on legal History,* Oxford, 1913.

29. *Les Six Livres de la République*, I, X, p. 233 ; *DCi,* VI, 18.

30. Hobbes le répète à plusieurs reprises, par exemple, dans le *De Cive* (XIV, 1) et dans le *Léviathan* (XXVI, p. 238).

31. *Lev,* XXVI, p. 252.

32. *DCi,* VI, 12.

33. *Les Six Livres de la République,* I, X, p. 233 ; *Lev,* XVIII, p. 184.

34. *Les Six Livres de la République,* II, I, p. 266.

35. *DCi,* VI, 5, 6, 7.

des doctrines enseignées dans l'Etat[36]. La souveraineté, donc, est *fons juris ;* elle est créatrice de normativité juridique et, puisque son office est d'édicter les règles de droit qui organisent la vie civile, c'est d'elle, dit Bodin, que dépend « le droit gouvernement de la République » ; c'est à elle qu'il appartient, dit Hobbes, de déterminer la propriété, le juste et l'injuste, le licite et l'illicite, voire le bien et le mal[37].

A raison de sa logique interne, tous les droits de souveraineté sont « inaliénables et inséparables »[38] : ils attestent qu'en toute République, quelle qu'en soit la forme, l'autorité de la loi ne saurait, par quiconque, être mise en question. Ainsi Bodin, par son opposition au droit d'opposition, se déclare l'adversaire farouche des Monarchomaques : « il n'est pas licite au sujet de contrevenir aux lois »[39]. Non seulement « le droit commandement » de la puissance souveraine s'exerce « sur tous les sujets en général »[40], mais l'obéissance des sujets n'est rien d'autre que le service de la République : le sujet est citoyen. Hobbes, sur l'épineuse question du droit de résistance aux ordres du Souverain, est assurément plus nuancé que Bodin : néanmoins, selon lui, il est de règle que les citoyens soient d'avance, et à raison même de l'institution de la souveraine puissance de l'Etat, obligés à obéissance. Ils ont, dit le *De Cive*, « renoncé au droit de résister »[41] : tout citoyen est d'abord sujet. Même si Hobbes, dans le *Léviathan,* admet que l'obéissance civile possède des limites et ne s'impose plus lorsque les lois civiles ne respectent pas la téléologie des lois de nature, l'obligation politique par laquelle le sujet est soumis à la loi du souverain – ce que Hobbes appelle « l'obéissance simple »[42] – est attachée, de droit, c'est–à–dire rationnellement, à la souveraineté. *Pacto obligamur* : le pacte, de soi–même, oblige[43].

Ainsi, en définissant la souveraineté comme l'essence de la République aussi bien qu'en déchiffrant en ses « marques » son caractère « absolu », Hobbes, apparemment, s'accorde avec Bodin. Cependant, cet accord est loin de signifier la parenté de leurs thèses. Des divergences de fond radicales les séparent – divergences si abruptes qu'un discord fondamental sépare leurs deux conceptions de la souveraineté.

36. *DCi,* VI, 11.
37. *DCi,* VI, 15, 16 ; *Lev,* XVIII, p. 185.
38. *Lev,* XVIII, pp. 187–189.
39. *Les Six Livres de la République,* I, VIII, p. 151.
40. *Ibid.,* I, X, p. 216.
41. *DCi,* V, 11.
42. *DCi,* VI, 14, ; *Lev,* XIV, p. 119.
43. *Lev,* XXVI, pp. 253-254.

II. LE DISCORD FONDAMENTAL DES DEUX PHILOSOPHIES

Dans l'idée de souveraineté en quoi se concentre l'autorité de la République moderne, se trouvent renouvelées, dans l'œuvre de Bodin comme dans celle de Hobbes, les vieilles images de la puissance impériale romaine et de la majesté des souverains pontifes : la substance du pouvoir politique s'exprime par le geste du commandement suprême. Mais, en cette reprise de notions anciennes, se manifeste une certaine hésitation du vocabulaire qui ne parvient pas véritablement à se fixer : si le terme de *Potestas* revient souvent dans les citations ou les gloses historiques de Bodin comme dans les textes latins de Hobbes, il voisine ceux *d'imperium* et de *superioritas ; la* plénitude de la puissance publique *(plenitudo potestatis)* est aussi *potestas in re* et n'est pas étrangère au *dominium.* Cette indécision du vocabulaire trahit une pensée qui ne maîtrise pas son concept de manière définitive. Ni Bodin ni Hobbes – ni non plus Loyseau – n'ont échappé à l'incertitude du statut épistémologique propre au concept de souveraineté. Par delà l'usage accumulatif de termes latins empruntés sans une parfaite rigueur au droit romain ou à la théologie politique médiévale, leur vocabulaire oscille sans cesse du terme de *souveraineté* à celui de *souverain.* Ce serait une erreur de voir en cela le passage de l'abstrait au concret ou la volonté de traduire la souveraineté, entité essentielle de l'Etat, dans la réalité du vécu politique car le terme *souverain* ou bien correspond au *pouvoir souverain,* c'est–à–dire à la souveraineté, ou bien désigne celui qui l'incarne[44]. Cette indécision n'est pas sans raison. A défaut de la lever, il est possible de l'expliquer. Cela exige que les termes *souveraineté* et *souverain* soient situés dans leur contexte philosophique propre. Seulement, rapportés aux principes fondateurs de la République selon Bodin ou de l'Etat selon Hobbes, ils laissent apparaître d'irréductibles divergences de sens.

1. Deux projets de scientificité

« Il est besoin, déclare Bodin, de former la définition de souveraineté, parce qu'il n'y a ni jurisconsulte ni philosophe politique qui l'ait définie : alors que c'est le point principal et le plus nécessaire d'être entendu au traité de la République »[45].

44. On n'a pas de mal à comprendre qu'à l'aurore des politiques absolutistes, cette incertitude sémantique ait pu être source de confusion et de contre-sens.
45. *Les Six Livres de la République,* I, VIII, p. 122.

Même si, sur ce point de l'histoire des idées, Bodin ne dit pas tout à fait vrai[46], il s'efforce néanmoins de pallier la carence doctrinale qu'il dénonce. Hobbes est non moins catégorique et, dans son dessein de donner naissance, enfin, à la « science politique », il situe en bonne place, dans son projet épistémologique, les notions connexes *d'imperium* et de *summa potestas*[47] sans lesquelles il est impossible de définir l'état civil.

Seulement, Bodin et Hobbes n'ont pas la même conception de la « science » et ils ne lui assignent pas même démarche. Dans son *Discours au Sénat de Toulouse,* Bodin avait dit, non sans emphase, que l'horizon spéculatif vers lequel il regardait avait « la majesté du savoir »[48] parce qu'en celui–ci se conjoignaient les merveilles de la nature et la noblesse de la culture. Pour en capter l'infinie richesse, le projet scientifique qu'il élabore doit, ainsi qu'il le confie à Jean de Thou dans la dédicace de la *Methodus,* « recueillir les fleurs de l'histoire et en détacher les fruits les plus doux »[49]. Il n'ignore pas que d'autres, avant lui, ont emprunté le chemin de l'historiographie ; mais ils se sont fourvoyés, faute, tout particulièrement, d'avoir adopté une démarche comparatiste. Aussi bien Bodin, après avoir dénoncé « la peste de grammaire » qui, à son dire, empoisonne leurs récits et leurs gloses, déclare-t-il son ambition de substituer à l'accumulation des faits accidentels de l'histoire la recherche des relations qui en structurent le cours. Par cette méthode, la figure de rationalité de la connaissance historique supplantera toutes les formes de la *disputatio* scolastique. Dès lors, accordant tout son effort à établir « scientifiquement » l'histoire humaine[50], afin de dépasser la démarche narrative ou descriptive qu'il répute infra–historique, Bodin applique à la poussière des faits et à la masse des documents une procédure comparatiste : il élimine la surabondance des détails pour ordonner et classer les faits ; grâce à une pensée catégoriale qui « fixe avec exactitude les lieux communs et les

46. J. Moreau Reibel (*Bodin et le droit public comparé dans ses rapports avec la philosophie de l'histoire,* Vrin, 1933, p. 140) montre que le jurisconsulte, reprenant les thèses qu'il avait avancées dès 1550 dans son *De Imperio,* s'est largement inspiré, dans la *République,* du *Digeste* des bartolistes. J. Franklin (*Jean Bodin and the Rise of absolutist Theory,* Cambridge, 1973) défend la même idée, quoique dans un autre contexte et avec une autre intention. A. Passerin d'Entrèves (*La notion de l'Etat,* Oxford, 1967, trad. franç. Sirey, 1969) met en relief l'apport du droit médiéval dans la construction bodinienne du droit de la souveraineté.

47. Cf. en particulier, *DCi,* II ; *Lev,* XVIII.

48. *Discours au Sénat de Toulouse,* in Corpus général des Philosophes français, PUF, 1951, p. 42.

49. *Methodus,* Epître dédicatoire à Jean de Thou, p. 273.

50. *Ibid.,* p. 281.

rubriques»[51], la généralisation devient possible, qui permet de penser ensemble, dans les flux et les reflux de l'histoire, les habitudes et les mœurs des divers peuples. La démarche comparatiste, dont Bodin peut passer pour le premier théoricien, enseigne alors –et tel est le sens de la science selon Bodin– qu'un «esprit du monde» est au travail qui, étant moins une force causative que directive[52], laisse peu à peu apparaître une norme universelle porteuse de vérité ontologique. L'entreprise scientifique de Bodin vise à mettre en évidence l'ordre caché de l'histoire que doit répercuter, conformément à l'ordre du monde, l'ordre politique des Républiques.

Hobbes, pour assumer son projet de scientificité, est bien loin de tenir semblable langage. la Préface du *De Cive,* qui précise les indications épistémologiques du *Short Tract,* est parfaitement explicite eu égard aux intentions et à la méthode de Hobbes. En cherchant «les fondements de la politique» – tel est le sous-titre du *De Cive* –, le philosophe, s'écartant des voies de la métaphysique qu'il dira plus tard aussi vaine que fabuleuse, entend mettre en œuvre une méthode rigoureuse qui est celle même, résolutive-compositive, de la jeune science mécaniste de son temps[53] : en effet, «on ne saurait mieux connaître une chose qu'en bien considérant celles qui la composent». Il s'agit donc pour Hobbes de «démonter» la *Respublica* comme on démonte une machine : il faut, dit-il, «la considérer comme si elle était dissoute» afin de saisir en elle les éléments qui, en s'y articulant, en constituent les rouages dont la force et le mouvement déterminent la chose politique. La «science politique», que Hobbes appelle aussi «philosophie politique», adopte donc délibérément les catégories et les schèmes intellectuels du mécanisme. Comme la physique de Mersenne, elle se place sous le signe de la rationalité et du constructivisme et Hobbes rappelle qu'elle consiste à mettre en œuvre des règles du type de celles qu'établissent l'arithmétique et la géométrie.

Le dessein scientifique de Hobbes n'en appelle donc pas à la raison de la même manière que le projet de Bodin. Tandis que Hobbes, résolument anti-aristotélicien, adopte le pas géométrique du mécanisme et, dans son universel rationalisme, place la science politique sous l'empire de la causalité réductrice et explicative, Bodin inscrit la

51. *Ibid.*, p. 287.

52. C'est cette force, qui préfigure le concept de « naturel des peuples » ou d'« esprit des nations », qui fait de sa célèbre théorie des climats (*Methodus,* p. 314 sqq et *République,* livre V) la première conséquence épistémologique de la méthode comparatiste.

53. *DCi,* Préface, p. 71.

« science » des républiques sous le signe d'un humanisme qui, dans l'élan des renaissances de son siècle, pense l'ordre politique par référence à l'ordre métaphysique du cosmos. Cela les conduit à penser le même concept de souveraineté selon des paradigmes différents.

2. *Les deux paradigmes de la science politique*

Si le concept de souveraineté est bien ce par quoi se définissent « scientifiquement » la République selon Bodin et l'Etat-Léviathan selon Hobbes, l'ancrage de ce maître-concept dans les visions du monde des deux penseurs lui confère des résonances philosophiques qui, au-delà des mots, ne peuvent être concordantes.

Certes, dans la République comme dans l'Etat-Léviathan, la souveraineté est une puissance si grande que, selon Bodin, son détenteur « ne reconnaît rien de plus grand que soi après Dieu »[54] et que, selon Hobbes, le souverain Léviathan est un « dieu mortel » sous l'autorité duquel il n'y a que des sujets[55]; en conséquence, Bodin déclare que « le point principal de cette majesté souveraine et absolue »... « gît à donner loi aux sujets en général sans leur consentement »[56] et Hobbes répète à plusieurs reprises que le Léviathan est « le seul législateur »[57]. Seulement, si l'on scrute la nature intrinsèque de la suprême puissance de commandement, on s'aperçoit que, chez les deux philosophes, des divergences fondamentales résultent des prémisses de leurs conceptions du monde et de la connaissance qu'on en peut avoir.

Bodin, en théorisant l'idée de souveraineté, repense dans un cadre nouveau les idées traditionnelles d'*imperium*, de *majestas* ou de *potestas* que les publicistes médiévaux avaient, dans le *Digeste*, entourées d'abondantes gloses. La puissance souveraine attachée au « droit gouvernement de la République » et la puissance domestique propre au « ménage » sont à la semblance l'une de l'autre : « aussi est le droit gouvernement de la maison le vrai modèle du gouvernement de la République »[58]. D'où il ressort que les racines de la puissance souveraine, comme les racines de la puissance domestique, sont naturelles. De façon générale, dit Bodin, « le mot de puissance est propre à tous ceux qui ont pouvoir de commander à autrui »[59] : aussi bien le prince commande-t-il « aux sujets *comme* le magistrat aux citoyens, le père

54. *Les Six Livres de la République,* I, VIII, p. 124.
55. *Lev,* XVII, p. 178.
56. *Les Six Livres de la République,* I, VIII, p. 142.
57. *Lev,* XXVI, p. 238.
58. *Les Six Livres de la République,* I, II, p. 11.
59. *Ibid.,* I, IV, p. 29.

aux enfants, le maître aux disciples, le capitaine aux soldats, le seigneur aux esclaves »[60]. Au fondement de la puissance souveraine, se trouve donc, comme au fondement de la puissance paternelle ou domestique, la *grande loi de Dieu et de nature*[61]qui, de même qu'elle impose obligation aux pères d'élever leurs enfants[62], est « sainte et inviolable à tous les peuples »[63].. Ainsi comprend-on qu'« il est impossible que la République vaille rien, si les familles, qui sont les piliers d'icelle, sont mal fondées »[64]. Et comme la loi de Dieu et de nature ne se comprend que dans la perspective téléologique dont le bien commun et la justice sont l'universelle visée, la souveraineté, par sa fondation naturelle, ne peut être que juste : conforme à la loi fondamentale divine qui établit l'ordre du monde, elle ne peut être que légitime[65].

Le naturalisme dont s'inspire la théorie de Bodin dans ses replis les plus profonds l'éloigne évidemment des thèses que les Monarchomaques, ses remuants contemporains, développent dans leurs libelles. A la différence de Théodore de Bèze ou de Du Plessis-Mornay, il ne cherche nullement à asseoir la souveraineté des républiques sur un contrat scellé plus ou moins explicitement entre gouvernants et gouvernés : à tout le moins refuse-t-il de manière péremptoire l'idée selon laquelle la puissance du souverain ne trouve sa condition de validité – c'est-à-dire, en termes modernes, sa légitimité – que dans l'investiture populaire. D'ailleurs, dit Bodin, « la raison et lumière naturelle nous conduit à cela de croire que force et violence a donné source et origine aux républiques »[66]. Nul pacte ou convention n'est au principe de la république et de son autorité souveraine. Le concept de souveraineté a donc beau s'imposer, dans l'œuvre de Bodin, comme le pivot d'une théorie dejà moderne de la puissance publique, il porte en lui sa nécessaire référence à la loi naturelle, héritage du passé médiéval. L'essence de la République se définit sur l'arrière-plan méta-juridique très traditionnel dont la loi de Dieu et de nature est la clef de voûte.

Hobbes, assurément, ne refuse pas la référence aux lois de nature. Mais celles-ci ne constituent pas selon lui l'armature de la cathédrale politique. La souveraineté du *Commonwealth* résulte de l'art humain : elle naît du contrat conclu *inter pares* de sorte que chacun, renonçant à

60. *Ibid.*, c'est nous qui soulignons.
61. *Ibid.*, I, I, pp. 150-152
62. *Ibid.*, I, I p. 29
63. *Ibid.*, I, I, p. 32.
64. *Ibid.*, I, I, p. 34.
65. *Methodus*, p. 480
66. *Les Six Livres de la République*, I, p. 69.

exercer son droit de nature si tous en font autant, autorise la « personne publique » de l'Etat à décider et à agir en ses lieu et place. L'Etat-Léviathan ne trouve pas ses racines dans la nature. Effet du *covenant*, il est une construction de la raison, un « homme artificiel ». Si la souveraineté en est bien l'âme, celle-ci est, elle aussi, une âme artificielle[67]. Certes, afin de construire par art la souveraine puissance, l'homme peut user ou bien de sa force naturelle – on a alors une « république d'acquisition » –, ou bien du calcul rationnel – on a alors une « république d'institution » – ; mais, dans les deux cas, la souveraineté est l'effet d'un art et son essence échappe à toute naturalité. Sans doute l'art de l'homme imite-t-il l'art de Dieu, c'est-à-dire la nature ; mais cette imitation n'est pas un reflet ; elle procède d'un constructivisme rationnel qui la distingue, en ses racines et en son essence, du grand œuvre naturel de Dieu. Aussi bien, hormis la souveraineté naturelle de Dieu sur sa création, n'y a-t-il de souveraineté qu'artificielle. L'institution politique dont elle indique l'essence requiert, selon Hobbes, un arrachement à l'état de nature, – ce concept ne désignât-il qu'une hypothèse méthodologique – et à la crainte de la mort qui rôde en lui : arrachement qui est l'effet du calcul opéré par chacun avec le souci de conserver sa vie et d'assurer la paix. L'acte d'instauration de la société civile rompt l'ordre naturel, c'est-à-dire y transforme le rapport des forces : à l'égalité naturelle des individus, le contrat substitue l'inégalité du rapport de souveraineté, qui est celui du commandement absolu à la soumission totale. Donc, le rapport de souveraineté ne saurait avoir de modèle ni même d'équivalent dans l'ordre naturel de la domination paternelle ou seigneuriale. D'ailleurs, les « lois de nature » ne sont pas, selon Hobbes, l'expression des décrets de Dieu immanents à la nature ; elles sont des « théorèmes de la raison » qui rendent possible le calcul téléologique d'intérêts dont la forme est le contrat. En outre, même les « lois fondamentales de nature » ne commandent pas la soumission[68].

Le *covenant* est donc plus et autre chose qu'un consensus spontané ou naturel. Il n'y a de souveraineté qu'en vertu d'un transfert des droits naturels de tous à l'*homo artificialis* qu'est le Léviathan[69]. Autrement dit, la souveraineté ne naît ni d'un pacte d'association, ni d'un pacte de sujétion[70] ; elle est le corollaire de la représentation, elle-même fondée sur un acte d'autorisation dont Hobbes expose la

67. *Lev*, Introduction, p. IX.
68. *EL*, II, III, 2, ; *DCi*, VIII, 1.
69. *DCi*, V, 9.
70. *Ibid.*, V, 7.

nature en examinant la notion de personne[71]. La *persona civitatis* – homme ou assemblée – est le lieu de la souveraineté puisque chacun, dans une parfaite réciprocité avec tout autre, a autorisé cet homme ou cette assemblée à agir en son nom[72].

Le désaccord entre l'artificialisme de Hobbes et le naturalisme de Bodin est donc fondamental. Il tient aux principes mêmes de leurs systèmes. Pour Bodin, la souveraineté est la forme du droit gouvernement de la République à la seule condition de répéter au monde des hommes l'ordre naturel voulu de Dieu. Tous les princes de la terre sont sujets à la grande loi de Dieu et de nature[73] : parce qu'elle est la norme fondamentale de l'univers, elle est, nécessairement, l'unique règle du pouvoir souverain. Le souverain, en toute République, est « image de Dieu » et sa loi est faite « au modèle de la loi de Dieu »[74]. Pour Hobbes, la souveraineté est bien aussi l'essence de la République : elle en est l'âme et elle lui donne « vie et mouvement »[75]. Mais, quelles que soient les délicatesses philosophiques de la pensée de Hobbes dont les lois de nature demeurent l'inéliminable horizon, la souveraineté se définit comme l'œuvre de l'art rationnel des hommes et, comme telle, elle implique le rejet de la liberté absolue dont chacun disposait en l'état de nature. Il n'y a donc pas de société civile par nature ; la souveraineté n'a de sens que dans l'ordre politique artificiel qui, sous le Dieu immortel, est, selon l'expression utilisée par Grotius, un « establissement humain ».

Ainsi, l'Etat-Léviathan symbolise le constructivisme rationnel de l'homme tandis que la République de Bodin glorifie, au monde des hommes, la grande loi de Dieu et de nature. Dans l'histoire de la philosophie politique, ce discord entre Hobbes et Bodin est bien plus que le heurt de deux générations de penseurs dont l'un préparerait les conquêtes rationalistes de l'avenir tandis que l'autre trouverait dans la tradition les assises de la stabilité du temps présent. Ce discord fondamental qui demeure lors même que l'on restitue aux thèses hobbesiennes leurs complexités et leurs nuances, répète en définitive l'antithèse séculaire du νόμος et de la φύσις. Il est aisé de le montrer en étant attentif aux résonances proprement politiques de la souveraineté selon les deux auteurs.

71. *EL*, II, VIII, 7 ; *DCi*, V, 10.
72. *Lev*, XVII, p. 177.
73. *Les Six Livres de la République*, I, VIII, p. 132.
74. *Ibid.*, I, VIII, p. 161.
75. *DCi*, VI, 19.

III. LES RÉSONANCES POLITIQUES DU DISCORD PHILOSOPHIQUE

Tout en concevant l'idée de souveraineté selon deux modèles philosophiques antagonistes et malgré l'hésitation terminologique qui subsiste dans leurs théories, Hobbes et Bodin s'accordent sur la définition formelle de la souveraine puissance. Mais il leur faut dessiner, conformément à la postulation de leurs systèmes, la silhouette de la République dont l'autorité suprême est, pour l'un comme pour l'autre, une et indivisible. Or, la belle République en laquelle, selon Bodin, se prolongent les harmonies cosmiques, ne ressemble guère à la puissante machine de l'Etat-Léviathan ; et le droit public qui se déploie ici et là n'a évidemment pas même signification.

1. L'universelle harmonie de la République

Il n'est point de république « bien entendue » ou « bien ordonnée » qui, selon Bodin, n'exprime en sa forme l'unité, l'indivisibilité et l'irrévocabilité de la souveraineté. Donc, logiquement, l'important n'est pas qu'un prince ou qu'un peuple en soit détenteur; c'est que l'allégeance des sujets soit le corollaire du commandement du Pouvoir souverain. Sans cette obéissance, la République – Aristote l'avait déjà dit – se dissoudrait.

Pourtant, il n'est guère douteux que Bodin, qui n'a jamais caché son engagement dans le clan des « politiques », entend dessiner le modèle théorique dont le roi de France devrait s'inspirer pour redresser son royaume. Cela ne saurait signifier sans nuances qu'il ouvre la voie de l'absolutisme dans laquelle Guy Coquille, André Loisel ou Jérôme Bignon, avant Richelieu et Cardin Le Bret, s'engageront[76]. La signification que, dans son pragmatisme politique, Bodin accorde à la notion de souveraineté est tout autre. Repoussant d'un côté les thèses de Machiavel aussi bien que celles de Claude de Seyssel[77] ou de Du Haillan[78] dont il n'apprécie pas le réalisme plat, repoussant d'un autre côté la vision utopique de Thomas More dont l'égalitarisme est, dit-il,

76. Parmi les doctrinaires de l'absolutisme, dont la théorie se perd en de multiples textes de plus ou moins grande importance, citons, sans prétention à l'exhaustivité : G. Coquille, *Discours aux Estats de France,* 1589 ; A. Loisel, *Institutes coutumières,* 1607 ; Jérôme Bignon, *De l'excellence des rois et du royaume de France.* Plus tard, et de façon plus systématique, Cardin Le Bret, *De la souveraineté du roi,* 1632, préludera, en théoricien, au *Testament politique* de Richelieu, rédigé en 1635 et 1640.

77. Claude de Seyssel, *La grant Monarchie de France,* 1519.

78. Du Haillan, *De l'estat et succez des affaires de France,* 1570.

contraire à « la nature des choses » [79], Bodin adosse sa politique à une méta-politique foncièrement naturaliste. L'ordre du macrocosme est selon lui le cadre dans lequel doit s'édifier le microcosme politique. La souveraineté qui est la norme des républiques ne peut, sans renier son essence, contredire l'ordonnancement de la grande Nature.

Bodin, on le sait, affirme les origines naturelles de la République [80] qu'ont fait naître « force et violence » [81]. Surtout, il en compare l'organisation à celle d'un essaim d'abeilles ou d'une fourmilière autour de sa reine, à celle du troupeau autour du bélier ou à la distribution des astres autour du soleil [82]. Les belles métaphores prouvent, dit-il, « la nécessité d'un pouvoir unique ». Il cite Homère et Euripide en les opposant à Platon : « Il n'est pas bon que plusieurs commandent; qu'un seul soit chef; qu'un seul soit roi.... Le gouvernement des maisons et des villes doit être le fait d'un seul homme » [83]. Voilà donc ce que signifie politiquement l'unité indivisible de la souveraineté : elle est le pivot de ce que Bodin appelle « la monarchie royale ».

Certes, Bodin qui, toujours, interroge l'histoire, n'ignore pas qu'il y a « trois formes ou estats de la République », dont les configurations concrètes, d'ailleurs, s'entremêlent avec trois types de gouvernements [84]. Mais, parmi les neuf modèles de réalisations politiques dont il pèse avantages et inconvénients, Bodin n'hésite pas à affirmer que la « monarchie royale » est la seule véritable république parce que la souveraineté y est comme l'or parmi les métaux ou comme le diamant parmi les pierres. Sa valeur réside en ses fondements naturels [85], ainsi qu'en témoigne d'ailleurs la dévolution de la Couronne par voie d'hérédité [86] : elle réalise « les lois sacrées de la nature, elle accomplit la loi de Dieu qui est celle de la justice naturelle. Le mérite éminent du monarque royal et ce qui le distingue des autres figures de la République est que, pour affirmer sa souveraineté, il s'en remet toujours à la norme universelle de la « loi de Dieu et de nature ». C'est la conformité de la monarchie royale à la législation divine qui fait, en la République, la légitimité du souverain.

79. *Les Six Livres de la République,* II I, p. 252.
80. *Ibid.,* IV, I, p. 503.
81. *Ibid.,* IV, I, p. 511.
82. *Methodus,* p. 414.
83. *Ibid.,* p. 414.
84. *Les Six Livres de la République,* livre II.
85. *Ibid.,* VI, IV, p. 968.
86. *Ibid.,* IV, I, p. 503.

L'inscription de la République dans la totalité cosmique en indique le critère d'excellence : la valeur de la monarchie royale tient à l'observance de l'ordre et de la finalité que Dieu a voulus immanents à l'univers. Cela entraîne explicitement pour Bodin que le «régime populaire» est le règne de l'anti-valeur. L'unicité du commandement souverain n'exprime rien d'autre que la reconnaissance de la téléologie sans laquelle la grande Nature serait vide de sens. La politique est au monde des hommes le reflet de l'harmonie universelle.

Hobbes est, quant à lui, peu sensible au chant cosmique qui est inéliminable en la République de Bodin. Il regarde le monde sur un autre horizon intellectuel, qui porte la marque des gloires rationalistes de son siècle.

2. Les triomphes rationalistes et l'Etat-Léviathan

La souveraineté est bien, dans l'Etat-Léviathan, comme l'avait dit Bodin, la «suprême puissance de la République»; Hobbes concède même que, parfois, elle est «acquise par la force» et que l'on a alors affaire à une «république d'acquisition»[87]. Mais le modèle conceptuel de la souveraineté est construit par l'acte rationnel du contrat qui instaure alors une «république d'institution». Cette république ne peut revêtir que trois formes différentes selon que la souveraineté y est détenue par un seul homme, par une assemblée de quelques-uns ou par l'assemblée de tous[88]. Quelles qu'aient été ses préférences intimes, Hobbes se garde, à la différence de Bodin, et afin de demeurer dans la ligne de sa science politique, de défendre aucun régime : il analyse et il explique. L'idée de souveraineté résulte d'un processus logique qui définit, en deçà de tous les régimes, la structure nécessaire de la société civile. Elle ne saurait donc se manifester en quelque figure privilégiée que ce soit – ce qui, à l'évidence, rend insoutenable la thèse selon laquelle Hobbes serait le théoricien de l'absolutisme et l'ennemi juré de tous les libéralismes à venir. Une telle interprétation falsifie la théorie hobbesienne de la souveraineté, qu'il est nécessaire de replacer dans le cadre de son rationalisme si l'on veut en saisir le sens.

D'une part, la souveraineté n'appartient qu'à un «homme artificiel», qui peut être – Hobbes le répète sans cesse – «homme ou assemblée». Le Léviathan est le symbole de cet *homo artificialis* dont le formidable pouvoir, qu'explique sa génération contractuelle, ne peut qu'obéir à la rationalité principielle qui l'a créé. La rationalité du pouvoir souverain n'est pas plus grande quand un seul homme en est le

87. *Lev*, XX, p. 207.
88. *Ibid.*, XIX, p. 192.

détenteur. D'ailleurs, qu'elle s'incarne en un seul ou en une assemblée, la souveraineté est toujours celle du peuple qu'a fait naître le contrat. Hobbes formule une véritable théorie de la démocratie originaire[89] qui, à l'instant où se forme la souveraineté, est seule compatible avec la structure logique du pacte : à la multiplicité de la multitude, se substitue l'unité du peuple; à la pluralité éparpillée des droits individuels de nature, se substitue l'unité insécable de la puissance publique. Le peuple est devenu une personne civile. Sa volonté commune et une s'exprime dans le droit d'empire du souverain : «Le peuple règne en toute république»[90].

D'autre part, la souveraineté est rationnelle aussi en ce qu'elle ne peut s'écarter, sous peine de se nier elle-même, de la téléologie immanente qu'impose la loi fondamentale de nature. Cette loi, en effet, est improprement appelée «loi»; elle est, dit Hobbes, une prescription ou un théorème, voire une conclusion de la raison «concernant ce qui favorise la conservation et la défense des hommes»[91]. Aussi bien la vocation essentielle de la souveraineté est-elle indépendante des modalités institutionnelles par lesquelles elle s'exprime. Conformément au précepte de la raison à laquelle s'adosse sa génération, elle est –et doit être– tendue vers la paix civile[92]. Telle est l'œuvre des lois dont le souverain a, seul, l'initiative.

Mais, en ce point, ce serait une erreur de déchiffrer la contrainte qui accompagne ces lois civiles comme le signe de l'engagement absolutiste de Hobbes. Et cela pour deux raisons. Premièrement, la contrainte est le critère *formel* de la légalité : s'il est vrai qu'elle indique l'autorité ou la force de la loi, elle n'est en rien assimilable à une force matérielle; la souveraineté, en son exercice comme en sa nature, n'implique ni oppression ni coercition. S'il est vrai que le droit de la souveraineté en tant que puissance suprême de commandement impose obéissance aux citoyens, la contrainte légale est un critère formel qui se retrouve également dans tous les régimes[93]. L'épée de justice et l'épée de guerre[94] symbolisent, en toute forme de République, le droit et, en même temps, le devoir qu'a le pouvoir souverain d'assurer, au dedans comme au dehors, la paix et la sécurité. «L'intéret public» est la règle d'or que la souveraineté, en légiférant, ne doit jamais transgresser. «Les chaînes artificielles» que sont les

89. *EL,* II, II, 1 ; *DCi,* VII, 5.
90. *DCi,* XII, 8.
91. *Lev,* XV, p. 160.
92. *Ibid.,* XIV, p. 129.
93. *Ibid.,* XVIII, p. 164.
94. *EL,* II, I, 7 et 8 ; *DCi,* VI, 5, 6 et 7.

lois civiles sont, en démocratie aussi bien qu'en monarchie ou en aristocratie, les instruments du bien commun : c'est à raison de cette finalité qu'elles sont obligatoires et exécutoires. Deuxièmement, la souveraineté donne « vie et mouvement » à l'Etat-Léviathan en tant qu'il est, comme l'établit la théorie de la *personne* exposée au chapitre XVI du *Léviathan*, le *représentant* du peuple en corps aux lieu et place de qui il agit. Or, « chacun a donné à celui qui les représente tous l'autorité qui dépend de lui en particulier »[95]. La dialectique de l'*auteur* et de l'*acteur* – c'est-à-dire du peuple et de l'« Etat – trouve son lieu d'excellence dans l'exercice même de la souveraineté.

Il serait abusif d'enfermer la conception hobbesienne de la souveraineté dans l'alternative de l'absolutisme et du libéralisme, même en s'appuyant sur le chapitre XXI du *Léviathan* que Hobbes intitule « De la liberté des sujets », dont il montre qu'elle est « compatible avec le pouvoir sans limite du souverain »[96] puisque « c'est dans l'acte où nous faisons notre soumission que résident à la fois nos obligations et notre liberté ».

Hobbes, à la différence de Bodin, ne déduit pas du concept de souveraineté le principe d'une axiologie politique qui commanderait une théorie du « meilleur régime ». Il donne congé à cette problématique traditionnelle. Son concept de souveraineté se situe au cœur de son grand rationalisme : sa génération, sa finalité, sa nature, son expression et ses effets portent la marque indélébile des puissances constructrices de la raison. L'artifice politique dont la raison est le maître d'œuvre n'est lui-même possible qu'en s'appuyant sur la loi fondamentale de nature dont Hobbes souligne vigoureusement qu'elle est un « théorème de la raison ». C'est en cela que Hobbes s'est voulu anti-aristotélicien et ne peut se trouver d'accord avec le naturalisme de Bodin. Hobbes est cependant beaucoup trop réaliste pour nier l'influence, dans le monde des hommes, des mouvements de l'histoire et des nécessités de la nature ou pour ignorer l'appel des grands idéaux. Néanmoins, dans sa volonté de faire œuvre de science, il construit tout l'art politique par un acte rationnel dont les calculs de la raison sont le principe et le moteur. Il le sait et il le dit : il a établi une « vérité spéculative » dont, même s'il l'espère, il ne sait si elle pourra se convertir en « utilité pratique »[97]. Il est, en cela, très loin de Bodin et

95. *Lev*, XVI, p. 166.
96. *Ibid.*, XXI, p. 225.
97. *Lev*, XXXI, p. 392.

l'écart des deux philosophes trouve son algorithme dans l'idée de justice qui est comme le grand secret de la souveraineté.

3. L'algorithme de la justice

Dans l'œuvre de Bodin, c'est un dogmatisme métaphysique qui donne cohérence au système. Sans étouffer ses intentions et ses efforts explicatifs, il fait toujours ressurgir dans la question politique le vieux problème de l'Un et du Multiple. C'est dans ce contexte, où se profilent les ombres géantes de Platon et d'Aristote, que se pose la question de la justice dans la République.

Dans la *Methodus,* Bodin a rappelé la thèse platonicienne selon laquelle la justice n'a plus de place dans les modes défectueux de la République comme la tyrannie ou la démagogie. En revanche, tandis que la république démocratique ou populaire, strictement égalitaire, se réclame de la justice commutative et que la république aristocratique, évidemment hiérarchique, est régie par la justice distributive, il appartient à la monarchie royale, qui, on le sait, constitue aux yeux du «politique» Bodin, «le droit gouvernement de la République», donc, le «meilleur régime», de s'appuyer sur la justice harmonique. La souveraineté de «l'estat royal» trouve ainsi son expression parfaite dans le langage mathématique qu'une longue tradition pythagoricienne appelle le langage des médiétés – langage technique et difficile qui n'est pas étranger à la philosophie platonicienne du nombre nuptial[98] et qui rejoint les analyses musicologiques de Boèce, néo-pythagoricien et commentateur d'Aristote.

Sans entrer dans le détail de l'exposé de Bodin, dégageons-en le sens : le «juste harmonique» est «l'heureux mélange» dont parle le *Philèbe*, l'entrelacement du πέρας et de l'ἄπειρον (de la Limite et de l'Illimité) ou encore, dans la gamme diatonique, le rapport entre la dominante et la tonique qui fait entendre l'accord des différences. En cet accord merveilleux, «le discord, dit Bodin, donne grâce à l'harmonie». Tel est le symbole en quoi retentit la musique des sphères et, par conséquent, le modèle en quoi l'harmonie cosmique est l'algorithme de la meilleure politique.

Dès lors, la droite république ne saurait méconnaître ni le peuple avec ses aspirations égalitaires, ni la noblesse avec ses exigences hiérarchiques : de même que Dieu a établi dans le monde, par proportion harmonique, le bel équilibre qui fait son unité, de même la république royale, sous l'autorité souveraine et une, donc unifiante, du

98. Platon, *La République,* 546 c. Nous renvoyons sur ce point à notre ouvrage *Bodin et le droit de la République,* PUF, 1989, p. 262 sqq.

monarque, englobe les différences qui sont entre le peuple et les nobles.

Dans l'œuvre de Bodin, l'algorithme métaphysique de l'universelle harmonie donne à la théorie de la souveraineté sa tonalité véritable, qui est profondément méta-politique. La république idéale –c'est-à-dire la «monarchie royale»– «imite la nature»[99] et la tâche de la souveraine puissance est de réaliser «la perpétuelle liaison harmonique qui accorde les extrémités par moyens indissolubles qui tiennent de l'une et de l'autre»[100]. La souveraineté sera, en la monarchie de France, un hymne à la Nature.

Par sa méta-politique naturaliste marquée de pythagorisme et d'aristotélisme, Bodin condamne d'avance les vertiges de l'artificialisme politique qui est, chez Hobbes, la descendance de Galilée et de Mersenne.

En effet, si l'idée de justice, dans l'Etat-Léviathan, demeure le critère de la société civile et du droit public[101], Hobbes en développe une conception bien différente de celle de Bodin. Parce que le souverain est «le seul législateur», la puissance publique s'affirme comme un légalisme centralisateur qui définit et fixe en tous domaines ce qu'il est licite, donc juste, de faire. D'un trait, Hobbes balaye l'idée d'une justice inhérente à la nature des choses : «Là où il n'est pas de pouvoir commun, il n'est pas de loi; là où il n'est pas de loi, il n'existe pas d'injustice»[102], donc, non plus, de justice. Source de la loi, la puissance souveraine est aussi principe de justice. En cela, la raison trouve son accomplissement puisque Hobbes déclare que la seule science nécessaire est la science du juste[103].

Dans la dynamique fonctionnelle de l'Etat-Léviathan, le légalisme jurislateur de la puissance souveraine peut donc paraître se suffire à lui-même. Hobbes pourrait écrire, comme Grotius, que le droit, ou le juste, serait ce qu'il est «même si Dieu n'existait pas». Le constructivisme hobbesien, qui se veut étranger aux illusions idéalistes[104], se refuse à chercher au monde paradigmatique des essences tout modèle de Justice. L'idée du juste exclut selon Hobbes toute référence à un horizon axiologique transcendant; son immanence à la société civile ne

99. *Methodus*, p. 412.
100. *Les Six Livres de la République*, VI, VI, p. 1059.
101. Dans la condition naturelle des hommes, il n'y a ni légitimité ni justice, *Lev*, XIII, p. 126.
102. *Lev*, XIII, p. 126.
103. *Ibid.*, XXX, p. 392.
104. *Ibid.*, XLVI, p. 686.

renvoie pas à une source trans-juridique. C'est pourquoi il est possible de discerner chez Hobbes une puissante intuition de ce que l'on appellera trois siècles après lui «le positivisme juridique», ce qui l'éloigne considérablement de Bodin.

Pourtant, Hobbes, fouillant les prérogatives de la puissance souveraine, ne franchit pas le seuil du positivisme et le critère du juste est, dans son œuvre, marqué d'ambivalence. Les catégories du juste, du licite, du légitime, de l'honnête... sont bien fixées par l'autorité souveraine; mais elles ne se réduisent pas à des constructions techniques ou à la ruse mécanicienne que la raison mettrait en œuvre pour échapper à la crainte de la mort qui ronge naturellement les hommes. La souveraineté n'est source de justice que dans la mesure où, par ses lois, elle contribue à la paix, au *salus populi,* au *comfort of life* et même à la vertu. Lors même que la souveraineté est absolue – *soluta legibus* ou *ex lege*[105] – elle est, dans sa fonctionnalité même, «contenue» par les lois de nature qui sont l'index de sa finalité. L'exercice de la souveraineté est tel que «la loi de nature et la loi civile se contiennent l'une l'autre et sont d'égale étendue», de telle sorte qu'«elles ne sont pas des espèces de loi différentes, mais des parties différentes de la loi»[106] : d'une part, les lois fondamentales de nature ne trouvent leur effectivité que par la médiation des lois civiles «posées» par le souverain; mais, d'autre part, les lois civiles n'auraient pas le caractère de commandement chargé d'obligatoriété juridique si elles ne respectaient la téléologie des lois de nature.

En ce point, il importe d'écarter toute équivoque. La thèse de Hobbes ne signifie pas qu'il hésite à franchir le seuil d'un positivisme juridique encore innomé et qu'il a la nostalgie d'un horizon axiologique qui porterait la marque des volitions d'un Dieu trancendant. Il faut rappeler, pour écarter cette mésinterprétation, que les lois de nature ont, en la pensée de Hobbes, une silhouette inhabituelle quant à leur statut et quant à leur fonction. Statutairement, elles sont des «théorèmes de la raison» plutôt que des lois ou commandements[107]; fonctionnellement, elles sont des préceptes téléologigues rationnels plutôt que des modèles normatifs transcendants[108]. Tenue en son exercice par la loi naturelle comme suscitée par elle en sa génération, la souveraineté n'œuvre dans la République à la justice que par la force et dans les limites de la raison : elle obéit à ses puissances et à ses lumières. En cela, ce serait une erreur de reconnaître les gloires d'une

105. *Ibid.,* XXVI, p. 283 ; *DCi,* VI, 12 et 14.
106. *Ibid.,* XXVI, p. 285.
107. *EL,* I, XVII, 12 ; *DCi,* XXII, 23 ; *Lev,* XV, p. 160.
108. *Lev,* XIV, p. 129.

raison simplement « instrumentale » ; la raison, selon Hobbes, porte en elle une immense espérance éthique et axiologique. L'auteur du *Léviathan* ne donne pas congé aux exigences de la normativité comme le feront les « positivistes » ; mais, sous la puissance souveraine de l'Etat, les normes du droit et de la justice ne font entendre ni la voix de Dieu ni le chant harmonique de l'univers : elles expriment, dans ses limites mêmes, les capacités théoriques et pratiques de la raison des hommes.

La théorisation de la souveraineté, de Bodin à Hobbes, a considérablement évolué. Si ces deux penseurs de la politique sont d'accord sur la définition formelle de la souveraineté comme puissance absolue de la République, et même s'ils lui prêtent des qualités similaires (ce qui, à coup sûr, autorise leur rapprochement), ils en situent le concept dans des philosophies radicalement différentes (ce qui interdit d'assimiler l'une à l'autre leurs doctrines respectives). Dans leur prétention commune à frayer la voie d'une science de la politique, ils suivent des chemins divergents. Bodin, penseur de transition, regarde vers l'avenir avec l'attachement d'un philosophe traditionnel qui vante l'ordre cosmique, l'harmonie universelle et la nature des choses. Il pressent les dangers que l'individualisme, dont il a perçu les premiers signes dans la science copernicienne, fera peser sur l'unité du monde. Il entrevoit les menaces par lesquelles la méthode résolutive, qui dissout et éparpille, au lieu de rassembler et d'unir, fera éclater l'harmonie unitaire que, à l'image de la grande Nature, veut la République des hommes. Tout au contraire, Hobbes admire Galilée et Mersenne pour avoir attaqué de front les vestiges d'aristotélisme qu'en « l'échelle de nature » entretiennent « les proportions harmoniques » entre les êtres. En transportant dans le monde politique les schèmes opératoires du mécanisme, il a prétention à fonder l'essence des républiques dans la nature rationnelle de l'homme. En effet, la souveraineté, en son système, n'est fille ni de Dieu ni de Nature : elle est l'œuvre des hommes. Le rationalisme hobbesien implique le rejet du naturalisme venu du fond des âges comme une « vaine philosophie » chargée de fables et d'illusions. La politique n'a pas de fondement supra-humain. Il appartient aux hommes de décider, pour les hommes, de ce qu'elle sera. Sous le Dieu immortel qui continue de régner sur l'univers, la souveraineté du *Commonwealth* exprime, dans le champ politique, la découverte de l'homme. Il ne s'agit pas, comme chez Descartes, d'une « découverte métaphysique », mais d'une découverte juridique : l'idée de Souveraineté ou de Pouvoir, dont Hobbes fait le thème central de la science politique, s'est sécularisée; elle n'occulte pas la « royauté naturelle de Dieu » à laquelle « les hommes, qu'il le veuillent ou non, sont assujettis à tout moment »[109]; mais, lors même que Hobbes n'a jamais eu l'intention de mettre en question l'éternité du royaume divin – « L'Eternel règne, que la Terre se réjouisse »[110]–, il affirme que, pour les hommes, « il ne peut y avoir d'autre loi de nature que la raison ». « La droite raison, dit-il, est notre règle », et cette droite raison est la *ratio civitatis*[111], la raison publique. Elle ne nie pas l'éminente dignité de Dieu. Mais, que Hobbes ait eu une foi sincère ou qu'il ait obéi à une prudence que commandait la conjoncture politico-religieuse de son temps, ce qui importe philosophiquement est que, dans la République, la plus grande œuvre de la raison humaine soit l'édification de la puissance publique dont l'exercice peut se passer du recours à Dieu. « L'affreux Monsieur Hobbes » regarde vers l'avenir avec les yeux d'un Moderne qu'en son temps, et pour longtemps encore, il est bien difficile de comprendre.

De Bodin à Hobbes, la souveraineté a quitté l'orbe enchanté de la grande Nature et ouvert le livre de la Modernité où s'inscrira l'autonomie des hommes en quête de leur majorité.

Simone GOYARD-FABRE
Université de Caen

109. *Ibid.*, XXXI, p. 379.
110. *EL*, I, xv, 1.
111. *DCi*, II, 1, éd. de 1646.

LE VOCABULAIRE DE LA REPRÉSENTATION POLITIQUE DE HOBBES A KANT

« Les actions des hommes procèdent de leurs opinions, et le bon gouvernement des hommes, en vue d'assurer leur paix et leur concorde, repose sur le bon gouvernement de leurs opinions ».

Léviathan, chap. XVIII

INTRODUCTION : HOBBES ET SES ADVERSAIRES, LA QUESTION DE LA REPRÉSENTATION

La représentation politique est-elle une simple convention juridique (le représentant tient provisoirement lieu de son mandataire, physiquement absent), ou un processus d'identification par lequel les gouvernés se considèrent comme parlant et agissant en personne à travers leurs gouvernants ? En pratique, les deux attitudes se rencontrent à des degrés divers, mais elles n'ont pas les mêmes conséquences ; dans le premier cas, les individus représentés sont fondés à faire valoir leur jugement propre, tandis que dans la seconde éventualité, l'identification ainsi créée exprime la résorption de toute distance, et de toute altérité, entre gouvernants et gouvernés. La conception originale que Hobbes donne de la représentation dans le *Léviathan* tend à relever de cette dernière catégorie, dans la mesure où elle réussit à dépasser la logique d'un *pacte de soumission*, ou de non-résistance des individus envers le pouvoir, comme c'était encore le cas dans les premiers traités [1]. Dans la problématique du *Léviathan,* chaque individu se

1. Il est vrai que le schéma de la soumission des volontés au tiers souverain revient dans le *Léviathan* latin, paru après l'édition anglaise de 1651 : ce point n'est pas pour surprendre, si on admet, avec François Tricaud, sa nature hybride (entre certains états du *De Cive* et le *Léviathan* anglais). L'opposition entre représentation d'une part et soumission des volontés de l'autre, a été bien marquée par F.Tricaud

reconnaît l'« auteur » des actes et des jugements de cet « acteur », institué par lui, qu'est le représentant souverain[2]. Cette conception de la représentation fonde du même coup une doctrine de l'opinion publique, qui contribuera notablement à l'image de « despotisme » attachée à Hobbes ; en effet, chaque membre de la République n'est pas seulement représenté dans les actes du souverain, mais aussi dans ses paroles et jugements. Il en est, de façon entière et irréversible, l'auteur. De ce fait, la seule opinion (et aussi la seule doctrine) légitime et compétente est celle exposée par le représentant souverain, ou par ses porte-parole accrédités. L'opinion *publique,* c'est-à-dire exprimée *in foro externo*, parce qu'elle provient du souverain, est aussi celle des individus qui « autorisent » ce dernier.

On peut observer qu'en découvrant sa problématique complète de la représentation – à travers les concepts d'« auteur » et d'« acteur », d'« autorisation » et de « personne fictive ou artificielle » – Hobbes a non seulement assis la légitimité du pouvoir souverain, mais il a doté la « personne artificielle » d'une mission essentielle : éviter que le jugement propre et divers des particuliers ne vienne entraver l'action de Léviathan[3]. Opinion et représentation participaient d'une même recherche entreprise depuis les *Elements of law* : fonder l'inséparabilité, et même si possible, l'identité entre gouvernants et gouvernés ; un résultat synonyme, aux yeux de Hobbes, d'une stabilité qui serait salutaire pour l'Etat.

Le degré extrême, si l'on peut dire, de cette représentation identitaire se trouve énoncé par le *Léviathan* au chapitre XVIII, lorsque

dans son introduction à l'édition Sirey du *Léviathan* réalisée par ses soins (*op.cit.*, Introd., p.XXVIII).

2. «Ils sont obligés, chacun à l'égard de chacun, de reconnaître pour leur tout ce que fera ou jugera devoir être fait celui qui est leur souverain, et d'en être réputés les auteurs» (*Léviathan*, Sirey, p.180). Désormais, les ouvrages utilisés seront cités comme suit; pour le *Léviathan* (désormais *Lev*), traduction F.Tricaud, Paris, Sirey, 1971, indication du chapitre et de la page, suivie éventuellement de la référence au texte anglais, éd.Macpherson, Pelican Classic, Penguin Books, 1968 (*M.* et page). Le texte latin, quand il est donné, vient des *Opera latina*, éd. Molesworth, vol.3, Londres, 1841 (*OL,* et page). Les *Elements of law* sont cités en français d'après la traduction L. Roux (ex : *EL*, II, 2, 11), et en anglais d'après l'édition Tönnies, rééd.F.Cass and Co, 1969 (ex. : *T.*, p.124). Le *De Cive* est cité d'après la traduction Sorbière, Sirey, 1981 (*DCi,* V, § 6), en latin d'après l'édition H.Warrender, Oxford, 1983 (*WL.*, p.133), en anglais dans l'édition due également à Warrender, même année (*WA.*, p.88). Nous supprimons systématiquement les soulignements chez Hobbes, ainsi que chez Rousseau, Locke et Kant. Tout soulignement apparu sera donc de notre fait. Nous gardons pour Hobbes, et ultérieurement pour Locke, l'orthographe du texte anglais, ainsi que l'usage des majuscules

3. C'est là la fonction restrictive de la représentation (empêchement), tandis que sa fonction affirmative réside dans l'épanouissement de la sûreté individuelle.

Hobbes explique que si un sujet prétend châtier son souverain, « il punit alors un autre pour des actions qu'il a lui-même commises » (p. 184). Pourtant, c'est l'« acteur » et non l'« auteur », le représentant et non le représenté, qui avait commis lesdites actions. Le passage à la limite opéré ici confirme que la résorption de toute différence (dans la sphère publique et le domaine politique) constitue l'achèvement de ce que Hobbes avait entrepris depuis les *Elements of law*, et mis d'abord en œuvre sous la forme insuffisante du contrat de soumission : tant que les hommes ne feraient que résigner leur volonté au profit d'un Tiers (roi ou assemblée), selon un pacte de non-résistance, ils pouvaient toujours être tentés de considérer le souverain comme une instance leur restant extérieure[4]. Tandis que s'ils composent en lui une *Persona* collective, n'agissant et n'opinant qu'à travers lui, ils deviennent partie intégrante du souverain. Au lieu de *renoncer* à leurs forces et à leur jugement, ils assurent le déploiement et l'assomption de leur puissance, investie dans celle qui « sur terre ne peut être comparée à nulle autre »[5]. Et de ce fait, celui qui les représente, Léviathan, se les incorpore – selon l'image, véritable paradigme théorique, que Hobbes a mise en tête de son ouvrage[6].

C'est d'ailleurs l'occasion de se demander en vertu de quelle nécessité l'Etat devait prendre la forme d'un être *analogue* aux êtres naturels qui le façonnent et qu'il enveloppe en retour : la forme d'un Homme artificiel. Hobbes entendait certainement traduire, dans le registre de l'identification imaginaire, l'inséparabilité, conceptuellement construite, entre gouvernants et gouvernés[7].

Pacte de non-résistance *ou* (si l'on peut dire) « pacte de représentation » : non seulement la distinction est importante pour comprendre

4. Il est vrai que dans le *De Cive* « le roi est [ce que Hobbes] nomme le peuple » (XII, 8), que « tout l'Etat est compris dans la personne du roi » (VI, § 13, note de Hobbes), et enfin que « c'est le peuple qui règne en quelque sorte d'Etat que ce soit » car, dans les monarchies même, « il commande et veut par la volonté d'un seul homme » (XII, § 8). Mais nous aurons l'occasion de montrer que ce traité ne parvient pas à fonder la thèse avec rigueur.

5. Cf. la formule du livre de Job, qui sert en quelque sorte d'épigraphe au *Léviathan*, puisqu'elle a été mise au-dessus de la tête du souverain géant figuré sur la vignette de l'édition *princeps* de 1651: « Non est potestas super terram quae comparetur ei ».

6. Sur l'analyse développée de ce paradigme voir notre livre *Hobbes et l'Etat représentatif moderne*, Paris, P.U.F., 1986.

7. Si l'on ajoute que l'« acteur » reçoit aussi, selon Hobbes, un éclairage par le domaine théâtral, on remarque que l'idée d'identification spéculaire acquiert d'autant plus d'insistance. Nous avons étudié le modèle scénique dans l'article: « La théorie de la 'personne fictive' dans le *Léviathan* de Hobbes », *Revue française de science politique* (33), n°6, décembre 1983.

l'unité et l'évolution de la pensée de Hobbes, mais elle commande un enjeu appréciable, ensuite, du point de vue de ses adversaires en philosophie, les fondements d'un monopole de l'opinion possédé par le souverain. L'individu peut-il garder un usage propre de la *fonction de juger* en politique ? C'est la thèse défendue par Kant dans un chapitre significativement intitulé « Contre Hobbes ».

Par son projet spécifique constamment poursuivi (asseoir l'inséparabilité gouvernants-gouvernés), la pensée de Hobbes s'attire l'épithète de despotique chez Rousseau, Locke et Kant. Despotisme, pour l'un, parce que la volonté raisonnable des hommes ne peut en droit se représenter, et que seul l'exécutif représente le peuple en un sens très particulier ; despotisme pour les autres, du fait que la conception hobbesienne interdit la séparation des pouvoirs et l'exercice de la liberté d'opinion, qui est nécessaire toutes les fois que les citoyens estiment être lésés par le pouvoir souverain. De ce fait, la question de la représentation, en tant que forme d'indivision entre gouvernés et pouvoir gouvernant dans la République, a bien constitué un enjeu : à la fois pour la pensée de Hobbes à la recherche de son achèvement (par laquelle on commencera l'examen), et pour ses adversaires en philosophie (que l'on étudiera ensuite).

I. LE VOCABULAIRE DU *LÉVIATHAN* COMPARÉ AU *DE CIVE* :

Pour restituer l'enjeu principal que commandait aux yeux de Hobbes sa théorie de la représentation, il convient de partir du *Léviathan* (considéré comme *terminus ad quem* de la recherche hobbesienne), de comparer la démarche suivie avec celle du *De Cive*[8],et de signaler les reliquats éventuels présents dans le traité de 1651, ou les difficultés nouvelles. Cependant, on n'examinera pas les modalités du concept de « personne artificielle », étudié ailleurs[9], pour s'attacher exclusivement à la définition de l'« acteur » et de l'« auteur » donnée dans un passage très dense du *Léviathan* (chap. XVI, p.163).

8. Il faudrait prendre en compte les *Elements of law*, que, pour des raisons d'allègement, nous ne citerons ici que ponctuellement. Quoique la problématique de la délégation de puissance soit différente de celle du *De Cive*, elle ne contredit pas notre démonstration. De même, à part une note spécifique, nous devrons laisser de côté le *De Homine*.

9. Outre notre livre et l'article cités plus haut, voir dans le présent recueil l'étude de Franck Lessay: « Le vocabulaire et la notion de personne chez Hobbes ».

1. L'enjeu des définitions dans le Léviathan

Procédant selon une suite de définitions (auteur, acteur, autorité) Hobbes utilise en même temps une comparaison entre le droit d'agir (qu'il appelle *authority*) et le droit de propriété. S'agit-il proprement d'une comparaison, ou de la mise en évidence d'une identité de nature ? Aux deux cas Hobbes applique un même terme, le verbe *to own*, qui peut signifier : posséder, reconnaître pour sien, ratifier.

Il faut remarquer que l'idée de ratification impliquerait une médiation entre l'acte commis et le garant de l'acte : cette médiation est réalisée par celui qui agit, l'acteur; au contraire, l'idée de possession évoque une relation *directe* du propriétaire à la chose possédée. La polyvalence du concept hobbesien réside dans le fait que l'auteur est dit «posséder les paroles et actions» de l'acteur : à la fois la relation est directe (puisqu'il s'agit d'un droit de possession) et elle est médiatisée (c'est l'acteur qui dit ces paroles et accomplit ces actes). La polyvalence est sensible dès les première phrases :

> Of Persons Artificiall, some have their words and actions *Owned* by those whom they represent. And then the Person is the Actor; and he that *owneth* his words and actions is the AUTHOR. In which case the Actor acteth by Authority. For that which in speaking of goods and possessions, is called an *Owner* (...) speaking of actions is called Author (XVI, M., p.218).

Il apparaît que les deux premiers emplois du verbe *to own* doivent être rendus littéralement par «posséder», et non comme dans la traduction Tricaud par «reconnaître pour sien» : la fin du passage cité, où il est question d'un «propriétaire» *(an Owner),* confirme qu'il s'agit d'une identité de nature entre le fait d'être un «auteur» et le fait d'être un propriétaire, sans comparaison ni métaphore [10]. On préférera donc la traduction qu'avait donnée R.Anthony dans son édition partielle de 1921 [11] :

> Il est certaines personnes artificielles dont les paroles et les actions *appartiennent en propre* à ceux qu'elles représentent. Alors la personne est l'acteur, tandis que celui qui *possède en propre* les paroles et les actions est l'auteur. Dans ce cas, l'acteur agit par autorité. En effet, celui que, lorsqu'il s'agit de biens et de possessions, on appelle *propriétaire* (...) s'appelle aussi auteur, lorsqu'il

10. F.Tricaud se fonde sans doute sur l'équivalent donné par le *Léviathan* latin (traduit par lui, note 12, p.163), où Hobbes emploie le verbe *agnoscere* (reconnaître, avouer). Le latin n'offrait pas un terme polysémique comparable au *to own* anglais .

11. Paris, Giard, 1921, p.270.

s'agit d'actions. Et, de même que le droit de *posséder* s'appelle propriété, de même le droit d'agir s'appelle autorité.

Dans ce passage où il donne une définition capitale de la représentation (comme « autorisation » de l'acteur par l'auteur), Hobbes établit une *imputation de responsabilité* qui se veut infrangible : ceux qui deviendront (chapitre suivant) les sujets du souverain seront responsables de façon directe des opinions et des actes du souverain, et non pas de façon seconde ou détournée ; ils sont responsables en propre de sa conduite, comme le propriétaire d'un bien le « possède en propre » (trad.Anthony). On peut dire aussi, avec Y.C. Zarka, que l'autorisation ainsi définie consiste à transmettre « un droit d'usage du droit des auteurs »[12]. D'ailleurs, Hobbes songeait probablement à l'un des sens de l'*auctoritas* latine : le droit de possession – de sorte que (Gaffiot, p.185), *usus auctoritas* signifiait un droit de possession résultant de l'usage[13].

La fin du passage étudié confirme que l'acteur-souverain évolue dans le cadre d'une responsabilité directement attachée à ceux au nom de qui il agit : « De sorte que par autorité on entend toujours le droit de faire quelque chose, et que par 'fait par autorité' [*done by Authority*] on entend fait par commission ou licence de celui qui possède le droit d'agir » (trad.Anthony).

Comme on peut le constater, ces définitions, nullement anodines, organisent d'emblée une stratégie argumentative ; du fait que les hommes « possèdent en propre » ce dont le souverain a l'usage,il s'ensuit que ce représentant (*a Representer, a Representative*) est conçu de sorte que les volontés individuelles s'expriment entièrement, et s'épuisent, dans celui qui les porte, pour la mission qui est la sienne. Comme, de plus, dans le cas de l'acteur *politique* le représentant a une liberté

12. Y.C. Zarka, *La décision métaphysique de Hobbes,* Paris, Vrin, 1987, p.342.

13. De ce fait, l'*authority* hobbesienne ne signifie pas, primitivement, l'autorité sur quelqu'un, mais l'action *légitime*: à la fois le droit d'agir et le droit sur ses actions. Il n'est donc pas sûr que la remarque de F.Tricaud selon laquelle au chapitre XVI « l'*authority* n'est jamais un attribut de l'« auteur » (note 12, p.163) soit intégralement vérifiée. En tant que droit d'agir, l'*authority* appartient aux auteurs avant d'être confiée au représentant souverain ; en tant que responsabilité *politique* elle rejaillit sur ceux qui « autorisent » à tout moment le souverain. Ce point, peut-être assez gênant pour la théorie de Hobbes, explique le glissement que F.Tricaud croit constater par ailleurs : « dans le reste du livre, il arrive souvent à Hobbes d'employer *authority* et *authoritas* dans le sens que nous donnons au mot d'autorité ». Peut-être faudrait-il dire que les individus possèdent l'autorité (responsabilité) et que le souverain l'exerce (pouvoir) – tout comme dans le droit public français avant 1958, la nation n'exerce sa souveraineté que par ses représentants (Constitution de 1791) parce qu'elle est dans l'incapacité d'en faire un usage direct.

illimitée[14], nul ne saurait, en aucun cas, dérober sa responsabilité, ou – ce qui revient au même – opposer quelque réserve pour ensuite faire valoir une divergence d'opinion. Les auteurs détiennent virtuellement autant d'« autorité » (prise au sens de responsabilité) que leur représentant possède effectivement d'autorité – au sens de légitimité du pouvoir.

En effet, celui qui jouit de mon bien, jouit de *tout* mon bien si je n'ai pas énoncé de restrictions préalables; je n'en reste pas moins le propriétaire, et reçois pour cela un dédommagement. L'originalité ingénieuse des définitions données par Hobbes consiste ainsi à suggérer que le souverain est une sorte de tenancier perpétuel, indispensable pour la survie du propriétaire !

A ce stade de l'argumentation (car, répétons-le, il s'agit de cela), et après l'analogie qu'il a soulignée entre la *Persona* politique et le rôle théâtral au début du chapitre,Hobbes introduit donc le concept de représentation suivant : celui qui me représente accomplit *mes* actes et *mes* paroles, tout comme celui qui use de mon bien m'en reconnaît la propriété éminente. En échange de quoi, le Souverain, représentant irresponsable, est tout-puissant[15].

Mais de cela, les hommes qui ont fondé la République seront-ils pour autant convaincus? Surtout, sauront-ils s'en souvenir? On constate que, tout au long des chapitres XVI, XVII et XVIII, Hobbes ne cesse de rappeler l'obligation de responsabilité – comme si le risque était grand d'un relâchement des liens. On le voit dans l'édition anglaise, p. 221 *(« owning all the actions the Representer doth »)*, p. 222 (où le concept est utilisé deux fois), p. 227, où *to acknowledge* vient renforcer l'idée de « s'avouer être l'auteur »[16], p. 229 à deux reprises *(to own)*, p.231 où, cette fois, *to avouch* et to *avow* suppléent

14. Selon la formule élégante d'un commentateur, cette problématique de la représentation politique associe « bound author and free actor » (H.Pitkin, *The concept of representation*, Berkeley et Los Angeles, University of California Press, 1972). Hobbes en donne ainsi la formule globale : « Every man giving their common Representer, Authority from himselfe in particular; and *owning all the actions* the Representer doth, in case they give him Authority without stint » (*M.*, p. 221).

15. Il reste entendu que cette toute-puissance ne peut s'exercer que conformément à ce que le « propriétaire » ferait lui-même pour la conservation de son bien; en d'autres termes, l'*authority* cédée a toujours pour fin « la sécurité de la personne du bailleur » (XIV, p.132) : il va de soi qu' « il existe certains droits tels qu'on ne peut concevoir qu'aucun homme les ait abandonnés ou transmis » (*ibid.*). Comme toujours chez Hobbes, l'« absolutisme » ostensible sert un substrat « libéral » plus discret : la survie, le bonheur, le confort de l'individu – finalités intransgressibles.

16. « and every one to owne, and acknowledge himselfe to be Author of whatsoever he that so beareth their Person, shall Act, or cause to be Acted, in those things which... » .

l'idée exprimée par *to own*[17]. Dans ce dernier passage, Hobbes insiste sur l'obligation de reconnaissance *(to be contented to avow)* vis-à-vis d'une nature humaine trop portée à oublier ses engagements.

Le résultat visé dans ce processus logique et sémantique est déjà connu : établir que punir le souverain reviendrait, attitude illogique, à se punir d'actions commises par soi-même (XVIII, p.184 – cf. supra). Ce qui apparaissait précédemment comme un passage à la limite des plus audacieux de la part de Hobbes découle en fait du dispositif logico-sémantique mis en route dès les définitions, la connexion *owning-authority*. Mais il ne suffit pas pour Hobbes d'avoir jeté les bases d'une responsabilité infrangible, encore faut-il *convaincre* les hommes de se souvenir de leur devoir : qu'ils s'identifient entièrement aux actes de la puissance souveraine, au lieu de les tenir pour des faits étrangers à leur personne et pouvant être considérés de l'extérieur. Cette conviction a d'autant plus de chances de se maintenir s'ils se savent, chacun, le « propriétaire », *the Owner*, de ces actes, c'est-à-dire la source légitime. Comme il a déjà été remarqué ailleurs, dans une autre perspective d'étude[18], le bon citoyen selon Hobbes devra dire « L'Etat c'est nous » – bien que, et c'est là toute la difficulté, cet Etat soit représentatif !

2. *Le dépassement du conventionnalisme du* De Cive

Par rapport au *De Cive* le gain de rationalité est grand, alors même que le parallélisme des passages semble étroit, par exemple entre chap. V, § 8 du *De Cive* et le chapitre XVII du *Léviathan* (p.177). Mais en réalité, comme on va le montrer en comparant les formulations en anglais, tout l'équilibre a été déplacé vers l'Autorité politique possédée par le souverain, lequel, de ce fait, est *plus* et autre chose que le droit de chacun transféré :

> – he who submits his will to the will of an other, conveighs to that other the Right of his strength, and faculties. (*DCi, WA,* p.89)
>
> – by this Authoritie, given him by every particular man in the Common-Wealth, he hath the use of so much Power and Strength conferred on him... (*Lev, M.*,p. 227).

Dans un cas on résigne sa volonté, pour céder le droit d'user de ses forces, dans l'autre *on veut l'Autorité* du représentant. Ce que le

17. « that Man, or Assembly (...) whose actions are avouched by them all»; « he that dissented must now consent with the rest; that is, be contented to avow all the actions he [the soveraign] shall do ».

18. Notre livre cité, *Hobbes et l'Etat représentatif moderne,* p. 188.

souverain possède de plus que les individus – outre le fait qu'il réunit en lui les forces individuelles séparées et conflictuelles -, c'est une propriété juridico-politique consacrant la volonté étatique. Cette volonté étatique est le prolongement des volontés individuelles, au lieu de constituer ce devant quoi elles s'effacent par soumission. Alors que les *Elements of law* disaient que la non-résistance est l'*essence* d'un corps politique[19], idée qui continue d'animer le *De Cive*[20], dans le *Léviathan* l'action des sujets par le truchement du souverain est l'essence de la république représentative.

D'ailleurs, la différence de perspective se confirme si on examine quelques autres expressions du *De Cive*. Ce dernier en est réduit à *poser* l'adéquation sujets-souverain comme conventionnelle, et non comme cette « unité réelle de tous en une seule personne » dont parle le livre de 1651. Ainsi au chapitre V, § 6 à 9 :

> – « Cela ne peut se faire si chaque particulier ne soumet sa volonté propre à celle d'un certain autre, ou d'une certaine assemblée, dont l'avis (...) soit absolument suivi et tenu pour [*be received for*] celui de tous ceux qui composent le corps de la république ».
>
> – L'union qui se fait de cette sorte forme le corps d'un Etat, d'une société, et pour le dire ainsi, d'une personne civile » (formulation propre à la traduction Sorbière).
>
> – Les volontés de tous les membres de la république n'en formant qu'une seule, l'Etat peut être considéré comme si ce n'était qu'une seule tête [is to be esteemed for one Person].
>
> – C'est une personne dont la volonté doit être tenue [is to be received for] ... pour la volonté de tous les particuliers[21].

Cette formulation conventionnaliste offre moins de solidité que l'idée de représentation dans le *Léviathan*, où, en principe du moins, l'artifice a autant de réalité que les choses naturelles. D'où l'aveu de Hobbes dans le *De Cive* : « Il est vrai que c'est une chose moins évidente, et que plusieurs conçoivent malaisément, que tout l'Etat est

19. Un corps politique « the essence whereof is the not-resistance of the members » : *EL*, II, 1, 18, *T.*, p.116.

20. Cf. par exemple *DCi*, V, § 7 : « chacun témoigne qu'il s'oblige à ne pas résister à la volonté de cet homme ou de ce conseil, à laquelle il s'est soumis » (trad. légèrement modifiée). Le latin dit : « se Pacto obligat ad non resistendum ». L'anglais ne parle pas autrement.

21. Cf. de même VI, § 14 : « la volonté de cet homme ou de ce conseil (...) est tenue pour la volonté de toute la ville » (propre à la traduction Sorbière). Le *De Cive* latin emploie les mêmes expressions (sauf, bien entendu, pour les deux cas relevant de la seule traduction Sorbière).

compris dans la personne du roi» (VI, 13, note de Hobbes). L'Etat, qui signifie ici le corps des citoyens[22], ne peut être «compris» dans le souverain monarchique que si l'équivalence intellectuelle affirmée parvient à se convertir en une identité opératoirement construite; tel est le cas du *Léviathan,* puisque non seulement les individus «possèdent» les actes étatiques, mais ils sont intégrés à une Personne artificielle de type relationnel[23]; enfin, ils sont incorporés à un Homme artificiel (exactement transposé de l'homme naturel) en qui ils parlent et agissent par ses paroles et actions : le maximum de raisons se trouve réuni pour que les citoyens ne puissent, politiquement, se considérer comme un corps séparé de leur souverain; c'est-à-dire ne soient tentés, individuellement, de faire valoir leur *avis* contre celui de la puissance publique. Car il s'agit – si l'on se souvient de l'enjeu – du «gouvernement d'opinion» au sens de Hobbes («the well governing of Opinions», *Lev*, XVIII, *M.*, p.233), en l'occurrence *sur* les opinions, et à l'encontre de toute opinion hétérodoxe.

3. Le problème résiduel du Léviathan *: l'artificialisme lui-même*

Néanmoins, le *Léviathan* n'a pu éliminer toutes les difficultés, eu égard à des raisons d'inégale importance. Il y a tout d'abord que les hommes seront tentés d'oublier le profit apporté par l'instauration du représentant souverain : on a vu que ce trait (sans doute imputable à la nature humaine) conduisait Hobbes au vocabulaire de la contrainte de reconnaissance (*to be contented to avow, Lev*, XVIII, *M.*, p.231). A cette faiblesse humaine s'ajoutent certaines hésitations de l'auteur dans le cours de l'argumentation des chapitres XVI à XVIII, l'idée de soumission à la volonté du représentant réapparaissant parfois[24]; mais on peut estimer que cela n'est que la conséquence de l'ignorance, ou de l'oubli des individus qui ne se jugent plus comme liés à leur souverain – ne considérant que ce qu'ils perdent (forces et opinion propres),

22. Cf. *WA*, p.99 : «But it appears not to most men how *a City* is contained in the Person of a King».

23. La personne artificielle politique est en effet l'*union* représentants-représentés, non simplement réductible au représentant ou à son autorité. Voir sur ce point notre livre *Hobbes et l'Etat représentatif moderne*, éd.cit., p.82 et suiv., ainsi que Y.C. Zarka, *La décision métaphysique de Hobbes*, éd. cit., p. 343 et suiv.

24. Ainsi au chapitre XVII : «L'autre manière [d'instituer un pouvoir souverain] apparaît quand les hommes s'entendent entre eux pour se soumettre à tel homme ou à telle assemblée, volontairement, parce qu'ils leur font confiance pour les protéger contre tous les autres» (p.178). De même, il est question de l'*abandon* du droit de se gouverner soi-même (p.177), ou de la cessation de toute résistance *(passim).*

oubliant ce qu'ils gagnent (puissance collective et sécurité personnelle). *Oderint dum pareant,* dirait le souverain hobbesien; qu'au moins ils se soumettent, s'ils ne savent s'identifier à leur Représentant!

Plus digne de considération est la faiblesse intrinsèque que Hobbes reconnaît dans l'institution même de la souveraineté représentative; par où l'ensemble de son entreprise philosophique pourrait enregistrer, partiellement, un échec. Il convient d'abord de rappeler que le théoricien continue d'insister dans le *Léviathan* (comme il l'avait fait dans les traités antérieurs) sur la fragilité de l'édifice politique institué par le pacte : «l'accord de ces créatures [abeilles et fourmis] est naturel, alors que celui des hommes, venant *seulement* des conventions est artificiel : aussi n'est-il pas étonnant qu'il faille quelque chose d'autre, en sus de la convention, pour rendre leur accord constant et durable; cette autre chose est un pouvoir commun qui les les tienne en respect et dirige leurs actions en vue de l'avantage commun» (XVII, p. 177). Ultérieurement, il va rappeler que «les conventions [ne sont] que paroles et souffles (XVIII, p. 182). Apparemment, cette thèse ne ferait que reconduire l'idée déjà rencontrée : la souveraineté qui résulte du pacte a aussi pour fin de consolider le pacte, et d'obliger les hommes défaillants à soumettre leurs volontés. Mais il s'ajoute ce point que tout ce qui est «artificiel» n'aura jamais la capacité de résistance des êtres de la nature, et que bien des facteurs font en fait du Léviathan un colosse aux pieds d'argile (cf. chap. XXIX : «Des choses qui affaiblissent la République, ou qui tendent à sa dissolution»).

Il y a plus troublant, à l'intérieur même du vocabulaire utilisé. Quand Hobbes construit son concept d'autorité au chapitre XVI, il précise, songeant peut-être à Cromwell, qu'il peut arriver des cas où cette autorité est *feigned*, c'est-à-dire, selon la traduction de F. Tricaud, «usurpée»[25]. Le fait troublant est que le même terme a été utilisé , dans le même chapitre, pour *définir* la personne fictive ou artificielle : «When [words or actions] are considered as representing the words and actions of an other, there is a *Feigned* or Artificiall person» (*M.*, p. 217). Il y a donc une personne fictive vraie et une personne fictive... contrefaite, sorte d'artifice dans l'artifice; ce qui sous-entend que les sujets peuvent se trouver en peine de démêler l'une de l'autre, surtout quand une guerre civile éclate, ou une rivalité pour le pouvoir nourrie par les factions. Comme chez les sophistes grecs, la «bonne» imitation du naturel par l'artifice met en suspens, ou risque d'annihiler, les critères du vrai.

25. «mais quand l'autorité est usurpée, c'est l'acteur qui est obligé, car il n'y a pas alors d'autre auteur que lui» (p.164).

La difficulté s'accroît encore du fait que dans la suite immédiate du texte, Hobbes signale que ce qui est sans volonté propre peut être revêtu d'une personne « feinte » (by Fiction[26]) au point qu'une invention chimérique, une idole, pourra (comme chez Feuerbach) être crue véridique par les hommes abusés par leur propre imagination : « An Idol, or meer *Figment* of the brain, may be Personated. (...) But idols cannot be Authors : for an Idol is nothing » (*M*., p. 220) . Si quelque chose qui n'est rien peut acquérir aux yeux des hommes une *persona*, alors c'est tout l'artificialisme – fécond pour l'instauration de la représentation politique – qui se trouve atteint; il s'agit proprement d'un vice intrinsèque. Les orateurs populaires (au double sens du terme) que Hobbes a tellement redoutés, savent « imiter » le pouvoir souverain, se faire les porteurs de l'Unité d'une multitude révoltée[27]; ils ont l'art de « façonner le peuple » (*facere populum*), selon la vigoureuse formule du *De Cive* qui avait tellement frappé le révolutionnaire français P.L. Roederer[28].

Hobbes eut-il conscience de l'ambivalence qui habitait son concept de la représentation comme Personne fictive ou artificielle – ambivalence reflétant celle de la politique moderne elle-même, fondée sur l'art du discours au nom du peuple ?[29] Sans qu'on puisse l'affirmer il faut relever l'usage propre de la notion de *fictio* dans le *Léviathan* latin. Celle-ci n'est jamais employée au chapitre XVI pour caractériser la *persona*, qui est seulement dite *repraesentativa* ou encore *repraesentans* (cf. note n°2 de F. Tricaud, p.161). En revanche, pour le passage que nous citions plus haut en français, et qui pourrait concerner Cromwell, on retrouve le terme : « ubi authoritas manifesta est,

26. « There are few things that are uncapable of being represented by Fiction » (*M*., p.219).

27. Cf. *EL*, II, 8, § 4 : « ils appellent peuple une multitude de leur faction ». C'est-à-dire qu'ils se posent « artificieusement » en acteurs du Peuple tout entier. Sur ces *popular men*, au double sens donné par Hobbes, voir également *Lev*, XIX, p.354, note 113 du traducteur.

28. Cf.*DCi*, X, § 12 : « Atque hujusmodi industria diligentiaque, qua utuntur *ad faciendum populum*, factio appellari solet (*WL.*, p.178). L'anglais dit de même « to make a people » (*WA*., p.138). Ce passage, dans le commentaire qu'en donne Roederer, a fait l'objet d'une étude de notre part où nous revenons sur la question de l'artificialisme chez Hobbes : « Représentation et factions : de la théorie de Hobbes à l'expérience de la Révolution française », *Revue d'histoire des Facultés de droit...*, n°8, 1989, t.3 (pp.269-293).

29. Rappelons que le *Léviathan* aime à employer la formule *in the person of*, qui correspond à l'expression « au nom du peuple », fondant en France, depuis la Révolution, la légitimité du pouvoir et la concurrence pour son obtention. Voir notre ouvrage, où nous nous servons du modèle hobbesien de la représentation : *Le discours jacobin et la démocratie*, Paris, Fayard, 1989.

author; ubi *ficta* est, actor obligatur» (*OL*, p.124). De ce fait, les «idoles» relèvent du même registre de vocabulaire (celui de la contrefaçon)[30], tandis que la *persona repraesentans* en est exempte, ou relativement. Il reste exact que les idoles furent «constituées en personnes» (si nous traduisons mot à mot le latin), mais du moins la personne politique de la multitude n'est jamais dite, quant à elle, fictive *(ficta)*. Et quand, au chapitre XVII, il est précisé que l'accord des hommes, à la différence de celui des abeilles, est artificiel et fragile, le latin emploie uniquement le mot *artificiale*. Pourtant, Hobbes connaissait à coup sûr la notion médiévale de *persona ficta*, dont les juristes et les philosophes[31] avaient fait grand usage. Il doit avoir des raisons de s'en garder lors même qu'il reprend la perspective qui fut celle du droit médiéval. On se trouve conduit à supposer que ces raisons tiennent à la fragilité de la représentation *politique* dont le vocabulaire de la «fiction» aggraverait, si l'on peut dire, le cas. Mais il resterait à expliquer pourquoi le *Léviathan* anglais n'a pas ces prudences.

De plus, et sans que nous puissions développer ce point, on doit se demander pourquoi c'est seulement dans son troisième traité (*Léviathan* anglais) que Hobbes reprend des concepts déjà usités depuis des siècles (personne artificielle, personne fictive), ou, pour le *Léviathan* latin, des tournures connues depuis Cicéron (*agere personam civitatis)*, tandis que les ouvrages antérieurs se servaient uniquement de l'expression «personne civile», «personne publique», ou «personne politique». Il doit y avoir, là encore, des raisons importantes qui, semble-t-il, n'ont pas fait à ce jour l'objet d'une étude de fond[32].

30. «Idoli, id est meri *figmenti* (...) personae fuere constitutae (...). Idolum autem, cum sit nihil, nullius rei author esse potuit. Authoritatem dederunt civitates» (*OL*, p.125).

31. Cf. L. Jaume, *Hobbes et l'Etat représentatif moderne, op.cit.*, pp.62-66. Egalement, pour la théorie des corporations, voir dans le présent recueil la contribution de F. Lessay.

32. Il resterait à considérer le cas du *De Homine*, dans son chapitre XV, que nous ne pouvons détailler ici. Ce texte semble balayer toute hésitation de la part de Hobbes, puisque le vocabulaire de la fiction s'y affirme avec force, dès le titre : « De homine fictitio ». En outre, l'adjectif *fictiosus* (qui veut dire à la fois « artificiel » et « simulé »), le concept de *persona fictitia* (mais non, il faut le noter, *ficta*) apparaissent pour la première fois sous la plume de Hobbes. Ce chapitre du *De Homine* semble insister particulièrement sur la question de la volonté de Dieu (du « vrai Dieu » comme disait le *Léviathan*) : elle est littéralement construite par les rois et les gouvernants, qui représentent la divinité (« Dei personam gerunt ») pour peu qu'ils en reconnaissent l'existence (« si dominum agnoscant Deum »). Dans ce chapitre final très court, Hobbes ne donne certes qu'un résumé de sa pensée concernant la Cité (en principe développée dans le *De Cive*), mais il paraît accentuer – sinon caricaturer – ce que l'on serait tenté d'appeler la puissance décisionniste de

II. LE VOCABULAIRE DE ROUSSEAU : UNE REPRÉSENTATION ILLÉGITIME, OU BIEN D'UN AUTRE TYPE

Avec Rousseau, Locke et Kant, la question de la représentation introduit un nouveau thème, celui de la séparation des pouvoirs ou des fonctions étatiques (explicitement rejetée par Hobbes, au titre du «régime mixte», du chapitre XXI du *Léviathan*). C'est en effet une idée commune à ces trois philosophes qu'un même corps ne doit pas voter les lois et les appliquer, sous peine de sacrifier les vues générales à des considérations particulières (ce qui constitue l'un des traits du despotisme). Bien que Rousseau écrive après Locke et se situe par rapport à lui, il est préférable de commencer par l'auteur du *Contrat Social* dans la mesure où son refus de la représentation *législative* le classe à part ; d'ailleurs, on verra qu'entre Locke et Kant la communauté d'inspiration est sensible, par la théorie de la raison et l'importance du jugement individuel.

Dans le vocabulaire même employé par Rousseau on relève une hésitation quant à la validité du terme représentation – ou, plus exactement, il ne devrait pour lui y avoir, en droit, qu'un seul type de représentant, c'est-à-dire un seul cas légitime. Ce cas est celui du « ministre », au sens rousseauiste et conforme à l'étymologie de *serviteur*, et en l'occurrence, de serviteur du souverain.

Considérons tout d'abord l'incompatibilité qui se marque chez Rousseau entre l'activité du représentant (légitime) et l'exercice de la souveraineté par le peuple. Cette incompatibilité – directement opposée à la solidarité organique de Hobbes – est d'ordre à la fois logique et spatio-temporel : «où se trouve le représenté, il n'y a plus de représentant», dit le *Contrat*[33]. Quel est ce moment logique et spatio-temporel? C'est celui de la réunion du peuple en assemblée, de la reformation sensible du corps souverain : « A l'instant que le peuple est légitimement assemblé en corps souverain, toute juridiction du gouvernement cesse, la puissance exécutive est suspendue» (III,14, 427). L'incompatibilité ici déclarée n'est pas entre électeurs et députés, mais entre puissance législative et souveraine et organe exécutif : c'est l'exécutif qui représente le souverain, tant que ce dernier ne siège pas

l'artificialisme. La différence entre les «idoles» et le «vrai Dieu» n'est en tout cas plus soulignée.

33. Nous citons d'après l'édition de la Pléiade, *Œuvres complètes de J.J. Rousseau*, t.3, 1964 (ici : III, 14, p.428). Les *Lettres écrites sur la Montagne* (désormais : *Lm*) et les *Considérations sur le gouvernement de Pologne* (= *Po*) seront citées d'après la même édition.

lui-même[34]. Mais, comme on le sait, une incompatibilité, cette fois de nature, est également déclarée entre souverain et députés : c'est l'objet du livre III, chapitre 15, « Des députés ou représentants ». La raison en est que la volonté générale, comme toute autre volonté, « ne se représente point : elle est la même, ou elle est autre ; il n'y a point de milieu » (p.429).

Aussi, lorsqu'on prétend représenter la volonté générale, ce sont toujours des facteurs empiriques, et de mauvaises raisons qui y ont poussé :

> L'attiédissement de l'amour de la patrie, l'activité de l'intérêt privé, l'immensité des Etats, les conquêtes, l'abus du gouvernement ont fait imaginer la voie des députés ou représentants du peuple dans les assemblées de la nation.

Seule l'étendue du territoire pourrait excuser cette modalité, ce qui constitue cependant une restriction d'importance (qui sera applicable à la Pologne). Dans les cas où on a admis une prétendue « représentation du peuple », il faudrait modifier le terme, ou en changer le contenu : « Les députés du peuple ne sont donc ni ne peuvent être ses représentants, ils ne sont que ses commissaires ; ils ne peuvent rien conclure définitivement » (pp. 429-430). Les termes de « commissaire », de « commission » et de pouvoir « commis » auraient l'avantage, selon Rousseau, de souligner l'absence d'indépendance des individus mandatés. Ils ne sont que les *canaux* du vœu populaire, qu'ils ne remplacent en rien. Tandis que le mot « représentant » évoque la substitution de souveraineté, le *qui pro quo*, les délégués usurpateurs ; d'où l'évocation de « la stupidité de la nation anglaise, qui [a] armé ses députés de la suprême puissance » (*Po*, p. 979). Telle est bien la critique que Rousseau adresserait à la représentation souveraine de Hobbes s'il avait lu le *Léviathan*. D'un point de vue exactement contraire, le *Contrat* affirme que « toute loi que le peuple *en personne* n'a pas ratifiée est nulle ; ce n'est point une loi » (III, 15, p. 428). Il y a une personne du

34. Ce qui est à confronter avec d'autres passages où Rousseau parle d'une force exécutive toujours réunie, comme à Genève, source d'ailleurs, à ses yeux, d'un grand danger (cf. *Lm*, p.815). Ne dit-il pas, par ailleurs, dans le *Gouvernement de Pologne*, que l'exécutif devrait travailler sous les yeux du peuple ? « Pour que l'administration soit forte, bonne, et marche bien à son but, toute la puissance exécutive doit être dans les mêmes mains : mais il ne suffit pas que ces mains changent; il faut qu'elles n'agissent, s'il est possible, que sous les yeux du législateur, et que ce soit lui qui les guide » (*Po*, p.978). Il y a là peut-être une difficulté interne de la pensée de Rousseau, à la fois très réaliste sur l'utilité du pouvoir exécutif et pessimiste quant à sa sagesse (cf.*Contrat,* tout le livre III). La fin de toutes les démocraties c'est la *permanence* du pouvoir exécutif – que Locke avait déclarée nécessaire.

peuple, existant de façon intrinsèque et supérieure à l'exercice des fonctions de «commissaires» ou «députés» (qu'il ne faudrait pas nommer «représentants»).

Mais si Rousseau refuse le terme c'est, comme on l'a vu, pour l'appliquer par ailleurs au pouvoir exécutif, en un sens qu'il faut préciser. Celui-ci est un représentant en tant que «ministre», ou organe «commis» dans la stricte application des lois votées par le souverain : «Ce n'est absolument qu'une commission, un emploi, dans lequel, simples officiers du souverain, [les ministres] exercent en son nom le pouvoir dont il les a fait dépositaires» (III, 1, p. 396). Il y a représentation puisque ces officiers agissent au nom du peuple; et le peuple se fait d'autant moins oublier dans cet acte d'administration – même s'il n'est pas actuellement réuni en corps d'assemblée – que c'est la Loi elle-même qui parle dans et par les actes du ministre. Le ministre *représente la loi*, c'est-à-dire à la fois l'exécute et s'y soumet lui-même; par là il représente le peuple en sa volonté générale[35]. Au contraire, chez Hobbes, la loi résulte des actes du représentant, lui-même issu d'une volonté qui n'est encore que prépolitique.

Rousseau développe parfois une autre idée mais qui reste voisine : ce que l'exécutif représente c'est l'énergie, la puissance, de la souveraineté populaire – au sens où il en est le canal et l'instrument, et de ce fait étroitement assujetti à la puissance du peuple : «La loi n'étant que la déclaration de la volonté générale, il est clair que dans la puissance législative le peuple ne peut être représenté; mais il peut et doit l'être dans la puissance exécutive, qui n'est que la force appliquée à la loi» (III, 15, p.430). L'intérêt de cette formulation est de souligner que si la volonté générale en tant que telle est irreprésentable chez Rousseau, parce qu'il en va de la Personne du peuple, néanmoins il existe *dans* la volonté générale quelque chose qui peut se déléguer : sa puissance physique accompagnant les actes administratifs[36]. Et c'est en ce sens précis qu'il faut comprendre la formulation selon laquelle le gouver-

35. Cf. *ibid.*, II,6, sur la définition de la république. En premier lieu, c'est «tout Etat régi par des lois», y compris si l'exécutif est monarchique. De ce fait, «Tout gouvernement légitime est républicain». Et Rousseau de préciser en note : «Je n'entends pas seulement par ce mot une aristocratie ou une démocratie, mais en général tout gouvernement guidé par la volonté générale, qui est la loi. Pour être légitime, il ne faut pas que le gouvernement se confonde avec le souverain, *mais qu'il en soit le ministre*» (pp. 379-380). Voir aussi *ibid.*, III, 1, et *passim*.

36. Nous laisserons ici de côté le fait que, dans d'autres écrits que le *Contrat*, Rousseau a également admis pour le pouvoir exécutif la nécessité de lui confier l'*initiative* des lois auprès du législatif (qui en reste la source authentifiante); cf. par exemple *Lm*, pp. 846-847.

nement occupe une place analogue à celle du rapport entre l'âme et le corps (*Manuscrit de Genève*)[37].

Le caractère autonome de la Personne du peuple signifie-t-il pour autant que chaque citoyen doit être à même, à chaque instant, de surveiller et de juger les actes du pouvoir politique (souverain + gouvernement) ? Une telle perspective n'est pas exclue par Rousseau[38], néanmoins, dans la mesure où la souveraineté ne peut jamais être représentative mais seulement une « commission » (par mandats impératifs), cette problématique met davantage au premier plan le Peuple et la volonté générale que l'individu-citoyen. La question rousseauiste n'est pas de savoir si l'individu peut préserver ses droits vis-à-vis des organes de pouvoir, mais si la volonté générale peut se garder de l'aliénation[39]. L'opinion individuelle se confond avec la volonté générale librement et authentiquement exprimée.

III. LOCKE ET KANT : LES DROITS INAMISSIBLES DE L'INDIVIDU

1. La fonction de juger chez Locke et sa représentation

On a vu précédemment que l'un des motifs de l'*indivision* recherchée par Hobbes (entre représentés et représentant) se trouvait dans la nécessité de confier au représentant la définition des doctrines officielles et de l'opinion légitime. Chez Locke, le pouvoir politique n'a pas pour mission, ni nécessité, d'imposer une opinion officielle – bien au contraire. Ce pouvoir – par ailleurs réparti entre le législatif et l'exécutif – résulte de la fonction de juger des citoyens, que ces derniers continuent à exercer *séparément* de lui ; à tel point, d'ailleurs, que les individus gardent la compétence pour apprécier si le pouvoir remplit la fin pour laquelle il est institué. Si tel n'est pas le cas, s'accomplit en dernier ressort ce sursaut révolutionnaire que Locke nomme « appel au ciel ». Ainsi les représentants *(representatives)*, qui

37. « Comme dans la constitution de l'homme l'action de l'âme sur le corps est l'abîme de la philosophie, de même l'action de la volonté générale sur la force publique est l'abîme de la politique dans la constitution de l'Etat » (Pléiade, p.296).

38. Cf. notamment l'exercice de ce qui était appelé à Genève « droit de représentation », au sens ancien de « faire des représentations auprès de quelqu'un » (*Lm*, p.845). Voir aussi *Po*, p. 980.

39. La question des *droits de l'homme* n'est pas un objet de la pensée de Rousseau, contrairement à diverses lectures depuis la Révolution française. Sur ce « contresens », cf. L.Jaume, *Echec au libéralisme*, Paris, Kimé, 1990, chap.IV et note 29, p.93.

sont plutôt les députés que l'exécutif[40], représenteront la faculté de juger naturelle des hommes, sans s'y substituer. Il convient de restituer brièvement la problématique et les termes qui associent ici jugement et représentation à travers la médiation du *trust*.

Selon la thèse fondamentale de Locke, il faut établir entre les hommes un « juge commun » qui les protège effectivement, c'est-à-dire sans que sa puissance vienne en retour opprimer ceux qu'il devait défendre. Dans le cas contraire, l'individu « se trouve comme déchu du statut commun des créatures raisonnables, car on lui refuse la liberté de *juger* de ses droits ou de les défendre »[41]. Ontologiquement, l'homme est un être de jugement grâce à ce critère d'universalité qu'est la loi de nature donnée par Dieu[42]. Mais comme l'individu à l'état de nature risque de faire preuve de partialité, il faut instaurer un gouvernement, de façon à éviter que chacun « poursuive l'exécution de son propre jugement individuel » (§ 88). D'où l'appel à un juge commun qui « tranche le différend » (§ 21), mais qui ne fait en cela qu'objectiver, ou représenter, l'exercice impartial du jugement auquel chacun, en droit, serait apte. Le législatif prend des lois, qui sont des jugements, l'exécutif les applique, les magistrats et le bourreau lui-même formulent ou exécutent une sentence; les magistrats peuvent avoir à statuer, par des « arrêts d'occasion » (*occasional judgements*, § 88), sur les cas particuliers .

On voit ainsi en quoi le législatif au premier chef, et l'exécutif en second lieu, « représentent » chaque individu raisonnable : « ces jugements lui sont vraiment imputables à lui-même [l'individu]; il les a prononcés en personne, ou par le truchement de son représentant [representative]. Nous découvrons ici l'origine du pouvoir législatif et exécutif dans la société civile » (§ 88). On remarque la proximité et la distance envers Hobbes : il est vrai que ce que le représentant estime est l'estimation même du représenté, mais seulement en droit; cela peut être démenti en fait – auquel cas l'individu a droit d'exiger la réparation du dommage. Ce transfert provisoire et sous condition de la capacité (et non de la faculté) de juger s'appelle chez Locke le *trust* –

40. Il semble bien y avoir priorité du législatif en cette matière; on verra une restriction importante, mais dans un contexte particulier : un passage qui polémique avec Hobbes.

41. Nous citons d'après la traduction Gilson, Vrin, 1985, 3ème éd., du *Deuxième traité du gouvernement civil* (ici : § 92). Le texte anglais sera donné d'après l'édition Laslett, Cambridge, 1967, 2ème éd. (ex. : *L.*, § 92). Cet ouvrage étant subdivisé de façon continue, on se bornera à indiquer l'alinéa (§).

42. Il y a en fait là loi divine naturelle, la loi civile et la loi d'opinion ou de réputation – ce que nous ne développerons pas ici; voir *Essai philosophique concernant l'entendement humain*, II, 28, § 6 et suiv.

terme qui à la fois joue sur le sens de « confiance », et sur une institution anglaise que Locke modifie dans le sens de sa démonstration[43]. A la différence de l'*authority* absolue de Hobbes, celle que Locke conçoit sous la catégorie du *trust* n'est que sous condition.

De ce fait, dans le cas de la monarchie absolue, où un représentant sans conditions est établi, les hommes se retrouvent dans l'état de nature (§ 91) : à la fois l'usage de leur jugement propre leur a été retiré et la séparation des fonctions n'est pas respectée. La fécondité de la séparation des fonctions (Rousseau s'en souviendra) consiste en ce que le moment de la loi est nettement distinct du moment de l'étude de la particularité. D'où ce passage, visiblement tourné contre Hobbes, où Locke semble accepter d'appeler *représentant* le monarque absolu ; il devrait n'être que l'exécuteur des lois, mais comme il confectionne par ailleurs ces dernières, le vice est au cœur de sa double capacité :

> comme l'allégeance consiste à obéir conformément aux lois, quand il les enfreint il n'a plus aucun droit à ce qu'on lui obéisse ; il ne peut exiger l'obéissance qu'à raison même de sa qualité de personnage public investi de l'autorité de la loi [*the publick Person vested with the Power of the Law*], et qui se présente comme l'image de la société politique, comme son fantôme, ou comme son représentant [*the Image, Phantom or Representative of the Commonwealth*] (§ 151).

On reconnaît dans cette « personne publique » et ce « fantôme », le souverain-représentant dont parlait le *Léviathan*. Dans sa prétention même à incarner la raison de tous, et à monopoliser les fonctions de souveraineté, il est illégitime. En tant que roi, il devrait être soumis aux lois, chose devenue impossible dès que celui qui exécute est aussi

43. Cf. la contribution, dans ce recueil, de F.Lessay : à la tripartition qui caractérisait le *trust*, Locke substitue un couple équivalant à celui du représentant et du représenté. Voir également J.W. Gough, *John Locke's political philosophy*, Oxford, The Clarendon Press, 1950, 2° ed. 1973, chap.VII : « Political trusteeship ». On peut remarquer que tout métaphorique que fût l'usage lockien du terme *trust* (par rapport à la réalité juridique de cette pratique), il avait cependant l'éminent avantage de ne pas abolir la *différence des volontés* entre représentant (ou pouvoir exécutif) et représentés (ou gouvernés). Comme le rappelle F.Lessay, les *trustees* « sont responsables de leurs actes devant le bénéficiaire, à qui ils doivent des comptes de leur administration – ce qui implique que celui-ci conserve aussi sa volonté propre ». C'est en ce sens que Locke précise qu'il s'agit d'un « pouvoir fiduciaire » (*fiduciary power*, § 149). Et si telle est bien la portée que gardait inévitablement la notion d'un *political trust*, on peut comprendre pourquoi Hobbes lui-même ne s'en est servi que très occasionnellement, comme au chapitre XXX du *Léviathan* : « La fonction du souverain (...) est contenue dans la fin pour laquelle on lui a confié le pouvoir souverain [« the end for which he was *trusted with* the Soveraign Power»] » (p.357, *M.*,p.376).

celui qui légifère. Aussi Locke continue-t-il en ces termes : « c'est la volonté de la société, déclarée dans ses lois, qui l'anime » ; la tournure anglaise est plus énergique : « [he is] acted by the will of the Society declared in its Laws ». L'« acteur » hobbesien devrait donc plutôt « être agi », si l'on peut dire !

Locke conclut dans le même passage : « Aussitôt qu'il s'écarte de ce rôle de représentant [*when he quits this Representation*]... il n'est plus qu'un individu isolé, un simple particulier [*a single private person*] sans pouvoir et sans volonté qui lui donnent un titre à se faire obéir ».

Il n'est point besoin d'insister sur les divers passages où Locke, outre la critique de Filmer, instruit le procès du *Léviathan* à travers la délégitimation du monarque absolu ; ainsi qu'il le redira souvent, la légitimité du roi est suspendue à trois conditions : 1° – le pouvoir législatif est le pouvoir suprême, 2° – le roi est subordonné à ce dernier, même s'il exerce une part de la fonction législative (comme le *veto*), 3° – les magistrats subordonnés ne sont pas dans la main du roi[44]. On peut dire que l'idée de représentation chez Locke est libérale, si l'on entend par là – à titre de simple définition stipulative – une conception pour laquelle le respect de chaque droit individuel a la primauté sur les commandements donnés au nom de la souveraineté commune. Ce libéralisme est même à connotations révolutionnaires (comme le fut parfois le libéralisme en Angleterre ou en France), puisque le débouché insurrectionnel est explicitement prévu, d'entrée de jeu : « De tout cela, je suis seul juge moi-même, en ma propre conscience » (§ 21). On est loin du droit de résistance hobbesien, qui n'advient que comme corrolaire à l'impuissance du pouvoir pour assurer ma conservation propre.

2. *La représentation chez Kant, garante d'un « esprit de liberté »*

Si la notion de représentation ne semble pas univoque chez Kant, comme l'ont signalé des commentateurs[45], il reste que son enjeu, dans

44. Il reste que, comme on le sait, pour les besoins du salut public, le roi dispose de la « prérogative », jusqu'au point, si nécessaire, de sortir de la légalité (cf. chap.XIV du *Traité*). Mais, même dans ce cas, Locke précise que « Quand l'ensemble du peuple, ou un individu quelconque sont frustrés de leur droit », l'appel au ciel se justifie à l'encontre de la prérogative « si l'importance du procès leur paraît le mériter » (§ 168).

45. Ainsi E.Weil : « Le sens du terme *représentatif* est, chez Kant, extraordinairement flottant, et en chaque cas particulier, il faut déterminer ce que Kant comprend sous lui. Dans [*Théorie et pratique*], par exemple, il parle (...) des « délégués en tant que représentants du peuple » (...) – ce qui ne l'empêche pas de

les textes publiés, est précisément défini : préserver chez les gouvernés comme chez les gouvernants un « esprit de liberté » qui harmonise l'obéissance nécessaire avec le droit, inamissible, d'opinion (par l'écrit et la publication). L'un des passages les plus denses à cet égard se trouve dans *Théorie et pratique* – dont la deuxième partie a pour sous-titre « Contre Hobbes ». Voici ce qu'écrit l'auteur :

> Dans toute république doit régner une obéissance à la constitution politique selon des lois de contrainte (...) mais en même temps un esprit de liberté [*ratio libertatis*], puisque, touchant le devoir universel des hommes, chacun aspire à être convaincu par la raison que cette contrainte est conforme au droit, afin de ne pas tomber en contradiction avec soi-même (*TP*, p.49, *OL*,IV, p.37).

Que chacun aspire à cette conviction est donc un fait de la raison, dont la conception qu'en donne Kant fournit le soubassement de l'Etat et du « pacte originaire » ; si cette aspiration n'est pas satisfaite, les citoyens sont tenus de s'en rendre compte pour eux-mêmes et de l'exprimer vis-à-vis du gouvernement. La République constitue précisément cette *forma regiminis* (*PP*, p. 18) – dont le seul opposé est le despotisme – qui permette d'associer l'esprit de liberté avec l'esprit d'obéissance. Si l'on ajoute que la représentation constitue l'une des conditions nécessaires de la république[46], on voit l'importance de cette dernière notion dans la pensée politique de Kant. Il convient donc de mieux cerner l'opposition que Kant établit entre la république (repré-

parler (...) du prince (*Oberbefehlshaber*) « dont la volonté donne aux sujets en tant que citoyens des ordres seulement de par le fait qu'il *représente* la volonté générale du peuple ». In *Problèmes kantiens*, Paris, Vrin, 1963, note 21, p.121. Une analyse poussée a été donnée par G.Vlachos, *La pensée politique de Kant*, Paris, P.U.F., 1962. Nous y renvoyons le lecteur, sans pouvoir en épouser ici tous les développements guidés par l'évolution complexe de la pensée de Kant (et notamment au contact de la Révolution française). Nos citations des œuvres de Kant sont données en français d'après la traduction Guillermit, Vrin, 1980, pour *Théorie et pratique* (= *TP*), la traduction Gibelin, Vrin, 1975, pour le *Projet de paix perpétuelle* (=*PP*), la traduction Philonenko, Vrin, 1988, pour la *Doctrine du droit* (= *DD*, suivi numéro §). Conformément aux judicieuses remarques de Monsieur Philonenko, que nous remercions pour son aide, Kant pensant en latin avant de rédiger en allemand, nous comparons de préférence avec l'édition Born des *Opera latina* (= *OL*, suivi tome et page), Lipsiae, Impensis E.B.Schwickerti, 1796-1798. Cette édition a été surveillée et approuvée par Kant. Bien entendu, vérification a été menée auprès du texte en allemand (*Kant's Werke*, Berlin), signalé *W.*, suivi par le tome et la page.

46. « Toute forme de gouvernement qui n'est pas *représentative* est proprement informe *(Unform)* » (*PP*, p. 19, *W.*, t. VIII, p. 352). Le texte latin dit : « Omnis quippe forma regiminis, quae non repraesentativa est, proprie non est in formis » (*OL*, IV, p.57).

sentative) et le despotisme, afin de déterminer en quoi gouvernants et gouvernés gardent en commun (comme chez Locke) un repère d'universalité, source d'autonomie pour les opinions individuelles.

a – République et despotisme

Le propre du despotisme réside-t-il dans l'absence de représentation ? Tel est le cas, du moins en première approche, puisque selon la *Paix perpétuelle* la démocratie directe présente le type même du despotisme :

> la forme démocratique, au sens propre du mot, est nécessairement despotique, parce qu'elle fonde un pouvoir exécutif où tous prononcent sur un seul et en tout cas contre un seul (...) ; tous décident par conséquent, qui ne sont pas pourtant tous ; ce qui met la volonté générale en contradiction avec elle-même ainsi qu'avec la liberté (p. 19)[47].

Cependant, il ne suffit pas de dire que la démocratie est despotique faute d'une distance entre des gouvernés et des représentants ; comme le montre la référence ci-dessus à l'exécutif, le point décisif est dans l'absence d'une véritable séparation des pouvoirs[48] entre législatif et exécutif. Aussi le « républicanisme » se caractérise chez Kant par la *double* représentation du peuple (dans l'organe législatif et l'organe exécutif), en tant qu'elle consacre une séparation des fonctions[49]. En

47. Rousseau était d'accord, du fait que dans l'assemblée démocratique de tout le peuple, le gouvernement n'est encore que le souverain pris sous un autre aspect. Cf. *Contrat,* III, 4 : « Il semble donc qu'on ne saurait avoir une meilleure constitution que celle où le pouvoir exécutif est joint au législatif : mais c'est cela même qui rend ce gouvernement insuffisant à certains égards (...). Il n'est pas bon que celui qui fait les lois les exécute, ni que le corps du peuple détourne son attention des vues générales pour la donner aux objets particuliers » (p. 404).

48. C'est-à-dire une séparation entre les différentes *fonctions* étatiques (législatif, exécutif, judiciaire), ce qui peut impliquer, ou non, la spécialisation de chaque *organe* de pouvoir. En fait, on sait depuis l'étude de C.Eisenmann (1933) que la « séparation des pouvoirs » énoncée par Montesquieu ne signifie pas la spécialisation des organes, mais le non-cumul entre les mêmes mains de l'intégralité de deux fonctions et, *a fortiori*, de trois. Comme le vérifie la pratique constitutionnelle contemporaine, l'exécutif peut exercer une part de la fonction législative sans que la liberté soit violée. On a signalé *supra* que même Rousseau avait dû, finalement, accorder l'initiative des lois à l'exécutif. Voir C. Eisenmann, « L'*Esprit des lois* et la séparation des pouvoirs », repr. in *Montesquieu, Cahiers de philosophie politique*, Bruxelles, Ousia, 1985, n° 2-3. De son côté, A.Philonenko observe que Kant « était trop avisé pour ne pas saisir que la disjonction des pouvoirs s'effaçait dans leur inter-action concrète » (in *L'œuvre de Kant,* Paris, Vrin, 1972, t.2, p.258).

49. « Le RÉPUBLICANISME est le principe politique qui admet la séparation du pouvoir exécutif (gouvernement) et du pouvoir législatif » (*PP*, p.19).

d'autres termes, le despotisme, qui peut être celui d'un homme ou celui du peuple, est cette absence de représentation où la souveraineté *de fait* n'est pas divisée : « le despotisme exécute de sa propre autorité les lois qu'il a édictées lui-même, c'est donc la volonté générale en tant qu'exercée par le souverain comme sa volonté privée » (*PP*, p.19). Aussi la démocratie *avec députés* est encore despotique pour Kant si elle se comporte comme ce que nous appelons aujourd'hui un régime d'assemblée : la fonction exécutive y devient asservie aux mêmes hommes, ou aux mêmes partis, que ceux qui dominent dans les Chambres. Telle fut l'erreur fatale de Louis XVI que d'avoir abandonné au peuple, représenté par ses députés, l'exercice entier de la fonction gouvernementale (*DD*, § 52, Remarque) [50].

En fin de compte, et bien que Kant ne le dise pas toujours avec clarté, si la république de séparation des pouvoirs est « représentative » (*systema populi repraesentativum, DD, ibid.*), c'est : 1° parce que le peuple ne légifère pas directement, 2° parce que le régent ou chef d'Etat constitue le représentant d'une volonté exprimée par les députés ; ou encore, ce chef d'Etat n'est que le représentant de la *loi*, elle-même issue de la représentation par députés. Il est vrai que c'est là une fin idéale, « celle en laquelle la loi commande par elle-même [*lex ipsa imperat*] et ne dépend d'aucune personne particulière [*personae singuli*] » (*ibid., OL,* p. 679).

Si différente que la thèse kantienne apparaisse du rousseauisme (puisque jamais le peuple ne doit exercer la souveraineté par lui-même), il reste ceci de commun : le chef est « ministre des lois ». D'où l'éloge adressé à Frédéric II qui « disait du moins qu'il n'était que le serviteur [*ministerium*, ou *Diener*] le plus haut placé de l'Etat» (*PP,* p. 20, *OL,* IV, p.58, *W,* t. VIII, p. 352). Alors que chez Hobbes le souverain n'est pas soumis à la loi, parce que dans son « autorité » il porte les forces de la multitude [51], le chef d'Etat kantien doit veiller,

50. D'un côté, Kant est d'accord avec Hobbes pour dire que lorsque le peuple se fait représenter, le représentant possède alors la souveraineté en cette *persona* représentative : « Simulac vero summus imperans (. . .) *secundum personam* (...) se quoque repraesentari sinit, populus conjuctus non solum principem repraesentat, verum ipse princeps est » (*DD, ibid., OL*, IV, pp.679-680). Le représentant est ce qui confère l'unité juridique et politique au peuple *(populus conjuctus)*. La formulation est identique en allemand (*W*., t. VI, p. 341). Mais, par ailleurs, Kant paraît estimer, comme le confirme sa critique envers Louis XVI, que cela n'implique pas pour l'organe considéré (assemblée aristocratique, assemblée populaire, roi) le droit de monopoliser les fonctions de la souveraineté. Idéalement et en tant que droit de contraindre, l'Etat est un, mais pratiquement la souveraineté se partage.

51. Cf. la formule bien connue du *Léviathan* latin: « Auctoritas, non veritas, facit legem ». Ou encore, cette autre, si contraire à l'esprit du kantisme: « It is not

pour gouverner « dans un esprit républicain », à n'être que le représentant de la loi.

On peut ainsi éclaircir les difficultés remarquées par E.Weil (le régent est-il représentant du peuple, ou bien les députés ?) ; le chef d'Etat représente le peuple en tant qu'il représente les lois faites par d'autres, puisque alors c'est *comme si* la volonté raisonnable des citoyens faisait elle-même et appliquait elle-même les lois. Ce qui est de façon fonctionnelle une séparation (peuple-députés-roi) s'avère *philosophiquement* une continuité ou un parallélisme dont la source réside dans le « contrat originaire ». Kant caractérise ainsi le contrat : « C'est (...) une simple Idée de la raison, mais elle a une réalité (pratique) indubitable, en ce sens qu'elle oblige tout législateur à édicter ses lois comme *pouvant* avoir émané de la volonté collective de tout un peuple, et à considérer tout sujet, en tant qu'il veut être citoyen[52], comme s'il avait concouru à former par son suffrage une volonté de ce genre » (*TP*, p.39).

Ce qui vaut pour le législateur vaut pour l'exécutif : chacun doit agir en ayant en vue l'Idée du droit, le contrat originaire ; ce que ne fait pas le monarque absolu dont parlait Locke, qui n'est pas un représentant véritable puisqu'il exécute sa volonté et non la volonté générale idéalement attribuable aux citoyens. Il l'est aussi peu « que dans un syllogisme l'universel de la majeure peut être en même temps la subsomption du particulier sous elle dans la mineure » (*PP*, p.19). Dans la pensée de Kant, il se confirme que la représentation occupe la fonction d'un exercice sage du jugement, d'un refus de l'immédiat – de sorte que les droits essentiels de l'homme et du citoyen soient respectés[53].

wisdom, but authority that makes a law » (*A dialogue between a philosopher and a student*...., Paris, Dalloz, 1966, p.74).

52. Cette « volonté » est à souligner: le citoyen kantien est « actif » en un double sens : par libre volonté et par statut social (même si ce dernier aspect, Kant le reconnaît, est difficile à déterminer avec rigueur et justice); cf.*TP*, pp.35-38 ou *DD*, § 46, Remarque.

53. D'après *PP* (p.15), ces droits sont: la liberté en tant qu'hommes – c'est-à-dire la faculté de n'obéir qu'aux lois auxquelles on aurait pu donner son assentiment; l'égalité en tant que citoyens; enfin, ces deux droits supposent l'universalité de la loi à laquelle tous sont sujets et par laquelle ils deviennent indépendants entre eux. C'est, au total, une autre façon pour Kant de définir la « constitution républicaine ».

b) République et liberté

On est conduit ainsi au corrélat de la république représentative, c'est-à-dire la liberté des sujets. Là encore, le texte le plus dense se trouve dans le « Contre Hobbes », lorsque Kant critique le *De Cive* (VII, § 14) : tout homme « a ses droits inamissibles, auxquels il ne peut renoncer, même s'il le voulait ». Certes, Hobbes le dit aussi[54], mais chez Kant il s'agit fondamentalement du droit d'opinion, et non de celui de sauver sa vie.

Kant affirme que la liberté d'écrire est « l'unique palladium des droits du peuple. Car vouloir lui refuser (...) cette liberté, ce n'est pas seulement lui ôter cette prétention au droit relativement au souverain (comme le prétend Hobbes), mais c'est enlever à ce dernier, dont la volonté, par cela seul qu'elle représente la volonté générale du peuple, donne des ordres aux sujets comme à des citoyens, toute connaissance de ce qu'il modifierait lui-même s'il était informé » (*TP,* p.48). Ainsi, refuser la liberté d'une opinion exprimée *in foro externo* nuit au souverain lui-même, qui, en tant que représentant prétendu de son peuple, contredit sa fonction; c'est, dit expressément Kant, « le mettre en contradiction avec lui-même ». Ce souverain, ajoute-t-il, reste, ou devient, en guerre latente contre son peuple. On retrouve ici la critique lockienne : le « despotisme » est un retour à l'état de nature – mais cela n'autorise nullement chez Kant un droit de révolte ou de rébellion.

Il est clair que ce sont les prémisses philosophiques de Kant qui l'opposent à Hobbes : ce dernier écrit comme s'il estimait que « l'accord pathologiquement extorqué », « l'insociable sociabilité » de l'homme, sont deux faits indépassables, alors que Kant *veut* espérer que l'accord « peut se convertir en un tout moral »[55]. Mais c'est aussi la raison pour laquelle, du point de vue kantien, le pacte et l'édifice hobbesiens ressortissent de l'*artifice*, sorte de béquille ingénieuse, œuvre de l'*artificer* humain, une béquille risquant de chanceler ou de casser. L'Etat n'est pas le prolongement de l'Idée du droit présente en chacun[56], mais le résultat de calculs de la raison dont l'objectivation

54. Cf.*De Cive*, II, § 18 et 19, *Lev,* XIV, p.132 et XXI, p.230.- et note 15 *supra.*

55. Sur cette suite de formulations, voir l'« Idée d'une histoire universelle », in *Kant. La philosophie de l'histoire*, trad. Piobetta, Paris éd.Gonthier, 1947, p.31 et p.32. Sur l'espérance kantienne et les obstacles redoutables qu'elle ne cesse de rencontrer, voir A.Philonenko, *Théorie et pratique dans la pensée morale et politique de Kant et de Fichte en 1793*, Paris, Vrin, 1968.

56. La société politique est aussi un « artifice » chez Kant (cf.« Idée d'une histoire universelle », éd.cit., p.34), mais porteuse d'une dynamique raisonnable conforme au plan caché de la nature. On peut concevoir que la tension entre art et

tombe en dehors de la raison individuelle. Pareille extériorité explique qu'il soit toujours besoin – sans progrès espérable – de contraindre l'individu à « s'avouer » l'auteur de tout ce que fait le souverain : la théorie hobbesienne de l'« autorisation » ne peut tenir la promesse de l'identification des gouvernés au pouvoir qu'elle semblait apporter.

CONCLUSION

Pour clore cette confrontation entre les quatre philosophes, il convient en premier lieu de rappeler les réponses données par eux à deux questions 1° – Peut-on représenter ? – 2° – Si oui, que met-on en représentation ? [57]

La position de Rousseau le distingue : on ne représente ni le peuple, ni les individus dans leur volonté et leurs forces ; on représente seulement la loi, produit de la volonté générale, et aussi la puissance nécessaire à l'exécution de la loi, venue de la volonté générale souveraine. Chez Locke et chez Kant, il y a cette idée commune qu'on représente le peuple, et chaque citoyen *comme s'il* avait concouru à vouloir la loi et à l'exécuter. Ce n'est pas une fiction, mais une hypothèse de la raison ; comme toute hypothèse, elle implique qu'on puisse envisager sa réfutation : chacun est à même de juger si son espérance d'un pouvoir équitable a été frustrée. Mais Locke ajoute à cet acte individuel de jugement la force de la « société », comme il dit, du peuple tout entier (« appel au ciel »), ce que Kant exclut. La souveraineté du peuple n'est qu'idéale chez Kant ; latente chez Locke, elle peut se ressaisir (*to revert to the people,* § 243) et agir.

Le second élément commun à Locke et à Kant est probablement le plus important : ce qu'on représente n'est ni une volonté radicalement prépolitique, ni un homme dont la *propriété* résulterait exclusivement de l'action en retour du pouvoir souverain. Pouvant en droit juger pour tous (de façon universelle), sujet moral, propriétaire avant l'instauration du gouvernement, l'individu de Locke ne saurait recevoir

nature devra se poursuivre « jusqu'au moment où l'art, atteignant sa perfection, devienne de nouveau nature; ce qui est la fin dernière de la destination morale pour l'espèce humaine » (« Conjectures sur les débuts de l'histoire humaine », éd. Gonthier, p. 120) .

57. La formule « mettre en représentation » vient de Sieyès (discours du 2 thermidor an III), lorsqu'il voulut montrer que la Révolution ayant mal compris l'idée de représentation, lui avait donné à tort une aire de pouvoir illimitée. Voir le texte in P.Bastid, *Les discours de Sieyès dans les débats constitutionnels de l'an III*, Paris, Hachette, 1939, p.16; et notre commentaire in *Le discours jacobin et la démocratie*, éd.cit., p.354.

tout ce qui fait son être social de l'instance politique. Celle-ci d'ailleurs, si elle représente le jugement raisonnable de chacun, n'est pas une puissance à qui on a transféré ses forces et l'ensemble de ce que Locke appelle *property*. Au contraire, l'Etat ou le « suprême pouvoir » (que Locke évite d'appeler le souverain) n'est là que pour garantir ce que l'individu a déjà. De même pour Kant, le mien et le tien ne sont pas décidés radicalement par l'Etat, car il y a une « propriété nouménale », métaphysiquement antérieure au juridique et au politique : « on doit présupposer une possession intelligible *(possessio noumenon)*... s'il doit y avoir un mien ou un tien extérieurs » (*DD*, § 5).

On comprend donc pourquoi, par delà les différences entre ces deux adversaires de Hobbes, la Représentation ne saurait avoir la fonction omnipotente qu'elle possède dans le *Léviathan* : soit qu'elle fasse exister le peuple comme unité politique (Kant), soit qu'elle exprime la règle majoritaire (Locke), elle s'arrête devant des droits individuels qui la précèdent et, de ce fait, la bornent.

On peut finalement répondre à cette dernière question : la représentation politique se conçoit-elle comme un prolongement de la *puissance* individuelle ? Cette perspective proposée par le *Léviathan* dépasse malaisément, comme Hobbes le savait, la contrainte des volontés que le pouvoir politique doit aussi réaliser – ou à laquelle il doit, d'aventure, se réduire. Une réponse dans l'esprit du kantisme consiste plutôt à dire que la représentation dans son plan véritable et raisonnable est le prolongement de l'Idée du droit, et non des calculs et des forces de l'individu. S'il est vrai, en outre, que par le moyen de la concurrence, ou compétition vitale, qu'ils mènent entre eux, les hommes deviennent comme ces arbres qui « poussent beaux et droits », la guerre de tous contre tous a aussi son bon côté. Enfin, la relation belliqueuse n'anéantit pas le projet d'un pouvoir « administrant le droit de façon universelle », ce qui est pour Kant la seule façon de porter le problème politique à son niveau véritable : la relation entre les Etats ; pure illusion, bien entendu, du point de vue hobbesien.

Sous tous ces points de vue, le débat sur la représentation éclaire un différend de nature métaphysique.

Lucien JAUME
CNRS, Paris

LE VOCABULAIRE DE LA DISSOLUTION DE L'ÉTAT

I sing the Civile Wares, tumultuous Broyles,
And bloody factions of a mightie Land:
Whose People hautie, proud with forraine spoyles,
Upon themselves turne backe their conquering hand.

S. DANIELL (1595).

I

Le titre de cette étude reprend, à une petite infidélité près, une phrase du titre du chapitre XXIX du *Leviathan*: « *Of those things that weaken, or tend to the Dissolution of a Common-wealth* » [1]. Ce n'est pas la première fois que Hobbes emploie, dans des contextes semblables, le substantif 'dissolution', ou le verbe 'to dissolve', ou leurs équivalents latins. Dans la prose hobbesienne ces mots figurent couramment, ainsi qu'un grand nombre d'autres qui relèvent du même champ sémantique, à partir de la traduction de l'*Histoire de la guerre du Péloponnèse* de Thucydide parue en 1629. On ne peut passer ici en revue toutes les occurrences, ni même les plus importantes. Je me limiterai donc à celles qui ont une signification spéciale par rapport à mon sujet. Partons du premier ouvrage publié par Hobbes (si on laisse de côté la paternité incertaine d'une partie des *Horae subsecivae*), c'est-à-dire de la publication de sa traduction de Thucydide. Deux passages de l'*Histoire de la guerre du Péloponnèse* me retiendrons : ceux où Thucydide décrit une situation de désordre complet dans une *polis*. Le premier concerne le déchaînement de la peste à Athènes[2], qui entraîne une situation d'*anomìa,* mot traduit par Hobbes par 'licentiousness'[3];

1. Dans le *Léviathan* il y a, dans les différents contextes, 13 occurrences pour 'dissolution/s', 22 pour les formes de 'to dissolve', 2 pour 'dissolvers', 2 pour 'dissolute' : cf. Roux & Gilibert. On trouvera à la fin de l'article la liste des ouvrages cités en forme abrégée ou par la simple indication du nom de l'auteur.

2. *Thucyd* II, 47, 3 sv., *EW*, VIII, pp. 201-210.

3. *Ibid.*, II, 53, 1, *EW*, VIII, p. 208.

nous l'omettrons pour l'instant – nous y reviendrons plus tard, à propos d'un autre mot employé par Hobbes pour rendre le grec *metabolé* (terme standard pour indiquer le changement en général, même en politique). Le deuxième passage concerne la *sedition* (c'est ainsi que Hobbes traduit le grec *stasis*) de Corcyre[4], à propos de laquelle nous voyons se présenter sur la scène l'étrange figure d'un homme qui semble avoir toutes les qualités pour être appelé sage, parce qu'il a été si prévoyant qu'il n'a besoin ni de tromper les autres en leur tendant des pièges, ni de perdre son temps à démonter les pièges d'autrui. Or, dans une sédition, cet homme devient – ou pour mieux dire est appelé par ses concitoyens, désormais en proie à la *stasis* - *tes te etairias dialutes,* «a dissolver of society»[5]. Cette dénomination, et le risque – mortel – qu'elle entraîne pour l'homme prévoyant, tient à l'impossibilité de garder la neutralité dans une sédition ; mais elle tient aussi à un phénomène de pathologie du langage qui – selon Hobbes non moins que selon Thucydide – accompagne les séditions. «The received value of names imposed for signification of things, was changed into arbitrary»[6]: c'est ainsi que Hobbes traduit un passage (pas très facile d'ailleurs) qui appartient au même contexte. Il s'agit de la sédition de Corcyre, la première de toute la guerre et, de ce fait, pour Thucydide, le prototype de toutes les séditions. Souvenons-nous de ce passage, qui est lié à la caractérisation de la sédition comme absurdité et folie, mais aussi – je le répète – à la position intenable de la neutralité.

Quittons maintenant Thucydide, même s'il y a plusieurs autres passages, de la traduction ou de l'introduction, « Of the Life and History of Thucydides », qui ne sont pas dépourvus d'intérêt pour notre sujet – dans l'introduction, où il défend l'historien grec, Hobbes énonce en effet des choses très intéressantes sur ses propres positions : conception de l'histoire, accusation d'athéisme, etc.[7]. Laissons

4. *Ibid.*, III, 69-84, *EW*, VIII, pp. 338-353.

5. *Ibid.*, III, 82, 5, *EW*, VIII, p. 349. Raymond Weyl, dans son édition publiée aux Belles Lettres, traduit : « un briseur de parti ».

6. *Ibid.*, *EW,* VIII, p. 348 ; cf. Healy et Sawday, Introduction, p. 9.

7. Cf. *Thucyd, EW*, VIII, pp. XVI sv., XX sv., XXIX. Hobbes dit aussi que Thucydide préférait le gouvernement royal, haïssait la démocratie, et n'aimait pas non plus « the authority of the few », un gouvernement dont chacun veut être le chef, « and they who are undervalued, beare it with lesse patience than in a democracy, whereupon sedition followeth, and dissolution of the government » – une opinion qui n'est pas nécessairement celle de Hobbes, qui payera son tribut à la stabilité du gouvernement de Venise, comme on va le constater dans la note suivante.

également de côté les *Elements of Law*[8], et venons-en au *De Cive*, où Hobbes utilise 'civitatem dissolvere' et 'civitatis dissolutio' dans le lieu le plus prévisible, le chapitre XII (intitulé justement « De Causis internis Civitatem dissolventibus ») qui correspond par son thème au chapitre VIII de la deuxième partie des *Elements of Law*, et au chapitre XXIX du *Leviathan*. Remarquons cependant que, dès la Préface du *De Cive*, Hobbes utilise la notion de dissolution dans une perspective différente : le terme ne désigne pas un état de fait mais une démarche théorique liée à la question de la méthode. Ce n'est pas la sédition comme mort réelle de l'État qui est en cause ici, mais la simulation de l'inexistence de l'État; ou, si l'on préfère, on a ici une sorte d'hypothèse annihilatoire dans le domaine politique, avec la célèbre similitude du démontage d'une horloge ou d'une machine compliquée :

> ...ita in jure civitatis, civiumque officiis investigandis opus est, non quidem ut dissolvatur civitas, sed tamen ut tanquam dissoluta consideretur, id est, ut qualis sit natura humana, quibus rebus ad civitatem compaginandam apta vel inepta sit, & quomodo homines inter se componi debeant qui coalescere volunt, recte intelligatur[9].

Hobbes utilise donc 'to dissolve', 'dissolution' etc., a) dans le sens de démontage idéal de la république, une dissolution simulée qui vise à la compréhension de sa genèse; b) dans le sens de sa destruction effective, soit à la suite d'une attaque extérieure (c'est-à-dire d'une inva-

8. Dans *EL*, II, V, § 8, Hobbes remarque que les monarchies, ou les aristocraties comme Venise, qui ne confient les affaires qu'à un conseil très restreint, sont moins susceptibles « to dissolve into civil war ». Dans *EL* II, VIII, § 1, p. 168, il annonce qu'après avoir traité des causes pour lesquelles et de la manière dont les hommes ont fait les *commonwealths*, il va parler maintenant des causes et modalités de leur destruction, sans rien dire toutefois « concerning the dissolution of a commonwealth from foreign invasions, which is as it were the violent death thereof », mais consacrant toute son attention aux séditions qui sont aussi la mort d'un Etat, semblable à celle qui survient dans un homme « from sickness and distemper ».

9. *Works*, vol. II, pp. 79-80. Pour des interprétations récentes de cette question, cf. Malcolm ; et Zarka, pp. 68-69. Comme nous le rappelle Hume, chap. LIV, vol. V, p. 140, la métaphore du démontage de la machine du gouvernement avait été utilisée par Charles I dans un discours au Long Parlement : « You have taken the Government all in Pieces, and I may say it is almost off the Hinges. A skilful Watchmaker, to make clean his watch, will take it asunder ; and when it is put together it will go the better, so that he leave not out one Pin of it » (discours du 15 février 1641, in Rushworth, vol. IV, p. 188b). Hume fait ressortir la potentialité destructive implicite dans cet usage de la métaphore ; tout en évoquant le danger, Charles I avait laissé ouverte la possibilité d'une issue positive, en cohérence avec la distinction entre 'alteration' et 'reformation' qu'il venait de développer dans son discours du 25 janvier 1641 (cf. Rushworth, vol, IV, pp. 154-155).

sion), soit par des causes internes (c'est-à-dire par une sédition). Il y aurait ici plusieurs questions à envisager concernant cette distinction entre dissolution dans la pensée et dissolution dans la réalité, et d'abord la question générale du rôle de l'analyse et de la synthèse dans les processus historiques non moins que dans la science (voir le passage bien connu du chapitre XLVII du *Leviathan* sur le nouage et le dénouage des *inventions* – ce mot est ici employé par Hobbes, comme souvent par ses contemporains, avec une acception péjorative[10]). Cependant, nous nous bornerons à aborder la question de la spécificité de la dissolution réelle dans le contexte du *bellum omnium contra omnes*, et du *bellum civile*.

Si l'expérience mentale de l'annihilation de l'État nous permet de concevoir sa dissolution dans les individus qui le composent, que se passe-t-il dans la réalité, c'est-à-dire dans le cas d'une invasion ou d'une sédition? Nous avons indiqué en commençant que le titre de cette étude reprenait celui du chapitre XXIX du *Leviathan* à une petite différence près : en effet Hobbes ne dit pas 'dissolution of *the* commonwealth', mais 'dissolution of *a* commonwealth'. On sait que pour l'auteur du *Leviathan* l'état de guerre n'est pas une simple hypothèse ou un artifice heuristique, mais une réalité dans le domaine des relations internationales, dans celui de l'organisation sociale très rudimentaire de l'état sauvage (qui repose sur des noyaux familiaux, dont la concorde intérieure est appuyée de manière précaire sur le *natural lust*), ainsi que dans les cas de guerres civiles. La dissolution d'un État entraîne sa mort, c'est-à-dire la résurgence de l'état de guerre. Ainsi ceux qui se plaignent des inconvénients de la sujétion devraient considérer plutôt

> the miseries, and horrible calamities, that accompany a Civill Warre; or that dissolute condition of masterlesse men, without subjection to Laws, and a coërcive Power to tye their hands from rapine and revenge[11].

10. Cf. *Lev*, XLVII, éd. Macpherson, Penguin Books, Harmondsworth, pp. 710-711. 'Novation' and 'Innovation' ont aussi, dans le domaine politique et religieux, une acception négative (héritée du latin 'novae res'), au lieu que 'renovation' (qui implique l'idée d'une retour à l'état originaire) garde généralement un sens favorable.

11. *Lev*, chap. XVIII, p. 238. 'Masterless men' était presque un synonyme de 'sturdy beggars', les vagabonds, censés constituer un danger à cause de leur mobilité, de l'absence de moyens, du refus de travailler, enfin, de l'atteinte portée à la propriété (violence, vol, mendicité et *poor rates*). Mais la paresse n'était pas une condition nécessaire pour être appelé 'masterless' : un homme – et surtout une

Contre Bellarmin, Hobbes dira que les membres du corps politique « cohaere together », tant qu'ils peuvent dépendre du souverain, qui est l'âme de l'État,

> which failing, the Common-wealth is dissolved into a Civill war, no one man so much as cohaering to another, for want of a common Dependance on a known Soveraign; just as the Members of the natural Body dissolve into Earth for want of a Soul to hold them together»[12].

L'attribution au souverain d'un État chrétien du rôle exclusif de prophète de Dieu sert justement à éviter que ses sujets, entraînés soit par leurs propres illusions et leurs passions, soit par un prince étranger ou par les menées calomnieuses et le succès extraordinaire de l'un entre eux, finissent par se rebeller

> ...and by this means destroying all laws, both divine, and humane, reduce all Order, Government, and Society to the first Chaos of Violence, and Civill warre[13].

Tout cela confirme pleinement la thèse selon laquelle hors de l'État il ne peut pas y avoir d'union véritable. Il n'en reste pas moins que Hobbes présente parfois la *factio*, qui se forme dans une guerre civile, comme un État en gestation, un État dans l'État, un État contre un autre État sur le même territoire. Ainsi, lorsque nous examinons le *De Cive* (chap. XII, § 11), nous remarquons sans doute l'effort accompli par Hobbes pour distinguer la véritable union politique, sans laquelle l'État ne saurait subsister, de cette sorte de confiance mutuelle sans laquelle l'espoir de vaincre, qui est un facteur indispensable de la sédition, ne pourrait exister. L'une se fonde sur une obligation, l'autre est un phénomène spontané, qui jaillit de l'admiration pour un chef, ou d'un concours fortuit des affects[14]. Mais cette position n'est pleinement satisfaisante que dans la mesure où on considère les choses – pour ainsi dire – *ex-ante,* avant que la sédition ne sévisse, mais *ex-post,* quand la sédition s'est installée dans un pays, il en va autrement. Ainsi, lorsque Hobbes définit formellement la *factio* (chap. XIII, § 13), nous assistons à un développement qui peut paraître singulier : il commence par la définir comme 'multitudo', mais il finit par la caractériser

femme – de basse condition prétendant vivre et travailler sans liens de famille et de dépendance se situait aussi hors de l'ordre. Cf. *OED* ; et D. Underdown, pp. 36-37, et, pour une étude récente sur le vagabondage, cf. Beier.

12. *Lev*, XLII, p. 602.

13. *Lev*, XXXVI, p. 469 ; le passage cité en anglais manque dans le *Léviathan* latin.

14. Cf. *Works*, vol. II, p. 192.

comme «civitas in civitate», non simple 'concordia' mais 'unio nova' qui présuppose un pacte et un pouvoir de contraindre-protéger ceux qui y adhèrent [15]. Par conséquent, dans ce texte, la dissolution de l'État implique la guerre civile, mais celle-ci n'est pas l'équivalent d'une dissolution de l'État dans ses éléments : les individus. Dans la guerre civile, les deux partis qui s'affrontent sont des corps organisés, deux États en quelque façon [16]. Quelle sera alors la différence entre la guerre civile et la guerre extérieure ? C'est que dans une guerre civile tout le territoire d'un État devient pour ainsi dire frontière, et c'est précisément ce qui fait que la misère due à celle-ci est supérieure à celle qui est provoquée par une guerre extérieure:

> ...in all times, Kings, and Persons of Soveraigne authority, because of their Independency, are in continual jealousies, and in the state and posture of Gladiators; having their weapons pointing, and their eyes fixed on one another; that is, their Forts, Garrisons, and Guns upon the Frontiers of their Kingdomes; and continuall Spyes upon their neighbours; which is a posture of War. But because they uphold thereby, the Industry of their Subjects, there does not follow from it that misery, which accompanies the Liberty of particular men [17].

Par liberté des particuliers il faut entendre, dans ce texte, dissolution de l'État. Cependant, même lorsque le résidu de la dissolution n'est pas constitué par des individus isolés, l'impossibilité de tracer entre les factions une ligne de démarcation territoriale empêche identiquement de soutenir l'industrie (cette notion clé qui sépare la condition de l'homme dans le *commonwealth* de la vie «solitary, poore, nasty, brutish and short» de l'homme dans l'état de guerre). Il en résulte par conséquent une misère à laquelle il faut mettre fin le plus tôt possible. Dans cette condition s'en tenir à la neutralité ou, davantage, s'obstiner à adhérer à un ancien souverain dépossédé, serait vraiment prendre l'attitude du *tes etairias dialutes,* du *dissolver of society* thucydidien.

Peut-on concevoir une dissolution de l'État sans guerre civile ou, à l'inverse, une guerre civile sans dissolution de l'État ? Hobbes ne semble pas se poser la question : il n'a connu, du reste, ni l'événement ni le texte qui auraient pu donner un contenu à cette question : la révolution de 1688, et le *Second traité du gouvernement* de Locke. Je

15. *Ibid.*, p. 201.

16. Pour une interprétation focalisée sur la thèse selon laquelle, pour Hobbes, la ménace de sédition ne vient pas des individus mais des élites, cf. Baumgold.

17. *Lev.*, XIII, pp. 187-188. Dans le *Léviathan* latin la notion de 'industry' est remplacée par celle de 'salus'.

me bornerai ici à rappeler le singulier passage de Burke, sur lequel J.G.A. Pocock a récemment attiré l'attention :

> ...the Revolution of 1688 was obtained by a just war, in the only case in which any war, and much more a civil war, can be just. *Justa bella quibus necessaria*[18].

II

Jusqu'à présent nous avons examiné l'usage du vocabulaire de la 'dissolution' chez Hobbes. Les termes de ce vocabulaire se retrouvent sans difficulté dans les textes d'autres auteurs du XVIe et du XVIIe siècles. La source provient, bien entendu, de la tradition classique. Dans les textes platoniciens, par exemple, *dialusis* sert à indiquer la dissolution du corps, ou la séparation entre le corps et l'âme. Dans *La République* I, 343 d, nous trouvons même *en dialusei tes koinonias,* dans la dissolution de la société, mais il s'agit dans ce cas de l'association privée que le juste et l'injuste peuvent nouer entre eux – aux dépens du juste au moment de la dissolution. *Dialusis* est aussi employé dans un sens cosmique[19]. Le latin 'dissolutio' peut avoir plusieurs valeurs : mort[20], faiblesse ou mollesse, mais aussi abrogation ou abolition (dans 'dissolvere legem' par exemple)[21], et encore le sens figuré de *responsio ad crimina* ou *responsio ad argumenta.* Signalons surtout un passage de Tacite : le bon Néron eut l'idée de supprimer les tributs. Très beau présent, trop beau sans doute, pour le genre humain, mais le Sénat, tout en lui adressant des louanges à profusion pour sa générosité, finit par l'en dissuader, «dissolutionem imperii docendo», en lui faisant envisager la dissolution de l'empire comme conséquence d'une diminution de la recette[22].

Dans la Renaissance anglaise, 'dissolution' se trouve exprimer plusieurs idées intéressantes pour la pathologie du corps politique (métaphore avec laquelle bien entendu celle de dissolution est étroitement liée). Il désigne : a) la division d'un corps composé de parties constituantes; b) la mort et la décomposition d'un organisme vivant; c) la faiblesse ou la mollesse, au sens physique ou moral; d) la licence

18. Cf. Burke, p. 116 et 106; et Pocock.

19. Cf., par ex., Philon, *De Aeternitate Mundi*, 106.

20. Cf. Cicéron, *De fin.*, II, chap. 31, 100-101 ; et V, chap. 11, 31 à propos de la mort comme 'dissolutio naturae'.

21. « haec utrum tandem lex est an legum omnium dissolutio? » (Cicéron, Phil., I, chap. 9, 21).

22. Tacite, *Annales*. 13, c. 50.

ou refus de se soumettre à une régle, loi ou autorité quelconque (dans cette acception le mot 'dissolute' se trouve parfois doublé par 'seditious')[23]; e) la fin d'un lien, d'une union, d'un contrat (de mariage par exemple), ou la suppression d'un corps collectif (*dissolution of the monasteries, dissolution of parliament, dissolution of an army*) dans le domaine juridique; f) enfin, la *dissolutio mundi*, dans l'ordre de l'eschatologie. Les termes 'dissolution' et 'to dissolve' sont souvent employés dans les contextes politiques[24]. Pour ne pas multiplier les citations, je ne signalerai que deux grands contemporains de Hobbes : Milton qui, dans sa *Tenure of Kings and Magistrates* par exemple, utilise le mot dans un contexte qui lui donne une acception positive ('dissolution of all Tyranny'), et Harrington, qui se sert plus d'une fois de la phrase 'dissolution of government'. On se souvient du passage souvent cité où Harrington, en plein accord avec une lecture de l'histoire qui tend à considérer les événements les plus dramatiques ou soudains comme l'aboutissement de processus (peu manifestes) de longue durée, souligne une inversion du rapport communément supposé entre 'dissolution of government' et 'civil war' : en Angleterre ce n'est pas la guerre civile qui a provoqué la dissolution du gouvernement, mais à l'inverse, c'est la dissolution du gouvernement qui a provoqué la guerre civile[25]. Le *Second Traité* de Locke, où l'expression figure dans le titre du chapitre XIX, contribuera enfin à la garder en circulation, tout en faisant valoir la distinction entre 'dissolution of government' et 'dissolution of society'[26]. Reste l'expression 'dissolution of commonwealth'. Y a-t-il avant Hobbes, ou parmi ses contemporains des emplois de cette dernière expression plutôt que de 'dissolution of government' qui semble plus commune ? Nous ne l'avons pas rencontrée, mais nous sommes bien loin d'avoir procédé à une investigation complète des sources.

23. Il serait intéressant à ce propos de vérifier si 'to dissolve' peut encore au XVIIe siècle signifier 'nier', et s'il y a quelque souvenir de la façon dont, en 1382, Wyclif avait traduit la première Epître de Jean, IV, 3, en se référant à l'Antichrist comme 'spirit that dissolveth' le Christ ('confesseth not' dans la Bible de Genève et dans la version autorisée).

24. Je me borne à signaler deux des exemples enregistrés par le *OED* : l'un de 1528 (Gardiner : « that realm were like to come to a dissolution »), et l'autre de 1677 (Hale : « the dissolution of their city under Titus »). Il reste à vérifier la liaison possible entre 'dissolution'/'dissolutio' et 'allegiance'/'ligeantia', en passant par 'ligamentum', utilisé dans le champ métaphorique du corps politique : cf. Coke, *Reports*, vol. IV, p. 8.

25. Cf. Milton, vol. III, p. 217 ; et Harrington, p. 198.

26. Locke, *Second Treatise*, chap. XIX, pp. 454 sv.

III

Les Anglais du temps de Hobbes disposaient d'une riche panoplie de termes pour exprimer la perturbation, l'instabilité, la dégénérescence et la désintégration de l'ordre politique. Le fichier électronique que j'ai commencé à établir pour les termes de langue anglaise (mais il faudrait, bien entendu, tenir compte également des langues classiques – du latin au moins – et des autres langues modernes familières aux anglais cultivés – espagnol et italien au début du siècle, puis de plus en plus le français) contient déjà plus de 200 *records*. Il est impossible de le reproduire ici, mais nous retiendrons quelques principes généraux d'organisation de ce vocabulaire du désordre. Les mots qui le composent ne se situent pas tous sur le même plan et n'ont pas la même importance.

A côté de termes très généraux et communs (comme 'change', 'mutation', 'alteration', 'disorder', 'innovation', 'confusion', 'vicissitudes'), il y a les expressions techniques, comme 'unlawful assembly', qu'on rencontre dans la langue des juristes. Certains mots sont très courants, comme 'sedition', 'troubles', 'broils', 'riot', 'rebellion', 'civil war', 'usurpation', 'faction', 'commotion', 'disturbance', 'tumult'; d'autres sont plus rarement utilisés comme 'calenture', 'to unking', 'to unmagistrate'[27]. On trouve des mots savants qui ont des ancêtres classiques (comme 'anarchy' ou 'tyranny', même 'peripeteia'), mais aussi des mots relativement nouveaux, ou utilisés dans une acception nouvelle (par exemple 'adjutator', 'agitator', 'agitation'), d'autres expressions sont franchement populaires (par exemple 'hurly burly', 'topsie turvy', 'garboyle'). Certains mots se réfèrent à des actions ou événements, d'autres à des situations, tendances ou processus de signification parfois cosmiques. Il y a des mots pour désigner les épisodes limités, qu'il s'agisse d'une agitation faible ou d'un déferlement plus violent mais superficiel, petite fissure de l'ordre légal ou de l'ordre publique qui n'est susceptible ni sur le plan des intentions ni dans les faits de mettre en cause la maintien de l'ordre politique et sa sûreté : par exemple, 'brawl', 'row', 'force', 'rout', même 'riot' dans l'emploi strictement juridique du mot[28]. Mais on a aussi des mots plus in-

27. Les deux derniers sont utilisés dans *Tenure of Kings and Magistrates* (cf. Milton, vol. III, pp. 225, 254); 'to unking' n'est pas si exceptionnel au XVIIe siècle (cf. *OED*).

28. Comme nous le verrons, cela ne veut pas dire que, mise à part la question de la gravité des affrontements, et même celle du nombre des personnes impliquées, la question juridique concernant la distinction entre les actes qui sont des simples

quiétants, comme 'tumult', 'insurrection', 'rising'. Si un mot comme 'resistance' évoque l'idée d'opposition à des mesures ou comportements spécifiques du souverain, 'rebellion' exprime une opposition pour ainsi dire plus globale[29]. Des mots visent des attitudes ou des comportements qui procèdent des gouvernants ou des gouvernés, des grands ou de la lie du peuple ('oppressing', 'stubborn', 'unruly', 'discontented', 'malcontented', 'malignant', 'factious', 'disobedient', 'aspiring', 'ambitious', 'cutting of throats'). D'autres termes focalisent l'attention sur l'activité mentale d'organisation qui sert à inventer ou préparer une situation de danger pour l'autorité établie : 'to compass', 'to contrive', 'to frame', 'device', 'machination', 'conjuration', 'conspiracy'[30]. Certains mots ont une tonalité neutre; d'autres, tout en gardant une connotation négative, visent les situations objectives plus que les acteurs, les événements plus que les actes. D'autres enfin sont lourds d'une forte charge émotionnelle. Qu'on pense surtout à 'rebellion' et à son pouvoir d'interdiction. Dans un passage Shakespeare en exprime tout l'effet paralysant, que seule la religion réussit à neutraliser :

> For that same word 'rebellion' did divide
> The action of their bodies from their souls,
> And they did fight with queasiness, constrain'd,
> As men drink potions, that their weapons only,
> Seem'd on our side; but, for their spirits and souls,
> This word 'rebellion' - it had froze them up,
> As fish are in a pond. But now the Bishop
> Turns insurrection to religion;
> Suppos'd sincere and holy in his thoughts,
> He's follow'd both with body and with mind.[31]

infractions de la loi et ceux qui attentent à l'autorité même, entre la simple *felony* et les cas de *treason,* ne se pose pas.

29. Cf. Straka, p. 5.

30. 'Conjuration', 'conjurator', 'to conjure' dans leur usage courant peuvent signifier complot ou concertation secrète de plusieurs personnes, liées par un serment, contre le magistrat; dans la langue des juristes, le sens est plutôt celui d'évocation du diable, ou d'un mauvais esprit, au nom de Dieu (cf. Coke, III, chap. 6), mais on pourrait souligner des associations très suggestives entre les deux acceptions. Même pour 'conspiracy', 'conspiration', 'conspirator', la définition strictement juridique (de *Common Law*) ne semble pas avoir une relation spécifique à des crimes contre l'autorité ou l'Etat (il s'agissait d'une « consultation and agreement between two or more to appeale, or indict, an innocent falsely and maliciously of felony » (Coke, III, cap. 66). Mais l'usage courant est bien celui du complot contre les pouvoirs publics, et Coke lui-même n'hésite pas à employer 'conspirators' en parlant de la trahison.

31. *2 Henry IV*, I, 1, vv. 194-203. Pour une lecture des relations complexes entre ordre et désordre, subversion et renforcement de l'autorité, dans cette pièce, et

Le recours à la métaphore, ou à la métonymie, intervient souvent[32]. Il y a des mots liés au domaine organico-biologico-médical, qui sont liés à la métaphore fondamentale du corps politique et qui en expriment les crises dans le langage de la génération-corruption (ce dernier mot a aussi un sens moral), du vieillissement, de la maladie, du dérangement des humeurs ('sickness', 'distemper', 'fever', 'infection', 'heat', 'convulsion','melancholy'), de l'égarement de l'esprit ('distraction', 'frenzy', 'folly', 'madness', 'crazy'). Il y a (souvent liées ensemble par le *topos* du navire de l'État) des métaphores nautiques et météréologiques ('tempest', 'storm', 'turbulence'); mais aussi des métaphores (si on me passe ce néologisme) pyrologiques ('incendium', 'incendiary', 'firebrand', 'combustion', 'conflagration'), hydriques ('inundation', 'flood'), phoniques ('uproar', 'clamour', 'outcry'), ou musicales ('jarring', 'discord'). Les métaphores spatiales et dynamiques expriment l'idée de nivellement ('levelling'), de bouleversement de positions, de mouvement soit spontané soit provoqué vers le bas ('decline', 'fall', 'downfall', 'overturning', 'subvert', 'overthrow', 'pulling down', 'knocking down'), ou de mouvement violent soit contre soit vers le haut ('stir', 'rising', 'revolt', 'insurrection'), de rupture ('breach'), enfin d'explosion ('outbreak', 'outbreach', 'outburst'). Il y a aussi les métaphores astronomiques.

On ne s'étonnera pas de n'avoir pas encore rencontré le grand mot : 'revolution'. En effet, à cette époque, la façon ordinaire de désigner ce que nous appellerions peut-être aujourd'hui révolution est assurée par des mots comme 'broils', 'troubles', 'sedition', 'rebellion', 'civil war'. Toutefois, 'revolution' doit être mentionné, et cela pour deux raisons. La première est que s'il est nécessaire d'attendre la période de la seconde révolution pour que le mot reçoive une acception qui ne soit pas trop éloignée du sens qu'il a aujourd'hui, l'acception politique du mot n'est pas inconnue du temps de Hobbes[33]. Il est vrai

à l'époque de Shakespeare, cf. Greenblatt, 1985. A propos de «rebellion» comme «act», donc péché, et de «revolution» comme «occurrence», cf. Zagorin 1969, p. 15.

32. A propos des métaphores politiques, cf. l'étude récente de Rigotti, qui arrête en particulier son attention sur les champs métaphoriques du navire, et (au XVIIIe siècle) de la machine et de l'organisme. Pour le langage de la folie dans le discours politique de cette période, cf. Sawday ; un exemple d'application aux Etats du concept de mélancolie, cf. Burton, vol. I, pp. 66 sv.

33. Cf. Snow ; sur le mot et le concept de révolution, cf. aussi Zagorin 1969, pp. 13-16 ; Gilbert ; Straka, pp. 4 sv ; Hill, 1990. Pour une récente mise au point sur les questions de vocabulaire qui se posent à propos de la révolution anglaise, cf. Patterson.

que, Giovanni Florio, par exemple, dans son dictionnaire italien et anglais de 1598, explique 'revolutione' (qui d'ailleurs était déjà employé en italien pour les bouleversements politiques) comme «a revolution, a revolving, a turning backe to the first place or point, a revolution of the celestiall bodies or sphere», donc ne met pas en évidence une signification spécifiquement politique [34]. Mais quand il traduit en anglais les *Essais* de Montaigne il n'hésite pas à interpoler le mot dans un contexte qui nous intéresse :

> In viewing these intestine and civill broiles of ours, who doth not exclaime, that the world's vast frame is neare unto a dissolution, and that the day of judgment is ready to fall on us? Never remembering that many worse revolutions have been seene, and that whilest we are plunged in griefe, and over whelmed in sorrowe, a thousand other partes of the world besides, are blessed with all happiness, and wallow in all pleasures, and never thinke on us. [35]

Ce passage avait déjà été signalé [36]; mais ce qu'il faut remarquer c'est que, mis à part l'emploi de 'dissolution' dans le contexte d'une polémique serrée contre la notion de déclin cosmique (*decay of the world*), le terme 'revolution' qui figure dans la traduction n'est pas présent chez Montaigne qui employait le mot bien plus anodin de 'chose' :

> A voir nos guerres civiles, qui ne crie que cette machine se bouleverse et que le jour du jugement nous prend au collet, sans s'aviser que plusieurs pires choses se sont veuës, et que les dix mille parties du monde ne laissent pas de galler le bon temps cependant? [37]

Au temps de la première révolution anglaise, de l'interrègne et de la Restauration, 'revolution' dans le sens de bouleversement politique est bien attesté. Laissant de côté Hobbes pour le moment, je me limiterai à citer deux des exemples enregistrés par Snow. Il s'agit de titres d'ouvrages parus après la décapitation de Charles Ier. L'un est la

34. *A Worlde of Wordes*, London 1598 ; l'explication de 'rivolgimento et 'revolta' est également neutre. Le *Vocabolario italiano e inglese*, compilé à partir de Florio par Giovanni Torriano (London, 1659) ne va pas changer les choses. Un autre dictionnaire des années 50 définit révolution comme « a returning backe to the first place or point, the accomplishment of a circular movement » (Th. Blount, *Glossographia* ..., London 1656).

35. Montaigne, 1603, I, 25 (*Of the Institution and education of Children*), p. 74. Dans *Advancement of Learning,* Bacon appelle 'revolution of state' l'instauration du gouvernement des 30 tyrans à Athènes : cf. Bacon, vol. III, p. 274.

36. Par Snow.

37. Montaigne 1958, I, chap. XXVI (*De l'institution des enfants*), p. 169.

traduction d'une histoire de Masaniello et des soulèvements populaires à Naples, publiée en 1647, en italien, par Alessandro Giraffi. C'est un récit qui n'est pas dépourvu d'intérêt, mais qui a très peu de portée théorique[38]. L'autre, théoriquement bien plus important, est un ouvrage de Anthony Ascham[39]. L'opinion courante veut que l'emploi politique du mot 'revolution' soit lié au sens astronomique (surtout le sens acquis après ce que nous appelons la révolution copernicienne), et que dès le début le mot exprime dans son usage politique l'idée de mouvement cyclique, de retour au point de départ. Je n'en suis pas complètement sûr. L'idée de retour au point de départ est sans doute bien présente en Angleterre dans la première moitié du siècle. Hakewill par exemple parle de «revolutions and returnes of virtues and vices» (des arts et des sciences aussi) dans son in-folio massif où, contre la thèse de la décrépitude du monde, il défend l'idée d'un principe de constance à travers les variations dans le temps et dans l'espace[40]. L'idée de retour au point de départ devient prévalente en Angleterre après la Restauration, et la métaphore astronomique comporte une grande puissance de suggestion. En ce qui concerne Hobbes, il suffira de citer, pour l'idée de cycle complet, le dernier alinéa du *Behemoth*: :

> I have seen in this revolution a circular motion of the sovereign power through two usurpers, father and son, from the late King to this his son[41].

et pour la métaphore astronomique, le dernier alinéa du *Leviathan* anglais :

> ...though in the revolution of States, there can be no very good Constellation for Truths of this nature to be born under, (as having an angry aspect from the dissolvers of an old Government, and seeing but the backs of them that erect a new;) yet I cannot think it will be condemned at this time, either by the Publique Judge of Doctrine, or by any that desires the continuance of Publique Peace[42].

38. A. Giraffi, *An exact Historie of the Late Revolutions in Naples...*, 1650 et 1652.

39. A. Ascham, *Of the Confusions and Revolutions of Governments*, London, 1649, réimpr. avec Introduction par G.W.S.V. Rumble, Delmar, 1975.

40. Cf. par ex. Hakewill, pp. 40, 331 ; et, sur la controverse dans laquelle se place cet ouvrage, cf. Harris. Je regrette de n'avoir pas lu J. Daly, « Cosmic Harmony and Political Thinking in Early Stuart England », in *Trans. of the American Philos. Soc.*, LXIX, Pt. 7 (1979).

41. *B*, p. 204.

42. *Lev*, *Review and Conclusion*, pp. 728 sv.

Toutefois, il ne semble pas toujours indispensable de mobiliser l'astronomie et de supposer un cycle complet. Cependant, ce qui est sans doute nécessaire, pour appliquer le mot de révolution aux mouvements politiques et sociaux, est, si l'on peut dire, le demi-tour; et la métaphore n'est pas nécessairement celle des sphères ou orbites célestes, mais celle de la roue de la fortune dont le demi-tour suffit à engendrer un renversement ou inversion double. Ce qui importe, c'est que le haut et le bas, et en général les contraires, échangent leurs places. Voici un passage de Shakespeare :

> Oh God, that one might read the book of fate,
> And see the revolutions of the times
> Make mountains level, and the continent,
> Weary of solid firmness, melt itself
> Into the sea, and other times to see
> The beachy girdle of the ocean
> Too wide for Neptune's hips; how chance's mocks
> And changes fill the cup of alteration
> With divers liquors! O, if this were seen,
> The happiest youth, viewing his progress through,
> What perils past, what crosses to ensue,
> Would shut the book, and sit down and die[43].

Même s'il n'implique pas toujours l'idée de cycle, le mot 'revolution' renvoie à celle d'inéluctabilité, qu'elle vienne de la Fortune, de la nécessité naturelle, ou même de Dieu. Dans un discours au Long Parliament, Cromwell entrera en polémique avec ceux qui voulaient réduire les révolutions de Dieu, «the things of God», «the revolutions of Christ himself», à des «necessities of human creations»[44].

Mais revenons à Hobbes qui utilise également le terme révolution dans sa traduction de Thucydide. Le passage concerne la peste d'Athènes: la peste engendre l'*anomìa*, à cause de la vitesse des phénomènes de mobilité sociale qu'elle rend possibles. Le mot de Thucydide pour ces mouvements est *'metabolé'*, que Hobbes rend justement par *'revolution'* :

> And the great licentiousnesse, which also in other kinds was used in the Citie, began at first from this disease. For that which a man before would dissemble, and not acknowledge to be done for voluptuousness, he durst now doe freely, seeing before his eyes

43. Shakespeare, *2 Henry IV*, III, 1, vv. 45-56.
44. Discours du 22 janvier 1652, dans Cromwell, vol. III, pp. 591-592.

such quicke revolution, of the rich dying, and men worth nothing, inheriting their estates[45].

Le terme 'Revolution' mis à part, quel usage Hobbes fait-il du riche patrimoine lexical dont il pouvait disposer ? Pour répondre à cette question de façon tout à fait exacte, il faudrait disposer d'un index complet de son vocabulaire. Nous n'avons pas à notre disposition un pareil instrument de travail. Quelques sondages précis mais incomplets permettent cependant de dire que Hobbes semble avoir une prédilection, dans *Elements* II, VIII, aussi bien que dans le *Behemoth*, pour 'sedition', 'seditious', et 'rebellion', 'rebel', 'rebellious', donc pour des mots traditionnellement chargés d'un jugement moral de condamnation ; ou encore, dans *De Cive* XII et XIII, pour 'seditio'. En revanche, dans *Leviathan* XXIX, il préfère se servir du vocabulaire de la maladie, en développant la métaphore du corps[46].

Dans les *Elements* aussi bien que dans le *De Cive* on trouve l'image des filles de Pélias, qui, persuadées par Médée, dépecèrent leur père en le faisant bouillir dans la vaine espérance d'un rajeunissement (la *witchcraft* ou le *veneficium* de Médée agissant en ce cas comme l'éloquence des séditieux)[47]. Dans le *Léviathan,* c'est encore la sorcellerie qui va être évoquée, à propos de la faveur populaire qui permet à des hommes ambitieux de s'emparer du pouvoir[48]. Dans le *Behemoth* enfin Hobbes déploiera, pour donner le portrait psychologique et moral des séditieux, toute une armée de mots *(feigned religion, irreligion, hypocrisy, falseness, perfidy, double perfidy, perjury, treachery, impudence, insolence, avarice, covetousness, cowardice, baseness, knavery, folly, injustice, wickedness, spite, malice*, et surtout *cruelty*), en établissant une sorte de *crescendo* entre «disaffection, dissension, and finally sedition and civil war»[49]. Il va même risquer un mauvais jeu de mots à propos de l'Hydre de Lerne, emblème de la rébellion[50].

45. *Thucyd* 53, 1, *EW*, vol. VIII, p. 208.

46. Cf. Carrive, p.14.

47. Cf. *EL,* II, 8, 15, p. 178 ; *DCi,* XII, § 13, *Works*, vol. II, p. 194. A propos de cette image, qu'on retrouvera chez Diderot, cf. Goggi.

48. *Lev,* pp. 374, 469. La source est biblique : cf. I *Sam*. 15, 23 en premier lieu (« ...rebellion is as the sin of witchcraft »), mais aussi II *Rois* 9, 22, et pour les métaphores de 'Witchcraft' et 'Whoredom' dans le langage contemporain (des royalistes en particulier) cf. Potter, pp. 131-132.

49. *B*, p. 95.

50. *B*, p. 72. Cf. aussi *Lev*, p. 390 ; et, à propos du peuple comme 'many-headed monster', cf. Hill, 1974.

IV

Dans notre propos, nous avons, pour ainsi dire, joué jusqu'ici le rôle d'un personnage de l'*Arcadia* de Sidney, ce «schollar», qui avait appris plus de mots que de «manners», «and of words rather plentie than order». Il s'agit maintenant de passer des mots aux discours.

Quelles sont, d'abord, dans les grandes lignes, les sources où les anglais du temps de Hobbes, pouvaient puiser un vocabulaire, et des discours, sur la dissolution de l'Etat? *Stasis* (*seditio*) et *metabolé* (*mutatio*) sont – on le sait – « a pervasive theme of classical political philosophy »[51], et – il faut ajouter – de l'historiographie classique. Nous avons antérieurement analysé la place de Thucydide, nous nous limiterons donc maintenant à évoquer principalement Aristote (*Pol.* V) et Polybe (*Hist.* VI). Dans le livre V de *La politique* d'Aristote, on trouve une notion de la constitution comme *principium individuationis* qui en fait la pierre de touche du changement – ce qui n'empêchait pas Aristote de prêter également attention aux mutations politiques qui ne concernent pas la forme de l'État, laquelle n'est examinée que dans la mesure où elle peut être plus exposée à telle ou telle forme de *metabolé*. La recherche de l'égalité (fausse) y était dénoncée comme source de toute instabilité tant au niveau des individus qu'à celui de la composition sociale de la *polis*. Polybe (*Hist.* VI) était, pour sa part, une véritable mine : qu'on pense aux idées de balance et de contrepoids, au rôle de la crainte mutuelle, à la constitution comme *aitia*, qui permet de soumettre le changement à un discours scientifique (tandis que les causes extérieures échappent à la théorisation), à la prospérité comme cause de dégénérescence, à la distinction entre *ethos* et *nomos*; à la religion comme moyen de contrôler la multitude, à la notion de cycle, etc.

L'autre source des discours sur l'instabilité de l'Etat est fournie bien entendu par la Bible, avec ses histoires de désobéissance, de changement de régime (comme le tournant de *Sam.*I 8, si décisif pour Hobbes), et ses rebelles (Korah, Zedekiah, Absalom, Jeroboam, etc.). Nous ne faisons que mentionner cette source, mais nous savons l'importance du texte biblique pour les anglais du temps de Hobbes[52].

51. Orwin, p. 832. Deux autres mots clé sont *phthorà* et *peripeteia*.

52. En particulier pour Hobbes et la Bible cf. Pacchi; Triomphe; Moreau. Christopher Harvey, dans un ouvrage publié en 1661 (mais complété – à en croire l'auteur – le 3 avril 1645), essaie de définir, en s'appuyant sur l'Ecriture, « the true use » de mots comme 'Rebel' et 'Rebellion'. Qu'il s'agisse de « a special act of disobedience » ou de « a general casting off of all subjection », la rébellion présuppose, pour le royaliste Harvey, une infériorité qu'on cherche à effacer en

Dans la pensée politique du Moyen Age, le problème de la rupture de l'ordre politique, du changement et du conflit, se posait à plusieurs niveaux : à propos de la distinction entre *regnum* et tyrannie, à propos des relations entre pouvoir temporel et spirituel, à propos de la trahison et de la rébellion, enfin, à propos des époques et de la fin de l'histoire. L'Angleterre, pour sa part, avait vécu l'expérience de la guerre des deux roses, qui avait laissé des traces importantes, encore assez vives dans la mémoire collective et dans la tradition juridique (nous y reviendrons bientôt à propos d'un statut de 1494). Elle avait connu aussi des soulèvements populaires, dont on gardait un souvenir tenace. La stabilisation relative survenue avec Henry VII n'avait pas été à l'abri de soulèvements ni de tensions. Puis la Réforme avait mis à l'ordre du jour la question de la résistance pour raison de conscience : Marie Tudor en Angleterre, Marie Stuart dans l'Ecosse voisine avaient donné corps à la figure de l'*ungodly prince*. Même le règne de la reine vierge Elizabeth n'avait pas été exempt de troubles (sans parler de la question de la succession). Après les luttes entre York et Lancaster, l'âge des Tudors peut sembler tranquille. Il est certain que le règne de Jacques Ier et même le début de celui de Charles Ier, sont idéalisés par Clarendon qui les tient pour une heureuse période de paix[53]. Pourtant, les contemporains étaient obsédés par le désordre, la sédition, la guerre civile, qui se revèlent aussi bien dans les textes de propagande[54], que dans le théâtre et la littérature[55].

En outre, au-delà de la tradition insulaire, il y a les modèles théoriques – et pratiques – qui ont fait l'objet d'importations. Il faut tenir

refusant, avec « stubborness, perverseness, obstinacy, contempt or contumacy », de se soumettre à l'autorité. Cf. Harvey, et *DNB*.

53. Cf. Clarendon, vol. I, pp. 4, 93. Sur le thème du « surfeit of peace and plenty », cf. MacGillivray, pp. 237-242.

54. Je mentionnerai en particulier, Cheke, Christopherson, le sermon *Of Obedience* de 1547, et l'homélie *Against Disobedience and Wilful Rebellion* de 1571. Cf. Tillyard, pp. 18-20; Lowers; Eccleshall, pp. 25-32, 86-92.

55. Cf. Tillyard; Talbert; et Morse. Selon ce dernier, la « infortunate influence » de Tillyard serait coupable d'avoir cristallisé une interprétation de la littérature élisabéthaine « in terms of ideas of harmony, order, and degree » qui conviennent peu à un âge où « the norm is not order but disorder », et le cosmos harmonieux, ordonné, parfait peut être tout au plus « an object of nostalgia » (Morse, pp. 130, 15, 24, et *passim*). Mais, selon d'autres, la conceptualisation par la *gentry* anglaise d'un ordre naturel, social et politique (en opposition avec les « lineage values » du passé) devient possible « not until relatively late in the sixteenth century » (James, pp. 270-271 et svv.). Bien entendu, exaltation de l'ordre et obsession du désordre peuvent coexister sans difficulté : le problème c'est celui de distinguer les différentes conceptions de l'ordre, et de voir jusqu'à quel point le désordre, au lieu de s'intégrer dans sa structure (cf. par ex. James, p. 264), peut être vu comme une sorte de vecteur qui marque la fin de l'histoire.

compte de l'historiographie et de la pensée politique italiennes et françaises de la Renaissance, ainsi que de la période des guerres de religion, du *bellum sociale* des Pays-Bas contre l'Espagne, de la révolte de Catalogne et des premières phases de la guerre des 30 ans[56]. Il s'agit là d'un *background* dont il faut bien se souvenir quand on s'interroge sur le référent de la notion hobbesienne de conflit. Certes avant la guerre civile de 1642-49, avant même le *bellum episcopale* de 1638, la montée de la tension politique était sans doute bien perceptible en Angleterre même pour un observateur peu avisé, mais il ne faut pas sous-estimer le poids du passé autochtone et des expériences étrangères[57].

En ce qui concerne les sources les plus proches de Hobbes, il faudrait au moins tenir compte de Bodin, qui, dans la *Methodus* et dans la *République*, avait soumis à un grand effort de systématisation la matière du changement et de la destruction des États[58]; ainsi que de Bacon, qui avait développé une analyse serrée des causes de la sédition, et, dans les *Essays* comme dans l'*History of Henry VII*, n'avait pas omis de considérer la dynamique du changement en politique, tout en esquissant dans la *New Atlantis* une perspective dans laquelle le progrès des sciences et des arts se conjugue avec un idéal politique d'immobilisme[59]. Il y a encore, bien sûr, le grand débat politique, constitutionnel, et juridique des années 40 et 50; mais avant de dire quelques mots à ce sujet, il faut remarquer que les discours sur les perturbations de l'ordre politique se situent à des niveaux différents (mais communiquants), qui remontent parfois à des couches de stratification chronologiquement successives. J'essaierai d'en donner un aperçu, en forme problématique, et sans doute très sommaire.

1) Problème de la disparition du gouvernement à la fin des temps (eschatologie). Est-il possible d'envisager à côté de la conception d'un

56. Cf. Salmon; Skinner 1978, vol. II, Part III; Zagorin 1982.

57. En particulier, Patterson souligne, contre Morrill & Walter, la continuité d'une tradition radicale qui peut se rallier à « two separate but analogous structures » : les souvenirs symboliques de l'histoire romaine d'un côté, et des soulèvements populaires européens de l'autre.

58. Bodin, *Methodus* VI ; *République* IV ; Goyard-Fabre, pp. 199-219. Selon le témoignage de Gabriel Harvey, il était impossible d'entrer dans le bureau d'un docte sans trouver sur son écritoire « either Bodin de Republica, or Le Royes exposition uppon Aristotles Politiques or sum other like Frenche or Italian Politique Discourses » (cité par Talbert, p. 206, n. 2).

59. Cf. Bacon, *Works*, vol. III, p. 144, pour l'opinion que le « happy and flourishing estate » d'un pays peut être « a thousand ways altered to the worse, but scarce any one way to the better » ; et *Essayes*, pour *Of sedition and troubles*, *Of Vicissitudes of Things*, *Of Faction*, *Of Innovation*, etc.

règne de Christ comme dictature des saints, un règne de Christ comme *golden age*, sécurité sans effort, fin des conflits, empire de la spontanéité dans la nature et parmi les hommes, donc extinction ou dépérissement de l'État? Contre les millénaristes (mais aussi pour désamorcer, en général, le potentiel subversif d'une religion qui étale la promesse – et la ménace – d'une vie future), Hobbes a besoin d'une eschatologie, mais il a soin de situer la sienne hors de l'histoire, sans aucun risque d'interférence. Pourtant, même dans le futur indéterminé et surnaturel où il la projette, on n'aura pas disparition de l'État. Il y aura, pour ceux qui sont sauvés, une immortalité sans engendrement, et une dislocation de la souveraineté à la faveur du Christ-Roi (sous son Père); tandis que le lot des damnés ne sera pas une éternité de tourment, mais, comme dans cette vie, un jeu alterné de génération et corruption, et la soumission d'« evill and cruell governours »[60]. C'est vraiment une étrange façon de tenter d'apprivoiser la crainte de l'enfer, que cette damnation qui ressemble par bien des aspects à l'histoire humaine courante ! Mais il y a aussi un autre aspect de la question, auquel Hobbes ne peut que rester étranger : dans la perspective apocalyptique, le *decay of order*, dans le monde politique aussi bien que dans le monde naturel, donc les guerres, et la guerre civile en particulier, peuvent être interprétés comme un signe que la fin est proche. Le Christ d'ailleurs n'avait-il pas annoncé (*Luc* 12, 51) qu'il ne venait pas apporter la paix, mais la division[61]?!.

2) Problème des vicissitudes, et de la décadence/corruption de tous les Empires dans la longue durée ('philosophie de l'histoire'). Tout en détournant ses yeux pour éviter le vertige, Bacon n'avait pas renoncé à s'approcher des «turning wheeles» de la vicissitude. Hobbes, pour sa part, ne semble pas terriblement intéressé par cette dimension, mis à part les effets qu'elle peut avoir sur le problème des interférences entre le pouvoir spirituel et temporel depuis la monarchie juive jusqu'à la chute de l'empire romain qui laisse l'église comme son spectre «sitting crowned upon the grave thereof»[62], problème qui sans doute se situe au cœur de la question des causes de la dissolution de l'État.

3) Problème de l'instabilité (de la forme) du gouvernement dans la courte/moyenne durée: les *mutazioni di stato* (politique et histoire; le problème de la constitution). Hobbes s'est bien intéressé à ce problème, et dans le *Leviathan* il inclura l'imparfaite génération comme l'une des causes de la dissolution de l'État.

60. Cf. *Lev*, XXXVIII.
61. Cf. Ball, pp. 100 sv.; Morse, pp. 109-111.
62. *Lev*, p. 712. Pour Bacon, cf. *Essayes*, p. 378.

4) Problèmes des limites du pouvoir et de l'obéissance, en relation avec ceux de la nature, des origines, des finalités, et de la prévarication du gouvernement (politique, éthique et religion). a) Conflit entre plusieurs ordres de sujétion; *encroachments* du pouvoir spirituel sur le temporel et vice versa; *Holy Pretence*. b) Question de la légitimité: l'usurpateur, le tyran (*ex titulo* ou *ex esercitio*), l'obéissance à un pouvoir *de facto*. Pour Hobbes, les opinions à ce sujet sont les causes principales de la dissolution.

5) Problème des attentats a) contre le souverain (trahison et lèse majesté) et b) contre l'ordre publique.

Ce sont là les coordonnées, ou quelques coordonnées, des discours sur la dissolution de l'État sous Charles Ier et pendant l'interrègne. Aujourd'hui on tend parfois à nier que, du moins dans la première phase des oppositions entre le Roi et le parlement, il y fût question de dissolution de gouvernement ou de conflit de pouvoirs [63]. Cela est vrai si l'on veut porter l'attention sur l'existence d'une sorte de *middle ground* idéologique sur lequel chacun des partis avait intérêt à prendre appui pour s'attirer le *consensus* d'une *gentry* qui, probablement, n'était en sa majorité ni absolutiste ni républicaine. Mais cela n'empêche pas que la «Contestation between Royal and Parliamentary Power» [64] fût réelle. En tout cas le thème du désordre était exploité aussi bien par la propagande royaliste, qui accusait les parlementaires de subvertir le gouvernement et les lois, que par la propagande parlementaire, qui utilisait les émotions populaires comme indice d'un collapsus de l'ordre politique, dont le mauvais gouvernement du Roi était évidemment responsable [65].

C'est à partir de Parker, que les notions de pouvoir *inherent* au peuple, et de *trust* conféré au magistrat (qu'il soit le roi ou le Parlement) se sont développées, surtout chez les Niveleurs, qui logent le premier «originally and essentially in the whole body of the people of this nation», en affirmant que le «trust» est toujours révocable, et que, en tout cas, pour le magistrat qui ne le remplit pas, il y a «forfeiture of the people's trust and returning to whence it came» [66]. Au fur et à mesure que monte la polémique contre Charles Ier, il se développe une sorte d'inversion de la conception traditionnelle de la rébellion : ce ne sont pas les sujets qui se rebellent contre le roi-père, oint du Seigneur, mais le roi qui «raising his standard» provoque la « disso-

63. Pour une récente mise au point sur le débat politique et constitutionnel sous les deux premiers Stuarts, cf. Sommerville.

64. Parker, *Observations*, p. 1, in Haller, vol.II, p. 167.

65. Cf. Reeve, *passim*; Morrill & Walter, 148-9.

66. Wolfe, pp. 212, 113, 161-163; cf. aussi Tuck.

lution of government» [67], et se rend coupable d'une «rebellion to the nature of man» [68].

Quand on arrive finalement au procès, on utilise contre Charles Ier des formules comme : «traitorously and maliciously, to imagine or contrive the enslaving or destroying the English Nation», «traitorously and maliciously levyed war», «betraying of their trust», «tyrant, traitor, murderer, and public enemy to the Commonwealth»; et Milton dira «common enemy», «common pest and destroyer of mankind» [69].

Dans les années 1650 la *engagement controversy* soulève la question de l'attitude des sujets quand un nouveau pouvoir s'installe à la place de l'ancien, qui a été dépossédé dans une guerre civile [70]. En avançant dans le décennie, on remarque, en opposition avec la diminution de l'importance des désordres, une sorte d'hypersensibilité du nouveau régime:

> To the hyperbolic language of its predecessors, the republic added a new political vocabulary which spoke of often minor riots as evidence of 'designs against the Commonwealth' [71].

V

Venons-en, pour conclure, à la langue et aux discours des juristes. La loi pénale intervenait pour sanctionner les comportements qui menaçaient l'ordre politique, surtout avec les normes concernant la trahison, ainsi que les discours et écrits séditieux [72]. A propos de la trahison, il y a deux aspects conceptuellement plus intéressants: a) le crime qui vise directement le souverain – dans la mesure où ce qui est en jeu n'est pas une simple violation de la loi/rupture de la paix, mais une subversion de la loi/déclaration de guerre intestine – est isolé des autres ; b) une fois qu'une guerre civile ou une usurpation a eu lieu, il faut préciser jusqu'à quel point l'obligation du sujet envers le pouvoir légitime qui a perdu la *possessio plenaria* du pouvoir se maintient, et

67. Wolfe, p. 284.
68. Wolfe, p. 183.
69. *CDPR*, pp. 357, 372, 379 ; Milton, vol. III, p. 212.
70. Cf. Wallace; Skinner, 1966 et 1972.
71. Cf. Morrill et Walter p. 147.
72. Sur l'évolution du concept de lèse majesté cf. Sbriccoli, et pour l'Angleterre Bellamy, 1970; pour *treason, seditious words, seditious libel, unlawful assembly, rout* et *riot* dans le droit anglais, cf. aussi Holdsworth, vol. V, pp. 208-209; vol. VIII, pp. 307-346; et Bellamy 1984, pp. 54-89.

quand il peut être censé être déchargé de cette obligation (sauf à y retomber vis-à-vis du nouveau pouvoir *de facto*). La position de Edward Coke dans *Institutes* III est sur ces questions particulièrement intéressante.

Coke part de la définition statutaire de la trahison/lèse majesté dans *25 Edw.III*, *De proditionibus*, en cherchant à l'adapter à une conception de l'*allegiance* qui ne la réduise pas à un lien personnel. Il y a une première exigence qui consiste, comme nous venons de dire, à distinguer la trahison des autre crimes. Le critère indiqué par Coke est celui de la portée générale et publique, pas simplement locale et privée, de la *pretence* qui a inspiré l'action:

> If any levie war to expulse strangers, to deliver men out of prison, to remove counsellors, or against any statute, or to any other end, pretending reformation of their own heads, without warrant; this is levying of war against the king: because they take upon them royall authority, which is against the king. There is a diversity betweene levying of war and committing a great riot, a rout, or an unlawful assembly. For example, as if three, or foure, or more, doe rise to burne, or put down an inclosure in Dale, which the lord of the manor of Dale hath made there in that particular place; this or the like is a riot, a rout, or an unlawful assembly, and no treason. But if they had risen of purpose to alter religion established within the realm, or laws, or to go from town to town generally, and to cast downe inclosures, this is a levying of war (though there be no great number of the conspirators) within the purvieu of this statute, because the pretence is publick and general, and not private in particular. [73]

Il n'est pas sans signification que, pour illustrer la distinction entre simple *riot* et trahison, Coke inclut dans cette dernière les *enclosure riots* aussi bien que les tentatives de la part des ouvriers de violer la legislation sur les salaires. Ainsi il rappelle que sous Henri VIII on avait résolu que

> ...an insurrection against the statute of labourers for the inhansing of salaries and wages , was a levying of war against the king, because it was generally against the kings law, and the offenders took upon them the reformation thereof, which subjects by gathering of power ought not to do.» [74]

73. Coke, III, p. 9. A propos du lien entre la *treason* et les différentes sortes de *ligeance*, cf. Coke, *Calvin's Case*, *Reports*, Pt. VII, 4b-12b, vol. IV, pp. 7-21.
74. *Ibid.*, pp. 9-10.

Encore, dans les cas de Richard Bradshaw, Robert Burton et autres, qui s'assemblèrent en armes à Enslow Hill (Oxfordshire) «to cast downe inclosures, as well for inlargement of high-wayes as of errable [sic] lands», on décida qu'il s'agissait bien de trahison, «because the pretence was publick within the statute of *13 Eliz*. cap. 1».[75]

L'autre exigence prioritaire de Coke est de confiner la notion de trahison dans un cercle très étroit. Il commence d'abord par se retrancher dans la forteresse du droit écrit (*Statute Law*), puis il exprime son souci de garantir les sujets contre des interprétations extensives du statut : il souligne la nécessité d'un «overt deed» dans lequel doit se concrétiser le «compasser ou imaginer» la mort du souverain qui est l'une des formes de la trahison; il soutient qu'un simple «compassing or conspiracy to levy war» ne suffit pas, puisqu'il faut que la guerre soit livrée de fait; et que les «bare words or sayings» ne peuvent constituer ce «overt deed» qui est demandé par la loi, mais il faut avoir du moins un «writing». La notion de finalité exemplaire de la peine est invoquée pour en conclure qu'elle ne saurait pas être infligée à un fou, ou à quelqu'un qui aurait perdu sa mémoire[76]. Enfin, le recours à la question est dédaigneusement écarté: «there is no law to warrant tortures in this land»[77].

Concernant l'autre problème, qui se pose quand le souverain légitime a perdu le pouvoir, Coke se réclame du statut bien connu de *11 Hen. VII*, c. 1 (1494)[78], en soulignant que la loi sur la trahison (*25 Edw. III*) fait complètement abstraction du problème de la légitimité, mais demande la possession pleine du pouvoir :

75. *Ibid.* A propos de la 'rébellion' de Enslow Hill, qui (en dépit des proportions réelles de l'épisode) semble marquer une sorte de tournant dans l'évolution de la doctrine juridique, cf. Walter, et Manning, pp. 56, 221-229. Coke connaissait bien le procès, qu'il avait suivi activement en sa qualité de *attorney general.*

76. *Ibid.*, pp. 4-6.

77. *Ibid.*, pp. 34-35. En se ralliant à Fortescue, Coke voit dans cette attitude de la *Common Law* la marque de sa supériorité sur la *civil law* (le droit romain); l'introduction du *rack* à la Tour de Londres sous Henry VI ne peut pas avoir pour Coke valeur de prescription. Cela n'empêche pas que la torture ait été employée de son temps, et même (dans l'instruction contre les *rioters* de Enslow Hill justement) en sa présence (ou du moins avec sa connivence, et de Bacon aussi) : cf. Manning, pp. 226-227. Blackstone (vol. IV, pp. 320-321) se réclame de Coke (aussi bien que de Beccaria), mais il ne manque pas de rappeler le recours à la torture sous Elisabeth « as an engine of state, not of law ».

78. Cf. *Statutes at large*, ed. Danby Pickering, vol. IV, Cambridge 1763, pp. 54 sg. ; avec la remarque de D.E.C. Yale, in Bellamy 1970, p. XIn. Selon le statut personne ne sera punissable pour le service prêté au Roi en bataille ou autrement, « what fortune ever fall by chance in the same battle against the will and mind of the prince (as in this land some time passed hath been seene) ».

> This act is to be understood of a King in possession of the crowne, and kingdom: for if there be a king regnant in possession, although he be rex de facto et non de jure, yet he is Seigneur le Roy within the purvieu of this statute. And the other that hath right, and is out of possession, is not within this act. Nay, if treason be committed against a king de facto, et non de jure, and after the king de jure commeth to the crowne, he shall punish the treason done to the king de facto; and a pardon granted by a king de jure, that is not also de facto, is voyde [79].

Sur ce dernier point Hobbes pouvait être d'accord, mais il ne pouvait pas l'être sur la vision d'ensemble du problème, à propos de laquelle il ne manque pas de polémiquer avec Coke dans son *Dialogue between a Philosopher and a Student of the Common Law of England.* Il traduit *25 Edw. III*, mais il tient à souligner que

> ...treason is a crime in itself, *malum in se*...and therefore not the statute only, but reason without a Statute makes it a crime [80]

Il y a bien sûr un critère pour distinguer la haute trahison des autres crimes:

> ...if such high treason should take effect, it would destroy all laws at once, and being done by a subject, is a return to hostility by treachery...but the greatest of other crimes, for the most part, are breaches of one only, or at least of a very few laws [81].

La thèse de Coke selon laquelle du point de vue légal le traître ne peut être considéré comme un ennemi du roi semble pour Hobbes indigne du juriste le plus médiocre : au contraire la trahison est exactement un retour à la guerre, donc le traître se pose face au souverain comme un ennemi. Mais nous ne devons pas croire que Hobbes soit par là plus indulgent que Coke : soustraire la trahison à l'emprise du droit écrit et des juristes, la reconduire à un cas spécial d'hostilité, soumise à la loi de nature, cela signifie laisser les mains libres au souverain, s'il réussit à s'emparer de la personne du traître-ennemi. Même la condition de l'*overt act* exigée par Coke va être réinterprétée par Hobbes, qui est soucieux de transformer en objet de poursuite pour trahison non seulement actions et écrits, mais les mots aussi (surtout si prononcés par un prêcheur) [82]. Il est vrai qu'il s'agit d'une arme à

79. Coke, III, p. 7.
80. *EW*, VI, p. 70.
81. *Ibid.*, p. 72.
82. *Ibid.* pp. 74-75; cf. aussi *DCi,* XIV, 20-22 (*Works*, vol. II, pp. 216-217). *Lev,* XXVII, pp. 350-351, regroupe sous le titre de *laesa majestas* tous les « facts of hostility against the present State of the Commonwealth », sans oublier

double tranchant : devant un traître victorieux les sujets ne vont pas être arrêtés par des scrupules, quand il demande leur soumission : son cas n'est pas différent de celui d'un conquérant quelconque, et refuser signifierait perpétuer le conflit. Hobbes sait bien, d'ailleurs, que

> ...there is scarce a common-wealth in the world whose beginnings can in conscience be justified[83].

Onofrio NICASTRO
(Université de Pise)

Sources citées en forme abrégée.

B = Th. HOBBES, *Behemoth*, ed. by F. TÖNNIES, reéd.par M.M. GOLDSMITH, London, 1969.

F. BACON, *Essayes*, ed. by M. MELCHIONDA, Firenze, 1979.

F. BACON, *Works*, ed. by J. SPEDDING, R.L. ELLIS, D.D. HEATH, Stuttgart-Bad Cannstatt, 1963 (réimpr. de l'éd. 1859).

B.W. BALL, *A Great Expectation...*, Leiden, 1975.

D. BAUMGOLD, *Hobbes' Political Theory*, Cambridge, 1988.

A.L. BEIER, *Masterless Men. The Vagrancy Problem in England 1560-1640*, London, 1985.

BELLAMY 1970 = J.G. BELLAMY, *The Law of Treason in England in the Later Middle Ages*, Cambridge, 1970.

BELLAMY 1979 = J. G. BELLAMY, *The Tudor Law of Treason: an Introduction*, London, 1979.

BELLAMY 1984 = J.G. BELLAMY, *Criminal Law and Society in late Medieval and Tudor England*, Gloucester and New York, 1984.

W. BLACKSTONE, *Commentaries on the Laws of England*, facsimile reprint of the 1st ed. of 1765-69, with an Intr. of S.N. KATZ, Chicago and London, 1979.

d'y comprendre « all endeavours by word or deed » pour affaiblir l'autorité du *Representative*, qu'il soit monarque ou assemblée, « either in the present time or in succession » ; et définit ce crime comme un « designe, or act, contrary to a Fundamental Law ». Hobbes en réalité n'a aucune prédilection pour la notion de loi fondamentale (cf. par ex. *B*, pp. 67-68) et la formulation du passage semble un peu opportuniste ; d'ailleurs, il faut le lire en se souvenant de *Lev.*, XXVI, p. 334, où Hobbes, constatant l'absence d'une définition correcte de la loi fondamentale, montre comment on peut distinguer « very reasonably » entre 'fundamental' et 'not fundamental' ; et de *Lev.*, XXVIII, pp. 356-357, qui nous rappelle que le dommage (*harme*) infligé au traître « fals not under the name of Punishment », mais il ressort du droit de guerre. Le *Léviathan* latin condense tous ces passages, avec une sensible perte de détails ; au chap. 27 la notion de loi fondamentale disparaît, et « by word or deed » devient « sive vi sive dolo » : cfr. *OL*, III, pp. 209, 220-221, 225-226.

83. *Lev*, p. 722.

L. BOROT, *Science et histoire chez Hobbes: le problème de la méthode*, in ZARKA & BERNHARDT, pp. 119-126.

L. de BRUYN, *Mob-rule and Riots...*, London & New York, 1981.

E. BURKE, *Reflections on the Revolution in France*, ed. by C. CRUISE O'BRIEN, Harmondsworth, 1986.

R. BURTON, *The Anatomy of Melancholy*, ed. by T.C. FAULKNER, N.K. KIESSLING, R.L. BLAIR, Oxford 1989.

P. CARRIVE, «Béhémoth et Léviathan», in *Cahiers de Philosophie Politique et Juridique de l'Université de Caen*, 1983, 3 (numéro consacré à *Hobbes, philosophie politique*), pp. 11-48.

CDPR = *Constitutional Documents of the Puritan Revolution*, ed. by S.R. GARDINER, Oxford, 1962 (réimpr.).

J. CHEKE, *The Hurt of Sedition* (1549), Menston, 1971.

E. Earl of CLARENDON, *History of the Rebellion...*, ed. by W.D. MACKRAY, Oxford, 1888.

COKE III = E. COKE, T*he Third Part of the Institutes of the Laws of England*, London, W. Clarke & Sons, 1809.

COKE, *Reports* = E. COKE, *The Reports...*, a new ed. by J.H. THOMAS and J. FARQUHAR FRASER, London, 1826.

J. CHRISTOPHERSON, *An Exhortation to all Menne to...beware of Rebellion* (1554), Amsterdam-New York, 1973.

O. CROMWELL, *Letters and Speeches*, ed. by W.C. ABBOTT, Oxford, 1988 (1e éd.: 1937).

DNB = *Dictionary of National Biography. To 1900*, ed. by L. STEPHEN and S. LEE, Compact Edition, Oxford, 1975.

R.B. DOBSON, *The Peasants' Revolt of 1381*, London, 1970.

R. ECCLESHALL, *Order and Reason in Politics...*, Oxford, 1978.

EL = Th. HOBBES, *Elements of Law, Natural and Politic*, ed. by F. TöNNIES, new ed. by M.M. GOLDSMITH, London, 1969.

EW = Th. HOBBES, *English Works*, ed. by W. MOLESWORTH, Aalen, 1962 (réimpr. de l'éd. London 1839-45).

F. GILBERT, «Revolution», ds. *Dictionary of the History of Ideas*, ed. by Ph.P. WIENER, New York, 1973.

G. GOGGI, *Diderot et Médée dépeçant le vieil Eson*, in *Colloque International Diderot (1713-1784). Paris-Sévres-Reims-Langres, 4-11 juillet 1984. Actes réunis et préparés par* A.M. CHOUILLET, Paris 1985, pp. 173-183.

S. GOYARD-FABRE, *Jean Bodin et le droit de la République*, Paris, 1989.

GREENBLATT 1985 = S. GREENBLATT, *Invisible Bullets: Renaissance Authority and its Subversion*, in *Political Shakespeare. New Essays in Cultural Materialism*, ed. by J. DOLLIMORE and A. SINFIELD, Manchester, 1985.

GREENBLATT 1988 = S. GREENBLATT, *Murdering Peasants: Status, Genre, and the Representation of Rebellion*, in. *Representing the English Renaissance*, ed. by S. GREENBLATT, Berkeley-Los Angeles-London 1988, pp. 1-29.

G. HAKEWILL, *An Apologie or Declaration of the Power and Providence of God in the Government of the World*, London, 1635 (3me éd.).

W. HALLER *Tracts on Liberty in the Puritan Revolution*, New York, 1934.

J. HARRINGTON, *Political Works*, ed. by J.G.A. POCOCK, Cambridge, 1977.

V. I. HARRIS, *All Coherence Gone: a Study of the Seventeenth Century Controversy over Disorder and Decay in the Universe*, London, 1966 (réimpr. de l'éd. 1949).

C. HARVEY, *Apheniastes, or the Right Rebel...*, London, 1661 (BL, C 38 b 42).

HEALY & SAWDAY = *Literature and the English Civil War*, ed. by T. HEALY and J. SAWDAY, Cambridge, 1990.

HILL 1974 = C. HILL, *The Many-headed Monster*, in *Change and Continuity in Seventeenth Century England*, London, 1974, pp. 181-204.

HILL 1990 = C. HILL, *The word 'revolution'*, in C. HILL, *A Nation of Change & Novelty. Radical Politics, Religion and Literature in Seventeenth-Century England*, London and New York, 1990, pp. 82-101.

W. HOLDSWORTH, *A History of the English Law*, London 1966 (réimpr.).

D. HUME, *History of England*, Philadelphia, 1868.

M. JAMES, *Society, Politics and Culture. Studies in Early Modern England*, Cambridge, 1986.

Lev = Th. HOBBES, *Leviathan*, ed. by C.B. MACPHERSON, Harmondsworth, 1968.

J. LOCKE, *Two Treatises of Government*. ed. by P. LASLETT, New York, 1965 (1e éd., Cambridge, 1960).

J.K. LOWERS, *Mirrors for Rebels. A Study of Polemical Literature Relating to the Northern Rebellion 1569*, Berkeley & Los Angeles, 1953.

R. MACGILLIVRAY, *Restoration Historians and the Civil War*, The Hague, 1974.

N. MALCOLM, *Hobbes's Science of Politics and His Theory of Science*, in *Hobbes oggi. Atti del Convegno di Milano-Locarno 18-21 maggio 1988*, Milano, 1990, pp. 145-157.

R.B. MANNING, *Village Revolts. Social Protest and Popular Disturbances in England 1509-1640*, Oxford, 1988.

J. MILTON, *Complete Prose Works*, New Haven and London, 1953 svv..

MONTAIGNE 1603 = *The Essays or Morall, Politike and Millitarie Discourses of Lo: Michaell de Montaigne...*, Florio's translation..., London, 1603.

MONTAIGNE 1958 = *Essais*, éd. M. RAT, Paris 1958.

P.-F. MOREAU, *L'interprétation de l'Ecriture*, in ZARKA & BERNHARDT, pp. 361-380.

J.S. MORRILL & J.D. WALTER, *Order and Disorder in the English Revolution*, in *Order and Disorder in Early Modern England*, ed. by A. FLETCHER & J. STEVENSON, Cambridge, 1984.

D. MORSE, *England's Time of Crisis: from Shakespeare to Milton. A cultural History*, Houndsmill and London, 1989.

OED = *Oxford English Dictionary*, Oxford, 1971 (réimpr. en microprint de l'éd. 1933).

OL = Th. HOBBES, *Opera Philosophica quae latine scripsit Omnia* , éd. par W. MOLESWORTH, Aalen, 1961 (réimpr. de l'éd. London 1839-45).

C. ORWIN, «Stasis and Plague. Thucydides on the Dissolution of Society», in *Journal of Politics*, L, 4,1988, pp. 831-847.

A. PACCHI, «Hobbes e la Bibbia», in *Annali di Storia dell'esegesi*, 7/1, 1990.

S. PARKER, *Observations...*, in HALLER, vol. II, pp. 167 svv.

A. PATTERSON, *The very Name of the Game: Theories of Order and Disorder*, in HEALY & SAWDAY, pp. 21-37.

J.G.A. POCOCK, «The Fourth English Civil War: Dissolution, Desertion and Alternative Histories in the Glorious Revolution», ds. *Government and Opposition*, XXIII, 2, 1988.

L. POTTER, *Secret Rites and Secret Writing. Royalist Literature 1641-1660*, Cambridge, 1989.

L. J. REEVE, *Charles I and the Road to Personal Rule*, Cambridge, 1989.

F. RIGOTTI, *Metafore della politica*, Bologna, 1989.

L. ROUX et H. GILIBERT, *Le vocabulaire, la phrase et le paragraphe du 'Leviathan' de Thomas Hobbes,* Saint-Etienne, 1980.

J. RUSHWORTH, *Historical Collections,* vol. IV (= Pt. III, vol. I), London, 1771.

J.H.M. SALMON, *The French Religious Wars in English Political Thought*, Oxford, 1959.

J. SAWDAY, '*Mysteriously divided*' *: Civil War, Madness and the Divided Self*, in HEALY & SAWDAY, pp. 127-143.

M. SBRICCOLI, *Crimen Laesae maiestatis. Il problema del reato politico alle soglie della scienza penalistica moderna*, Milano, 1974.

SKINNER 1966 = Q. SKINNER, «The Ideological Context of Hobbes' Political Theory», in *Historical Journal*, IX, 1966, pp. 286-317 (une version modifiée et abrégée in *Hobbes and Rousseau*, ed. by M. CRANSTON & R.S. PETERS, New York, 1972, pp. 109-142)

SKINNER 1972 = Q. SKINNER, «Conquest and Consent : Thomas Hobbes and the Engagement Controversy», in *The Interregnum*..., ed. by G.E. AYLMER, London, 1974 (1e éd.: 1972), pp. 79-98.

SKINNER 1978 = Q. SKINNER, *The Foundations of Modern Political Thought*, Cambridge, 1978.

V.F. SNOW, «The Concept of Revolution in 17th Century England», in *Historical Journal*, V, 2, 1962, pp. 167-174.

J.P. SOMMERVILLE, *Politics and Ideology in England 1603-1640,* Longman, 1986.

J. STEINBERG, *The Obsession of Thomas Hobbes: The English Civil War in Hobbes' Political Philosophy*, Bern, 1988.

G.M. STRAKA, *Revolutionary Ideology in Stuart England*, in *Studies in Change and Revolution. Aspects of English Intellectual History 1640-1800*, ed. by P.J. KORSHIN, Menston, 1972, pp. 3-17.

E.W. TALBERT, *The Problem of Order. Elizabethan Political Common Places and an example of Shakespeare's Art*, Chapel Hill, University of North Carolina Press, 1962.

E.M.W. TILLYARD, *Shakespeare's History Plays*, London, 1944.

M. TRIOMPHE, *Hobbes lecteur de la Bible dans le 'Léviathan'*, in *La Bible dans le monde anglo-américain aux XVIIe et XVIIIe siècles. Actes du Colloque tenu à Paris les 26 et 27 Octobre 1984*, Paris, 1986, pp. 57-73.

R. TUCK, *Natural Right Theories. Their Origin and Development*, CUP, 1989 (réimpr.; 1e éd.: 1979).

D. UNDERDOWN, *Revel, Riot and Rebellion. Popular Politics and Culture in England 1603-1660*, Oxford, 1985.

J. WALTER, «A 'rising of the people'? The Oxfordshire Rising of 1596», in *Past & Present*, 107, 1985, pp. 90-143.

J.M. WALLACE, *Destiny His Choice: the Loyalism of Andrew Marvell*, Cambridge, 1968.

D.M. WOLFE, *Leveller Manifestoes of the Puritan Revolution*, London & New York, 1967 (réimpr.).

Works = Th. HOBBES, *The Clarendon Edition of the Philosophical Works*, Oxford, 1983.

ZAGORIN 1969 = P. ZAGORIN, *The Court and the Country. The Beginnings of the English Revolution*, London, 1969.

ZAGORIN 1982 = P. ZAGORIN, *Rebels and Rulers. 1500-1660*, Cambridge, 1982.

Y. C. ZARKA, *La décision métaphysique chez Hobbes. Conditions de la Politique*, Paris, 1987.

ZARKA & BERNHARDT = *Thomas Hobbes. Philosophie première. Théorie de la Science et Politique*, publié sous la direction de Y.C. ZARKA et J. BERNHARDT, Paris 1990.

INDEX NOMINUM

Cet index ne comporte que les noms d'auteurs. Les noms d'éditeurs ou de traducteurs, cités dans le corps de l'ouvrage, n'y figurent pas.

TABLE DES MATIÈRES

THOMAS HOBBES
Œuvres

TRADUITES ET PUBLIÉES SOUS LA DIRECTION DE

YVES CHARLES ZARKA

17 tomes avec introductions historiques, notes, glossaires et index

Tome I	Récits de sa vie
Tome II	Éléments de la loi naturelle et politique
Tome III	Du Citoyen
Tome IV	Examen du 'De mundo' de Thomas White
Tome V	Première ébauche de l'optique
Tome VI	Léviathan
Tome VII	Du Corps
Tome VIII	De l'Homme
Tome IX	Béhémoth
Tome X	Dialogue entre un philosophe et un juriste des 'Common Laws' d'Angleterre
Tome XI	De la liberté et de la nécessité (controverse avec Bramhall I) – Autres textes
Tome XII	Questions concernant la liberté, la nécessité et le hasard (controverse avec Bramhall II)
Tome XIII	Textes de philosophie première : Court traité – Ébauches successives 'Du Corps' – Objections et Réponses aux 'Méditations' de Descartes – Autres textes
Tome XIV	Textes d'optique : Traité optique I – Traité optique II – Correspondance avec Descartes sur la 'Dioptrique' – Autres textes
Tome XV	Textes mathématiques : Examen et réforme des mathématiques d'à présent – Autres textes
Tome XVI	Textes physiques : Problèmes physiques – Decameron physiologique – Autres textes
Tome XVII	Correspondance

Note : Le premier tome regroupe les récits de la vie de Hobbes écrits par lui-même ou par d'autres, les 9 suivants sont numérotés dans un ordre chronologique qui tient compte de la date de publication ou, lorsque le texte n'a pas été publié par Hobbes, de la date probable de rédaction. Les 7 derniers comportent des regroupements de textes qu'il n'est pas possible, pour des raisons éditoriales, d'insérer dans l'ordre chronologique.

ACHEVÉ D'IMPRIMER
EN AVRIL 1992
PAR L'IMPRIMERIE
DE LA MANUTENTION
A MAYENNE
N° 154-92